U0924383

牌桌上的区块链

后网络时代的商业演变与机遇

霍然　著

中信出版集团 · 北京

图书在版编目（CIP）数据

牌桌上的区块链：后网络时代的商业演变与机遇 / 霍然著. --北京：中信出版社，2019.1

ISBN 978-7-5086-9834-2

Ⅰ. ①牌… Ⅱ. ①霍… Ⅲ. ①电子商务 - 支付方式 - 研究 Ⅳ. ① F713.361.3

中国版本图书馆 CIP 数据核字 (2018) 第 271555 号

牌桌上的区块链——后网络时代的商业演变与机遇

著　　者：霍　然

出版发行：中信出版集团股份有限公司

（北京市朝阳区惠新东街甲 4 号富盛大厦 2 座　邮编　100029）

承 印 者：北京通州皇家印刷厂

开　　本：787mm×1092mm　1/16　　印　　张：30.75　　字　　数：401 千字

版　　次：2019 年 1 月第 1 版　　印　　次：2019 年 1 月第 1 次印刷

广告经营许可证：京朝工商广字第 8087 号

书　　号：ISBN 978-7-5086-9834-2

定　　价：89.00 元

服务热线：400-600-8099

投稿邮箱：author@citicpub.com

导 言

2009年，比特币诞生，截至2017年年底，其市值涨幅超过500万倍。比特币背后的区块链技术更是人们关注的焦点。毫无疑问，区块链将对世界产生重大影响，特别将影响商业社会的变迁。在不久的将来，区块链可能会和大多数人的学习、生活、工作直接关联，同时也将为个体、企业乃至国家的发展提供历史性的大机遇。

2018年5月28日，在博鳌亚洲区块链论坛上，主题为“区块链技术未来发展趋势展望”和“区块链技术带来的商业新机遇”的超级圆桌会议先后召开，会议取得了空前的成功，并将区块链技术和区块链商业模式推到了世界的前沿。

大约60年前，互联网诞生。在过去的30年中，互联网把人类社会带入网络时代。当下的互联网是第一代互联网，称为信息互联网，而区块链技术很可能是第二代互联网的开端。探讨区块链技术在后网络时代引发的商业机遇，必须理解技术本身和商业场景背后的逻辑。以下是值得关注的三个重要问题。

第一：新技术的底层原理是否逻辑自洽？任何新技术在探求商业应用之前，底层逻辑必须是清晰的。与区块链技术相关的问题有：比特币是如何产生的？关键技术是什么？区块链基本构成是什么？智能合约如何形成？比特币、区块链、智能合约三者之间的关系怎样？等等。底层逻辑是独立思考的基础，有利于创业者或投资者形成自己的观点，夯实底气，树立信念。

第二：所谓的传统企业如何利用新技术？蒸汽机和电气技术带来的革新可能已经久远，但信息互联网孕育出来的新传统领域，如电子商务、在线教育、在线医疗、互联网金融、智慧城市、社交媒体、众包众筹、共享经济、精准营销、粉丝经济、物联网、云计算、大数据等，在区块链下将会有怎样的变化？又将如何演绎？区块链和正在狂奔的工业 4.0、物联网、人工智能等如何结合？这些问题对于创业者或经营者在新技术时代选择自身商业发展路径具有重要的参考价值，也是商业环境重要的风向标。

第三：新技术是否能引领社会变革的新趋势？在发展初期，没有人能确切地知道新技术对社会的渗透过程和结果，但是作为专业人员，仍要有基本的判断。在发展的过程中，修正必不可少，但是基本原则不会轻易改变。洞察趋势至少能在投资、投机、创业、转型中把握大方向，不出大偏差。与洞察趋势相关的问题有：区块链智能合约将使社会朝哪个方向发展？哪些行业最容易受到冲击？哪些行业和人群又将获利？

本书着重对区块链底层技术、创新转型和社会趋势三个方面加以讨论。底层技术主要包括：加密算法、区块大小、矿池、P2P（点对点）广播、共识机制、有效哈希值、矿机、钱包、密码、私钥、公钥、地址、交易、智能合约等。创新转型主要涉及：虚拟货币的类型、发行、交易、流通和监管；多边市场和代币经济；智能合约和物联网的融合。社会趋势着重强调：信任重塑、价值互联网、工业革命的路径、共享经济的跨代演变、去中心化等。

为了将理论阐述和商业场景紧密地结合起来，本书把上述三个方面的相关事例和原理置于大众熟悉的企业故事中，描述了一家棋牌室在互联网区块链大潮中的经营和转型，记录了技术推动商业演变的全过程，故命名为《牌桌上的区块链：后网络时代的商业演变与机遇》。麻雀虽小，五脏俱全，本书精心策划的故事折射出区块链技术对现有商业全方位的影响。同时，本书将区块链技术置于信息革命的大背景下，揭示了技术、商业和社会相互影响的内在逻辑，描述了各行各业潜在的商业可能价值，并点明了其中的创业投资机会。

棋牌室的故事贯穿全书，棋牌室的每一步的发展都和当前的技术水平、商业模式和政府监管紧密相通。对应棋牌室发展的每个阶段，各章深入地剖析了比特币、区块链和智能合约的现实状况和发展前景。本书前三章结合棋牌室的记账模式，阐述了区块链的底层技术以及现实中与这些技术直接相关的产业，如矿机、矿池、芯片、分布式数据库等。第四章至第七章围绕棋牌室的商业生态，展示了虚拟货币发行、流通、交易等过程中的商业机遇，以及对现有互联网商业模式的触动。第八章至第十章阐述了棋牌室的区块链战略，揭示了区块链技术对其他行业的改造潜能，并结合第三次工业革命的进程，分析了当前区块链技术面临的机遇和挑战。第十一章根据棋牌室代币的市场表现，从不同角度给出了区块链时代的投资建议。除了以上 11 章之外，本书在前传中讲述了比特币的背景和发展现状，涉及历史上的暴涨、神秘发明人中本聪、重量级反对者、精英支持者、各国政治上的争论、渐入主流的趋势等；在后记中，围绕着去中心化的争论，特别是央行系统的区块链改造以及对商业的影响，推理了可能发生的重大社会变革。

本书以创业和投资为潜在方向，从技术逻辑开始（如钱包、矿池、矿场、矿机、芯片、虚拟币交易所、代币经济、智能合约平台以及几十个行业的区块链创业先锋等），将心理学、经济学、金融学、政治学、社会学等各学科融会贯通，最终以商业的形式呈现。

书中既描述了区块链短暂的商业历史，也勾勒了未来的商业愿景；更重要的是，分析了区块链面临的机遇与挑战，并从技术、经济和社会等多个维度，分别在微观和宏观层面，剖析了区块链影响世界的内在逻辑，揭示了商业演化的可能路径，对区块链创业和投资提出了个人见解。

区块链是第三次工业革命的转折点，是后网络时代的创业者和投资者的关注重点。毋庸置疑，区块链对个人的职业生涯、学习生活和下一代的教育都有重大意义。在大众创业、万众创新的大潮中，本书将帮助读者深刻理解区块链技术，提高读者对相关商业现象的辨识能力。本书是各相关专业人员（如开发者、创业者、投资者和监管者等）的工具用书，或作为高净值人群投资新技术的有效参考资料。

本书得以在中信出版社顺利出版，要特别感谢王宏静老师悉心指导。本书的出版还得到了华商基业董事长刘春雷先生和总裁易虹女士的大力帮助，以及币圈好友陆南飞多年的实战分享和提供的众多的线索资料，在此表示衷心感谢。

霍 然

2018 年 8 月 21 日

目 录

前传

比特币出世，神秘疯涨

2009 年，比特币横空出世，到 2017 年年底，15 000 美元只能买一个比特币，相较于诞生之初，它的市值涨幅超过 500 万倍（见图 0-1）。普通老百姓，不论将其视为投资品、投机品或一个纯粹的互联网技术，都无法忽视其神一般的存在。比特币的诞生更是扑朔迷离。华尔街大佬、美国著名财经电台 CNBC（消费者新闻与商业频道）的主持人吉姆·克拉默（Jim Cramer）在劝说大众不要参与比特币投机时，阐述了五点理由，其中有一条就是：到底是谁创造的比特币，无从考证，如果把比特币比作一家公众公司，仅这一点就无法通过美国证券交易委员会的审查。

除克拉默之外，德高望重的反对者大有人在，然而，支持者也是不乏其人，一时间，关于比特币的争论无比热闹。尽管比特币有众多未解之谜，却没有妨碍其进入主流市场，各种争议反而激起人们更大的兴趣。2017 年 12 月，芝加哥期权交易所（CBOE）和芝加哥商品交易所（CME）开展比特币期货交易，给了专业投资人买空卖空的机会。普通百姓有点像在 A 股大牛市时，一边看着暴涨的 K 线，一边乐此不疲地追逐着各种小道消息，渴望了解更多关于比特币的内幕。

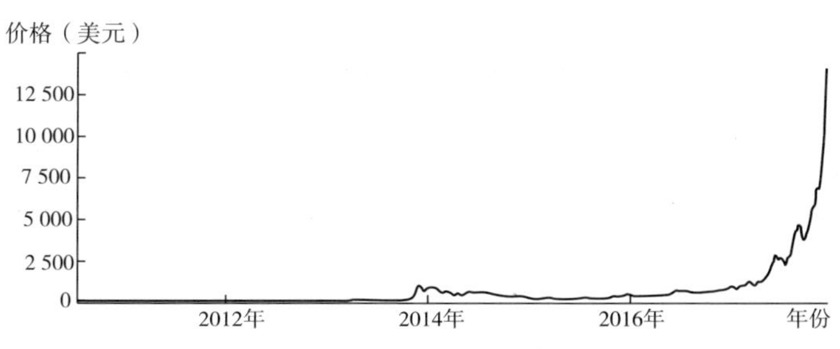

图 0-1　比特币 2010—2017 年价格走势图

第一节　暴涨不是传说

对整个虚拟货币世界来说，“暴涨”是2017年最重要的标签。比特币市值虽然同比增长了1300%以上，但它在整个虚拟货币市值的涨幅排名中，实际上只排在第14名。如图0-2所示，排在第1名的Ripple（瑞波币）市值涨幅超过300倍；排在第10名的OmiseGO（嫩模币）市值涨幅也有30倍之多。因此，普通投资者眼中所谓的龙头——比特币，对资深的币圈投资人来说，可能不是首选的投资标的。

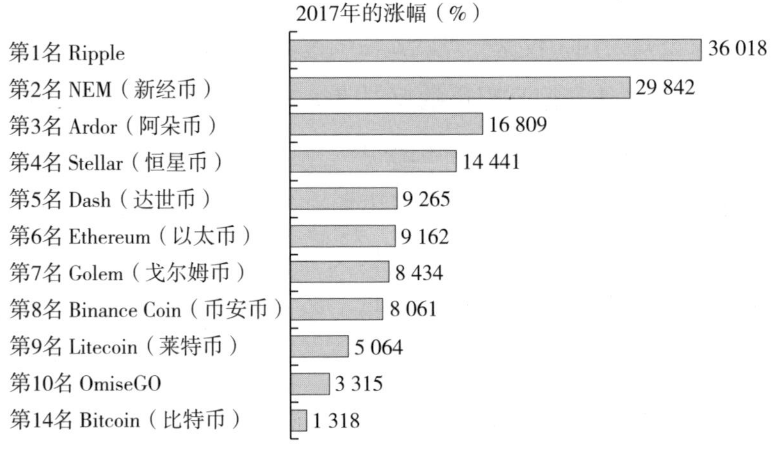

图0-2　2017年虚拟货币市值的同比增长情况

目前，虚拟货币可能离一般投资者还比较远，但在传统的股票市场中，区块链却引起了多起暴涨事件。在A股市场中，由于中国证监会监管严厉，区块链没有掀起惊涛骇浪，但在美国的纳斯达克市场中，在2017年的最后3个月里，任何一家与区块链沾边的公司，其股价都实现了暴涨。表现一般的，三四天涨了五六倍；表现夸张的，一天之内可以涨 10 倍。背后缘由，无非是它们宣布进军区块链业务，或者宣布收购一家区块链技术公司，有的甚至只是在公司名称中加入了“区块链（blockchain）”的字样。从图 0-3 和图 0-4 所示的 6 个案例中便可见一斑。

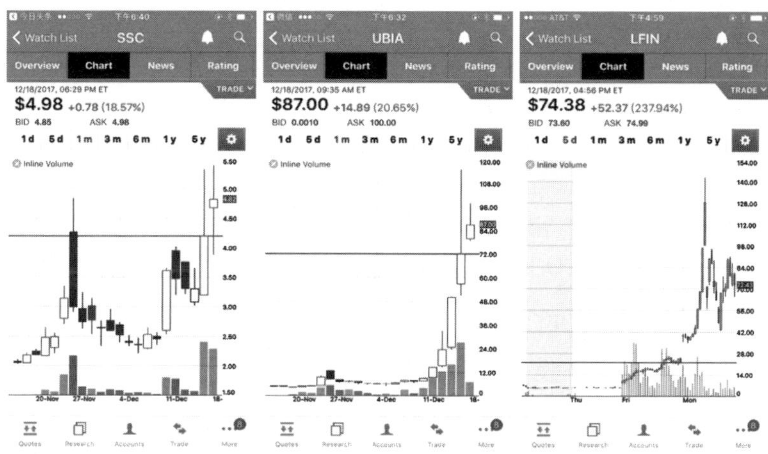

图 0-3　借助区块链概念暴涨的小公司股票

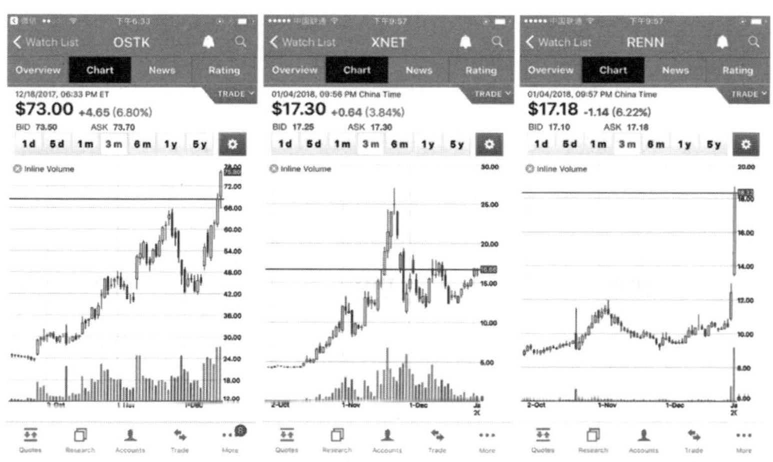

图 0-4　借助区块链概念暴涨的知名公司股票

七星云集团（Seven Stars Cloud Group Inc），2004 年成立于北京，在纳斯达克的股票交易代码为 SSC，以下是其官网介绍：

七星云集团是一家旨在成为新一代人工智能和金融科技驱动的供应链与数字金融服务的全球领军企业。七星云集团聚焦于全球能源、大宗商品、行业展会和知识产权交易等领域，利用最先进和最全面的金融科技——人工智能、区块链技术、云计算、大数据——打造数字化的供应链管理平台和资产证券化解决方案，提高客户的交易效率，保证交易安全，增加商业利润。

2017 年 12 月 20 日，七星云集团宣布购并基于区块链的交易平台公司 Delaware Board of Trade Holdings（特拉华贸易控股公司），其股价在一周内从每股 2.2 美元涨到 7 美元。

UBI（育碧公司），2010 年成立于中国香港，在纳斯达克的股票交易代码为 UBIA。UBI 本是一家设计分布式能源生产装置的公司，没有其他重要的业务。成立之初，UBI 只有 18 名员工。UBI 于 2016 年 11 月更名为 UBI Blockchain Internet（育碧区块链互联网公司）。2017 年 11 月，UBI 在提交给美国证券交易委员会的文件中声称：我们正在开发一种基于区块链技术的解决方案，用于在物联网环境中对食物或药品的追踪。UBI 的股票从 2017 年 12 月 4 日开始的 7 个交易日里，从每股 6 美元上涨到每股 100 多美元。此后，有传闻称，UBI 管理层有减持 7 230 万只股票的计划。美国证券交易委员会于 2018 年 1 月 8 日宣布暂停 UBI 的证券交易，并质疑该公司自 2017 年 9 月以来提交的公司运营说明文件的真实性。

LongFin（朗芬公司），2017 年 2 月 1 日成立于美国特拉华州，是一家全球性的金融科技公司，致力于人工智能和机器学习等。2017 年 6 月 19 日，LongFin 收购提供贸易融资解决方案的新加坡公司

LongFin Tradex Pte. Ltd（朗芬贸易有限公司），并于 2017 年 12 月 13 日登陆纳斯达克，股票交易代码为 LFIN。12 月 15 日，LongFin 进军区块链领域，并宣布收购一家基于区块链的全球小额贷款解决方案提供商。12 月 17 日（进军区块链领域的第三个交易日），LongFin 股价暴涨 20 多倍。

除了上述名不见经传的小公司之外，有些有一定知名度的老牌公司也来蹭区块链的热度，发布开展区块链研究或业务的消息，股价也随之扶摇直上。

Overstock，1997 年成立，2002 年上市，是美国知名的在线零售商，曾经是亚马逊的有力竞争者，后来衰落，2007 年年底，其市值为 20 亿美元。2014 年 1 月，Overstock 成为美国第一个接受比特币交易的主要在线零售商。2017 年 9 月，公司孵化的基于区块链的交易平台 tZERO.com 上线，旨在打造华尔街 2.0：所有的证券最终都成为某种代币在交易平台上进行交易，绕过了华尔街现有的交易结算系统，可以节约 90% 的交易成本。该平台向美国证券交易委员会提出申请并于 2017 年 12 月开始 ICO（首次币发行），力求所有过程合法化。2017 年，Overstock 的股票价格上涨了 3 倍多。截至 2017 年年底，索罗斯基金拥有该公司近 250 万只股票，为其第三大股东。

迅雷，2003 年在中国深圳成立，2014 年 6 月在美国纳斯达克上市，是中国的老牌互联网公司。2017 年 8 月，迅雷开始众筹“玩客云”系列产品，同时发行号称基于区块链的玩客币。玩客云定位于极速下载的私人云盘、全新一代共享智能硬件，打造人人都可参与的“共享计算”。迅雷的用户可以分享闲置的网络带宽、存储空间以及计算资源，从而提升社会计算能力。私人云盘通过类似挖矿的机制，产生玩客币。玩客币可以用来购买迅雷的各种服务，也可以交易。迅雷的股票价格在 2017 年 10 月中旬之后的一个月内，上涨了 400%。2018 年 1 月 12 日，中国互联网金融协会发布关于防范变相 ICO 活动的风险提示，指出：以迅雷发行的“链克”（原名“玩客币”）为代表，一种“以矿机为核心的虚拟资产”存在安全隐患，值得警惕。被点名后，迅雷股价暴跌。

人人网，2002年在中国北京成立，2011年5月，在纽约证券交易所上市，是中国社交媒体的先行者，但后继发展不尽如人意。2017年12月29日，人人网推出人人坊，开始ICO，代币为RRCoin（人人币），希望打造一个基于区块链的开放社交网络平台。人人网在发布ICO消息后，股价在48小时内迅速攀升，最高涨幅为80%。2018年1月7日，人人网被有关部门约谈。2018年1月9日，人人网发布公告停止ICO。

有句话叫：“跌到你怀疑人生，涨到你怀疑人生。”如果参与不当，资本市场无论涨跌，都可能导致投资者陷入彻底的自我否定。有些投资者孤注一掷地投资股票、房子或期货，在投资失利后以结束自己生命的方式离场，其中包括一些曾经的名人大亨。然而在投资比特币的过程中，有人因为错过暴涨而自杀，确实让人唏嘘不已。

故事主人公是一个美国的小人物，他曾经拥有很多比特币，在比特币价格上涨的过程中，他没有把持住，卖掉了手中的比特币，错过了当千万富翁的机会。他无法原谅自己，居然自杀了。这个故事最初发布于美国网站红迪网（Reddit），中国很多自媒体也有报道。故事的真伪和细节无法考证，也没有记者去刨根问底，但是我们能从中领略到资本市场的疯狂。

其实，这个故事是在比特币暴涨情形下的社会缩影，我们从中可以真切地感受到追随者宗教般的狂热。但是，资本市场的残酷不会阻止新进者，悲剧故事甚至成了一种反向激励。正如美国著名投资人迈克尔·诺沃格拉茨（Michael Novogratz）在2017年9月美国旧金山颠覆大会（Disrupt SF 2017）上所说，虚拟货币投资的“羊群效应”正在形成。

众所周知，炒股票炒的是预期，无论股票市场在过去有多么辉煌，重要的问题是接下来股价还会涨吗？比特币的暴涨无疑是一种泡沫，一种在新技术刚出现时的典型现象（泡沫并不意味着新技术一定会成功）。如果把比特币比作一只股票，必然引发一系列的疑问：疯狂上涨有基本面吗？真的存在颠覆性的新技术吗？可能的业务是什么？有市场吗？有用户或客户吗？要弄清楚答案，最直接的方法就是把问题发给创始人。那么问题来了，谁是比特币的创始人？

第二节　谁是中本聪

现在已知的信息都把比特币的创始者指向了一个叫中本聪的人。中本聪虽然是日本人的名字，但是人们倾向于认为他是个英国人或美国人，因为从他发出的有限文字来看，用的是英式英语，邮件时间戳显示的是美国东部时间。2008 年，中本聪在一个以信息加密为主题的邮件讨论组中，发表了一篇文章，阐述了比特币的基本机制。邮件讨论组相当于现在的微信群，只不过用电子邮件作为交流工具，在中国不算流行，但在欧美却很普遍。

邮件讨论组的用户都是技术专家，讨论的主题是怎样才能不让政府知道自己的秘密。在该宗旨下，2009 年中本聪通过一个开源项目，宣告了比特币的诞生，并在创世区块中写道："Chancellor on brink of second bailout for banks."（财政大臣止在第二次拯救银行的边缘）。当年，各国政府都在金融危机中拯救银行，这句出世宣言似乎在公开宣称比特币来者不善。2010 年 12 月 12 日，当比特币成功运行后，中本聪悄然离去，从此销声匿迹。

由于邮件是匿名的，所以人们无法知道中本聪的真实身份，但邮件讨论组中的其他专家对中本聪的评价颇高，可以推断：中本聪是个不折不扣的技术男（或女），列一下邮件讨论组里的专家成员，以示崇拜。

约翰·吉尔摩（John Gilmore），Sun Microsystems（太阳计算机系统公司）的早期员工，开源项目的领导者。详情请看：https：//www.eff.org/about/board/john-gilmore。

史蒂文·M. 贝洛维（Steven M. Bellovin），哥伦比亚大学的计算机科学教授，擅长密码学和网络安全管理。详情请看：https：//www.cs.columbia.edu/~smb/。

菲尔·齐默尔曼（Phil Zimmermann），PGP（Pretty Good Privacy，最广泛使用的电子邮件的加密算法）的创始人，进入过无数的名人堂。详情请看：https：//en.wikipedia.org/wiki/Phil_Zimmermann。

蒂莫西·C. 梅（Timothy C. May），解决了“阿尔法粒子问题”（alpha particle problem），英特尔公司前首席科学家，2003 年退休，密码朋克邮件列表（Cypherpunks Mailing List）创始人。详情请看：https：//en.wikipedia.org/wiki/Timothy_C._May。

布雷姆·科恩（Bram Cohen），BitTorrent（简称 BT，中文名为比特流）的创始者，“BT 之父”，和“互联网之父”蒂姆·伯纳斯·李、谷歌创始人布林和佩奇等人，被列为十大最有影响力的互联网人物。详情请看：https：//en.wikipedia.org/wiki/Bram_Cohen。

在比特币获得了巨大的成功后，人们开始疯狂寻找中本聪。satoshin@gmx.com 被认为是中本聪用过的邮箱，大多数人认为该邮箱已被破解。但是在比特币发明前，中本聪使用该邮箱发的每一份邮件都经过 PGP 加密，人们无法追踪其中信息。可见在一开始，中本聪就非常严密地隐藏了自己的身份。2013 年，美国纽约时报报道：美国国家安全局给一种国际通用的双椭圆曲线加密算法植入了“后门”。令人惊奇的是：比特币使用了同类型算法中的另外一种，成功地躲开了“后门”。这是中本聪的幸运还是高明，无从知晓。

在猜测“谁是中本聪”的整个游戏中，有两个人值得一提，他们分别是：朱利安・保罗・阿桑奇（Julian Paul Assange）和埃隆・马斯克（Elon Musk）。

朱利安・保罗・阿桑奇，1971 年出生于澳大利亚，“维基解密”的创始人，被称为“黑客罗宾汉”。阿桑奇从小颠沛流离，中小学阶段一共上过 37 个学校。8 岁时，父母离婚；14 岁时，已搬家 37 次；16 岁时，成了一名黑客；18 岁当爹，20 岁入狱。2006 年，阿桑奇创建维基解密，专爆教会和政府的黑料，最终成为美国政府的眼中钉（因为他爆料的内容涉及美国阿富汗战争、伊拉克战争、关塔那摩监狱、外交通信记录、叙利亚战争、希拉里竞选等）。成立 10 多年来，维基解密号称有 1 000 万份秘密文件。维基解密共有 9 名董事会成员，都很神秘，阿桑奇是仅有的一个对外公开身份的人。随着维基解密日益引人注目，阿桑奇的行踪也越来越难为人所掌握，肯尼亚、坦桑尼亚、澳大利亚、美国和欧洲各国都有他的足迹。2010 年 12 月 1 日，瑞典通过国际刑警组织发出红色通缉令，以强奸和性骚扰罪名通缉阿桑奇。2010 年 12 月 7 日，阿桑奇向英国政府自首，10 天后被保释。2012 年 8 月，阿桑奇接受厄瓜多尔英国大使馆庇护。2017 年 5 月 19 日，瑞典撤销对他的强奸指控。2017 年 10 月 16 日，阿桑奇在社交媒体上发文公开感谢美国政府的长期打压。

自 2010 年以来，美国政府迫使维萨（Visa）、万事达卡（MasterCard）、贝宝（Paypal）等支付公司关闭了它们通向维基解密的支付渠道。维基解密只能被迫接受比特币等虚拟货币的捐赠，几年来，维基解密通过这种捐赠获利颇丰，明显高出通过法定货币捐助获得的资金。塞翁失马，焉知非福，维基解密在关键时刻押对了宝。2017 年 12 月 12 日，阿桑奇加入厄瓜多尔国籍。阿桑奇给自己的职业定位是“记者”，他认为信息的透明和自由交流会有效地阻止非法治理，但其所作所为完全超出了多国现有的法律边界，被视为当代最具反叛精神的人士。

埃隆·马斯克，1971 年出生在南非，现有加拿大和美国双重国籍，贝宝的联合创始人，坚守第一性原理。目前，马斯克同时经营着 5 家公司，分别是：Tesla（特斯拉），一家致力于清洁能源和电动车的公司，已在纳斯达克上市，市值近 600 亿美元；SpaceX（太空探索技术公司），一家私人航天航空公司；OpenAI，一家不追求利润的专门研究人工智能的公司，因为马斯克担心人工智能会给人类造成威胁，于是把研究的算法都公布于众，希望得到公众的监督；Neuralink，一家致力于人脑和计算机连接的公司；The Boring Company，一家致力于解决地面拥堵问题的轨道交通公司。此外，马斯克还设计了超高速高铁（Hyperloop）的方案，方案中的设计时速高达每小时 4 000 公里。2018 年 2 月 6 日，北美东部时间下午 3：45，SpaceX 研制的可重复使用的超重型运载火箭首飞成功，其运载能力达到 63.8 吨，远超先前的最大运载能力 22.8 吨。值得一提的是，在 SpaceX 公司中，马斯克不是甩手掌柜似的 CEO（首席执行官），而是首席科学家，他声称他了解火箭上的每一个零件。24 岁时，马斯克进入斯坦福大学攻读材料科学和应用物理博士学位，但在入学后的第二天，就决定离开学校开始创业。马斯克在接受采访时声称：学校学习太慢，自己看书也可以成为航空专家。在马斯克的带领下，仅有 5 000 多名员工的 SpaceX，在航天航空领域的成就可能超越了世界上任何一个国家。在商业方面，马斯克还不算太成功，但在创新方面，毋庸置疑，他是当今天下第一。

人们有意无意地把中本聪影射到现实世界中的阿桑奇或马斯克身

上，在肯定中本聪创新地位的同时，暗示其具有强烈的反叛精神。比特币也拥有创新和反叛的性质：从科学技术的角度来看，比特币被公认为天才的发明；从社会秩序的角度来看，比特币可能会带来颠覆的结果。后者从他在创世区块的留言中便可以看出。这种罕见的创新和反叛的结合体，对技术草根产生了难以抵制的吸引力。暂且不论区块链给人们带来的广阔的遐想空间，比特币本身作为区块链的首个应用，以“钱”的形式出现，直接挑战了现实社会中高高在上的金融圈。中本聪就是互联网时代的堂吉诃德，无畏、正义、偏执、富有同情心，并具有破坏性。

中本聪退出江湖，毫无踪影，但人们没有放弃对他的找寻，江湖上不时有他的传闻。2014 年，美国《新闻周刊》的记者声称找到了中本聪的本尊，一位定居在加州的日裔美国老人多利安·中本聪（Dorian Satoshi Nakamoto）。记者蜂拥而至，老人苦不堪言。为给老人解围，有人甚至用中本聪曾经使用的邮箱 satoshin@gmx.com 发了封邮件：“那不是我（It’s not me）。”更有甚者，蹭热点的假冒中本聪接二连三地出现，但每次都很快被群众识破。2015 年，英国《经济学人》杂志授予中本聪无国界奖，当然他没有现身。据说诺贝尔经济学奖也要提名他。

为了寻找中本聪，各种人对他留在互联网上的痕迹进行追踪分析。英语中有句办案名言“follow the money”（跟踪钱），指嫌疑人的资金流向一般会给办案人提供可靠的线索，其原理是假设作案人的动机就是为了挣钱，或者是为了保护自己的既得财产，例如在美国总统特朗普的“通俄案”中，特别检察官也是追着总统的银行账户不放。

一个名叫塞尔吉奥（Sergio）的美国人，是早期比特币社区的维护者。可能是出于自身兴趣，塞尔吉奥根据自己的推论，计算出中本聪拥有比特币的数量，下面是他的推理逻辑。

在比特币诞生的早期，中本聪是最大的挖矿者，因为那时候除了他，谁也不知道用一台普通的电脑就能挖出比特币来。假设在比特币创世当天，只有中本聪在挖矿，所有的获得分布在最初的地址中。塞尔吉奥找到了当天有比特币进账的144个地址，发现每个地址有50个比特币。进一步假设：中本聪的挖矿所获在几个星期后降到90%，几个月后这个比例降到40%，最后降到5%。塞尔吉奥发现：最终中本聪手中的比特币分布在几千个不同的地址中，每个地址都有50个左右的比特币，而且除了少量地用于测试外，剩下的从未被使用过。根据以上推理逻辑，塞尔吉奥得出结论：中本聪拥有近98万个比特币。

根据市价（2017年12月），中本聪拥有的比特币市值近200亿美元。由于这些比特币从没有被动用过，中本聪的发明不是为了钱，可能只是好奇。中本聪隐匿自己，并在创世区块中留下嘲笑政府的言论，是不折不扣的反社会的“极客”作风。塞尔吉奥，因为自己的推算被广泛接受，在比特币的社交圈获得了一定的知名度，至今仍活跃在区块链的世界里。

人们一直在寻找中本聪，却没有得到任何结果，图0-5至今仍是网络上最流行的中本聪画像，神秘而傲慢。对比特币基本面的分析，刚开始就碰壁，连个创始人都找不到。找不到创始人可以找专家，因为财经分析专家的观点可能会指明比特币的后续发展趋势。

图0-5　神秘中本聪的网络图像

第三节　反对、支持和阴谋论

比特币如此暴涨，肯定不缺支持者，而在生活中，更不缺反对者。下面的三个反对者，在中国都是家喻户晓的人物。

杰米·戴蒙（Jamie Dimon）是现任美国最大银行摩根大通的CEO，哈佛MBA（工商管理硕士），华尔街传奇人物。2004年，戴蒙加盟摩根大通，2006年被任命为CEO，此后带领公司一路高歌猛进，超过自己师傅领导的如日中天的花旗银行，稳坐美国第一大行的交椅。更令人称奇的是，在2008年的金融风暴中，雷曼兄弟公司申请破产保护，贝尔斯登公司和美林证券先后被收购，高盛集团和摩根士丹利转变成商业银行，美国银行和花旗集团接连宣布巨额亏损，而戴蒙领导的摩根大通成为全美唯一一家没有受到波及的银行，反而逆市上扬。戴蒙是为数不多的，仅靠打工就可以成为10亿美元级的富豪。他的薪水多年排在华尔街银行家首位，2017年的收入高达2 950万美元，再次成为华尔街银行中薪酬最高的CEO。如此杰出的一位银行家，早在2015年就说过，虚拟货币终将受到制裁，交易比特币是在浪费时间；2017年9月他再次发声，指出加密货币具有欺诈属性，将比特币比作郁金香泡沫，扬言在摩根大通内部，谁交易比特币，他就解雇谁。

沃伦·巴菲特是当代最伟大的投资者之一，长时间位居世界富豪榜前列，2017年身价达700多亿美元。巴菲特的投资理念很少受到质疑，他对黄金的藐视也是家喻户晓。在2010年接受采访时，巴菲特说，世界上所有已开采出来的黄金，相当于一个边长大约20米的正方体大金块，按照市价，可以轻松换得美国所有的耕地、10 个美孚石油，再加 1 万亿美元现金。如果在它们中间做一个选择，那么大多数人不会选黄金，因为黄金根本不产生价值。巴菲特对比特币的态度，比起黄金来，有过之而无不及，厌恶之情溢于言表，他在多次采访中告诫人们要远离比特币泡沫。在 2018 年 1 月 10 日接受 CNBC 专访时，巴菲特更是直言，如果可以的话，他愿意购买每个虚拟货币 5 年的看空期权。

迈克尔·布隆伯格，全球最大财经资讯公司彭博新闻社的创始人，身价 400 多亿美元，3 任纽约市市长，一位在美国政商两界“通吃”的大佬，多次传言要竞选总统。他肯定了区块链技术的实际意义，但对比特币完全持否定态度，在不同的场合多次表达“比特币没有任何内在价值”，并警告投资者：政府失去货币控制权，让位于比特币，是永远不可能发生的事，比特币终将是一场梦。

上述三位反对者，都是重量级的财经专家，给大众泼了一大盆凉水。但是不要过分悲观失望，因为专家的言论也只是一家之言，他们也有看错的时候，况且名流里支持比特币的也大有人在，而且有些靠投资虚拟货币已经成为 10 亿美元级的大富翁。下面几个英勇的支持者值得一提。

文克莱沃斯双胞胎兄弟（Winklevoss brothers），1981 年出生于美国，2000 年同时进哈佛读经济学，4 年后获得经济学学士学位；2002 年，筹划哈佛社交网站 HarvardConnection（哈佛关系）；2003 年，扎克伯格加盟开发团队；2004 年，扎克伯格率先发布社交网站脸书，文克莱沃斯兄弟起诉扎克伯格剽窃，最后获 6 500 万美元的赔偿金。2008 年，文克莱沃斯兄弟参加了北京奥运会双人皮划艇项目，获得第六名；2009 年，兄弟俩去牛津读 MBA；2013 年，他们出资 1 000 万美元投资比特币；2017 年，成为全世界已知身份的第一个比特币 10 亿美元级富豪。

彼得·蒂尔（Peter Thiel），1967 年出生于德国，在很小的时候随家人去了美国。1992 年，毕业于斯坦福法学院；1999 年，作为联合创始人，出任贝宝的 CEO；2002 年，将贝宝卖给 eBay（亿贝），套现出局；2004 年，投资脸书 50 万美元，最后获利颇丰；2005 年，发起风险投资基金 Founders Funds（创始人基金），投资 Slide（斯莱德公司）、LinkedIn（领英公司）、Geni.com（全球能源网国际公司）、Yammer（一个企业社会化网络服务平台）、SpaceX、Yelp（美国最大的点评网站）等一系列互联网公司，这些公司的很多创始人都是蒂尔在贝宝期间的同事。这些投资当时市价 300 亿美元，蒂尔被业界誉为“硅谷黑帮大佬”。2014 年，彼得·蒂尔编著的《从 0 到 1》（*Zero to One*）出版，图书销量很快便占据了亚马逊排行榜第一名，中国创业投资圈几乎人手一本。2016 年，蒂尔成为硅谷唯一一名支持特朗普的科技大佬，并出任总统科技委员会主席。2017 年中期，Founders Funds 投资比特币近 2 000 万美元，获利颇丰。

约翰·迈卡菲（John McAfee），1945 年出生在英国的美军基地；15 岁，父亲自杀；23 岁，被学校开除；38 岁前，在各大公司做程序员，如 Xerox（施乐公司）、Computer Sciences Corporation（计算机科学公司）等，酗酒吸毒是常事；39 岁，离婚；40 岁，加入洛克希德·马丁公司，成为杀毒软件工程师；1987 年（42 岁），创建迈卡菲协会（McAfee Associates），开发出世界上第一款商业杀毒软件，并通过危言耸听的营销模式取得成功，后被斯坦福商学院作为经典商业案例写进教材；1992 年，迈卡菲协会上市；1994 年，迈卡菲退出迈卡菲协会；2010 年，迈卡菲协会被英特尔收购。2000 年后，迈卡菲开始大量投资房地产，并在夏威夷、新墨西哥州、科罗拉多州买了大片土地；2008 年金融危机爆发，他的个人资产疯狂缩水；2009 年，迈卡菲买下了中南美洲伯利兹的龙涎香岛；2012 年，伯利兹警察以私藏毒品和武器的罪名逮捕过迈卡菲；2012 年 11 月，迈卡菲的邻居被枪杀，伯利兹政府怀疑迈卡菲是嫌犯，并下令通缉他；随后，迈卡菲流亡到危地马拉，当地政府却将其关押，并将其引渡给伯利兹，后因证据不足迈卡菲被遣送回美国；2016 年，迈卡菲宣布参加总统大选。2016年5月，迈卡菲成为MGT Capital Investments（一家企业资产收购公司）的 CEO，开展比特币的挖矿业务。2017 年 7 月，迈卡菲在微博上预测比特币在 3 年内将涨到 50 万美元一枚，同年 11 月，他再次写道，到 2020 年年底，比特币将涨到 100 万美元一枚。

迈克尔·诺沃格拉茨，1964 年出生在美国，1987 年毕业于普林斯顿大学经济系；高中时，获得弗吉尼亚州摔跤亚军；大学时，是普林斯顿大学摔跤队队长；1988 年，服役于新泽西国民卫队，担任直升机飞行员；1989 年，入职高盛集团；1998 年，担任高盛集团拉丁美洲总裁；2002 年，加入对冲基金巨头城堡投资集团（Fortress Investment Group），任首席投资官；2007 年，城堡投资集团上市；2007 年和 2008 年连续两年，被《福布斯》杂志列为 10 亿美元级富豪，成为华尔街最著名的对冲基金经理之一。2013 年，诺沃格拉茨投资比特币和以太坊；2017 年，他透露虚拟货币占他总身价的 20%。目前，诺沃格拉茨担任银河投资集团（Galaxy Investment Group）的 CEO，致力于投资虚拟货币，计划将银河投资集团打造成一家专门投资加密货币和区块链的投资银行，并计划在加拿大上市。诺沃格拉茨认为，尽管加密货币市场或许存在泡沫，但是比特币可能会成为一种与黄金类似的、可行的财富保值方式，而以太坊可能成为支撑谷歌和脸书未来的平台。诺沃格拉茨在华尔街对冲基金界拥有崇高的地位，又率先成立了投资虚拟货币的基金会——如今已然成了传统对冲基金和虚拟货币圈的桥梁。

各路专家均身世显赫，对于比特币他们语出惊人，观点不尽相同。人们对比特币等虚拟货币的发展态势非但没有清晰，反而更加迷惑，这就给阴谋论者提供了市场基础。

> 只要真相的复杂性超出了一些人的理解能力，阴谋论就永远有市场。
>
> ——彭凯平　清华大学心理学系主任

打开百度，输入“比特币的阴谋论”，你会看到长长的列表，其中不乏有些名人的文章；打开谷歌，输入“bitcoin conspiracy”，也是满屏的奇谈怪论。比特币作为新生事物，超出了大多数人的想象和理解范围。有些人为了博眼球或获取更大的利益，在自媒体流行的今天，发表了一些阴谋论。

在阴谋论中，政府的背影时常出现。有人声称，比特币是美国国家安全局的项目，美国中央情报局（CIA）特工或美国联邦调查局（FBI）探员早已深入其中。由于韩国和日本监管相对较松，导致韩国的比特币价格最高，日本的虚拟货币交易所最多。还有人声称，日本想借此翻盘。还有人认为，比特币是由某个团队或公司打造的，或许中本聪就是一个人工智能机器。总之，山雨欲来风满楼，阴谋论甚嚣尘上，没有尽头。

不论阴谋论真假，面对比特币不断增长的势头（比特币的市值从2017年年初的200亿美元，上涨到2017年12月的2 000多亿美元。如果最终真的达到某些人预测的100万美元一枚，那么比特币的总市值将达20万亿美元，相当于2017年美国国债的总和），有人断言：各国政府出手是迟早的事。

第四节 渐入主流，经济又政治

有人声称，比特币是伪创新。为了鉴别比特币是否为伪创新，除了加强监管，可能最为有效的检验方法是将其引入主流市场，让各方资金加入，进行公开博弈。从其自身发展的角度来看，比特币有着进入主流市场的迫切愿望。监管者只有将比特币的一切置于桌面之上，阳光之下，才可能制定出最有效的监管办法。

比特币原本只是技术草根表达信仰的载体，现如今也只活跃于小众人群中。然而，任何新生事物如果想要登上更大的舞台，那么必须接受更多人的监督和评判。比特币以“钱”的形式映入大众眼帘，如果不能获得主流金融圈的认可，其身价不可能达到 100 万美元一枚。然而，比特币要让大众接受，必须站到聚光灯下，冒着变成零的风险接受检验，展示其本质到底是“电子黄金”还是“互联网时代的郁金香”。

自 2009 年诞生以来，比特币市值曾在 2013 年有超过 10 倍的涨幅，它被很多技术控翻出来激动地研究过一阵子，但没有引起主流投资人和监管者的注意。当市场恢复平静后，它仍僻处一隅。2017 年，伴随着以太坊的成功，比特币市值再次大涨，又膨胀了 10 倍。小众人群硬生生地把这个出生于犄角旮旯的发明，再次推到了大众面前，置于监管者的眼下。监管者也终于出手：芝加哥期权交易所和芝加哥商品交易所分别在 2017 年 12 月 10 日和 2017 年 12 月 18 日开始比特币期货交易。

可见，进入主流市场是比特币在发展过程中绕不过去的一道坎。

诚然，比特币被抛入大众旋涡，必溅起水花。比特币的大幕已经拉开，各利益相关方的博弈和发展交织而生，精彩即将呈现。笔者感慨事件重大，曾经在自媒体中写道：

比特币是打着去中心化的大旗诞生的，但我们看到的现实却是：存量币、增量币、资金、技术、产能（挖矿）、交易等不断集中。随着主流资金的介入，围绕着天生神秘的比特币，在各种阴谋论的裹挟下，各方势力将依次登场，角逐未来。“肥硕”的矿主们恣意地消耗着电能，暗地里分着赃物。ICO和IFO（首次分叉发行）的“骗子”们，公开叫嚣着改变世界，私下里却疯狂地攫取信徒的财富。人们仿佛在一个昏暗的赌场里疯狂下注，赌场里的朦胧感更加刺激了下注的欲望。门外刚得到消息的、不明真相的群众纷至沓来，挥舞着让他们焦虑的法定货币，抢购通往未来世界的门票。涨到你怀疑人生，跌到你怀疑人生，比特币的好戏才刚刚开始。

比特币等虚拟货币要进入主流社会，经济因素只是一方面，政治因素是不可忽视的另一方面。2017年12月28日，韩国民众在总统办公室网站上发起请愿书，抗议政府对于加密货币的管制。韩国媒体Yonhap News（韩国联合通讯社）一度报道：韩国财政部长宣称，政府有可能关闭加密货币交易，由此引发比特币价格下跌17%。截至2018年1月16日，已经有超过212 700名韩国民众签署抗议请愿书。一名匿名的请愿民众写道：“人们并不愚蠢，投资加密货币是因为它被认为是第四次工业革命的助推器。”政府部门被迫回应，韩国总统文在寅称，关闭加密货币的交易必须获得来自国民议会的批准。局势暂时得到缓和。

这也许只是比特币进入主流社会的一个小插曲，但预示了其政治道路的开启。当监管者和民意分歧加大时，以比特币为代表的虚拟货币，像国防、福利、教育、医疗、宗教等话题一样，或将成为选举的焦点之一，走到政治舞台的中央。虚拟货币的拥趸者，成为政客们不可忽视的力量。此外，一些来自政治体系内部的力量，也不可忽视。

2017 年 2 月 11 日，参与竞选美国参议员的密苏里州共和党候选人奥斯汀·彼得森（Austin Petersen）宣布：截至目前，我已收到 24 笔虚拟币的政治捐款，最大的一笔是 0.284 比特币（市值 4 500 美元）。他声称自己就是虚拟货币的热爱者，去中心化可能对他所在的选区更有利。2018 年 2 月 8 日，美国亚利桑那州通过立法，允许虚拟货币作为税收的法定货币。新的法律规定：纳税人可以使用电子 P2P 系统，使用比特币、莱特币或任何其他公认的加密货币缴纳所得税。步人后尘的还可能有：田纳西州、怀俄明州、堪萨斯州、新罕布什尔州和内华达州等。有些国家虚拟货币合法化的步伐更快，如爱沙尼亚、丹麦、瑞典、荷兰、加拿大、德国、白俄罗斯等。

虚拟货币将来会越来越深刻地影响更多国家和地区的经济和政治活动，也必将成为焦点话题。那么，问题来了，比特币等虚拟货币在主流社会能苟活下来还是蓬勃发展？能颠覆传统还是逐渐消亡？在以下的章节里，本书将从底层逻辑开始，揭开表象、逐层剖析、理性推测，展现区块链发展的潜力以及可能带来的商业机遇。

前传小结

前传讲述了比特币的诞生、暴涨、争议和渐入主流的现状，总结了本书写作时的背景。读者可能已经感受到区块链的蓬勃之势，但对前传中出现的某些术语或许会感到茫然。这些都无伤大雅，只要看完全书，这些问题便会迎刃而解。

前传要点

- 2017 年，比特币市值同比增长 13 倍多，但涨幅只排在虚拟货币涨幅榜的第 14 位。
- 和区块链概念沾边的股票价格，都在短时间里暴涨。
- 人们为比特币疯狂，错过暴涨，心情压抑，甚至自杀。
- 天才中本聪发明了比特币，但已远遁江湖，销声匿迹。
- 人们猜测阿桑奇或马斯克可能是中本聪本尊，影射其反叛和创新精神。
- 塞尔吉奥推算中本聪有近 98 万个比特币，但绝大部分未被动用。
- 反对者：杰米·戴蒙、沃伦·巴菲特、迈克尔·布隆伯格，他们斥责比特币没有内在价值，劝人远离，甚至不惧卖空。
- 支持者：文克莱沃斯双胞胎兄弟、彼得·蒂尔、约翰·迈卡菲、迈克尔·诺沃格拉茨，他们已经通过投资比特币获得丰厚收益，仍在加大投入，甚至发下毒誓，赌其市值再次暴涨。
- 比特币的复杂性超出了大众的理解，阴谋论粉墨登场。
- 2017 年 12 月，比特币期货登陆主流交易市场。
- 虚拟货币已成政治话题，或成竞选焦点。

第一章

牌友记账用高科技

比特币爆红，投机者和投资者都很激动，冷眼旁观者也想知道这后面到底有怎样的神奇力量，而那些掌握秘密的技术控们挥舞着改变世界的大旗，开始了号称第二代互联网的征程。比特币背后的神奇力量离不开区块链技术。本章通过棋牌室的故事，用场景化的描述方式阐述区块链的原理。

第一节　牌友记账不容出错

如图 1-1 所示，甲、乙、丙、丁四个人到棋牌室打麻将。在每局牌结束的时候，他们用筹码互相付账，负的要支出，胜的要入账。打牌、计算、支付、找零，周而复始，虽然工作量不大，但占用了一段时间，且反复出现，破坏了牌局的连续性，严重地降低了麻将比赛的体验度。

图 1-1　牌友记账用了高科技

任何比赛都力求流畅，例如在足球比赛中，裁判的判罚必不可少，但是判罚的节奏和准确度一样，也是对裁判的评判标准之一。在麻将比赛的支付环节，完美的处理方式应该是在每局结束后自动结算。这是终极目标，在当下只能是一种美好的愿望，无法一步实现，但可以小步迭代式地予以推进。

甲、乙、丙、丁约定：为了省去找零环节，在每局结束后暂时不结算，只是先简单地记录下胜负结果，直到整个牌局结束时再清算。问题来了：如果选一个人来记账，选谁？甲毛遂自荐，乙、丙、丁虽然轻松，但心里有点不放心，担心甲会记错（可能是无意的，也可能是有意的）。假设甲、乙、丙、丁四个人的信用没有任何差别，选择任何一个人记账都会引起其他三个人的焦虑。

四人商量决定：甲一个人来记账，其他三个人复核。为了节约时间，四人起初决定待整个牌局结束时，完整地复核一遍，继而结算。但是他们很快发现，中间信息的缺失令人无法忍受，甚至会导致更大的麻烦。于是，四人退而求其次：每局结束，甲记账，乙、丙、丁三人复核，并各自将结果记录在自己的账本上。这样，每个人都有一套完整独立的账本，任何一个账本缺失或者错记，其他三人都可以很容易地发现并纠错。可见，小小的牌局为了解决信用问题，一笔账有四个记录，产生了冗余，这在某种意义上降低了效率，但安全可靠，值得信赖。

在实际操作过程中，为了方便查询，在每次牌局结束时，甲记下新的账目，待其他三人复核没问题后，这些新账目将被写到同一页面上，并被标上时间序号。之后，四人将同一页面上的账目信息再粘贴到各自的账本中（每页的时间序号表明该页是什么时候产生的）。随着比赛局数的增加，每人账本的页数增多，账本越来越厚，但依然井然有序。

上述场景对应比特币区块链里的术语

- 打麻将的四个人构成一个网络，在整个比特币系统中类似于互联网里的一个子网络。
- 牌桌上的每个人既转账又记账（或复核），这样的个体在比特币网络里被称作“全节点”。
- 账本的每个页面记录了一段时间内产生的交易，该页面在比特币网络中被称作“区块”（block）。
- 账本由多个页面组成，该账本在比特币网络中被称作“区块链”。
- 每个牌友都拥有一套独立完整的账本，在比特币网络中，这种数据储存方法被称作“分布式账本”。
- 为了让每个区块信息不可修改，比特币区块链对每个区块内容做了加密处理，并将上一个区块的加密结果写入当前区块。
- 比特币使用的页面加密算法是SHA（安全哈希算法）-256，区块经过加密后的结果被称作该区块的哈希值。

第二节　互联网络和节点

互联网诞生于20世纪60年代，从美国国防部的ARPANET（阿帕网）开始，到80年代由美国国家科学基金会（NSF）建立的NSF网络（由15个超级计算机中心组成，支持国家教育科研项目），到90年代彻底商业化并遍布全球，再到如今改变社会、商业、政府等社会各个方面，一路走来，波澜壮阔。互联网是第三次技术革命的关键成果，它的浪潮至今汹涌澎湃：截至2017年年底，全世界有40

多亿网民，占全球总人口数的 52% 左右。

在数学中，网络是一种有向图（见图 1-2），由节点和连线构成；在物理学中，网络是从同类问题中抽象出来的模型。节点代表网络中的诸多对象，连线则是对象之间的相互联系。互联网是一个主要由计算机组成的网络，数据（信息）在计算机之间传输。互联网节点是指各种计算机，如巨型机、大型机、小型机、工作站或个人电脑、其他数据终端设备等，和一些网络连接设备，如网卡、集线器、中继器、交换机、网桥和路由器等。拥有独立的全网唯一的 IP（互联网协议）地址是互联网节点成为独立节点的重要标志。节点之间的连接，即信息传递，主要通过传输介质（如光缆、同轴电缆、双绞线等），按照事先约定的通信协议完成。1981 年，国际标准化组织（IOS）制定了互联网的通信体系，即 TCP（传输控制协议）/IP，构筑了信息高速公路的基础。

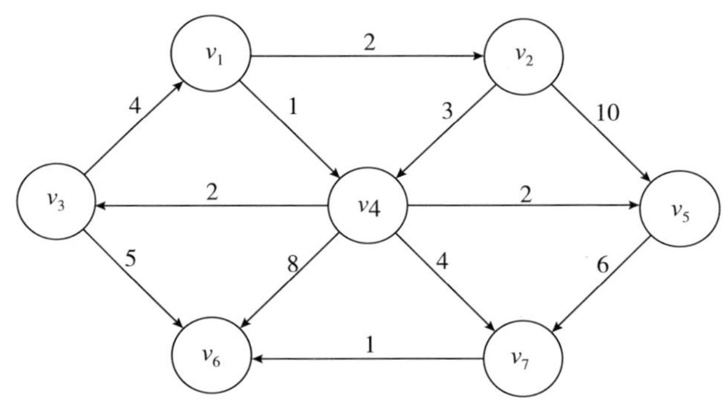

图 1-2　由节点和连线组成的有向图

互联网原则上采用的是去中心化的管理模式，特定的组织或个人最多只能控制某些子网，但无法控制整个网络。然而在 IP 地址分配和域名服务方面，互联网仍有些中心化管理的影子。互联网名称与数字地址分配机构（ICANN）是一个非营利性的国际组织，1998 年 10 月成立于美国加州，管理 1 台位于美国的主根服务器和 12 台辅根服务器（其中 9 台在美国，其余 3 台分别在英国、瑞典和日本），成了事实上的互联网管理中心。

在过去的 10 多年中，互联网在中国风起云涌，出现了像百度、阿里、腾讯（BAT）这样的巨头。尽管有些人表示担忧，但是中国的互联网发展从未停止，而且越来越快。进入 21 世纪，中国的移动互联网在经历了 2G、3G、4G 的追赶后，有可能在 5G 时代[①]领先全球。截至 2017 年年底，我国的智能手机用户数量已达到 13 亿，位居全球第一。

随着全球物联网（物联网加入了传感器和执行器的概念，但其底层逻辑仍是互联网）和工业互联网概念的提出以及智能项目（如智能电网、智能工厂、智慧城市、智能家居、智能交通等）的推进，到 2020 年年底，全球将有超过 500 亿个智能设备接入互联网（《福布斯》杂志）。手机已经接入互联网，汽车和各种家用电器正在接入。任何接入互联网的设备如果要保持独立，必须获得 IP 地址。

目前广泛使用的 IPv4（互联网协议第四版），规定 IP 地址长度为 32 位，即地址总数为 $2^{32}-1$。毫无疑问，在物联网时代，这些地址将被用尽。IPv6（互联网协议第六版）于 2012 年 6 月 6 日正式启动，规定地址长度为 128 位，可以一劳永逸地解决地址短缺的问题。值得一提的是，目前 IPv6 根服务器共有 25 台，分布在 16 个国家，中国有 4 台。在整个互联网的新格局中，中国的地位显然在上升。

互联网的节点在增加，网络边界在扩大，使得人类所在的社会网络发生了翻天覆地的变化。社会网络包含社会角色和它们之间的社会交往。社会角色可以是个人或组织，相当于网络里的“节点”。社会交往相当于网络里的“线”。个人之间、个人和组织之间、组织和组织之间，关系从简单到复杂，构成了缤纷且变幻无穷的社会网络。

---

① 2G、3G、4G、5G 分别是指第二代、第三代、第四代、第五代手机通信技术规格。——编者注

社会网络最早由德国社会学家齐美尔（Georg Simmel）在20世纪初提出；20世纪50年代，人们开始运用数学分析的方法研究社会网络问题；80年代，形成了完整的社会网络分析方法论。社会网络分析是一门典型的交叉学科，涉及社会学、心理学、统计学、图论、概率论等。

随着工业化的进程和互联网的发展，社会个体的自主性增强，与生俱来的群体属性被弱化，个体与个体之间有着更广泛的连接，使得社会呈现高度网络化的特征。个人一般归属于家庭、社区、工作单位等具有严格边界和明确秩序的组织，与亲戚、邻居和同事等类似的个体建立基础关系。而在网络化的社会里，个体以自己为节点向外发散，既是信息的接收者也是创造者，和其他节点建立多元关系，进入多元群体，甚至跨越种族、国家、宗教等边界，例如可以同时在不同的团队中工作，参加不同的兴趣小组，参与不同地区的政治生活等。

社会网络非常复杂，而且还在不断地连接、裂变和融合。处在网络中的个体既不是毫无关联的，也不是一成不变的，而是根据自身的一种或多种属性，如地域、人种、职业、党派、爱好、道德情操、政治倾向等，不断地进入和退出一个个社会网络。“人以群分”不是互联网时代特有的现象，只是在互联网时代，群的基础属性在不断地发生变化。

以色列的历史学家尤瓦尔·赫拉利（Yuval Noah Harari）在《人类简史》中描述了智人如何用语言表达出一些抽象的事物，如信任、法律、国家、宗教、文化、思想等。这些抽象的事物帮助智人成为地球上最强大的物种。至今，这些抽象的事物仍然在社会网络中引导、约束并塑造着个体的各种属性，进而决定他们的群体归属。

令人惊奇的是，随着互联网的发展，社会网络的各种活动越来越多地移植到互联网上。从20世纪90年代开始，围绕互联网的商业迅速崛起，成功的商业巨头要么给互联网提供基础设施，要么把一部分功能移植到互联网上。思科为互联网提供连接设备，微软把办公室搬到网上，阿里巴巴、亚马逊把商城搬到网上，谷歌、百度把图书馆搬到网上，脸书、腾讯把社交搬到网上，等等。当下，物联网正以惊人的速度把本不属于计算机的物品接入互联网。

凯文·凯利（Kevin Kelly）于20世纪90年代在《失控》（*Out of Control*）中描述的大数据、云计算、物联网、虚拟现实、网络社区、人工智能等，正扑面而来。如今，马斯克创立的Neuralink致力于人脑与计算机的互联，有朝一日，可能将芯片植入人脑，赋予人独立的IP，使其成为互联网的一个节点。这些其实并非妄想。赫拉利更是胆大敢言，他在《未来简史》中写道："生命本身就是不断处理数据的过程，生物本身就是算法。"我们无法断言互联网最终会发展到什么程度，但是社会网络向互联网迁移的趋势很明显，且速度惊人。

看得见的事物接入互联网已是基本事实，而社会网络里那些抽象的事物，如金融、信用、隐私、版权、法律、主权、信仰等，是否也有可能被移植到互联网上？答案正在揭晓。

棋牌室里的甲、乙、丙、丁作为独立节点构成网络，是社会网络的一个小小子网。从社会网络的角度来看，这四个人打麻将并结算，既交易又记账，他们没有角色上的差别，都是全能的节点。比特币也诞生在网络里，是现有互联网的一个小小子网，它的节点是已接入互联网并自愿加入比特币网络的计算机。初始比特币网络中的节点也没有任何差别，同样是既交易又记账。

四人在记账的过程中使用了类似区块链的高科技，而正是区块链把社会网络中看不见的货币发行移植到互联网上。比特币是货币发行移植到互联网后的第一个案例，是社会网络向互联网迁移的又一个例证，具有里程碑意义。比特币区块链突破了现有互联网的局限，打开了另一扇社会网络向互联网移植的大门，为看不见的产权、信任、隐私、法律等开辟了先前看似不可能的迁移途径，意义非凡。本书前四章描述了这种迁移过程和其中的商业机遇。

第三节　图灵和密码朋克

在讨论本章重点（区块和区块链）之前，我们有必要先了解其中不可分解的部分——加密算法和分布式数据库。这两个部分是独立于区块链之外的概念，它们被巧妙地应用到了区块链技术里。

密码学是一门非常古老的学科，可以追溯到公元前 5 世纪的希波战争时期。在第二次世界大战中，密码战更是让人津津乐道。成功地破译敌军密码在许多著名战役（如不列颠空战、阿拉曼战役、大西洋海战、中途岛海战）中起了不可估量的作用。密码学就是在编码和破译的斗争中逐步发展起来的。艾伦·图灵（Alan Turing）被誉为“计算机科学之父”和“人工智能之父”，在第二次世界大战中破解了德国的著名密码系统 Enigma（英格玛），成为历史上最著名的密码破译英雄。

密码学的英文叫 cryptology，词根 crypto 来自希腊文，是隐藏的意思。密码学就是研究如何隐秘地传递信息的学科，通俗地讲，就是如何把信息转换成一种隐蔽的方式，防止其他人获得。著名的密码学家罗纳德·李维斯特（Ronald L. Rivest）说：“密码学是关于如何在敌人存在的环境中通信。”密码学的首要目的是隐藏信息的含义，而不是把信息隐藏。密码学已成为一门与语言学、数学、电子学、声学、计算机科学等有着广泛联系的综合性尖端学科。

20 世纪 70 年代之前，在美国，密码学主要用于政府和军队中。

之后，两本美国政府刊物——《数据加密标准》(*Data Encryption Standard*) 和《密码学新方向》(*New Directions in Cryptography*) 打开了民间使用密码学的大门。80 年代，戴维·肖姆 (David Chaum) 博士写了很多关于匿名数字现金和匿名声誉系统的文章。1992 年，中本聪所在的著名邮件列表——密码朋克邮件列表宣告成立。密码朋克绝不是像图灵一样的国家英雄，恰恰相反，其宗旨是通过密码学改变政治和社会现状，获得绝对隐私，摆脱政府控制。1993 年，《密码朋克宣言》(*A Cypherpunks' Manifesto*) 发表，其中写道：

> 对于电子时代的开放社会来说，隐私是必要的。……我们不能指望政府、公司或其他不愿抛头露面的大型组织赐予我们隐私……如果我们希望有任何隐私，我们必须捍卫自己的隐私。……我们知道肯定会有人编写软件来保护隐私……我们也准备这样做。

密码朋克的目标之一是追求一种不受政府控制的货币。2008 年，中本聪在吸收密码朋克成员亚当·巴克 (Adam Back)、戴维 (Wei Dai)、尼克·绍博 (Nick Szabo) 等人成果的基础上，发表了《比特币白皮书》。比特币这样的电子货币，英文名称为 cryptocurrency (加密货币)，隐含的意义为"一种不想让人知道的货币"，这与其出自密码朋克有直接的关系。

密码算法分为加密算法和解密算法。长久以来，加密算法是密码学中最重要的部分。没有加密的信息叫明文，加密后的信息叫密文。加解密算法是一种明文和密文之间的转换工具。加解密过程由两部分组成：一个是算法，另一个是密钥。密钥是一个用于加解密算法的秘密参数，通常只有使用者知道。

加密算法的技术可分为对称式加密和非对称式加密。在对称式加密算法中，加密和解密使用同一个密钥；而非对称式加密 (见图 1-3)

在加密和解密的过程中使用不同的密钥，通常有两个，即“公钥”和“私钥”，必须配对使用。在互联网时代，在网络上传输加密文件，如果使用对称式加密，难免要把密钥告诉对方，而密钥在传输过程中可能被第三方窃听。若使用非对称式加密，公钥可以对外公布，私钥则没必要传出去，自己知道即可。文件用公钥加密，传给收件人，收件人用自己的私钥解密，避免了密钥传输的安全问题。非对称式加密技术广泛使用在数字签名等多个领域。在比特币的生成过程中，因为使用非对称式加密算法，所以保存比特币的关键点就是私钥永远不上网。

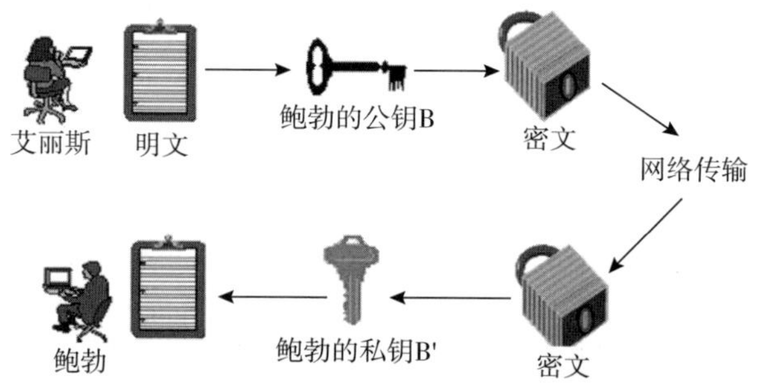

图 1-3　非对称式加密、解密过程

除了非对称加密算法，比特币在生成账本的过程中还使用了 SHA-256 加密区块内容。SHA 是由美国国家安全局设计、美国国家标准与技术研究院发布的系列密码散列函数，其中包括 SHA-1、SHA-224、SHA-256、SHA-384 和 SHA-512 等。SHA-256 算法有以下特点。

- 接收一段明文，将它转换成一段密文，也可以简单地理解为把一串输入码或信息转化为长度较短、位数固定的输出序列（这个过程被称为信息摘要或信息认证代码）。对于任何一个长度小于 2^{64} 位的信息，SHA-256 会产生一个 256 位的信息摘要。所以在理论上，任何信息值都可以被 SHA-256 处理成固定长度的输出序列。一般认为，摘要的最终输出越长，该摘要算法就越安全。

- 消息摘要看起来是“随机的”，是胡乱地拼凑在一起的。一般来说，不同的输入会有不同的输出，而且可以通过随机性检验，如图 1-4 所示。其实消息摘要并不是真正意义上的随机组合，因为对相同的信息分别计算摘要，其结果必然相同，而真正的随机则无论如何都是无法重现的。因此，SHA-256 的消息摘要是“伪随机”的。

图 1-4　SHA-256 的演示

- 只要输入的消息不同，摘要计算后的输出也必不相同。对于长度小于 2^{64} 位的信息，SHA-256 会产生一个 256 位的信息摘要。在浩如烟海的明文中，任何一处细微的改动，产生的摘要都大相径庭。2^{64} 位①有多大？世界上最强大的云服务平台——亚马逊的 S3，截至 2012 年年底，有 200 多万台服务器，信息储存量高达 900PB，还不到其 50%。读者可以使用一些哈希计算的小工具，做一些简单的演示，会更清楚 SHA 的神奇效果。
- SHA-256 是不可逆的单向函数，只能进行正向的信息摘要，而无法从摘要中恢复出任何信息。当然从理论上来说，暴力穷举的方法是可行的，即尝试每一个可能的信息，计算其摘要，再与已有的信息摘要做对比。SHA-256 的安全性在很大程度

---

① 2^{64} 位 $=2^{64}/8$ B=2 091 752 TB=2 042 PB，其中，B、TB、PB 分别是指字节、太字节和拍字节。——编者注

上取决于抗暴力穷举的能力。SHA-256属于SHA-2系列算法，虽然同类型的算法SHA-0和SHA-1都被攻破过，但在目前的计算机算力下，SHA-256理论上仍被认为是安全的。未来，随着量子计算机的深入研发，SHA-256可能会面临新的挑战。

第四节　分布式账本数据库

本章将四位牌友创新的记账方式类比成区块链，以解释其中的技术原理。即使像这样的区块链雏形，也涉及计算机科学里最前沿的技术——分布式数据库。从软件的角度来看，计算机科学不外乎程序和数据，程序体现人们看世界的逻辑，数据则是描述世界的信息。有了程序和数据，就不得不牵涉数据管理。

数据库是数据管理技术的集中体现，可以追溯到20世纪50年代，而真正的里程碑事件发生在70年代。1970年，IBM（国际商业机器公司）的研究员埃德加·科德（Edgar Codd）发表了题为《大型共享数据库的关系模型》（*A Relational Model of Data for Large Shared Data Banks*）的论文，首次提出了关系数据库模型。科德被誉为“关系数据库之父”，于1981年获计算机界最高奖——图灵奖。当时，IBM内部大公司病泛滥，加上各种历史原因，关系数据库的研究成果被搁置了。

甲骨文公司（Oracle）的创始人拉里·埃里森（Larry Ellison），在关系数据库商业化方面捷足先登，率先发布了甲骨文数据库产品。此后，甲骨文一飞冲天，连续12年，每年收入翻番。2013年，甲骨文超越IBM，成为继微软之后的全球第二大软件公司。

自 20 世纪 90 年代以来，随着互联网的发展，数据管理面临两大难题：一是数据的结构发生了巨大的变化，二是数据增长的速度异常迅猛。计算机系统中的数据分为结构化数据和非结构化数据。在互联网时代之前，数据管理主要针对结构化数据，并可以严格地用二维表结构来表达。而互联网时代产生的数据更多的是非结构化数据（如文本、图片、图像、音频和视频信息等），其数据结构不规则或不完整，无法事先定义。根据美国风投公司凯鹏华盈（KPCB）的统计，截至 2017 年年底，视频占在线流量的 74%；仅优兔（YouTube）一家网站，每分钟上传的视频容量便超过 300 小时。另据著名调研公司 InfoTrends（美国赢船）的报道，2017 年，全世界新产生 1.2 万亿张电子照片，使得网络上存储的电子照片总量高达到 4.7 万亿张（见图 1–5）。

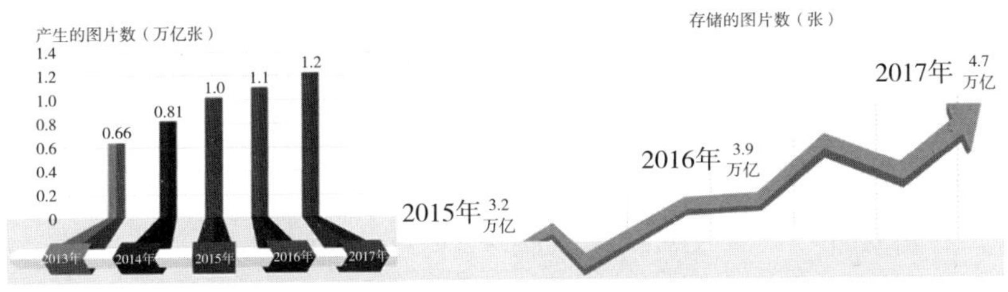

图 1–5　互联网时代数据的膨胀

在数据量方面，《福布斯》杂志曾经推算：在过去 30 年中，全世界的数据量大约每两年增加 10 倍，远超芯片行业的摩尔定律；随着物联网和工业互联网的到来，到 2020 年年底，全世界的数据量将超过 44 万亿 GB（吉字节）；过去几年，大数据产业已经不折不扣地成为新风口；数据的采集、储存和分析处理，对数据管理技术和数据库产品不断地提出更高的要求。

近年来，一系列 NoSQL（非关系型）数据库产品问世，旨在提高非结构化数据的管理效率。其中以 HBase（一个分布式的、面向列的开源数据库）为代表的列存储数据库，以及以 MongoDb（一个基于分布式文件存储的数据库）为代表的文档型数据库，得到了市场的认可。另外，面对急剧膨胀的数据量，分布式数据库不断涌现，在分布式的架构下，成千上万台计算机协同完成存储、读写和计算任务。

分布式数据库的理念就是通过计算机网络将数据存储在多台独立的计算机上，这些数据在空间上可以处于多个地点，但在逻辑上仍然是统一的数据库系统。这种设计的主要目的是使数据库系统获得高扩展性和高并发性。高扩展性使得数据库系统能够动态地添加存储节点，提高存储容量，高并发性允许系统同时响应多组读写请求。

目前市场上大多数传统的数据库生产企业，如甲骨文公司等，都不同程度地采用了分布式数据库的概念。绝大多数的 NoSQL 数据库产品都支持分布式数据管理。此外，像 Hadoop（一个能够对大量数据进行分布式处理的软件框架）这样的分布式文件系统（HDFS）作为开源平台，也提供分布式数据储存和管理，同时支持多种 NoSQL 数据库产品。

在设计分布式数据库时，有两个非常重要的考量因素：数据分配机制（Partition）和数据同步机制（Replication）。

数据分配机制是指如何将数据存储到不同的子数据里。这里涉及两个极端：一是分割式，所有数据只有一份，被分割成若干片段，每个片段放在不同的子数据库里；二是全复制式，数据在每个子数据库里重复存储，也就是每个子数据库都有一个完整的拷贝数据，形成最大程度的数据冗余。

数据同步机制是指，当数据发生更新时，如何更新所有相关的子数据库。同步机制取决于数据分配和各子数据库之间的结构关系。如果所有的数据只有一个备份，不需要同步机制。当数据存储出现冗余时，如果数据库模式是主从架构，所有子数据库拷贝主数据库即可；如果是非主从架构，各数据库之间的更新算法可能变得很复杂。

分布式数据库没有标准的设计流程，它是根据面对的问题、所处的环境和使用的工具，在初始方案上不断迭代，以期满足业务需求。谷歌、阿里、脸书、亚马逊等，都处理海量数据，但具体方案不尽相同。总的来说，分布式系统有 3 个主要衡量指标，如图 1-6 所示：C 代表一致性（Consistency），任何时刻，在分布式系统中，所有数据备份的值都相同；A 代表可用性（Availability），每次读到的数据是最新的；P 代表分区容错性（Partition tolerance），在网络硬件出现延迟或丢包时，系统将继续工作。

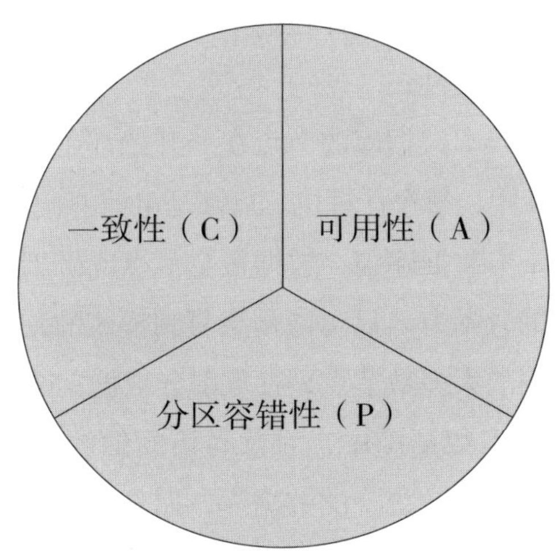

图 1-6　分布式数据库的 CAP 原理

1999 年，美国加州伯克利大学教授埃里克·布鲁尔（Eric Brewer）阐述了 CAP 原理：分布式系统最多只能满足一致性、可用性和分区容错性中的两项。由于当前硬件的局限性，分区容错性必须满足，因此分布式数据库的设计必须在一致性和可用性之间寻找平衡。

在本章开头的四人打麻将的场景中，每人都保留了一份完整的账本，一人记账三人复核。按照分布式数据库的逻辑，数据分配采用的是数据全复制模式，每个节点上的数据没有差别。数据同步采用的方法是：负责记账的主节点将数据传输到负责复核的各子节点上，完成数据同步更新。类似地，在比特币网络中，每个全节点保留着完整的账本数据，节点之间没有固定的主从关系，但有临时记账节点的概念；记账节点将新的账本页传输给网络里的其他节点，从而完成数据同步。这种数据同步机制和现有的分布式数据库不一样，所以比特币区块链使用“分布式账本数据库”这样的专业术语，而不是“分布式数据库”。比特币的分布式账本数据库不同于分布式数据库，原因如下：

- 分布式账本数据库的设计目的不是在处理海量数据时提高系统的并发性和扩展性；
- 加入分布式账本数据库的节点在一开始都是不可信的，而在分布式数据库中，每个计算机节点都是可信的，并纳入统一管理；
- 在分布式账本数据库中，数据在全节点或矿工节点（详见第二章）之间的分配方式只可能是全复制模式的，不会出现“分布式数据库中的大多数节点只存放部分数据”的情况；
- 在分布式账本数据库中，对读写访问的控制完全是去中心化的，逻辑上不存在统一的数据库，而分布式数据库是单一数据库，读写都针对它；
- 在分布式账本数据库中，读写的访问语句都是预定义的，而且不允许被删除，而分布式数据库支持增删改查，非常灵活；
- 在分布式账本数据库中，节点通过竞争记账，保证数据达到高度的一致性和可用性，可信度极高，是符合分布式数据库 CAP 原理的一种极端状态。

在比特币网络中的每个节点上，区块链的分布式账本数据库都储存全息信息，基本不存在所谓的分区容错性。根据 CAP 原理，分布式账本数据库同时保证了可用性和一致性，但是产生了新的“不可能三角”，即无法同时达到可扩展性、去中心化、安全，三者只能得其二。

- 如果分布式账本数据库的所有节点必须储存所有的数据，并且在发生任何变动时，都必须保持同步，那么必将消耗大量的资源（如带宽、存储和计算能力等），导致应用层面的扩展性受限（如低吞吐量和交易速度缓慢等）；好处是完全去中心化，整个账本不依赖任何特定的节点，绝对安全。
- 如果分布式账本数据库的每个节点只存储部分数据，那么资源消耗会大幅下降，有利于提高扩展性，同时数据的分布式存储可以基本保证去中心化。但是，这种机制使得所有节点在逻辑上隶属于一个数据库，这在本质上等同于传统的分布式数据库（由于分区容错性的存在，数据的一致性和可用性不可兼得，导致数据安全成为一个不可忽视的问题，失去了绝对可信度）。
- 如果在分布式账本数据库中只有部分特权节点存储全部数据，数据及时、同步且只发生在特权节点之间，那么资源消耗也会大幅下降，有利于提高扩展性；同时特权节点拥有全息信息，不存在分区容错，数据可信度高。但是由于特权节点的存在，整个网络不再具有去中心化的结构，最多是“部分去中心化”或“多中心化”。

自20世纪70年代以来，数据从结构化到非结构化，从少量到海量，始终推动着数据库技术的发展，成为IT（信息技术）产业的基石。在技术方面，分布式账本数据库给数据科学的研究增添了新方向。从可扩展性、去中心化、安全三个维度出发，如果取得技术上的突破，并在商业社会中找到适合的场景，以区块链为基础的新型数据库公司将会诞生。

此外，区块链中的加密机制（详见本章第五节）、传输机制（详见第二章）、时间戳（详见第三章）、共识机制（详见第三章）、链式存储结构（详见第四章）、智能合约（详见第八章）等新技术在数据存储、传输、读写和安全等方面，提供了新思路，将推动分布式数据库理论的发展。

第五节　区块和区块链套娃

回到本章开头的四人打麻将的场景，每人把记账的页面按时间顺序用胶水粘连成册，这就是区块链的基本原型。这个原型能够发展成多种情形，比特币的区块链是其中的一种。不同的发展路径有不同的技术细节，在现实社会中有不同的适用场景，会带来不同的商业机会和社会影响。本节讲述的是与区块链原型的基本特征相关的问题：对应在比特币网络中，记账的页面代表什么？其内容是什么？胶水又代表什么？

四人各自账本的每个页面记录了甲、乙、丙、丁之间的胜负结果。在比特币网络中，页面对应的是区块。区块记录的信息比牌友的账本页面稍微复杂些。在比特币区块链中（见图 1-7），区块记录的最重要的三类信息是：一段时间内比特币的转账或交易信息；一个随机数（nonce）；上一个区块（实质是区块头，本书忽略数据结构的技术细节）的哈希值，即父区块的哈希值。

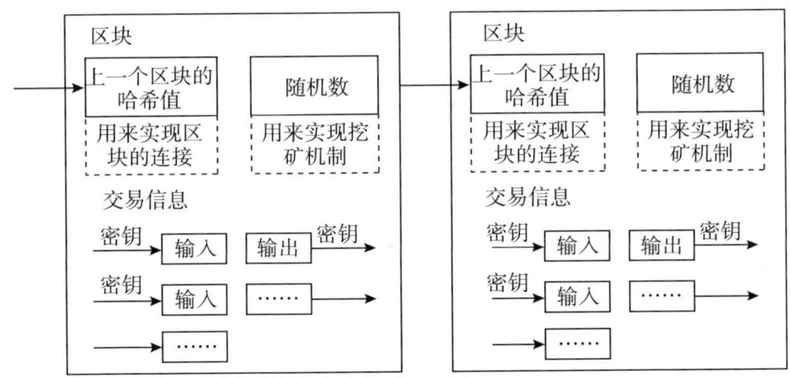

图 1-7 区块链的结构展示图

交易信息是比特币区块中最重要的部分，类似四人麻将游戏中的胜负结果。交易信息是每个区块的主体信息，占区块储存空间的 99.9% 以上，区块中其他信息所占的空间可以忽略不计。保存交易信息的数据结构叫 Merkle（可信树），这种结构能高效地确认某个交易是否存在该区块中。

早期的比特币网络没有区块大小的限制，后来为了防止矿工（记账者）恶意写入大量无意义的交易，即所谓的粉尘攻击，中本聪添置了区块 1MB（兆字节）的容量限制。区块大小的限制使得每个区块最多只能记录 4 096 条交易，导致比特币网络的处理能力非常有限。对比维萨实际处理峰值 1.4 万笔 / 秒（实验室测试数据是 5.6 万笔 / 秒）和支付宝的 8.59 万笔 / 秒的处理峰值，比特币网络平均每秒只能处理 3 笔交易，峰值为每秒 7 笔。比特币网络在拥堵时会大幅提高转账交易的手续费，以此来遏制交易量的膨胀。2015 年 7 月 7 日，比特币区块链上出现了有史以来最大的区块，达到 999kB（千字节）。

区块大小涉及安全、矿工收入、网络速度、交易成本等各个方面。用户作为比特币交易的发起者和参与者，希望速度快、成本低、安全有保障。矿工作为记账者，希望存在一定的拥堵以使得转账奖励最大化。区块是否需要扩容一直是比特币社区长期以来争论的焦点，甚至导致了社区的分裂，对整个网络的稳定构成了巨大的威胁。2017年8月1日，比特币社区分裂。在比特币首次硬分叉后，比特币现金（BCC）诞生，它将区块的上限由1MB扩展到8MB。后续的发展情况，有待观察。

区块有了主体内容，下一步就是如何把它们串成链，这涉及区块记录中的另一个重要信息：父区块的哈希值。本书将父区块的哈希值称为"哈希密码锁"，对应棋牌室场景中四人用于粘连账本的胶水。哈希密码锁把所有区块按照时间顺序锁在一起，形成一个超级账本。

哈希密码锁比现实中粘连账本的胶水更牢靠，因为它把父区块的内容严密精准地、一一对应地转换成当前区块的一部分，形成一个嵌套的数据链结构（类似"俄罗斯套娃"）。在现实中，四人账本的某页被改动了，整个账本的其他页面并不会遭到破坏，因为胶水固定了页面在账本中的物理位置。而在比特币的超级账本中，哈希密码锁锁住的是内容，如果某一页的内容被篡改了，那超级账本中的所有页面都会发生改变。在虚拟世界里，哈希密码锁是由信息构成的，它有着特殊且神奇的功能：当社会网络迁移到虚拟网络时，使得事物的部分属性发生变化，甚至能放大某些事物的功能。

由此可见，篡改超级账本中单个页面将会带来大量的工作。截至2017年年底，比特币超级账本中一共有50多万个区块，账本容量超过170GB。另外，比特币超级账本采用最大冗余度的分布式数据存储，即每个参与记账的全节点都有一套完整的账本。因此篡改单个页面的工作量又被比特币网络以全节点复制的方式放大了数倍。截至2018年1月，比特币网络中大约有1万个全节点，为了达到篡改的效果，至少要篡改51%的记录才会有效，因此有效地篡改首个区块的工作量至少是50万（所有的区块数）×5 100（51%的节点数）。在社会个体或组织控制下的某个节点，即使有权去修改超级账本里的记录，在目前的计算能力下也要消耗极大的资源。毋庸置疑，在比特币网络精妙的设计中，某个节点任意修改区块的权限肯定是被严格限制的。

正是这扎扎实实的不可篡改性，保证了比特币超级账本的信息真实性。中本聪在设计比特币时，为每个区块预留了空间，获得记账权的矿工可以留下一些自己想说的话。中本聪自己就在创世区块中留下“财政大臣正在第二次拯救银行的边缘”的语句。鉴于留在区块链上的信息无法修改，有些公司甚至推出了在比特币区块链上刻字的服务。用户可以通过这项服务将自己想表达的文字刻在比特币区块链上，类似情侣们悬挂在风景名胜区的同心锁。

信息的不可篡改性固然重要，但更重要的是要保证信息写入超级账本时真实可信。区块中的随机数是数据写入过程的一个关键因素。随机数是一个 32 位的二进制数，也就是 $0 \sim 2^{32}$ 中的一个。随机数的产生很简单，在比特币交易技术的实现过程中，就是简单地从零开始，一个个地往上累加。

在比特币的挖矿过程中，矿工节点使用哈希函数 SHA-256 计算父区块的哈希值（哈希密码锁）。矿工为了获得记账权，必须使当前区块的哈希值小于一个设定值。在计算的过程中，SHA-256 输入的是整个区块的信息。除随机数外，区块中的其他信息都是有意义的，不可改动。为了达到目标，矿工只有通过调节随机数来获得符合要求的哈希值。与哈希值相对应的随机数叫“金色随机数”（golden nonce），因此最终被记录在账本中的每个区块里的随机数都是“金色随机数”。

综上所述，比特币的区块链通过哈希密码锁将充满交易记录的区块构建成牢不可破的嵌套式数据链，并复制传播给网络中的全节点。从记账的角度来看，这是一本分布式的超级大账本。本章遗留的问题是：这个账本由谁来记录？交易内容是如何被复制并在全网各节点间传播的？答案将在第二章揭晓。

本章小结

本章从棋牌室四人打麻将记账的场景开始，把其中的细节逐个影射到比特币网络中，从宏观的层面介绍了比特币诞生的网络环境，并在密码学和分布式数据库的基础上，详细描述了区块的信息组成和区块链的结构，重点阐述了超级账本的不可篡改性。

本章要点

- 四位牌友构成一个网络，类似于互联网里的一个子网络；
- 在数学中，网络就是一张有向图，由节点和线组成；
- 互联网、物联网发展迅猛，IPv4 须升级为 IPv6 以满足接入节点对 IP 的需求；
- 互联网时代，社会网络发生了巨大变化，作为节点的人或组织突破边界，进入多元群体；
- “人以群分”不是互联网时代特有的现象，只是在互联网时代，群的基础属性发生了变化；
- 社会网络的各种力量，包括有形的和无形的力量，塑造了个人或组织的基本属性；
- 社会网络向互联网迁移的趋势明显；
- 比特币是社会网络中货币发行向虚拟网络迁移的结果；
- 密码朋克旨在获得不受政府约束的隐私和自由，促进了比特币的诞生；
- 比特币用到非对称式加密算法和安全哈希算法；
- 数据库发展紧跟时代要求，用分布式理念处理海量非结构化的数据；

- 分布式账本数据库在技术上有别于传统的分布式数据库，给数据库的发展提供了新思路；
- 比特币区块中包括三类重要信息，即随机数、父区块的哈希值、交易信息；
- 比特币中的区块容量为 1MB，限制了处理交易的能力；
- 父区块的哈希值被称为哈希密码锁，是连接区块的重要部件；
- 哈希密码锁和数据的分布式存储保证了比特币区块链的不可篡改性；
- 随机数被巧妙地用于记账权的争夺，只有“金色随机数”最终被记录下来；
- 比特币的区块链是通过哈希密码锁将区块连接成嵌套式数据链的。

第二章

矿工本是专业会计

在第一章中，四个人在棋牌室打麻将，发明了类似于区块链的记账方法。任何新生事物在初期总是有很多不完善的地方，但一般都拥有强大的内在生长动力，棋牌室的四人小账本也不例外。本章围绕记账的专业性阐述网络节点的功能分化，特别是在比特币网络中，将阐述节点分化的原因、问题和结果，以及其中蕴含的商业机遇。

第一节　专业记账口碑良好

甲、乙、丙、丁四个人发明区块链记账法，省去了支付找零环节，麻将比赛流畅了许多，但是记账核对耗时耗力，同样也造成比赛的中断，导致牌友的体验度下降，于是四人向老板提议：棋牌室应该提供记账服务。棋牌室老板Q总听了四人的建议，认为有道理，又询问了其他牌友的意见，大家都表示愿意尝试。Q总是个老江湖，深知客户的体验度有多么重要，最近又受了互联网之风的熏陶，知晓了一些新名词，如体验经济、客户黏度等。时隔不久，Q总调来两名员工，专门给牌友提供记账服务（暂时供牌友免费使用）。记账服务大致有如下规则：专门记账的员工分别是会计A和会计B；为了保证准确无误且可信，A 和 B 仍然使用分布式账本的模式，一个负责记，一个负责核，定期轮岗。

如图 2-1 所示，甲、乙、丙、丁四人立即尝试了专业会计提供的记账服务，在每次牌局结束的时候，高喊自己胜了谁多少，或负了谁多少，之后便不再过问，因为他们相信自己发明的分布式账本技术绝对可靠。牌局从此不再中断，牌友体验度骤然提高。其他牌友也陆续试用了该服务，都表示满意。

图 2-1 专业记账员其实是矿工

会计 A 和 B 都不在牌局中，仅专心记账，速度和准确度都有所提高。为了迅速完成记账，A 和 B 时刻竖起耳朵，捕捉牌友们传来的胜负消息，然后记账核对一气呵成，并维护各自账本。有时，A 和 B 没有听清某牌友的胜负消息，介于他们之间的其他牌友会帮着传话，A 和 B 在获取消息后，再和需要记账的牌友高声确认。起初，尝试记账服务的牌桌并不是很多，A 和 B 记账时间充裕，一切井然有序。

对应比特币区块链里的术语

- A 和 B 是专业记账的会计，比特币网络中的对应节点被称作“矿工”；
- 甲、乙、丙、丁只享受记账服务但不记账，比特币网络中的对应节点被称作“非矿工”；

- 在比特币网络中，牌友的胜负关系被称作“交易”，相当于常说的“汇款”；
- 甲、乙、丙、丁不断地向外喊出自己的胜负关系，在比特币网络中被称作“广播交易”；
- 牌友通过声音传播胜负关系，对应比特币网络里的“P2P 协议”传播；
- 比特币网络里的节点不仅广播自己的交易，还广播自己接收到的其他节点的交易，对应的是帮着传话的牌友。

第二节　钱包里隐藏着秘密

棋牌室增加了专业记账的会计，角色多了。牌友先前的部分功能被分离出去，促进了分工，提高了专业化水平。在社会网络里，社会分工总是朝着独立化、专业化的方向发展。比特币网络节点如何分化，取决于其节点有多少独立功能。在原始的比特币网络中，每个节点都一样，彼此完全等同，主要有四项功能：钱包、网络路由、完整账本、矿工（见图 2–2）。

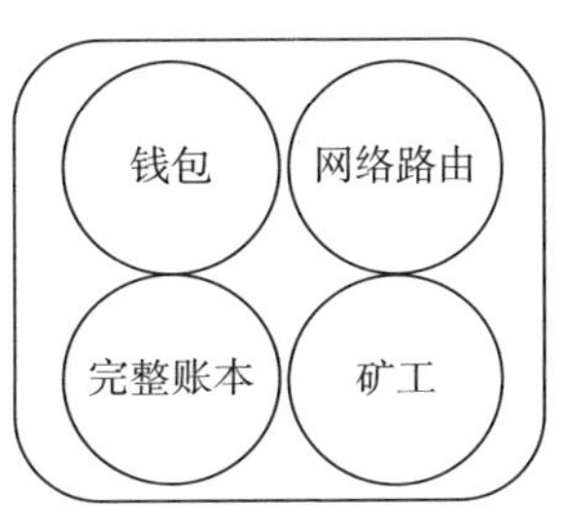

图 2–2　比特币全节点的四大功能

钱包里藏着密码、私钥、公钥、地址

钱包是普通比特币用户接触到的首个功能，也是大多数人对比特币的唯一印象。比特币用户通过钱包软件发起转账请求和收款。钱包

的使用过程很简单：

- 用户下载钱包软件并安装；
- 为了确保钱包的安全性，用户须设置钱包密码；
- 钱包可以产生多个地址，用来接收他人发送的比特币，类似于“收款”；
- 用户可以通过钱包把比特币发到对方提供的地址上，类似于“汇款”。

普通用户通过以上过程就可以进行比特币交易了。为了减少黑客攻击，在每次使用结束后，用户可将钱包软件根目录下的 wallet.dat（钱包文件）拷贝到 U 盘（优盘）上冷存储，而将电脑上的版本删除；在下次用时，再拷贝回去，用密码重新打开钱包。钱包密码是针对 wallet.dat 文件的一把锁。

钱包本质上是比特币网络的客户端，类似于网上银行的客户端。在传统的电子系统中，银行有一系列措施来认证“你就是你”，如实名制、U-key（优盾）、签名、签章、安全问题、照片、人脸识别等，其中最关键的是银行账号和密码。基于银行账号和密码，储户就可以在互联网上完成登录、收款、汇款、兑换外币等，基本不用上营业厅办理业务。银行负责检验用户行为的合法性，接受用户的收付请求，完成账户划转。银行是完全中心化的运营机构，在某地或多地利用强大的服务器来储存数据和处理请求。与之对比，比特币网络中没有银行，没有中心化的节点，那么该如何完成上述操作呢？

比特币完成交易的关键是巧妙地运用了第一章提到的非对称式加密算法中的私钥和公钥，钱包则是管理它们的工具。钱包软件根目录下的 wallet.dat 文件保存着所有的地址和相对应的私钥。用户使用的是钱包里源于私钥的比特币地址。从使用的角度来看，用户从认识地址开始，逆向推理，最后理解私钥。然而，软件的逻辑却是相反的（见图 2-3）：首先无中生有产生私钥，然后由私钥产生公钥，最后把公钥转化成钱包里的地址。用户的比特币和地址绑定就相当于银行余额和账号的关系。

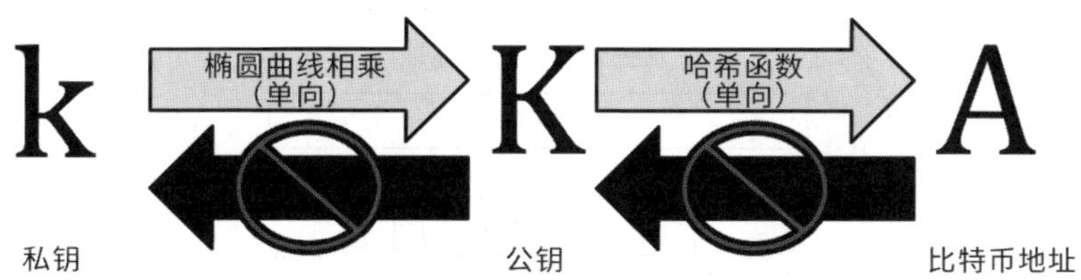

图 2-3　私钥、公钥和比特币地址的关系

私钥是一个随机数经过 SHA-256 哈希算法产生的哈希值。生成私钥的关键的第一步是要找到足够安全的随机数。钱包软件使用处于操作系统底层的随机数生成器来获得私钥随机数。然后，钱包软件对随机数做 SHA-256 哈希运算，产生一个 256 位的二进制数字，作为私钥，其数值介于 1 和（$2^{256}-1$）之间。私钥存放在钱包文件中，可以通过命令将其导出。

私钥通过椭圆曲线算法（一种非对称式加密法，在比特币的交易过程中经常被使用）计算得到公钥，其过程不可逆。通过已知公钥来求对应的私钥非常困难，等同于穷举法的暴力搜索。公钥是椭圆曲线上的一个点，具有 x 和 y 坐标，对计算过程有兴趣的读者可以阅读有关资料。

如图 2-4 所示，比特币地址是由公钥经过单向的哈希函数生成的字符串。哈希函数是由 SHA-256 和 RIPEMD①160 构成的“双哈希”，又称 Hash（散列）160，足够安全。用户见到的比特币地址是上述哈希值经过“Base58Check”编码的结果（Base58Check 是带有校验机制的 Base58 算法，Base58 是一种将二进制大整数转换成

① RIPEMD 是一种加密哈希函数。——编者注

可视字符串的算法）。Base58 用于表达结果的字符集正好有 58 个字符：包括 9 个数字（省略了 0），24 个大写字母（省略了 O 和 I），25 个小写字母（省略了 l）。用户在使用比特币进行转账时，若对方的比特币地址中包含上述被省略的字符，便要提高警觉。

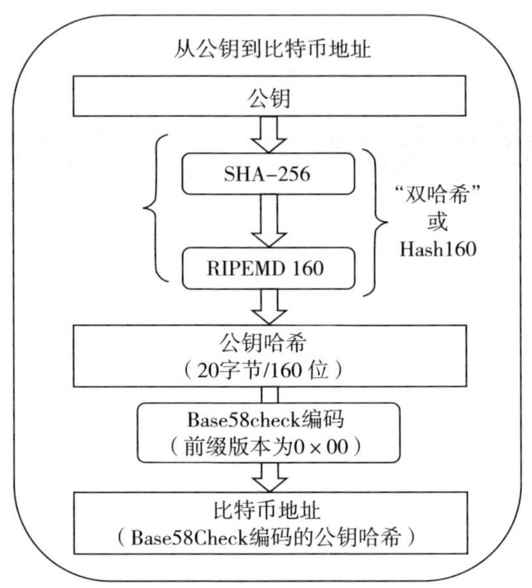

图 2-4　从公钥到比特币地址

在没有中心节点的情况下，比特币网络利用私钥、公钥、地址完成了比特币在钱包之间的转账行为。第一章提道，从交易的角度来看，比特币在区块链中更像一本分布式超级大账本，但是不一样的是，比特币大账本没有传统账本中账户和余额的概念。在比特币网络中，每个节点都要验证每笔交易的真实性，如果每次验证都要追溯到该交易相关方所有的历史记录，工程量显然过于浩大。

钱包发起交易，重组UTXO

在比特币网络中，用户所有能花费的比特币的来源只有两种可能：一是常规交易，即别人发给他的比特币；二是创币交易，即挖矿所得。这些可花费的比特币以 UTXO（未花费交易输出）的形式存在。UTXO 是比特币交易的最基本单位，不能被再分割。“用户的比特币余额”是比特币钱包通过扫描大账本、聚合所有属于该用户的 UTXO 计算出来的结果。

比特币交易就是重组 UTXO 的过程。常规交易必须要消耗已存在的 UTXO，产生新的 UTXO；而创币交易没有输入，只有输出，不消耗 UTXO。矿工节点按预定义的结构创建 UTXO，作为挖矿奖励进入交易流程。

如图 2-5 所示，比特币的常规交易是含有输入值和输出值的数据结构。交易结构的输入部分主要是一段解锁脚本，输出部分主要是一段锁定脚本（脚本可以简单地理解为一段可执行的程序代码）。

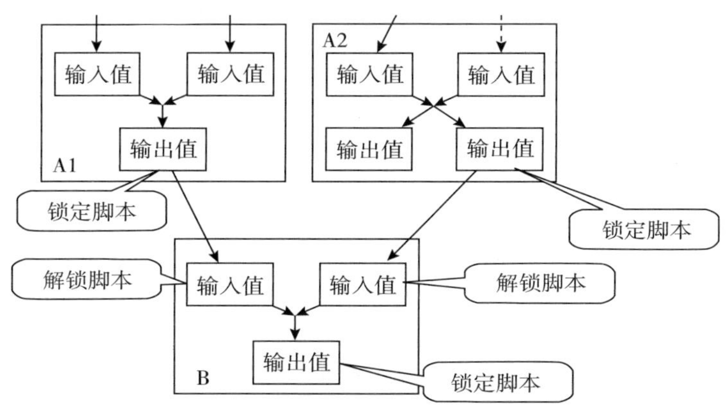

图 2-5　UTXO 的输入值、输出值与解锁脚本、锁定脚本的关系

锁定脚本的任务是创建该交易产生的新 UTXO，并把它锁定在特定的比特币地址上，从而把这些新产生的 UTXO 的所有权转移给与该地址对应的所有者。在比特币的交易中，锁定脚本用交易接收者的地址作为公钥，对新产生的 UTXO 进行加密，即所谓的签名。这就暗示了只有和该公钥对应的私钥才能解锁，才有权使用该笔 UTXO。

换句话说，锁定脚本定义了今后花费这笔输出必须满足的条件。

解锁脚本的任务是证明发起交易的用户对该交易中所花费的UTXO拥有所有权。在比特币的交易中，解锁脚本用发起者的私钥对要花费的UTXO进行解密，即所谓的签名。因为所有的UTXO在生成的过程中，都被接收者作为公钥做了签名，所以只有当交易发起者的私钥对应准备花费UTXO锁定脚本中的公钥时，才能证明发起者有权花费该笔UTXO。

由此可见，比特币交易结构的主要内容就是指明该交易要消耗哪些已经存在的UTXO，并证明交易发起者对其拥有所有权，同时创建新的UTXO，并指明新创建的UTXO属于哪个地址。如果要消耗的UTXO大于要创建的UTXO，则会产生找零，多余的比特币会回到发起者指定的地址上。钱包自动完成交易中的新旧UTXO的组合，并生成相关的解锁脚本和锁定脚本，不为用户所见。

比特币交易是比特币系统中最重要的部分，而钱包是创建交易的主要工具。除了上述基本原则外，比特币交易的创建过程还有以下特征：

- 脚本中用于锁定和解锁（加密和解密）的算法是椭圆曲线加密算法；
- 比特币交易可以被一个或者多个签名加密，这意味着多名用户共同拥有消耗UTXO的所有权；
- 比特币交易的有效性与发起者、接收者无关，所有的交易都是匿名的；
- 比特币交易在本质上是一种数据结构，创建和执行的主体是一段程序脚本；
- 比特币的最小单位是“聪”，可用八位小数表示，一个UTXO可以是一“聪”的任意倍，但创建后不可分割；

- 比特币交易是通过脚本语言来实现的，是一种“可编程的货币”；
- 需要执行脚本的所有信息都已包含在脚本中，一个脚本能在任何系统上以相同的方式运行，不需要任何形式的认可；
- 比特币交易的脚本语言是一种简单的程序语言，没有循环功能或复杂流控制功能，即图灵非完备性，确保不被用于创造无限循环或其他类型的逻辑炸弹；
- 根据脚本逻辑的不同，比特币系统目前承认五大标准脚本：P2PKH、P2PK、MS（限 15 个密钥）、P2SH 和 OP_Return。

综上所述，私钥是用户拥有比特币资产的唯一证据。保证私钥的安全成了比特币钱包操作的最高准则。“冷钱包”是目前保存比特币最安全的方法。冷钱包是用户在电脑离线状态下安装的钱包软件。

比特币地址是私钥经过哈希算法和编码校验后的结果，整个过程和网络上其他节点毫无关系。用户可以把冷钱包里某个地址对应的公钥取出来，存到数据文件中，连接到另一个联机的只读钱包中，该公钥对应的地址和相应余额便会显现。用户也可以在只读钱包中创建交易，但由于只读钱包中没有私钥，无法签名，这种交易无法向外广播。用户必须先将交易存成文本文件，再用冷钱包中的私钥签名，然后导出签名后的交易，最后用连线的只读钱包广播出去。在交易的整个过程中，私钥永远待在离线的冷钱包中，黑客没有机会获取，从而保证了相关比特币资产的安全。

钱包是节点的关键功能，是产生交易的关键工具，是保存私钥的关键容器。任何比特币玩家都要竭尽所能地保护好钱包，但由于操作过程有一定的复杂性，加上有些用户的疏忽大意，比特币失窃事件时常发生。据估算，截至 2018 年 2 月，有 300 万至 400 万枚比特币已经丢失。存储安全和使用便利，成为钱包最主要的两大性能指标，也是众多区块链创业者企图解决的问题。

目前市场上，除了传统的钱包客户端，主要还有无须下载的网页钱包和永远离线的硬件钱包，前者追求使用便利，后者强调资产安全。硬件钱包是通过专门的硬件设备确保安全地存储私钥（私钥无法被导出但可备份，并完全隔绝于网络）；只提供了有限的接口，从而可以给非专业用户提供最高的安全等级；功能强大，同时管理多种加密货币。市场上比较流行的硬件钱包有 Ledger Nano S、TREZOR、KeepKey 等。

在比特币网络中，节点通过钱包发起了交易，其最终的目的是要被其他所有的节点承认，从而被写入分布式大账本，保留在每个节点上。整个交易过程包括交易广播、验证和写入，其中交易广播离不开 P2P 协议。

第三节　P2P 协议下的广播

比特币采用了基于互联网的 P2P 网络架构。P2P 是指在同一网络中的每台计算机都彼此对等，既是资源、服务和内容的提供者，又是资源、服务和内容的获取者，没有主从之分，不存在任何“特殊”节点。早期的互联网属于典型的 P2P 网络架构。

P2P 网络在均衡了资源和负载的同时也分散了权力，有利于网络扩展。P2P 有较强的容错能力和良好的稳定性，是去中心化的物理基础。现有的 P2P 网络是互联网协议上的重叠网络。成功的 P2P 应用主要有文件分享，如 Napster（纳普斯特）、BitTorrent 等，以及点对点音频视频，如 Skype（斯盖普）等。

由于 P2P 网络采用大规模分布式构架，所以构建高效的路由策略是组建 P2P 网络的核心。定位网络中的节点富有挑战性，其目标是要以较少的通信资源获得有效的资源请求结果。P2P 网络的拓扑结构基本决定了寻址效率。经过多年的发展，P2P 网络的拓扑结构主要形成了三种形式：中心化拓扑、全分布式非结构化拓扑、全分布式结构化拓扑。结合 P2P 网络的典型案例，可以了解这些拓扑结构是如何被应用的。

Napster 是 P2P 应用的鼻祖，主要用于音乐分享，由当时 19 岁的肖恩·范宁（Shawn Fanning）在 1999 年创立，最多时拥有 8 000 万名注册用户。Napster 采用中心化拓扑结构，它有一个中央服务器，保存了网络中所有音乐文件的索引和存放位置（这些文件大多数是由用户上传的）。由于中央服务器集中存储了索引文件，Napster 公司遭到了版权机构和唱片公司的抗议，1999 年，国际五大唱片公司起诉 Napster 公司的歌曲侵权。随后，Napster 公司败诉，并宣告破产。Napster 公司虽然破产了，但它开启了 P2P 应用的新时代。

BitTorrent 由布雷姆·科恩于 2002 年首次发表，是一个多点下载的开源 P2P 软件。2008 年，BitTorrent 协议最终确定，技术相当成熟，被多种客户端应用软件采用。BitTorrent 协议以分布式散列表为核心构建路由算法。分布式散列表通过加密散列函数把网络中所有节点都映射到一张巨大的散列表中，并将其分割成不连续的块。每个节点管理一个属于自己的散列块。在结构化的网络里，分布式散列表保证了高效精确的寻址效果。

BitTorrent 把共享文件分割成多个子文件，俗称“种子”，拥有“种子”的节点成为他人下载的服务端。虽然整个系统没有中心服务器，但是用户通过分布式散列表很容易发现网络中存在的“种子”，并通过多点对多点的方式下载文件，“种子”越多，下载速度越快。

比特币俗称“点对点的数字现金系统”，这完全是由其网络架构决定的。比特币的 P2P 网络架构是全分布式非结构化的，节点之间没有固定结构（术语叫随机图），即节点之间可以随机地连线。比特币是纯粹彻底的 P2P 网络，没有索引服务器，采用基于随机图的泛洪发现（Flooding）和随机转发（Random Walker）等传播机制。泛洪发现的算法不要求节点维护网络拓扑结构或参与路由计算，仅要求节点在收到信息后，以广播的方式转发数据包。比特币节点的路由功能是上述算法机制的集中体现，其过程包括网络发现和广播转发。比特币节点的路由功能具体表现在以下方面。

- 在新节点启动时，搜索客户端一般会自带“种子节点”列表（“种子节点”是指那些长期稳定运行的节点）。
- 比特币节点通常采用 TCP 协议、8333 端口与相邻节点建立连接，在连接时会有认证“握手”的通信过程。
- 新节点将包含自身 IP 地址的消息发送给相邻节点，相邻节点再将此条消息转发给它们各自的相邻节点，从而保证新节点信息能够被多个节点接收，使得连接更稳定。
- 相邻节点不是物理位置上的相邻，而是指与当前节点有直接联系的节点。
- 新接入的节点向自身的相邻节点发送获得地址消息，要求它们返回各自的、已知的、对等节点的 IP 地址列表，这样新节点可以找到更多的对等节点。
- 节点会记住它最近成功连接的网络节点，当重新启动时，可以迅速地与先前的对等节点重新建立连接；如果连接失败，再去发现新节点。
- 任何节点可以随时退出或重新接入，对整个系统没有影响。
- 收到交易的节点若验证交易有效，会把交易信息转发给自身的相邻节点，同时给交易发起者回复信息，表明交易有效，已被接收。

- 收到交易的节点若验证交易无效，会拒绝接收该交易；同时给交易发起者回复信息，表明交易无效，已被拒绝。
- 在转发每笔交易之前，每个节点均进行独立验证，保证无效交易无法被传播；而有效交易在短时间里则以指数级速度在网络中传播，直到网络中所有节点都接收到该交易。
- 每个节点在校验每笔交易时都要对照一张长长的标准列表。交易校验主要是完整性检查（sanity check），即检查交易脚本的语法和数据结构是否正确。
- 比特币客户端通过执行脚本来验证比特币交易。脚本分为两个部分：第一，检索待验证交易输入部分的 UTXO，找到产生这些 UTXO 的交易，执行其锁定脚本，以确认待验证交易消耗的 UTXO 真实有效；第二，执行待验证交易的输入部分的解锁脚本，以确认发起转账的用户对消耗的 UTXO 拥有所有权。如果以上两条都确定成立，交易即有效。脚本语言一般只能按顺序执行，所以通过执行脚本来完成验证既有灵活性又具有相对安全性。
- 每个节点不仅验证和广播交易信息，也验证和广播收到的区块信息；整个区块信息的验证和广播过程与交易信息的处理过程类似。

P2P 网络的广播转发机制除转发交易和区块信息外，也承担着比特币分布式账本数据库的同步任务。在比特币网络中，有些节点拥有全部交易信息，称为“完整区块链节点”，又称为“完整账本节点”或“全节点”。根据其账本数据是否完整，用户的客户端钱包软件分为重钱包和轻钱包。重钱包用户客户端需要同步完整账本数据。轻钱包用户客户端则不必同步所有账本数据，更接近中心化模式下的客户端。

任何全节点在连接到比特币网络后，第一要务就是构建完整账本。如果该节点是个新节点，那么它必须下载从创世区块到最新区块的所有区块。节点在同步账本时，必须与对等节点交换各自区块链的长度信息，而拥有更长区块链的节点会把自身可供分享的区块传播给缺少这些区块的节点。如果需要更新大量区块，节点会向不同的对等节点请求数据支持，以减轻单个对等节点的负载。

全节点在保证比特币网络安全、用户隐私等方面意义重大，因为只有全节点不需要借助任何其他节点而能独立自主地完成交易校验和区块校验。但是，由于同步账本、验证交易和区块都需要消耗资源，目前在比特币网络中，大多数节点都不是全节点。截至 2017 年年底，完整账本的容量已达 170GB。即使是同步效率最高的客户端，在普通家用环境下，其构建全节点至少也需要 48 小时以上，有的甚至长达两周。

据 bitnodes.com（比特币节点项目网站）的统计，截至 2017 年年底，比特币网络中只有 1.1 万个全节点。

每个全节点都保留了完整账本，账本里的区块、区块里的交易都可以被查询。很多第三方公司提供比特币区块链数据查询服务——类似一个比特币的搜索引擎，可以搜索比特币的地址、交易和区块，以及检索它们之间的资金流动情况，比较流行的网站有 blockchain.info、blockexplorer.com 等。

比特币采用没有预先定义的随机图，即全分布非结构化的拓扑结构，保证了每个节点的完全平等，允许任何节点的自由退出或加入，有良好的网络扩展性和容错性，但是有以下两个潜在的问题。

- 理论上，随着网络节点的不断增多，网络规模不断扩大，泛洪发现和随机转发会造成网络流量急剧增加，即产生广播风暴，从而导致网络中低带宽节点因网络资源过载而被排斥在网络之外，限制了网络的扩展。目前，在比特币网络中，全节点数量仅为 1.1 万个，广播风暴尚未出现。

- 非结构化网络没有确定的拓扑结构的支持，无法保证资源查找效率。如果局部网络负载过大，会引起断链现象，即使目的节点存在，查找也有可能失败，以致查询访问被限定在局部网络中。

本节结合比特币采用的 P2P 网络结构，阐述了节点的网络路由功能和完整账本功能。是否带有完整账本区分了重钱包和轻钱包，引起了对全节点的关注，但节点分化的重头戏却是矿工节点。

第四节　矿工是既得利益者

棋牌室是一个小小的社会网络，在引入专业记账员的角色后，其中的节点发生了分化，即分化成牌友和会计。从记账服务的角度来看，牌友是纯粹的消费者，会计是纯粹的生产者或服务提供者。比特币网络的节点也经历了类似的分化。比特币钱包生成了交易，催生了记账的需求。在比特币网络中，记账对应的功能叫“挖矿”，从事“挖矿”的节点叫“矿工”，其主要任务就是把钱包产生的交易按照特定的流程记入大账本，这和棋牌室场景中的“会计”如出一辙。比特币矿工挖矿的过程，总结如下。

- 在比特币网络中，每个节点都有一份尚未写入大账本的临时交易列表，称作交易池。节点接收交易，在对交易验证后将其添加到交易池，再传播到对等节点。

- 交易池中的交易按 UTXO 产生和消耗的顺序排列，如果子交易先于父交易到达，会被先放置在孤立的交易池中，待父交易到达后，再一起放进交易池中。
- 两个交易池都存于本地内存中，在节点启动时为空，随着新交易不断到达，逐渐被填充。
- 矿工节点一般拥有整个账本和一个新的空区块，且始终在计算区块头的哈希值（第一章第五节中已做介绍），一旦获得一个符合要求的哈希值，节点即获得记账权。
- 获得记账权的矿工立即生成创币交易，将其作为新区块的第一笔交易，然后把存在交易池中的常规交易写入新区块，并按事先定义好的数据结构完成新区块的构建，最后将区块信息传播给自己的邻近节点。
- 由于每个区块有 1MB 容量的限制，矿工节点需要为内存池中的每笔交易分配优先级，在构建候选区块时，按优先级从高到低来筛选交易记录。优先级取决于区块大小、交易值及在交易池中的等待时间。
- 在试图产生新区块的同时，矿工节点时刻监听着传播到比特币网络的新区块。对于矿工来说，接受他人的新区块意味着某个矿工节点已经在当前区块记账权的争夺中胜出，而矿工则输了这场竞争。
- 每个节点在收到新区块后，对照一个长长的标准清单进行独立校验——主要是完整性校验，检查区块数据结构和语法上的合法性。若校验没通过，新区块将被丢弃；若校验通过，通过的新区块则被传播至全网。
- 在确认收到的新区块有效后，节点会检查内存池中的全部交易，移除已经出现在收到的新区块中的交易记录，确保任何留在内存池中的交易都尚未被任何区块收录。

- 由于网络延迟，新区块可能在不同时间到达不同节点，导致不同节点的账本不能在所有时间都保持一致，从而产生所谓的分叉现象。矿工节点总是将新区块加到最长的分叉上，其他的都遗留在系统中，并在六次确认后（有五个新区块接在最长的分叉上），才正式宣布当前区块入账。

矿工是比特币网络中最重要的角色：在挖矿的过程中，矿工是分布式账本的直接创造者和维护者，因为挖矿获得了比特币奖励。节点的其他功能，如钱包、网络路由、完整账本，对整个网络的稳定安全也起着非常重要的作用，但是它们没有获得任何奖励。所以，在比特币网络中，节点之间最重要的分化当属矿工和非矿工。

在比特币网络中，矿工和非矿工属于截然不同的两个世界。矿工可以获得记账奖励，而非矿工颗粒无收，尽管非矿工的作用对整个网络来说也是不可或缺的。节点分化导致矿工是纯生产者，而非矿工是纯消费者，因为只有矿工产生的价值得到了网络的认可。整个比特币网络不是一个相互支撑的多边生态系统，更像是专为发行比特币而生的单边网络。这可能是最初的设计者中本聪没有想到的，因为在初始的比特币网络中，没有节点分化，所有的节点必须是全节点，每个节点都拥有完整账本，都可以交易、路由和挖矿，是“我为人人，人人为我”的大同世界。

在社会网络中，社会分工是推动社会发展的主要动力。社会分工总是越来越细，工作效率越来越高；同时社会分工也是造成贫富分化的重要原因。马克思指出：只要人类社会还存在私有制和社会分工，贫富差距就不可能独自远去。贫富悬殊的社会是不稳定的，所以在社会制度层面，设计者总是千方百计地通过税收、工资、社会福利、资源分配等手段，希望在效率和公平之间取得平衡。

比特币网络的内在分配机制，造成了不同分工之间的差异，导致了节点间的贫富悬殊。这种制度不可避免地把所有的关注点都引向了矿工的竞争。在没有外在监管的情况下，整个网络经过最初的野蛮生长，必然导致资源垄断，从而违背去中心化的初衷。在目前的网络中，不挖矿全节点主要有虚拟币交易所、第三方支付平台，数量非常有限，而且它们有随时退出网络的可能。而在挖矿节点，则完全是另外一番景象：已经形成了庞大的组织，获得了巨额利益，掌握了难以被挑战的话语权。

本章第五节将详细介绍矿工的发展现状和矿池的崛起，在此先对节点分化做个总结。目前，在比特币网络中，大致有以下几种节点（见图 2-6）。

- 核心客户端：在比特币 P2P 网络中，具有四个方面的完整功能——钱包、网络路由、完整账本、矿工。
- 全节点：在比特币 P2P 网络中，具有完整账本和网络路由功能。
- 独立矿工：在比特币 P2P 网络中，具有完整账本、网络路由和挖矿功能；
- 轻钱包：在比特币 P2P 网络中，具有钱包功能和网络路由功能；
- 矿池服务器：运行其他协议的节点，通过 P2P 网络、网关、路由器接入比特币网络。
- 挖矿节点：只有挖矿功能，并通过矿池服务器接入比特币网络。
- 轻量 Stratum（阶层）钱包：只有钱包功能，并通过 Stratum 协议接入比特币网络。

严格来说，最后三种不属于比特币 P2P 网络，而是比特币 P2P 网络的衍生网络，但是在整个比特币网络中它们的占比较大。

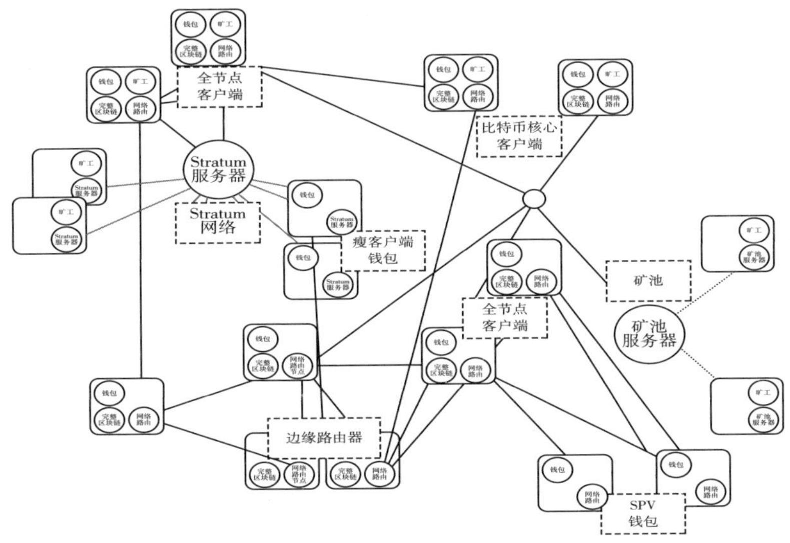

图 2-6　比特币网络中的节点分化

第五节　个体矿工成就矿池

矿工的职责是记账，因为可以获得记账奖励，所以和其他节点有了本质区别，成了比特币网络中最具竞争性的职业。比特币网络是基于随机图的对等网络，任何节点都可以自由地进出，自由地选择自己的角色。

争夺记账权是矿工的首要任务。目前，有两种方法能够提高矿工在争夺记账权中的胜率：第一，提高个体矿工的竞争能力，衡量单位是哈希运算能力（简称“算力”）；第二，把千万个个体矿工的算力汇聚起来，形成矿池，合力争夺记账权，在获得奖励后，再根据个体矿工各自的算力分配奖励。

在比特币的 P2P 网络协议中，矿工节点是一个逻辑上的概念。无论这个节点对应的是一个独立矿工，还是一个矿池，在 P2P 网络中都是一个对等节点。参与矿池的单个挖矿节点通过矿池协议和矿池服务器连接。矿池服务器以一个矿工的身份进入比特币网络。比特币每个区块的记账权在逻辑上只能属于某一个矿工。对于独立矿工来说，矿池是一个超级大矿工。在和矿池的竞争中，独立矿工没有获胜的机会，只有加入矿池才可能获得奖励。

大多数矿池属于某个公司或个人，是在比特币自身的发展过程中形成的商业服务平台。公司设立矿池服务器，并负责运营。矿池极大地降低了矿工的技术门槛：单个矿工不需要下载客户端，不需要同步账本，更不需要了解矿工工作原理，只要下载挖矿软件把自己的计算机或矿机连入矿池即可。如图 2-7 所示，矿池协议含有核算单个矿工贡献的算法，会自动将奖励分成若干份，发到个体矿工指定的地址上。矿工得到整体回报的一小部分，但收益比较稳定，降低了不确定性。

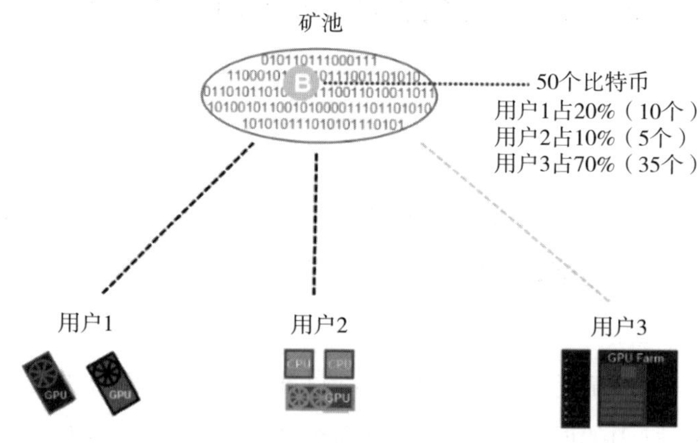

图 2-7　比特币矿池构成示意图

在中本聪最初的设计中，没有矿池的概念。最早的矿池出现在 2011 年，经过 4 年的飞速发展，从 2015 年开始，矿池产业出现了寡头争霸的局面。根据 BTC.com（比特币区块浏览器矿池）的统计，2017 年，前 10 名的矿池（按拥有的算力排名）占所有矿池算力的 85% 左右，换句话说，前 10 名的矿池瓜分了全年比特币产出的 85%。进一步来看，前 40 名的矿池包揽了 2017 年所有的比特币产出，第 40 名的矿池整年只产出了一个区块。逻辑上，一个矿池实际只有一个矿工，因此，目前的比特币网络只有 40 名矿工在作业。

中国矿池（由中国公司管理或由中国公民创立的矿池）从 2014 年开始崛起，自 2015 年以来，牢牢占据着大部分的市场份额。根据 BTC.com 的统计，2017 年，在前 10 名的矿池中，中国矿池占 8 个，其总算力占到所有矿池算力的 70%。中国矿池包揽算力排名前 5 名，分别是：AntPool（蚂蚁矿池）、BTC.com、BTC.TOP（莱比特矿池）、F2Pool（鱼池）和 ViaBTC（微比特矿池）。其算力总份额有进一步扩大的趋势。

Slush Pool（斯特拉斯池）和 BitFury（巴比特池）是在前 10 名矿池中仅有的两家非中国矿池。Slush Pool 于 2010 年 11 月由 SatoshiLabs（萨托施实验室）创立，是世界上最早的矿池。BitFury 于 2011 年由瓦莱里·瓦维洛夫（Valery Vavilov）在俄罗斯创立，是业界非常有名的采矿公司，在旧金山和阿姆斯特丹设有办公室，曾获得先锋集团旗下中国信贷的投资。除此之外，印度、加拿大、美国等也是比特币矿池的重要玩家。

矿池的强大算力来自矿池中的个体矿工真金白银的设备投入，而矿池本身只是个逻辑概念，加入其中的个体矿工没有地域限制。然而由于创始地的关系，截至 2017 年年底，中国矿池的背后大多数仍是中国的矿工。自 2018 年开始，有消息称中国政府可能要让从事加密货币的矿业企业逐步退出市场。中国矿池背后的矿工可能会将设备移至对加密货币监管宽松的国家，如白俄罗斯、加拿大、日本等地。

在比特币网络中，算力就是权力。权力的集中完全违背了去中心化的初衷，因此掌握大权的矿池管理者的作弊概率倍增，甚至可能发起共识攻击（详见第三章的共识机制）。同时，矿池服务器本身就容易成为攻击的目标，容易造成矿池中的个体矿工利益受损，这给比特币网络带来了安全隐患。迈卡菲安全软件的创始人、比特币的疯狂支持者约翰·迈卡菲在多个场合表示，算力过于集中的矿池有朝一日必遭黑客袭击。

矿池的份额高度集中，中心化问题严重。为了解决这个问题，2011 年，P2Pool 矿池诞生了。P2Pool 是一个点对点的矿池，没有中心管理人，是一个并行的、类似区块链的“份额链”系统。理论上，份额链解决了矿池中心化问题，但在实施的过程中，进展缓慢。形成这种局面的原因可能有两个。

- 初始 P2Pool 算力无法和传统矿池相比，很少有个体矿工愿意冒着失去奖励的风险而离开传统矿池加入 P2Pool，由此造成了恶性循环，P2Pool 无法发展。
- P2Pool 采矿方式比传统矿池要复杂许多，要求矿工拥有运行空间、内存、带宽充足的专用计算机，用来支持一个比特币的完整节点和 P2Pool 节点软件。

总之，到目前为止，比特币市场仍以传统矿池为主。比特币自身的发展表明：中心化的局面一旦形成，去中心化便相当艰难。算力高度集中的寡头争霸的局面，估计也是中本聪不愿看到的。但是，中本聪亲手创立的比特币网络的奖惩机制，可能是导致目前局面的根本原因。

本章小结

在本章中，棋牌室增加了专业记账员，实现了人员分工，由此对应到比特币网络中的节点分化。本章阐述了比特币网络节点的四大功能——钱包、网络路由、完整账本、矿工，详细描述了在去中心化环境中，比特币交易的产生、传播和验证的过程，区块和账本的形成和传播，最后介绍了比特币矿池的发展现状以及面临的问题。

本章要点

- 棋牌室增加了两名专业记账员，实现了人员分工；
- 比特币网络中的节点的四大功能——钱包、网络路由、完整账本、矿工；
- 比特币钱包客户端的使用过程和电子银行类似，需要地址和密码；
- 钱包产生和管理密码、私钥、公钥和地址，随机数产生私钥，私钥产生公钥，公钥产生地址；
- 冷钱包永远不触网，是保护比特币的最安全的方法；
- 硬件钱包是保存私钥的专业硬件；
- 可花费的比特币以 UTXO 的形式存在，本质上是一种“可编程货币”；
- 在比特币交易中，输入 UTXO 需要解锁脚本，验证发起者的拥有权；
- 在比特币交易中，输出 UTXO 需要锁定脚本，指明接收者的专属权；
- P2P 网络是完全对等的网络，每个节点既是资源提供者，又是资源请求者；
- Napster 是 P2P 应用的鼻祖，开启了 P2P 应用的新时代；
- 比特币采用全分布式非结构化的 P2P 网络架构（随机图），节点之间没有固定的结构；

- 比特币网络的传播，采用泛洪发现和随机转发机制。
- 比特币网络节点接收交易和区块，在验证有效后，将其传播至全网节点；
- 矿工节点接收交易，在争夺记账权后，生成区块，并传播出去；
- 比特币网络最重要的节点分化——矿工和非矿工，矿工获得奖励，非矿工没有任何奖励；
- 比特币网络的奖惩机制是造成算力集中的根本原因；
- 个体矿工把算力聚集起来形成矿池，一个矿池是逻辑上的一个矿工；
- 矿池算力高度集中，目前无法破解；
- 中国矿池市场份额占全部矿池份额的70%，基本处于垄断地位。

第三章

买矿机抢夺记账权

上一章讲述了交易和区块的形成过程，以及比特币网络的 P2P 结构。在功能上，“钱包”让用户可以方便地发起交易，而“矿工”专注于记账，并获得记账奖励。为了争夺记账权，矿工要不停地计算当前区块头的哈希值，希望得到符合要求的结果。在竞争的过程中，我们忽略了一个重要的问题：为什么要选择计算哈希值的方法来确定记账权？本章将解释这种选择背后的原理，并探讨争夺记账权的其他竞赛方式。让我们再次回到棋牌室。

第一节　争记账权各显神通

棋牌室 Q 总指定 A 和 B 作为专业会计，记录牌友的胜负情况，还使用了类似区块链的科技，准确不出错。牌友甲、乙、丙、丁专注于麻将比赛，感觉良好。记账服务是免费的，加上甲、乙、丙、丁现身说法，于是更多的牌友表示愿意尝试这种记账服务。一段时间以后，常来棋牌室的老客户基本都使用了记账服务，而且理解了记账流程，对此感到满意。客户口碑是最好的营销，甲、乙、丙、丁向赵、钱、孙、李推荐了 Q 总的棋牌室。记账服务成了棋牌室的特色服务，更多的客户慕名而来，Q 总的生意越来越好。

随着棋牌室客户人数的增多，牌友的流动性也在增加。甲、乙、丙、丁和赵、钱、孙、李经常分散到别桌参加比赛。牌友在不同牌局间频繁出入，并不影响他们享受记账服务，因为记账服务跟踪每位具体的牌友，而不是牌局。牌友的比赛自由度增加，感觉更好。但是，客户人数的增多和流动性的提高，增加了记账的工作量，A 和 B 的工作压力骤升。

记账服务提升了用户体验度，带来了更多的客流量，工作量陡增却成了棘手问题。发展的问题只能通过进一步发展来解决。特色服务成了棋牌室的招牌，已不可能被取消。Q 总决定增加两人记账，分别是 C 和 D，进一步提升服务质量。考虑到客户使用记账服务的习惯已经养成，Q 总决定对享受服务的牌友收取少许服务费，同时为了提高工作积极性，决定给记账员 A、B、C 和 D 发放记账奖金。

Q 总心里明白，发奖金容易，可是如何分配奖金却不是一件容易的事，要考虑的因素太多。下面列出一些具体问题，仅供参考。

- 整个记账过程分为记和核，它们之间的重要性如何衡量？
- “记”是第一步，记的人往往工作态度更积极，对牌友的胜负信息更敏感，对信息捕捉得更快更准确，如何量化？
- 工作量主要来自牌友的胜负关系，一个页面记录的关系的数量是否有限制？
- 根据什么标准选出“记”的人，如何确定一个记录周期的结束和开始？
- 奖金如何计算？与记录的胜负关系的数量有关吗？与核对的胜负关系的数量有关吗？
- 记账的结果是厚厚的账本，用户可以查账吗？查账由谁接待？
- 记账会计是否可以很容易地算出自己的奖金额度，这样激励的效果是否更好？

有关奖金机制的问题实在太多，无法一一罗列。最后，Q 总确定了几个原则：第一，奖金分配要公平；第二，激励效果要明显；第三，管理要简单。于是 Q 总定了以下条例。

- 只奖励“记”的人，不奖励“核”的人。
- Q 总分别给 A、B、C 和 D 3 个色子，规定谁先掷出的色子点数总和为“18”，谁就获得这段时间的记账权。其他人都要对色子的点数进行验证。
- A、B、C 和 D 可以不停地掷色子，希望尽快获得记账权，并开启下一个记账周期，同时自动终止上一个记账周期。
- 每次记账，不论工作量多大，都将获得 100 元的奖金。

Q 总深知自己的方案不完美，公平性和激励效果都有待考察，但是至少自己不需要太多的介入。规则简单，甚至带有运气成分，但是标准明确，公开透明。在方案的实施中，分别负责“记”和“核”的记账员相互监督，自成体系，无须太多管理。显而易见，掷出组合很难，验证却很容易。为了争夺记账权，有的记账员甚至购买了一些专用设备来提高投掷色子的速度，力求更快地掷出总和为“18”的组合。如图 3-1 所示，这帮记账员要么在掷色子抢夺记账权，要么在记账，忙得不亦乐乎。

图 3-1　抢夺记账权必须买矿机

对应比特币区块链里的术语

- Q 总分配记账权的机制，在比特币网络中叫“共识机制”。
- 会计记账获得的奖金，在比特币网络中叫“矿工奖励”，以“比特币”的方式支付。其中一部分来自网络的虚拟货币，另一部分来自网络节点的转账手续费。
- 记账员用来掷色子的设备，在比特币网络中对应矿工使用的“矿机”。
- 三个色子的目标组合为“18”，对应比特币网络中的“有效哈希值”。

第二节　共识机制形成权力

第一章描述了比特币的分布式账本数据库，其类似于俄罗斯套娃的构建方式，从逻辑上保证了账本的不可篡改性。第二章阐述了在P2P 网络中，比特币交易的产生、传播和验证，以及区块和账本的形成和传播，强调了矿工节点是分布式账本的直接创造者和维护者。现在，还有一个最重要的问题：在一个去中心化的网络里，哪个节点有权记录交易，权力产生的机制是什么？

权力从何而来？这是个历史悠久的社会学问题。一般来说，关于权力来源的学说主要有三种：神授学说、契约学说和阶级斗争学说。其中对现代社会影响最大的是契约学说。契约学说的主要代表人物有孟德斯鸠、卢梭、马克斯·韦伯等，主要内容包括“天赋人权”“主权在民”“三权分立”“程序合法”等。契约学说最主要的贡献是：程序合法，不再陷入权力理论的争论，而是把选择权交到群众手里。马克斯·韦伯把权力的来源简化为对合法性程序的信念：一种权力，不论维护什么利益、实施什么政策，只要是依据普遍认可的程序确立，就拥有合法性。尽管契约学说有不完善的地方，但是不可否认，契约学说在社会发展的过程中，起到了引领作用：强调社会关系中的平等合作，奠定了科学管理的基础，促进了现代文明的发展。

我们生活在中心化的世界里，任何一个中心都具有一定的权威。一方面，中心拥有远超个体的资源和更好的信任度，个体相信和依赖中心提供各种服务；另一方面，中心似乎与生俱来拥有某些特权，个体和中心之间地位悬殊。

新闻报道时常有这样的场景：场景一是储户突然发现银行卡里余额猛增，可以从自动取款机（ATM）里源源不断地取出现金；场景二是在没有储户授权的情况下，自己账户上的千万元存款不翼而飞。在第一个场景下，储户若动了不该得的钱款，立刻便有牢狱之灾；而当第二个场景发生时，储户受了损失，而维权却异常困难。这种不公平性其实早已埋在用户和银行签订的协议中。可见，在契约学说中，权力造成的结果是否合理，暂放一边，是否通过程序确立才是关键——程序正义是权力形成的唯一标准。

在去中心化的世界里，没有中心，没有权威，节点完全对等。当需要赋予某个节点某种权力时，必须通过契约来保证程序正义。各节点之间采用契约的类型体现了社会网络的特性，决定了社会网络的发展方向。

比特币网络是典型的去中心化网络，其节点之间的契约集中地体现在矿工记账权的产生上，描述这种契约的术语叫“共识机制”。共识机制是赋权的流程，被赋权的个体必须按照要求执行既定的任务，达到网络的目标。在比特币网络中，全体节点希望矿工完成的任务主要有以下方面：

- 将验证过的等待写入下个区块的交易按照一定的规则构建成区块，并按 P2P 协议在网络里广播；
- 通过交易构建区块的过程详见第二章第四节——矿工是既得利益者，矿工在完成任务的同时，不能写入不符合规定的代码；
- 不能攻击任何特定的钱包，不能拒绝为某个特定地址提供服务等；
- 新区块通过 P2P 协议广播到网上，如果没有获得其他节点的检验，区块将被丢弃；
- 在区块构建成功后，矿工获得一定数额的比特币。

在现实生活中，共识机制更像是一份全体节点和矿工之间的合同，基本上表达了三个方面的内容：矿工要做什么，什么不可以做，做完有什么好处。第一项和第三项很容易做到，难点在第二项。体现程序正义的契约不会赋予完全的权力，一定伴随着约束，所以准确地说，比特币共识机制和其他大多数契约一样，形成的是带有约束的权力，而不是绝对的权力。

矿工节点“什么不可以做”的表单，其实非常长，总的来说可以归纳为：不能做不利于网络的事或只做客户端程序里规定的事。试想三种情况：第一种情况，网络中的节点都是值得信任的“好”节点，任何一个节点都没有本质上差别，最多有些节点资源多、执行快，有些节点资源少、执行慢，但是不会做有损于网络的事；第二种情况，如果人们知道网络中的某些节点是可信任的，而某些是不可信任的，那么只要选择可信任的节点，让它执行任务即可；第三种情况，网络中没有可以信任的节点，或者说大家根本不知道有没有可以信任的节点。

非常不幸，比特币网络恰恰是第三种情况。因为比特币网络采用彻底的 P2P 协议——随机图，任何节点不需要经过事先的筛选，都可以自由地进出比特币网络。节点通过 P2P 协议接入网络，在争夺记账权中胜出，获得“写”区块的权力。此时，节点有很大的自由度决定写的内容。中本聪将区块的大小限制为 1MB，就是为了不让矿工写入一些不必要的内容，降低整个网络遭受攻击的风险。可见，整个比特币共识机制的目的是要找到一个没有恶意的节点，遵守事先的约定，严格地执行任务。

一旦共识机制被植入到每个节点上，符合共识机制条件的节点就会被选出。因为程序正义，所以被选中的节点拥有共识机制赋予的权力。理论上，不论现在或将来，共识机制导致的任何不合理的情形（无论是程序上的、结果上还是道义上的），整个网络都没有反悔的余地，除非重新部署新的共识机制。改写共识机制意味着抛弃现有网络重构一个全新的网络。在大多数情况下，若没有绝大多数节点的拥护，实施新的共识机制是不可能的。所以，任何去中心化的网络在选择共识机制时，必须深思熟虑，反复斟酌。

比特币网络采用工作量证明（proof-of-work）作为共识机制。1993 年，哈佛大学计算机科学家辛西娅·德沃克（Cynthia Dwork）和以色列计算机科学家莫尼·诺尔（Moni Naor）发表了论文《处理或打击垃圾邮件的代价》（*Pricing via Processing or Combatting Junk Mail*）”，首次提出了工作量证明的概念，其主要目的是解决垃圾邮件的问题。亚当·巴克在 1997 创建了类似的系统 Hashcash（哈希现金），用于防止垃圾邮件，大致流程如下（见图 3-2）：

- 发信者在邮件头部信息中附加一个随机数，然后对整个头部信息进行 Hash-160 哈希运算，并不断调整该随机数，如果得到的哈希值前 20 位是“0”，就算符合要求，邮件被发送给收件人。
- 收件人在收到邮件后，对邮件头部进行同样的哈希运算，若发现哈希值前 20 位确实是“0”，可以认为发信者确实做了很多哈希运算工作，从而相信发信者不是垃圾邮件制造者。

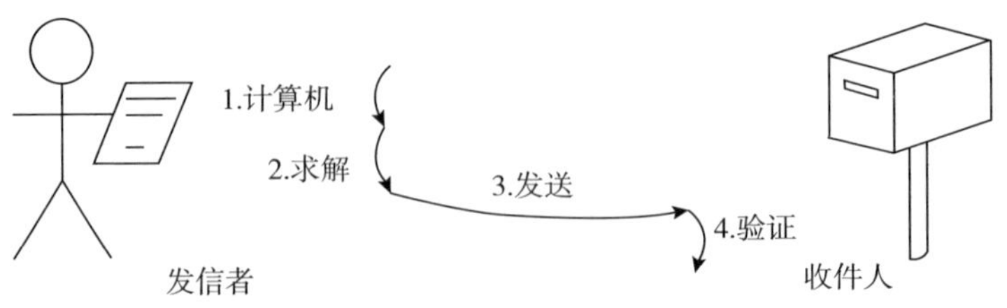

图 3-2　Hashcash 防垃圾邮件的原理

在上述流程中，发信者为搜索到适合的哈希值需要做较多的运算，而收件人却只要一次哈希运算就可以验证完毕。正常的发信者可以接受这额外的运算成本，但垃圾邮件发送者的发送成本骤升，这样就可以有效地防止垃圾邮件。

在防止垃圾邮件的案例中，发信者和收件人的验证成本是完全不对等的。获得符合要求的哈希值是发信者进行哈希运算的有力证明，就像现实生活中的大学毕业证书是大学学历的有力证明一样。如果毕业证书无法造假，审查所消耗的资源远远小于获得毕业证书的成本。在比特币网络中，工作量证明机制要求参与记账竞争的矿工消耗一定的计算机资源，如 CPU（中央处理器）时间、内存、储存空间、带宽等。而大学毕业证书里的工作量是学习时间。此外，结婚证、离婚证、各种职业证书等，也都是工作量证明的例证，都有各自的度量单位。

比特币网络为了筛选到“好”节点，最直接的方法莫过于让参与记账竞争的矿工出示一个类似大学毕业证书的“好人证”，以表明自己不会作恶。第一章第五节描述了矿工搜索“金色随机数”的过程，该搜索过程就是矿工的工作量证明。含有“金色随机数”的区块头，其哈希值就是矿工的“好人证”。

比特币赋予矿工记账权的过程和 Hashcash 雷同，只是将其中的哈希算法换成 SHA-256，并给予矿工记账奖励。选择哈希算法来确定记账权，使矿工获得记账权的过程充满了随机性，矿工无法通过巧妙的算计绕开既定步骤获得有效哈希值，所以记账权竞争具有大家都可接受的公平性。

奖励和工作量证明结合，目的是筛选出值得信任的节点。奖励是矿工获得记账权的动力，而工作量证明是矿工为此付出的成本。节点作恶的潜在代价是浪费了工作量，同时失去奖励。比特币奖励引发了竞争，矿工的工作量爆炸式地增长，单个矿工作恶的代价越来越不可承受。

不同科学家从不同的角度[如生物学中的不利原理（The Handicap Principle），博弈论的囚徒困境等]，论证了工作量证明机制的有效性。但是，仍然无法从数学上严格地证明筛选出的节点一定不是“恶”节点。工作量证明机制只是大幅度地提高了作恶的成本和代价，希望在成本的束缚下，没有一个理智的节点会做出破坏性的网络攻击。

简而言之，矿工执行哈希算法，积攒了工作量，展示了“好人证”，获得了记账权，这就是比特币网络的共识机制。理论上，“好人证”并不能保证节点一定不会作恶，只是整个网络基于“好人证”，相信该节点不会作恶。

共识机制的程序正义，理论上有无穷的可能，股权证明机制（Power of Stake, 简称 POS）是另一种重要的共识机制。工作量证明要求矿工消耗计算机资源，而股权证明机制要求矿工质押权益——一般根据钱包里货币的量以及货币在钱包里存放的时间来计算。矿工的权力被分配给对网络投资最大的节点，而不是消耗最多电脑资源的节点。股权证明机制要求矿工押上自己的权益代币，才能拥有“写”的权力。股权证明机制最大的好处是摆脱了对硬件的依赖，但也有明显的不足，目前尚未得到大规模应用。有人提出了工作量证明和股权证明的混合机制，但也只在研究阶段。

在完全去中心化的网络中，共识机制的设计主要有两个方向：工作量证明机制，比谁能力强，最终由矿工的算力来决定；股权证明机制，比谁钱多，最终由节点的投入多少来决定。理论上，无法证明哪种机制更好，但是由于比特币的空前成功，一般认为，工作量证明机制是目前最可靠的共识机制。

除此之外，授权股权证明机制（Delegated Proof of Stake，简称 DPoS）是基于股权证明提出的共识算法，类似于董事会的投票机制：先选出若干可信任的节点，再由这些节点共同行使记账权力。授权股权证明机制大幅度提升了效率，但已经不属于完全去中心化的范畴。在弱去中心化的网络结构中，选举类似董事会成员的授权节点成为目前最佳的解决法案。

在非去中心化网络中，常用的共识机制还有实用拜占庭容错机制（Practical Byzantine Fault Tolerance，简称 PBFT）、授权拜占庭容错机制（Delegated Byzantine Fault Tolerance，简称 DBFT）、瑞波共识机制（Ripple Consensus）等。

第一章第四节从分布式数据库的角度分析了“不可能三角”，即无法同时达到可扩展性、去中心化、安全，三者只能得其二。共识机制也符合上述规则。在完全去中心化的网络里，共识机制只能在可扩展性和安全之间寻找平衡：可扩展性差，出现“坏人”的概率降低，保障了安全性；可扩展性好，出现“坏人”的概率增高，牺牲了安全性。在实际的应用场景中，没有一款共识机制放之四海而皆准，只能是各方妥协的产物。

无论采用哪种共识机制，目的都是在有限的网络中达成共识，把一个无序的系统调整成一个有序的系统。在物理学中，热力学第二定律用“熵”来度量系统的无序度：系统越杂乱无章，它的熵值越大；一个孤立的系统，其熵值只能增加不能减少；要减少系统的熵，外界必须对它做功，消耗能量。

系统的初始状态和达成共识的状态之间熵的差值，决定共识机制需要消耗多少能量。不同的网络结构，如完全去中心化、弱中心化、中心化等，其起点的系统无序度由高到低，因此完全去中心化的系统在达成共识的过程中，必然消耗最多能量。本章第三节将揭示比特币共识机制带来的惊人能耗。

第三节　有效哈希值的意义

比特币网络采用了工作量证明的共识机制，使得矿工花费大量时间调动了绝大部分的资源来争夺记账权（而不是在做真正的记账活动）。这个超越大多数人常识的现象，究其原因，源于工作量证明机制中使用的哈希算法，而所有计算的目标就是获得有效哈希值。

在表 3-1 展示的区块头构造中，有四个属性与有效哈希值有关：难度目标、随机数、时间戳和 Merkle 根，下面是它们相关性的总结。

表 3-1　区块头中与哈希难度有关的参数

长度	字段	描述
4 字节	版本	版本号，用来跟踪软件或协议的升级
32 字节	前区块哈希	区块链中前一个区块（父区块）的哈希值
32 字节	Merkle 根	一个哈希值，表示这个区块中全部交易构成的 Merkle 根
4 字节	时间戳	从 Unix（尤尼斯）纪元开始到区块生成总共消耗的时间（秒数）
4 字节	难度目标	该区块的工作量证明算法的难度目标
4 字节	随机数	一个用于工作证明算法的计数器

- 存在区块头里的难度目标是一个 4 字节的大整数，由一个 256 位的二进制数转换而来。在一般情况下，难度目标中前面若干位都是“0”，二进制数越大，前面“0”的位数越少，表示难度越大。
- 若当前区块头的 SHA-256 哈希值小于难度目标，此哈希值为有效哈希值。在获得有效哈希值时，矿工完成工作量证明，获得记账权。
- 如果难度目标的二进制表示中前 60 位都是“0”，一个每秒可以处理 1 万亿次哈希计算的矿工需要 59 天才能为某个区块找到有效哈希值；难度目标的二进制数最大可能是 $2^{256}-1$，足够消耗世界上所有已知的算力。
- 难度调整发生在每个完整的节点上，独立自发完成。每个比特币核心客户端都用同样的算法调整代码，不会出现分歧。
- 当区块链同步时，每个节点会优先选取累积难度最大的链作为主链。在一般情况下，累积难度最大的链也是区块数最多的链。
- 每产生 2 016 个区块，所有节点都要调整难度，调整的目标是：在现有网络总算力下，希望保持每 10 分钟产出一个区块。
- 调整难度的算法：新难度 = 旧难度 ×（最新 2 016 个区块的实际花费时长 /20 160 分钟）。20 160 分钟是 2 016 个区块以每个 10 分钟的生成速率计算得出的理论时长。
- 区块头中的时间戳是一个 4 字节的大整数，以 Unix 纪元时间编码，即自 1970 年 1 月 1 日 0 点到区块生成总共消耗的时间（秒数）。
- 在同一秒钟内，区块头里的信息，除了随机数外都不会发生变化。不同随机数对应不同的哈希值，随机数是一个 32 位的整数，最大为 $2^{32}-1$。

- 当矿工的哈希计算速度达到了 40 亿次 / 秒，随机数的所有可能在一秒内会被用尽。等待调整时间戳，令矿工难以忍受。解决方案是：使用比特币公司（coinbase）的脚本作为额外的随机数来源，其任何变动将导致 Merkle 根的变化，这相对于给随机数扩容，允许矿工每秒尝试 2^{96} 种可能。

矿工为了获得记账权，遵从上述逻辑周而复始地进行哈希运算。第一章第三节详细介绍了哈希算法，其中有一个特点：SHA-256 是不可逆的单向函数，只能进行正向的信息摘要，而无法从摘要中恢复出任何信息。也就是说，无论矿工是怎样的天才，都无法用数学分析的方法得出摘要，即哈希值和输入信息之间的逻辑关系。区块头中的随机数作为唯一变量，和哈希值之间的逻辑关系更为遥远。因此，矿工不可能发现随机数通往有效哈希值的捷径，无法避免上亿万次的枯燥的猜测。获得有效哈希值的唯一途径就是利用拥有的算力运行哈希函数 SHA-256。哈希函数内在的数学特性奠定了共识机制的有效性。

- 哈希运算是一组封装好的数理逻辑，任何 CPU 不需要额外设备都可以执行运算，这让任何想成为矿工的节点都可以自由加入。
- 每个矿工哈希运算的难度完全一样，投入的运算时间在价值上没有任何差别，保证矿工之间的竞争绝对公平。只有一个维度能分辨矿工之间的高低——在一段时间内，矿工运行哈希算法的总次数，即所谓的工作量。
- 无论多少工作量，有效哈希值（所谓矿工的“好人证”）是唯一的验证标准。所有工作量的检验工作，可以毫无差别地在瞬间完成，保证了矿工竞争的连续性、公平性。
- 在比特币网络中，有效哈希值对矿工意义重大，是工作量的证

> 明，是获得奖励的直接原因。同时，比特币矿工除了从比特币网络中获得利益，无法从其他渠道获得任何好处，进一步保证了矿工对比特币网络的忠诚，约束了矿工的行为。

矿工的低门槛、极简的工作量检验过程、目标难度的绝对公平、没有额外利益输送等特性，刺激了节点成为矿工的意愿，抑制了矿工的作弊动机，突出了共识机制中的程序正义。哈希算法作为工作量证明机制的核心载体，能够筛选出“好”节点忠诚地执行契约中的条款。

任何机制都有不完美的一面，鲜明的缺点总是和突出的优点相伴相随。在哈希算法的指引下，矿工没有任何杂念，只有一种明智的选择——加入算力的军备竞赛，期望夺得记账权，获得奖励。截至2018年1月，全世界比特币挖矿算力超过2 000万亿次/秒，换句话说，全世界每秒钟正在进行着2 000万亿次哈希运算。“有识之士”在感叹浪费的同时，给出了一些解决方案，其中一项是：将毫无社会意义的哈希运算换成能够解决现实问题的计算，以弥补在比特币挖矿过程中流失的能源。

搜寻地外文明项目（SETI@Home），是美国政府投资的分布式私人网络项目，以加州伯克利大学为中心，利用射电望远镜等先进设备，接收并分析从宇宙中传来的电磁波，希望借此发现外星文明。气候预测项目（Climate@Home）是由美国航空航天局（NASA）牵头，采用分布式计算来模拟大气温度、气压、风速、水汽、云、降水等因素对大气层温度的影响，试图提出全球气候变暖问题的解决方案。

上述两个案例都需要巨大的运算能力，中心化的计算成本太高，故利用个人的闲置计算能力是最好的途径。如果利用比特币这样的加密货币网络，项目的组织者将面临很多现实的挑战：复杂的问题如何分解成个人节点可以执行的小问题，分解的过程是否公平，结果检验是否简明等。

这些问题尚未有答案，但是问题的提出，标志着解决加密货币能源浪费的问题已经提上日程。利用加密货币挖矿过程中的算力资源，做有社会现实意义的研究，逐渐成为一部分人的共识。素数币（Primecoin）和蛋白质折叠币（Foldingcoin）是目前领先的两个项目，已经进入实践阶段。

素数币，于2013年发行，是最早致力于科学发现的加密货币网络，目前市值大约2 000万美元。素数币矿工需要解决的难题，就是找到下一个素数。素数是一个大于1的自然数，除了1和它本身外，不能被其他自然数整除，以坎宁安链（Cunningham chains）的形式存在。根据数学原理，素数有无穷多个。由于大素数的计算和确认都非常困难，素数币的产生速度很慢。2014年5月16日，素数币网络找到了长度为14的坎宁安链，打破了世界纪录。

蛋白质折叠币起源于模拟蛋白质折叠项目（Folding@Home），主要由斯坦福大学的开发团队维护，利用闲置计算机资源来模拟蛋白质的折叠过程，以破解某种疾病或癌症的难题。蛋白质折叠币是一种基于比特币区块链和Counterparty（合约币）协议的代币，可以在每个玩家之间流动，于2014年上线交易，目前市值大约1 400万美元。蛋白质折叠币主要根据算力和贡献值的大小，给参与模拟蛋白质的折叠项目的玩家分配相应的货币金额。参与挖矿的玩家可以在帮助研究医学的同时获取一定的货币报酬。

发现有意思的工作量证明是比特币网络的一个小小的分支。这种科学探索，并非属于完全的商业范畴，但给未来的重大科学发现积累了素材，不能否定其正面意义。毋庸置疑，在现实社会中，加密货币矿机行业的崛起才是工作量证明机制掀起的最大波澜。加密货币矿机行业从无到有，从低技术含量到高技术创新，从草根创业到寡头垄断，在短短的5年时间内，演绎了一场商业大戏。

第四节　从矿机到全产业链

工欲善其事，必先利其器。矿机是矿工重金投入的生产资料，是相互竞争的利器，是获得比特币网络发言权的后盾。矿机是强大算力的来源，是比特币网络的守护神。矿机输出的算力成了比特币网络的护城河。随着更多更先进的矿机投入使用，护城河以惊人的速度被加深加宽。强大的算力让不诚实的矿工望而却步。账本的真实性、不可篡改性，不再是纸上谈兵。

初始的比特币网络没有独立矿工，也不需要矿机。比特币爱好者用一台普通的电脑就可以获得比特币奖励。至今，有些比特币的早期爱好者，在比特币社区上发文怀念 CPU 挖矿时代的美好和懵懂。中本聪的白皮书给草根技术控构建了一个精妙的世界——一切都如此贴切，没有人怀疑比特币不是受上帝垂青的杰作。作为比特币最初的信仰者，挖矿不是工作，也不是为了利润，只是心中的一种美好愿望的展现，是一件很酷的事件。

早期的矿工用各自能获得的设备维护着比特币网络的稳定。在生活中，矿工为比萨和游戏支付成千上万的比特币，为有人接受他们的比特币而欢呼。没有人为此而大惊小怪。这些被草根技术控偶然发现的美好日子，

图 3–3　比特币四代矿机

注定只是“拓荒者”记忆中的短暂一瞬，很快事情就有了变化。如图 3-3 所示，比特币矿机先后经历了四个时代：CPU、GPU（显卡）、FPGA（现场可编程门阵列）和 ASIC（专用集成电路）。

2009 年 1 月 3 日，比特币创世区块诞生；2009 年，CPU 挖矿开始流行；2010 年，出现了集体挖矿的雏形；2010 年 10 月，GPU 矿工开始出现。

GPU 在比特币挖矿上的性能优势，主要体现在与 CPU 挖矿的对比上：CPU 主要执行串行指令，并对其进行逻辑跳转优化，而 GPU 则对大规模并行运算进行优化；多核 CPU 针对的是指令集并行（ILP）和任务并行（TLP），而 GPU 针对的是数据并行（DLP）；GPU 拥有更大带宽的显存，在大吞吐量的应用中性能更好。

不同矿机的性能用算力来衡量。算力是指矿机每秒完成哈希计算的次数，通俗地说，就是每秒钟能产生多少个不同的哈希值。Intel CPU i7-7700K 的算力大约是 800 次 / 秒，而 NVIDIA TITAN V（英伟达泰坦五代）GPU 的算力大约是 7 975 万次 / 秒，两者相去甚远。

在 GPU 挖矿时代，矿工开始关注性价比，多张 GPU 通过扩张槽插在廉价的主板上，成了领先矿工的标配。从此，人们更多地从经济的角度来讨论挖矿，挖矿不折不扣地成了一门生意。日益激烈的市场竞争让业余爱好者相继退出，职业挖矿群体开始出现。矿工成为比特币时代第一批创业者，他们的生产资料是 GPU、主板和支架，消耗的是电能，产出的是比特币。

在淘金时代，销售铁锹是最好的生意。随着比特币挖矿时代的到来，两大显卡厂商超微半导体（AMD）和英伟达步入黄金年代，加上其他加密货币的挖矿需求，它们的产品供不应求。英伟达在过去 5 年里，股票的价格上涨了 15 倍。

2011 年 6 月，FPGA 开始成为比特币矿业最先进的设备。FPGA 矿机在性能上虽没有大幅提高，但其成本仅是同性能 GPU 的三分之一。手工制作 FPGA 挖矿板成了矿工的核心技能。边做边挖边卖成了最佳创业模式，有些技术突出的矿工由此完成了早期比特币的积累。

在 FPGA 矿机时期，中国矿机创业者正式登场。从 2013 年 3 月开始，两大机型呈竞争态势：桂林的西瓜机，一片主板集成 8 颗 FPGA 芯片，挖矿速度为 16 亿次 / 秒，功耗为 80 瓦；嘉楠耘智的南瓜机，一片主板集成 2 颗 FPGA 芯片，挖矿速度为 3.8 亿次 / 秒，功耗为 20 瓦。然而，FPGA 矿机受到芯片短缺的影响，没有得到大规模的普及。

2013 年下半年，中国市场正式采用挖矿 ASIC 芯片，矿机行业正式跨入大工业时代。ASIC 芯片是为专门用途而设计的集成电路，即专用集成电路，其亮点在于专用、量身定制，所以执行速度快。

从 2013 年 7 月开始，矿机行业百家争鸣，大量的 ASIC 矿机如雨后春笋般出现，如烤猫矿机、鸽子矿机、TMR（中国的一家比特币矿机公司）矿机、比特儿矿机、兰德矿局、小蜜蜂矿机、阿瓦隆原厂、花园矿机、Smart（智能）矿机等。2013 年 11 月，嘉楠耘智的阿瓦隆二代矿机上市，算力为 2 000 亿次 / 秒，功耗为 960 瓦。这是中国首款即插即用的完备专业矿机，用户无须任何形式的组装。同一时间，比特大陆上市蚂蚁一代矿机，算力为 1 800 亿次 / 秒，功耗为 380 瓦。此后，不同厂家发布一代又一代的高性能矿机。截至 2018 年 1 月，比特大陆发布的全球最先进的比特币矿机——蚂蚁 S9，算力为 13 万亿次 / 秒，功耗为 1 200 瓦。

在各类行业发展的初期，行业集中度低，创业者各显神通，规划和执行各自的策略。在市场竞争中，有些企业获得核心竞争力，拥有了技术或市场的优势，之后便投入更多的研发资金，最后胜出。自由竞争必然淘汰不符合市场规律的企业：在法制成熟的市场中，企业转型或申请破产保护，退出竞争；在法制不健全的市场中，卷款跑路的情形时有发生。在加密货币矿机行业中，同样的故事也在一幕幕地上演。从2013年至2016年年初，中国矿机市场大局已定：技术、资金、市场慢慢向行业顶端的玩家集中，形成寡头争霸的局面。

行业集中度提高，属意料之中。令人吃惊的是，起步不算最早的中国矿机行业在竞争中脱颖而出，占据了全世界90%的市场份额。前文提到的比特大陆蚂蚁系列和嘉楠耘智阿瓦隆系列，其市场份额位列第一名和第二名。而国外矿机企业虽有些先发优势，但大多数已是关门大吉。下面是几个失败者的故事。

- 蝴蝶公司（Butterfly Labs）成立于2010年，总部位于美国密苏里州，在2011年和2012年出售了大约2 300台FPGA矿机。2012年6月，蝴蝶公司号称研发成功第一款ASIC芯片，并在其网站预售ASIC矿机。蝴蝶公司宣称2013年3月能够发货，然而发货日期一再延迟，至7月才开始小规模出货，到9月发货规模加大，直到2014年1月蝴蝶公司才完成所有订单的发货。不幸的是，全网算力于2013年暴涨，当很多用户拿到矿机时，蝴蝶矿机已经成为废铁。2014年9月，美国联邦贸易委员会（FTC）关闭了蝴蝶公司。
- 21 Inc.（位于硅谷的一家比特币创业公司）于2013年5月由印度人创立，以生产第一台能挖矿的家用电脑为公众所知。2015年3月，21 Inc.完成了1.16亿美元的融资，但之后发展不顺利，到2017年，21 Inc.已转型为基于互联网的社交媒体公司。
- BTCS有限公司，前身为Bitcoin Shop（比特币商店），位于美国内华达州，是一家比特币综合服务型公司，为美国第一家区块链上市公司。2015年，BTCS向Spondoolies-Tech（一家以色列比特币矿机企业）投资150万美元，进军矿业，最终以失败告终。

- Spondoolies-Tech 致力于比特币挖矿设备的开发，其出品的矿机因性价比高被视为行业标杆。不幸的是，在 2016 年 5 月，其因财务亏损宣布停止运营，后向法院申请破产保护。
- BitFury 在 2011 年创立于俄罗斯，是著名的早期比特币创业公司。Bitfury 由一个 ASIC 比特币矿机芯片研发团队发展而来，但现在已退出硬件市场，转型为矿池服务和区块链基础数据服务公司。
- KnCMiner（瑞典的一家比特币矿机生产企业）于 2013 年成立，它曾是发展最快、技术领先的比特币矿机生产商，也曾筹集了 3 200 万美元的风险资金，但于 2016 年 5 月申请破产保护。
- GAW Miners（高斯矿工）成立于 2014 年，总部位于美国，自称“最大的比特币计算机供应商”；2015 年 6 月，公司经营陷入困境；2015 年 12 月，被美国证券交易委员会以欺诈罪起诉；2017 年，美国证券交易委员会胜诉，GAW Miners 的 CEO 乔希 · 加尔扎（Josh Garza）认罪，并被判罚款 1 100 万美元。
- 深圳比特泉信息科技有限公司（ASICMiner）成立于 2012 年 6 月，是最早使用 ASIC 芯片的团队之一，在创业初期取得空前成功，生产的矿机一度占有比特币总算力的 30%。创始人“烤猫”于 2012 年 8 月开始 IPO（首次公开募股），原始股以比特币购买。不久，“烤猫”股价以比特币计涨了 50 多倍，同期比特币价格涨了 10 倍以上，所以深圳比特泉信息科技公司的股票回报一度高达 500 倍。然而天有不测风云，因经营压力陡增，2015 年年初，创始人“烤猫”突然卷款跑路，成为矿机行业的最大丑闻。

有退出者也有进入者：2017 年 9 月，日本上市公司 GMO Internet

Group（GMO 互联网集团）宣布开展比特币挖矿业务；2017 年 12 月，有报道称，芯片巨头三星也加入了比特币的挖矿行业。

比特币价格的疯涨为矿机行业的蓬勃发展创造了良好的外部环境。无论性能多么高效的矿机，仍离不开人的操作和运营。为了让矿机发挥效用，矿工可以将单个矿机接入矿池挖矿。在比特币网络里，矿工和矿池在逻辑上是一个概念，只是能力有差别。而在现实生活中，矿机和矿场是一个概念。矿场是矿机集中的存放场所，是比特币的生产车间。矿场里的矿机可能加入不同的矿池，但是在操作管理上受到地域的限制，并且一般都是由人员对其进行维护的。在矿场里工作的工人才是现实意义中的矿工，我们通称他们为"矿主"（包括矿场主和矿场的工人）。从职业上来说，矿主是真正的矿工。

矿场一般是大棚结构，类似于电脑机房。大型矿场一般都存放着几千台矿机。几千台矿机 24 小时不间断地工作，噪声巨大，同时散发出大量的热量，所以大型矿场都建造了风冷系统和水冷系统。工人有防护措施，进出有门禁系统，这和一般产业工人的工作环境没有太大区别。对于矿场来说，矿机是固定投资，运营成本包括电费和人工工资。为了寻找便宜的电，矿主们要把矿场建在相对偏僻的地方，在中国主要集中在内蒙古、新疆、四川、贵州等地。在四川和贵州等地的丰水期，矿场要建在小型水电站附近（因为此时水电充沛，电价便宜）；但在枯水期，没有充裕的电，矿主们便要把多余的矿机运到新疆或内蒙古等火电相对充沛的地方。

矿主们带着自己心爱的矿机转场（此时时间就是金钱，一刻都不容耽搁——和放牧时的羊群转场一个道理），辛苦而紧张。矿主是比特币产业中真正意义上的产业工人，在人迹罕见之地常年与矿机为伴，生活成本低廉，生活枯燥。矿主以年轻人居多，很多都是比特币的信仰者。有些人除了日常开销，把工资全部换成了比特币，有些矿场直接用比特币发工资。

矿场在比特币产业的底端，有一定的风险。一方面，在固定时间内，比特币的产出有限，但是算力增长飞快，矿机被淘汰的速度也很快，先期的投资有无法收回的风险。另一方面，比特币价格疯涨，矿机厂商惜售矿机。惜售导致市场上的矿机供不应求，抬高了矿机价格。长期只有期货没有现货，矿主不仅要垫付资金，同时还担心厂商延期交付；等待期间的算力增长会削弱矿场的赢利能力，矿场的处境非常不利。此外，比特币价格波动过大、电费涨价、政府监管等外部因素也极大地影响了矿场的收益。

2013—2015 年，不时传出矿场倒闭的消息。自 2016 年以来，得益于比特币价格的大幅上涨，大多数矿场经营良好。2017 年全年，根据比特币产出时的价格，矿工产出大约 80 亿美元。2018 年年初，有消息称，中国监管层有可能准备清退比特币矿业企业，主要针对的就是矿主。针对这种情况，很多中国的矿主开始寻求电费便宜且加密货币政策宽松的国家，如加拿大等。

矿机是比特币网络的基础设施。经过矿机行业和矿主的共同努力，截至 2018 年 1 月，基础设施已经相当牢固：全网算力达到惊人的每秒执行 2 000 万万亿次哈希运算，而且仍在飞速上涨。仅 2017 年，全网算力从年初的 250 万万亿次 / 秒增长到年末的 1 500 万万亿次 / 秒，涨幅超过 5 倍（见图 3-4）。算力的增长让比特币网络更加稳固，但是也带来了一系列的负面后果。

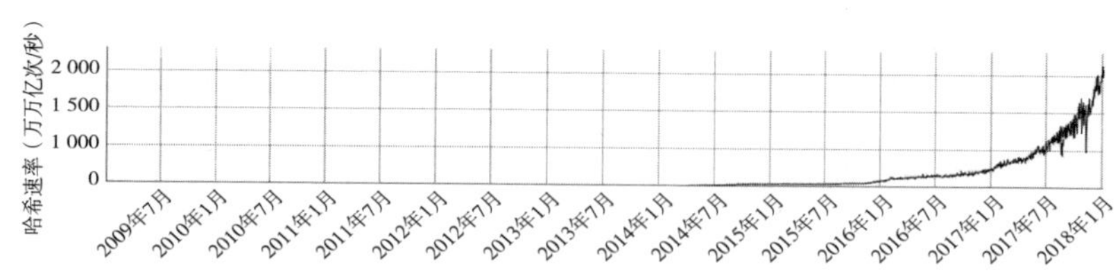

图 3-4 比特币矿机总算力的增长情况

惊人的算力背后是惊人的电力消耗，如图 3-5 所示。根据

digiconomist.net（加密数字货币信息网站）统计的全球比特币电力消耗指数，2017 年全世界的比特币挖矿消耗总电力接近 300 亿度，超过 159 个国家同期消耗的电量，预计 2018 年会达到 500 亿度。按 2018 年 1 月全世界比特币挖矿消耗电力的情况计算，全年的电力总成本大约为 30 亿美元。

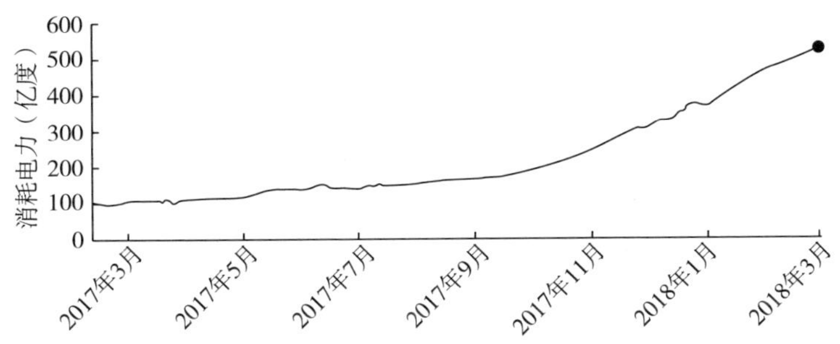

图 3-5　比特币挖矿消耗的电力

在比特币网络里，另一种浪费是生产了大量只能用于挖矿的矿机。目前装备矿机的 ASIC 芯片是针对 SHA-256 算法定制的，这些售价不菲的机器随着全网算力的增长很快将退出历史舞台，且毫无他用。因为在工作量证明机制中，没有明确工作量一定要用 CPU 时间来衡量，存储空间、带宽等其他计算机资源也可以用作工作量证明。

微软和马里兰大学的研究人员在 2014 年提出了 Permacoin（帕尔马币）的概念，即用每个节点的存储空间作为工作量证明的计算机资源，而不是 CPU 时间。这样通过类似比特币的网络，可以构建一种分布式云存储。即使不参与抢夺记账权，存储空间也不会完全被淘汰（可以用于存储其他信息）。Permacoin 作为开源项目，用 Scala（一门多范式的编程语言）编写，正在部署测试中。其他类似的项目还有 Retricoin（基于可检查的紧凑证据的比特币）、SpaceMint（薄荷币）、Burstcoin（爆裂币）等。设计和建造新兴矿机，改变工作量证明机制中的资源，也是区块链创业的一个方向，例如迅雷的玩客云本质上是用带宽作为计算机资源的矿机。

矿机、矿场、矿主奠定了比特币网络的基础，但是代表它们行使权力的却是矿池。矿池通过矿池协议软件将矿机算力组织起来，形成合力争夺记账权，并将比特币奖励分给矿主。矿主和矿池的关系类似于基金经理和基民的关系。另外，矿池身后的大金主有时就是矿机生产商自己，所以当比特币价格疯涨时，矿机厂商惜售矿机，经常把矿机接入自家矿池使用。

因为矿池市场马太效应（Mattew Effect）明显，所以最大的矿机生产商比特大陆仍在不断地扩张矿池规模，并发展云挖矿业务。云挖矿业务指的是矿主不需要经营矿场，只需将购买的矿机、虚拟矿机或算力委托给第三方公司经营，自己坐等分币。云挖矿业务可能吸引更多的人投身挖矿行业，但是控制权仍在矿池手中。公开信息显示，比特大陆旗下有三个矿池，分别是：AntPool、BTC.com 和 ViaBTC。2017 年，AntPool 拥有全网 17% 的算力，排名第一，后两个矿池的算力也在前五名之列，这三个矿池的算力占全网算力的 35%。矿池业务的迅速扩展，让越来越多的人担心 51% 的共识攻击。

比特币的工作量证明机制利用哈希算法的随机性，希望记账权在不同的矿工中没有规律地流转。但是，如果一群矿工控制了整个比特币网络 51% 的算力并联合起来，始终可以获得记账权，那么他们可以随心所欲地选择写入区块的交易，造成有些交易永远无法确认，或人为地制造分叉等，从而破坏比特币网络的稳定性。理论上，51% 的共识攻击只能影响未来生成的区块和篡改上几个区块，但是算力如此集中，不免让人担心比特币的未来和去中心化的现实窘境。

第二章第五节中描述了以去中心化的 P2Pool 采矿协议来限制矿池的垄断，但是由于种种情况进展缓慢。有人从硬件角度提出修改工作量证明的算法，废止功能强大的 ASIC 芯片在矿机中的使用，削弱矿机厂商在竞争中的优势。新算法将矿机限定在 CPU 或 GPU 水平，阻止相应的 ASIC 芯片的出现。继比特币后的其他加密货币，有些采用了上述理念，截至目前，相关的 ASIC 芯片尚未出现，但是不能保证将来一定不会出现。需要说明的是，即使限定了 ASIC 芯片的应用，仍然无法阻止挖矿算力的集中，只是算力的绝对值有所下降而已，并没有改变算力分布的状况。

比特大陆在矿机和矿池产业中占有明显的主导地位，遭受的垄断指责也最多。比特大陆全称“北京比特大陆科技有限公司”，由吴忌寒和詹克团于 2013 年在北京创立，经过近 5 年的奋斗，牢牢地占据了行业领先的位置。纵观其短暂的发展史，不难发现，比特大陆在矿机及矿池领域的霸主地位都源自其 ASIC 芯片。2015 年 8 月，比特大陆发布自主研发的比特币矿机芯片 BM1385，采用台湾积体电路制造股份有限公司（简称台积电）的 28 纳米制程，取得了行业领先地位。目前比特大陆最先进的蚂蚁 S9 矿机，采用 16 纳米制程的芯片 BM1387，仍是行业内的佼佼者。

2018 年 2 月，伯恩斯坦（Bernstein）发布报告称，当前比特大陆在 ASIC 制造领域占有 70% 的市场份额；2018 年，比特大陆将继续保持在加密货币芯片邻域的领先地位，并将其部分芯片的纳米制程确定为 10 纳米和最先进的 7 纳米。自 2017 年起，比特大陆开始进行全球布局，在荷兰、瑞士、新加坡和北美地区分别建立地区总部，并正在加拿大建立矿场。伯恩斯坦的报告还提道，据保守估计，比特大陆 2017 年的利润在 35 亿美元左右，相当于人工智能芯片巨头英伟达同期的利润。

2017 年 8 月 1 日，由于和比特币核心维护团队在区块大小上分歧严重，比特大陆倚仗在算力上的绝对优势，发起了比特币历史上第一次硬分叉，命名新的加密货币为“比特币现金”，并宣布旗下矿池支持“比特币现金”挖矿。此后，比特大陆主导了“比特币现金”的发展，其在加密货币领域的业务也在继续扩张。有消息称，2018 年，比特大陆有可能推出虚拟货币交易所。

2017 年 11 月，比特大陆发布算丰（Sophon）BM1680 人工智能专用芯片，确立了继比特币后又一个新的产业方向。在比特币挖矿领域，由于芯片巨头三星的入场，竞争可能会再次白热化。比特大陆这颗升起的科技新星，能否在比特币矿业里继续保持领先地位，能否在人工智能方面创造新的奇迹？让我们拭目以待。

本章小结

在本章中，棋牌室 Q 总增加了记账了人员，在记账过程中引入了竞争机制，并提供了记账奖励，影射了比特币网络中矿工记账权的争夺过程。比特币网络是一个完全去中心化的系统，通过共识机制分配记账权，体现了程序正义。比特币采用工作量证明机制，以哈希算法为核心，保证了矿工竞争的公平性和透明性，带动了矿机行业的发展，导致了算力膨胀和集中。

本章要点

- 契约形成权力，理论上，权力的来源被简化为对合法程序的信念，即所谓的程序正义。
- 程序正义和结果正义无关，比特币的共识机制是一种程序正义。
- 矿工的任务是流程化的产生和验证区块，更重要的是“不能作恶”。
- 比特币采用工作量证明作为共识机制。在现实生活中，毕业证、结婚证、离婚证等，都是工作量证明的例证。
- 在比特币网络中，工作量证明要求消耗一定的计算机资源，如 CPU 时间、内存、储存空间、带宽等。

- 在去中心化的环境里，共识机制主要有三种方式：工作量证明机制、股权证明机制、授权股权证明机制。
- 比特币的工作量证明机制采用哈希算法。
- 哈希算法的特点：矿工的门槛低，过程绝对公平，检验过程极其简单，没有额外的利益输送。
- 矿工的工作量证明能耗巨大，加上失去奖励，抬高了矿工的作恶代价。
- 一部分人企图用有社会意义的算法替代哈希算法，比如搜寻地外文明项目、气候预测项目、蛋白质折叠币项目、素数币项目等。
- 矿机的历史是一个从爱好变成产业的过程，分为四个阶段：CPU、GPU、FPGA 和 ASIC。
- 矿机行业完成了从群雄并起到现在的寡头争霸的历程。
- 矿场是拥有矿机的工厂，不是逻辑概念，矿主是真正的矿工。
- 矿机科技的发展导致了全球算力的膨胀，目前比特币挖矿算力已经超过每秒 2 000 万万亿次，这将消耗大量的能源。
- 比特币矿机本身对人类没有意义，制造对人类有用处的矿机是创业的新方向。
- 比特大陆占矿机市场份额的 70%，目前已经扩张到全产业链，如芯片、矿机、矿池、交易所、比特币现金等，2017 年的利润大约为 30 亿美元。

第四章

发行麻币生意火

前三章讲述了比特币底层技术的三大特性：不可篡改性、可编程性、P2P 网络中的共识机制。万事俱备，只欠发行。在现有的法律体系中，比特币只是一种虚拟的电子货币，没有任何权威背书，在诞生之初，它不具有现代货币的任何特征，只是技术控们发明的体现智商的玩具。在现实的商业环境中，发行任何一种虚拟币，如游戏币或积分，都有其实际的需求背景，承担着一定程度的商业功能，但是比特币的诞生没有任何直接的商业需求。

比特币有其特定的发行机制，涉及发行总量、发行方法、发行速度等。发明比特币只是为了解决数学上所谓的“双花”问题，但是，其后续发展很快突破了数学的范畴，不仅直接促使区块链成为热门技术，同时也展示了其特有的社会属性和经济属性，并在更大范围内体现了其商业价值。

本章将解释比特币的数学原理和发行机制，并从货币史的角度探讨其货币属性。任何技术引发的社会变革都始于具体的现实场景。本章第一节延续棋牌室的故事，揭开虚拟货币——“麻币”的诞生背景和商业需求，以此引发后续各章节对比特币社会意义的讨论。

第一节　用麻币充当润滑剂

Q 总雇用了专业的记账人员，效率有所提高，客户体验良好，前来的牌友继续增多，棋牌室成了远近闻名的娱乐休闲场所。在记账奖金制度设立后，记账员自主性强、效率高，需要的管理工作不多。随着顾客增多，Q 总又增加了两名记账人员。企业的规模在扩大，瓶颈总是不期而至，Q 总的境遇也不例外。Q 总的烦恼表现在以下方面。

- 牌友通过声音和记账人员沟通胜负结果，随着人数增多，棋牌室里的喊声此起彼伏，听错的概率越来越高。
- 棋牌室空间的声音信道有限，为了防止出错，记账人员常常凑近牌桌，记录结果，有时验证人员也要跟过来。整个记账过程变成了“人盯桌”的格局，平均四五张牌桌要消耗两三名记账人员。效率提升变得困难，规模扩展性也就变差了。
- 在棋牌室的空间被分割后，记账人员和牌桌形成了固定的利益格局，不仅记账人员对不熟悉的客户服务水平下降，而且还增加了勾结作弊的风险。
- 牌友在离开棋牌室前，一般都会查账，这个过程耽误了记账人员的宝贵时间。若查账发现错误，费时费力又伤神。

Q 总下决心要做信息化，以突破这些瓶颈。首先，Q 总升级了客户的积分系统，把积分变成了一种叫作“麻币”的虚拟币。麻币实际上是牌友在棋牌室范围内使用的筹码。在每次棋牌游戏开始前，牌友把人民币换成麻币（见图 4-1）。每个牌友都有自己的在线账号，可以查看麻币余额，根据自己的胜负情况进行转账或收款。所有的操作流程非常类似电子银行。为了保证棋牌游戏的连贯性，Q 总保留了记账员，他们只是在每局结束时，带着手机，靠近牌桌，完成记账。

图 4–1　发行麻币生意火

在实现信息化后，棋牌室的经营流程发生了明显的改观：传播胜负结果的嘈杂声音没有了，牌友又可以专心游戏了；记账奖励的发放更加及时，激励效果更加明显；省略了牌友的线下查账过程，节省了记账员大量的时间；转账、记账、核账完全电子化，极大地降低了出错概率；记账人员完全摆脱了牌桌的限制，可以在棋牌室范围内自由地行使记账权；棋牌室整个结算系统以麻币为中心，线下生意通过网上结算与该系统融为一体；麻币成了棋牌室生意的润滑剂，高效、低错、安全地保证了商业流程的畅通。

Q 总收到了多少人民币就发行多少麻币，收到的人民币是发行麻币的信用资产。棋牌室的信用是牌友愿意用人民币兑换麻币的关键。在麻币刚上线时，绝大多数牌友不愿意把麻币留在身边过夜，他们在离开棋牌室时，每次都将麻币兑换回人民币，他们账户里的麻币余额几乎为零。牌友只是在棋牌室的时候才使用麻币，换句话说，麻币的信用是极其短暂的，离开了棋牌室的环境，麻币的信用就消失了。

企业信息化一般分为四个方面：供应链、财务、人事、客户关系管理。大多数信息化都是从财务开始的，因为财务是公司运营效果的最直接体现。棋牌室通过升级内部积分系统，发行了麻币，打通了线下各个业务环节，提高了交易结算的效率。麻币是棋牌室生态（QPS）系统的电子货币，保证了商业流程高效运转，为棋牌室后续业务的多元化和跨地域经营奠定了良好的基础。

对应比特币区块链里的术语

- Q 总发行的“麻币”是一种虚拟货币，目前还没有完全符合比特币的特征。
- 牌友和记账员使用的账户在比特币网络中叫“钱包”，接在分布式大账本的客户端。牌友和记账员的账户可以核对余额，并用来转账，比特币网络中的钱包也具有同样的功能。
- 记账员获得以麻币支付的记账奖励，类似在比特币网络中矿工获取的比特币挖矿奖励。
- 麻币的发行是以人民币资产做抵押，而比特币的发行是从无到有的过程。

第二节　无中生有的比特币

棋牌室发行麻币，用于牌友之间的结算，极大地提高了棋牌室的运行效率，并形成了稳定的牌友客户群。棋牌室的运营者和客户群共同形成了 QPS 系统的雏形。目前，在 QPS 系统中，流程信息化和麻币电子化完全融合，构建了一个百万元人民币量级的麻币经济圈。Q 总用自己的信用支撑了麻币的发行，功不可没。那么问题来了，麻币是货币吗？要回答这个问题，需要深刻理解货币的定义和内涵。

货币形式：贝壳、金银、纸币、电子货币

货币是一个古老的话题。自诞生以来，关于货币的本质，人们争论不休。经济学上，货币的定义更是五花八门，足以让一个普通的现代人晕头转向。为了避免概念上的纠缠，我们沿用最经典的理论：货币是一般等价物。《资本论》对一般等价物的作用有以下系统的描述：一是反映和衡量其他一切商品的价值，发挥着价值尺度的作用；二是通过它来实现各种商品的交换，发挥着交易中介的作用。

在 QPS 系统中，麻币和人民币等价，可以衡量棋牌室中商品和服务的价值，另外，在牌局中，麻币在某种程度上成了交易中介。可见，麻币担当了有限的一般等价物的职能。那么，什么样的东西可以正式成为一般等价物呢？理论上，答案又是五花八门的。回到历史的长河中，我们可能仍然无法明白一般等价物的底层逻辑，但是至少可以清楚地看到历史上曾出现过哪些一般等价物。

古今中外，在不同的时间和不同的地域，充当一般等价物的物品大相径庭（见图 4-2）。从公元前 500 年的古希腊开始，牛、羊、谷物等都曾在一段时间内充当过一般等价物。在中国古代，羊、布、贝壳、铜器、玉璧等都曾作为一般等价物，行使货币功能。即使在现代，世界上有个别国家仍然使用石头作为一般等价物。

图 4-2　货币的几种形式

雅普岛（Yap Island）是太平洋中卡罗莱群岛中的一个小岛。2 000 多年前，雅普人把石头作为一般等价物（见图 4-3）。雅普岛目前是美国的托管地，平时一般流通美元，但在传统的重大交易活动中，仍然使用石头。这些石头又大又沉，直径从 1 英尺（1 英尺 = 0.304 8 米）到 12 英尺不等。1984 年 4 月，南太平洋密克罗尼西亚联邦总统在访问美国时，就送去了许多巨大的石头。在总统看来，他送的不是石头而是"钱"，意在援助当时经济处于低潮的美国。

图 4-3　雅普岛的石头货币

由于石头分割和移动都不便，雅普人在交易时，有时只是在石头上做个记号，标明石头的某一部分属于谁，甚至政府征税也是通过在石头上画标记来完成的。

纵观历史，充当一般等价物的东西五花八门，似乎没有证据表明，某种特定的东西一定不可以成为一般等价物。然而在人类漫长的发展过程中，世界上的绝大多数国家或地区都选择了贵金属金或银作为一般等价物。可能的原因不外乎：金银不易变质、易分割、体积小、价值大、便于携带等。

人们选择的货币形式，是对某种等价物形成的共识。如今，世界上没有人认为“牛羊”是货币，因为人们已经对黄金形成了货币共识，但是这种共识不是一成不变的，仍在发展中。另外，在特定环境中，人们也可能重新选择一般等价物。1945 年，在“二战”刚结束的德国柏林，香烟可以换得食品、生活用品、名画或珠宝等。这种以香烟为“货币”的“香烟交易”，在德国持续了一年之久。

随着人类社会的发展，商品交换的速度越来越快，贵金属作为一般等价物也显得笨重而不方便，于是货币的形式发生了变化，纸币登上了历史舞台。历史上，不同时期、不同地区、不同主体发行过不同的纸币：世界上最早的纸币是中国北宋时期发行的交子；1661 年，瑞典银行发行了欧洲的首张纸币；1694 年，英格兰银行创立，开始发行银单；1933 年，中共苏维埃政府在江西苏区发行了红军纸币。

纸币制作成本低，易保管、携带和运输，避免了铸币在流通中的磨损，渐渐成为世界各国最流行的货币形式。虽然纸币的发行主体曾有过商人、公司、银行、协会等社会组织，但是纸币更多地体现的是国家意志。

1944 年 7 月，美国主导世界主要国家签订了《布雷顿森林协议》，建立了美元黄金本位制，美元成了黄金的等价物；各国确认 1 盎司黄金等于 35 美元的官价，美国政府承担以官价兑换黄金的义务。1971 年 8 月 15 日，美国尼克松政府宣布，停止履行美元兑换黄金的义务，布雷顿森林体系崩塌。在美元和黄金彻底脱钩之前，纸币虽然由国家发行并强制使用，但只是代替金属货币充当一般等价物的手段。

1971 年之后，黄金有时被贴上货币的标签，但在现代金融体系中，金银都被归入货币的行列。在黄金和美元脱钩后，国家垄断了货币发行权，货币的选择不再是早期通过自由竞争凝聚人们共识的过程。自由经济学派的代表人物哈耶克在 1976 年出版了生平最后一本专著《货币的非国家化》，主张开放中央银行业务，形成货币发行自由竞争的局面。虽然哈耶克获得了 1974 年诺贝尔经济学奖，但这种建议难逃被各国政府束之高阁的命运。

当今世界，货币的直接发行者是各国或联盟的央行（或发钞行）。央行发钞的基础一般是它拥有的储备资产，如储备货币、各种债券、黄金等。从各央行的资产负债表可以看出，美联储的资产主要是美国政府债券；10 年前，中国央行的发钞基础主要是外汇储备，现在却在去美元化的进程中；中国香港建立了港元发行与美元挂钩的联系汇率制度，1 美元基本恒定为 7.830 4 港元。

纸币由央行管理，其背后完全是一种国家意志的体现，是一种主权信用的背书，如果主权信用崩溃，纸币就成了废纸。不幸的是，这种大规模崩溃在现代金融史上时常发生。1991 年 12 月，苏联解体，卢布大幅贬值，卢布对美元的汇率只有原先的五百分之一，甚至更少；1997 年，亚洲金融危机，泰铢贬值 60%；2009 年 1 月，津巴布韦央行发行 100 万亿面值的新津元；自 2010 年以来，委内瑞拉货币玻利瓦尔至少贬值 1 000 倍。此外，近年来，阿根廷、阿塞拜疆、巴西、俄罗斯、土耳其、埃及等，都发生过货币大幅度贬值的现象。

由于人类社会的进一步发展，货币需要更快速的流通，人们需要更便捷的支付方式。从 20 世纪 60 年代开始，信用卡的发明让纸币一步步从日常生活中退出。90 年代以后，随着计算机和互联网的发展，货币电子化成了不可逆转的趋势。过去 30 年，由于金融系统和互联网加速融合，新技术如电子现金、电子钱包、电子信用卡、电子支票、电子汇款等轮番登场，大规模地缩小了现金的使用范围。

在中国，自 2010 年以来，移动互联网迅速崛起，移动支付不仅在线上获得普及，而且还在线下通过刷卡、插卡、扫描二维码、NFC（近场通信）、扫描条码、光子支付、生物识别等多种方式，渗透到各个支付场景。支付宝和微信支付两大平台纷纷冲出国门，抢占国际市场。中国的移动支付和共享单车、高铁、电子商务一起被列为中国“新四大发明”。2016 年，中国移动支付市场规模是美国的 90 倍。2017 年，据工信部统计，中国移动支付交易规模近 150 万亿元，比 5 年前增长了近 1 000 倍。

毫无疑问，移动支付加快了货币流通，促进了经济发展。电子化的货币虽然是互联网时代货币的最好形式，但是货币电子化只发生在流通支付领域，货币发行权仍牢牢地掌控在央行手中。货币形式上的变化没有改变金融系统的实质。有人甚至认为，货币的快速流动造成“热钱”流动加快，反而给金融体系带来了更大的压力。

互联网的发展也引发了一个基于网络空间的虚拟货币市场（如游戏、社区等）的繁荣。公司或组织通过发行虚拟货币更好地管理企业生态系统，如腾讯公司的 Q 币、盛大公司的点券、新浪推出的微币等。Q 币之所以被称为虚拟货币，因为它的发行主体没有货币发行资格，它本身也不被法律承认，本质上是一种“假”的货币。Q 币只能在腾讯公司的范围里使用，充当一般等价物。有这一点上，Q 总发行的麻币和 Q 币没有本质上的区别，也是一种“假”的货币。

几千年来，货币的演变经历了如图 4-4 所示的历程，还有进一步进化的可能吗？比特币又将带来怎样的可能？

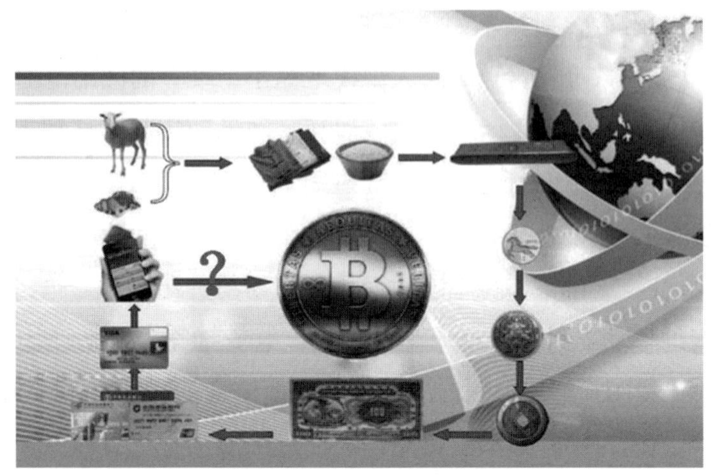

图 4-4 货币的演变历程

比特币原本是“双花”问题的解决方案，现在是“三无产品”

在类别上，比特币属于虚拟货币的范畴，之所以被称为加密货币，是因为其产生过程使用了加密算法。但是，不难发现，比特币在虚拟空间中诞生，天生拥有电子货币的属性，却不同于以上任何一种货币形式：没有贵金属支撑，没有央行管理，没有信用背书，没有物理介质，没有发行主体。按现代的货币标准，像比特币这样一个彻头彻尾的“三无产品”，有没有可能通过货币之间的竞争，获得使用者的共识呢？为了回答这个问题，结合比特币技术要点，以下我们对比特币的发行机制做进一步分析。

中本聪在发明比特币的过程中，解决了一个所谓电子货币“双花”的问题。“双花”又叫双重支出，是指一个人将同一货币同时发给两个不同的接收者，对应比特币网络的场景就是：一个钱包用同一个UTXO发起了两笔不同的交易，并且都被记入了账本。

在现实生活中，人们会轻而易举地发现这种欺诈行为：因为在使用贵金属或纸币交易时，支付者不可能同时将一张纸币或金银传递给两个不同的接收者。在不赊账的情况下，购买者必须先放弃货币所有权，才能得到相应的商品和服务。

在互联网的虚拟世界里，购买者在使用电子支付时，本质上是发送了一串字符信息，而不是物理货币本身。从信息的角度来看，支付者永远都留有发送信息的拷贝，如果没有约束的话，完全可以再次发送。不过，这种“好事”在目前的互联网环境中也不会发生，支付者在使用电子银行转账或移动支付时，也无法两次花费同一笔钱。因为有一个中心机构——银行，在给每个用户记账、提供服务的同时也在监视着用户的行为，所以所谓的“双花”问题在中心化的网络结构下也不会发生。

节点之间传递的不仅是信息，更重要的是信息代表的价值。一个去中心化的网络在缺乏类似银行的权威中心时，若不能找到一个机制自动地管理这些信息的价值，那么势必给那些“坏”节点留下作弊的空间。比特币的发明，是从数学上找到了一个解决“双花”问题的方法。前三章中讲述的技术要点，都是为了解决这个数学难题，过程总结如下。

- 假设一个支付场景，Q 总将同一地址上的 10 个比特币同时付给了牌友 A 和 B。为了阻止这种欺诈行为，在发起阶段，中本聪使用了对 UTXO 的非对称式加密的方法：UTXO 的结构决定了发起者 Q 总无法产生相关 UTXO 的拷贝；Q 总钱包通过私钥和解锁脚本，证明 Q 总是被消耗的 UTXO 的唯一所有者。这两个限定条件保证除了 Q 总没有其他人可以对 Q 总拥有的 UTXO 发起交易，而且 Q 总本人也只能针对已经存在的 UTXO 发起交易，而不是副本。

- 在 Q 总发起交易后，为了证明其有效性，必须得有人来确认。在中心化的网络中，只需要中心机构（如银行）来验证，但在去中心化的对等网络中，最安全的方法莫过于让网络中的每个节点来单独验证并确认。这虽然会极大地降低效率并产生数据冗余，但是为了防止像 Q 总这样的节点作弊，为了整个网络数据的安全，需要付出这样的代价。在交易发起后，中本聪使用 P2P 广播协议，确保 Q 总能将发起的交易迅速地传遍整个网络。
- 在一般情况下，每个节点都会按部就班地验证收到的每一笔交易。如果节点发现，在收到的、尚未写入账本的待确认交易中，有多笔交易消耗了同一个 UTXO，节点会将这些交易视为无效交易并抛弃。
- 如果节点在新区块形成前只收到其中一个交易，假如是 Q 总发给牌友 A 的交易，验证后将其写入账本，而另一个交易——Q 总发给牌友 B 的交易将自动失效，因为后者需要消耗的 UTXO 已经被标记为“已使用”。
- 如果由于网络延迟等问题，造成有两个不同的节点 JD1 和 JD2 分别收到了这两个交易（假如 JD1 收到了 Q 总发给牌友 A 的交易，JD2 收到了 Q 总发给牌友 B 的交易）。在这种情况下，两个交易都有可能被写入账本。中本聪的解决方案是：每次只能向大账本中添加一个区块，而且使用哈希密码锁将账本中的区块组装成一条有先后顺序的链式存储结构。这种措施保证了即使发生上述情况，也只有一个交易被写入区块链大账本中，而另一个无效。
- 如果网络中所有节点都是诚实的，按照上述逻辑，Q 总“双花”的阴谋无法得逞。但是，一旦出现恶意节点（如 Q 总和某个矿工节点勾结，或 Q 总自己就是一个矿工节点），这个节点就很可能违背约定的验证流程，强行将 Q 总的两条交易同时写入某个区块，造成“双花”的既成事实。为了避免这种情况的发生，中本聪使用了工作量证明机制，给记账权附加巨额成本，大幅提高了节点作恶的代价，约束节点成为“好”节点。同时，每个矿工节点产生的新区块都要传至整个网络，接受每个节点的独立验证。

- 比特币区块链可能发生分叉，原因可能是两个节点同时产生了一个区块，上述两笔交易可能会被记录到区块链的不同分支上，从而两笔交易中输入的 UTXO 都被视为有效。为了避免这种情况，中本聪规定，暂时入链的区块要得到完全的认证，还必须符合以下条件：存在于最长的分支中，其后面至少有 5 个得到验证过的区块。

中本聪通过使用以上各关键技术，睿智地解决了电子货币在去中心化网络里的“双花”问题。比特币在“双花”问题上的突破，给数学上其他问题的解决提供了借鉴，典型的如拜占庭将军问题（Byzantine failures），更重要的是，使得价值传递在去中心化的网络里变得可能。

比特币白皮书的题目为《比特币：一个点对点的现金系统》，完全围绕着如何解决“双花”问题展开。比特币白皮书不是一个逻辑严格的数学证明，只是一种非正式的推论，或者说是一种针对“双花”问题的工程解决方案。一些数学家或理论研究者仍然在分析比特币的潜在安全缺陷。目前的计算结论是：一个拥有全网 1% 算力的节点，能够实现“双花”的概率是一万亿分之一，接近于零。

但是，令人担忧的是，目前在比特大陆旗下，最大的矿池已经拥有超过总算力的 17%，同时其所有算力相加已超过总算力的 35%。理论上，超过整个系统 30% 的算力就可以发起“共识”攻击，而“共识”

攻击最有效的方式就是在网络中故意制造“双花”的局面，从而导致网络价值散失。

解决“双花”问题的过程，也是比特币生成的过程。比特币出现的唯一目的是：激励矿工完成工作量证明，用经济刺激的方法、市场机制，让矿工有足够的动力来主动维护网络的安全。比特币完全是从无到有，凭空产生的。为了维持比特币的价值，比特币的发行机制对比特币的发行总量和速度做了严格的控制，具体如下：

- 比特币总量为 2 100 万个，截至 2018 年 1 月，已经开采出 1 600 多万个；
- 自 2009 年开始，每完成一个区块，奖励 50 个比特币；
- 当开采总量达到 1 050 万个时（2 100 万个的 50%），比特币奖励减半，为每个区块 25 个，第一次减半已于 2012 年 11 月 28 日发生；
- 当开采总量达到 1 575 万个（再开采 525 万个，即 1 050 万个的 50%）时，比特币奖励再次减半，为每个区块 12.5 个，第二次减半已于 2016 年 7 月 9 日发生；
- 按上述逻辑，类推下去，下次奖励减半预计发生在 2020 年；
- 比特币奖励永不停止，发行总量无限接近 2 100 万个；
- 每完成 1 026 个区块，调整一次有效哈希值的计算难度，目标是维持大约每十分钟产生一个区块的速率；
- 按照以上区块产生的进度，大约在 2140 年，比特币将被开采完毕。

比特币的发明只是个数学的解题过程，但当它被创造出来以后，即刻超越了数学范畴，体现出与众不同的社会属性和经济属性。总的来说，比特币通过哈希密码锁将交易记录存储为嵌套式结构，具有难以撼动的不可篡改性；通过以哈希算法为核心的工作量证明机制，让节点之间产生无条件信任；通过 P2P 随机网络结构，保证了极低的进入门槛和良好的扩展性。另外，比特币诞生于虚拟世界，天然具有快速便捷等电子货币的属性。

正是具有这些不可比拟的特征，比特币虽然没有任何政府或权威机构的信用背书，但是人们还是对其有天生的信任感。以比特币为代表的加密货币在《韦氏词典》里被定义为：没有中央发行或监管的、只存在于数字形态的各种货币。比特币的诞生，把货币发行从社会网络映射到互联网上，是否能够完成彻底迁移，让我们拭目以待。

人类早期的货币形成，是一个门槛低但竞争激烈的淘汰过程，某个特定时期的货币是人们在长期生产实践过程中形成的共识。现在的状况是：国家——具有主权性质的组织，垄断了货币的发行权；货币之间的竞争市场在法律意义上已经不复存在。比特币作为一种潜在货币，可以让货币发行市场重回原始时期的竞争状态吗？能够再次凝聚足够多人的共识吗？这些问题目前还没有答案。

自 2009 年诞生以来，比特币在技术上、法律上、使用上接受了轮番的考验，但谁都无法否认比特币野蛮生长的事实。比特币高企的价格，也从一个侧面反映了人们凝聚共识的进程。比特币的发展过程是坎坷多变、跌宕起伏的，最终结果也无法预料。从已经走过的路程来看，比特币虽然存在各种问题，但基本上是健康的。

人们对比特币的信任，完全出自对比特币网络的信任，一旦比特币网络有任何不可修复的问题，比特币的信用可能会瞬间崩溃。在去中心化的框架下，比特币网络通过共识机制，保证了对节点的无条件信任，同时分散风险，保证了整个网络的安全。

目前，令人担忧的状况是，比特币矿工的算力是高度集中的，比特币在人群中的分布也是高度集中的，已经形成了事实上的中心化。从安全的角度来看，互联网自诞生以来，没有一个庞大的中心机构能够逃脱黑客的侵扰，而比特币挖矿算力的高度集中，把理论上已经分散的风险重新聚集在几个大矿池上。用户从可以不相信任何节点，又回到不得不相信几个大节点。

究其原因，我们要追溯到比特币的设计者——中本聪。从早期密码朋克的发展史来看，中本聪应该是一个去中心化思想的拥趸者，目前高度集中的状态可能也是中本聪不想看到的。但是，中本聪在比特币的发行机制中以经济刺激作为整个比特币发行的出发点，可能是导致目前状态的根本原因。

当然从正面来看，作为挖矿奖励发行比特币，激励了矿工参与争夺记账权的热情，让全网算力迅速提高，确实保障了比特币网络的安全。但是，从人类经济发展的历史中我们可以清楚地看到：在仅有经济刺激的完全自由市场中，在没有外力（比如政府）干预的情况下，市场中强者愈强、弱者愈弱的马太效应会非常明显，市场从群雄并起到寡头称霸是必然过程。

再者，比特币的共识机制是在计算机上被不折不扣地执行的代码，是一个严格保障程序正义的过程。更重要的是，程序化的共识机制不保障结果正义，也无法保障结果正义。目前阶段的比特币网络，程序正义无可挑剔，结果却严重偏离初衷，正如马克思笔下的早期资本主义。

程序正义和结果正义的内在逻辑过于复杂，在社会快速变迁的背景下，更是充满不确定性。从设计的角度来看，中本聪只能保证比特币合理地诞生，但无法预料其后续发展。更为困难的是，中心化一旦形成，利益格局将被固化，再次去中心化将难上加难。

在比特币社区内部，比特大陆和核心维护团队存在严重的分歧。2018 年 2 月，美国媒体纷纷转载了伯恩斯坦有关比特大陆的分析报告，再次曝光了比特大陆在比特币矿业的垄断地位，以及获得的巨额利润。此后，比特币核心维护团队成员发推特，威胁要修改挖矿算法，从而打破现有比特币网络格局。但是在现有的程序正义下，几乎是无法实现的：因为比特大陆旗下矿池拥有超过35%的算力，相当于35%的投票权，是名副其实的大股东。当然，在巨大的利益面前，我们没有理由相信比特大陆是网络的破坏者，只是目前的治理方式和我们熟悉的中心化世界并无差异。无法调和的分歧最后可能导致社区的分裂，这是所有利益相关方都不愿看到的。

比特币的横空出世，让很多人欢呼去中心化时代已经到来，但是比特币社区本身的去中心化历程着实艰难。到目前为止，没有任何缓和的迹象，问题最终会如何解决也不得而知。比特币来自中本聪天才的设计，进一步推动了社会网络向互联网的迁移，使得去中心化下的价值互联网成为可能。这可能是一场历史性的变革，但是变革从哪里开始？路径又是如何？一切答案只能在发展中慢慢揭晓。

第三节　区块链的是非曲直

比特币的发明对技术的影响比对经济和社会的影响，来得更快。比特币的底层技术被提炼成科技新名词“区块链”。2009年，比特币诞生；2013年，区块之链（英文中两个独立的单词block 和chain）作为比特币的底层技术，首次被人提取总结；2015年10月，《经济学人》将两个独立的单词合二为一，成了单独的专有名词“区块链”（blockchain），此后火遍世界。

关于区块链的定义，一直以来分歧不断，不同的人根据自身的理解，从不同的角度诠释区块链。2018年3月，美国《韦氏词典》宣布将“区块链”正式收录，同时收录的还有“加密货币”

（cryptocurrency）。“比特币”（Bitcoin）早在 2016 年已被《韦氏词典》收录。

《韦氏词典》关于区块链的正式定义为：一个存储信息（如金融交易记录）的数字数据库，这些信息可在大型的、去中心化的、供公开查询的网络中同时被使用和共享。

在《韦氏词典》对比特币的定义中，没有比特币特性的描述，但在上一节的分析中，我们可以确定，比特币网络至少具有三个明显的特征：加密算法保证了交易记录的不可篡改性，共识算法保证了用户对节点的无条件信任，网络节点进入的门槛低。可见，区块链虽然脱胎于比特币，但根据《韦氏词典》的定义，区块链并不一定要具有比特币底层技术的所有属性。这种广义的定义暗示了区块链技术发展具有多种可能性。

从目前的发展来看，区块链大致可分为三种（见图 4-5）：公有链、私有链和联盟链。比特币的区块链是典型的公有链，可以认为是一种分布式的不可篡改的账本，是完全去中心化的，是不受任何人或机构控制的区块链。前半部分的账本属性是从数据库的角度来描述的，符合《韦氏词典》的定义；而后半部分是区块链的权益属性，明确了整个账本归谁所有。

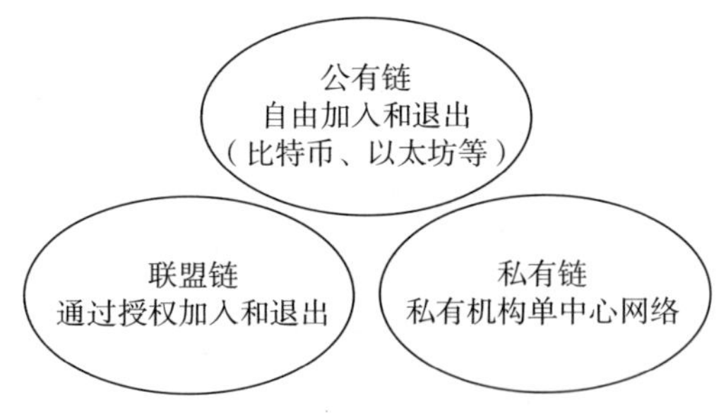

图 4-5　区块链的三大类型

本质上，公有链归所有节点拥有，任何节点只要愿意都可以加入，没有限制；私有链和联盟链，从数据库属性的角度来看，和公有链一样也是一种分布式账本，但在区块链归属上，和公有链大相径庭。区块链的归属权决定了区块链的权力分配方式，技术上决定了选择何种共识机制，而共识机制决定了区块链运营模式和运营成本。区块链的归属权不属于技术范畴，而属于社会或经济范畴，基本取决于区块链落地的应用场景。

私有链的所有权归单一机构，如公司、个人或公共组织等，其独享该区块链的记账权限。参与的节点都事先得到所有者的许可，值得信任的节点，很容易与所有者达成共识，因此在私有链上，交易速度快、效率高。技术上，私有链可以被认为是现有分布式数据库的替代方案，给分布式数据的读写、存储、同步等机制提供了一种和以往不同的思路（详见第一章第四节）。但是，私有链的分布式账本技术是否一定优于现有的分布式数据库还有待考察。私有链的潜在应用场景可以是内部审计、协作等，但在实施过程中，由于私有链的构造方式和大多数公司现有的信息系统相去甚远，而且实际效果也无法得到事先验证，所以到目前为止，私有链没有得到大规模应用，未来如何发展也很难预料。

联盟链介于公有链和私有链之间，所有权既不属于普通大众，也不属于某个特定机构，而是一些预选的节点。在联盟链中，权力节点的筛选过程和权力的分配机制决定了联盟链是偏向私有链还是公有链。但无论如何，联盟链都是不可能让公众自由参与的，所以联盟链基本上被认为是私有链的一种。联盟链往往针对某个群体，预选一些节点作为记账人。预选的记账人通过共识机制被分配了记账权限，接入的节点都可以参与交易。公众用户可以根据自身权限，通过API（应用程序编程接口）访问账本信息。因此，联盟链可以被认为是一种更大范围的私有链。

近年来，联盟链是一个被热炒的概念。很多人认为，区块链的第一个实质性的标杆应用将落地联盟链。联盟链的主要应用场景是由多方参与的交易市场。下面是常被提起的典型场景。

- 证券市场：证券交易需要经过中央结算机构、银行、证券公司和交易所四大机构的协调才能完成，效率低、成本高。我国的证券交易清算时间一般是 T+1（交易登记日的下一个交易日），而美国和加拿大清算时间更长，2017 年 9 月 5 日实行 T+2（交易登记日后的第二个交易日）。过长的清算链条和清算时间，特别是在危机时刻，增加了中间交易的风险，会对整个系统造成破坏性的影响；当衍生品交易量上升时，系统性风险更大。据 BBC（英国广播公司）报道：自 2016 年 1 月以来，澳大利亚的证券交易所已经与美国区块链初创公司 Digital Asset Holdings（数字资产控股公司）合作开发新系统，并表示将成为全球第一个使用区块链技术清算证券交易的市场。此外，很多金融机构也加入区块链浪潮，如美洲银行、英国央行、苏格兰皇家银行、汇丰银行、荷兰银行、高盛集团、巴克利集团、花旗银行、渣打银行、维萨等。
- 国际贸易：国际贸易的流程很长，涉及的利益相关方很多，其中包括进口商、出口商、银行、港口、运输公司、中转仓库、海关、外汇局、保险公司、评级机构等。国际贸易中的资金结算，依赖另一个多边机构——SWIFT（环球同业银行金融电讯协会），其成员主要包括：全球各大银行、投资公司、证券公司和证券交易所等。目前各方之间的信息不透明，各环节确认需要相当长的时间。如果多方共同维护一个账本，信息可验证，不可篡改，那么就可以消除国际贸易中的大多数分歧，减少各种诈骗，提升贸易效率。国际贸易结算跨越不同性质的组织，如营利性组织、非营利性组织，以及不同的国家，其复杂度远超证券交易。目前还没有公司着手国际贸易系统区块链的改造。

- 供应链管理：在一般情况下，供应链涉及诸多实体，包括供应商、制造商、分销商、零售商、运输、仓库等，如果再加上资金流、信息流，情况会更复杂。在传统模式下，不同实体基本不公开供应链信息，缺乏透明度；一旦出现问题，如冒领、假货、事故等，难以追溯，特别是一些敏感物品，如药品、危险品、贵重物品等。一个透明可靠的统一信息平台可以追踪物品生产和运送的整个过程，提高整个供应链的效率，降低风险。如果在供应链上叠加金融服务，信息的可靠性和及时性对中小企业的信用积累、金融机构放贷、保险公司理赔等都具有重大意义。目前，很多公司级别的区块链试点项目都集中于该领域，这些公司包括阿里、京东、沃尔玛、戴比尔斯（De Beers）、辉瑞、德勤等。

对于区块链这样的新技术，大多数公司都处在概念验证阶段，尚未出现大规模的应用案例。除了金融领域和供应链领域，微软和 IBM 是在区块链上投入最大的科技公司。微软结合自己的云计算平台推出了区块链服务（Azure Blockchain Service），2017 年发布了区块链开源框架（Coco Framework），并预计区块链的企业级应用市场将从 2017 年 7 亿美元增长到 2024 年的 600 亿美元。

2015 年，在 IBM 的领导下，Linux（林纳斯）基金会创立了旨在推进区块链技术的开源项目——超级账本（hyperledger），致力于区块链的企业级服务。该开源项目，常任理事级单位需每年支付 25 万美元的费用，一般会员单位每年需要支付的费用从 5 000 美元到 50 000 美元不等。截至 2018 年 1 月，Linux 一共有 18 家常任理事级单位，其中有中国的百度、万达；一般会员有 150 家左右，其中有中国的阿里巴巴、小米、招商银行、中信银行、华为、浪潮等多家知名企业，北京大学和浙江大学作为学术机构也参与其中。在项目方面，超级账本已经发布多种功能框架，包括 Sawtooth（锯齿湖）、Indy（因迪）等，以及不同的开发工具和 Cello（大提琴）、Composer（作曲家）、Explorer（探险家）等。

类似超级账本这样的区块链开源项目还有 R3 Corda、Quorum、Chain Core、BlockApps、MultiChain 等。R3 Corda 主要针对金融企业；Quorum 由摩根大通基于以太坊开发，也是针对金融企业；Chain Core 专注于资产管理；BlockApps 基于以太坊的企业级区块链应用；MultiChain 是由比特币公司开发的区块链服务平台。

综上所述，无论是公有链、私有链还是联盟链，它们都是区块链热潮中的一部分，不同的人或组织，在不同的方向上推动着新技术的发展。无论是加密货币还是区块链，开发组织基本都遵守了开源的原则，这将极大地加快技术的完善和应用落地。比特币可以说是基于区块链技术的第一个应用。在区块链的热潮中，伴随着比特币的疯涨，众多创业者以迅雷不及掩耳之势打开了潘多拉魔盒。

第四节　币圈打开潘多拉魔盒

比特币是一种伟大的发明，是一种开创性的技术，直接解决了“双花”问题。区块链作为比特币最重要的底层技术体系，在可预见的未来，不可避免地将对商业、经济和社会产生巨大影响。创业者自然是推动技术向商业转化的先锋，然而，区块链是来自技术草根的发明，更容易引起大众的关注。其实，技术创新如何推动商业或经济发展，是近 100 年来经济学家研究的重点方向之一。

澳大利亚经济学家约瑟夫·熊彼特（Joseph Schumpeter）于1912年发表了《经济发展理论》，首次提出了创新理论，认为技术创新是经济学的基本部分，与经济发展联系密切。熊彼特明确指出，资本主义市场经济核心就是企业家的创新活动；发明只是产生新知识，而创新使得知识商业化。熊彼特围绕技术创新重新定义了企业创新，包括开发新产品、使用新技术工艺、开辟新市场、引入新管理等。在熊彼特之后的100多年时间里，学者们从不同角度发展了创新理论。

创新理论的一个分支是将创新理论从以技术创新为主体的企业活动发展成经济、科技、政治和社会行为的综合体，形成一定制度下的创新网络，如区域创新体系理论等。其中的学者包括：被誉为“现代管理学之父”的美国经济学家彼得·德鲁克（Peter F. Drucker）、英国学者唐纳德·麦肯齐（Donald MacKenzie）、英国社会学家朱迪·瓦克曼（Judy Wajcman）等。

另外一些学者，如意大利经济学家乔瓦尼·多西（Giovanni Dosi）、英国经济学家克里斯托弗·弗里曼（Christopher Freeman）、英国经济学家卡洛塔·佩雷斯（Carlota Perez）等，重点研究了技术范式产生、形成、转移及市场供需形成等创新竞争和协作关系，最终提出了产业创新系统的概念。

两条发展路径殊途同归，在区域产业创新层面有效重合。本书第一章至第八章描述区块链的发展现状和面临的问题，可以理解成是对技术范式的研究。而第九章至后记部分，揭示了区块链对社会趋势的影响，可以理解成是对创新理论的研究。正如熊彼特所述，企业家或创业者在上述两种发展路径上，始终扮演着创新的主体角色。

那么技术范式从何而来？区块链的技术范式已经发展到了什么阶段？是本节首要回答的问题。

美国物理学家托马斯·库恩（Thomas Kuhn）于1962年出版了其代表作《科学革命的结构》，围绕着科学范式，解释了科学积累和科学革命的内在逻辑。库恩认为，一门学科成熟的标志是研究者对其基本知识体系达成共识，能够就此定义更多的研究问题，并按照体系内的方式进行研究。这些知识体系由定律、理论、验证、应用等组成。科学范式是基本知识体系更为简洁的说法，通俗地说，就是科学研究的“套路”。范式的形成是一门科学从不成熟到成熟的标志，科学革命就是范式的转换。然而，大多数研究者只能在范式城堡内终其一生。

1982 年，乔瓦尼·多西借鉴了库恩的成果，提出了技术范式，将其定义为技术解决经济问题的模式，包括问题的完整定义、方案的科学原理、应用的既定程序、技术的创新发展等。技术范式是建立在技术硬核上的技术体系，在创新的过程中不断地把其他技术要素组装到自己的骨架上。技术范式具有指导性，为科技活动提供了解决问题的框架；具有感召性，帮助拥护者树立信念，促使参与各方如技术人员、管理者、投资者等形成社会共同体，齐心合力，攻克难题。技术范式由市场需求和产业技术竞争推动，只有适应市场需要的新技术，才能成为企业青睐的对象，才能获得市场份额；只有产业技术领先者，才能在自由市场的竞争中以更高的效率产生更多的利益，实现优胜劣汰。

技术范式在演进过程中会经历三个阶段（见图 4-6）：技术范式的产生、形成和转移。

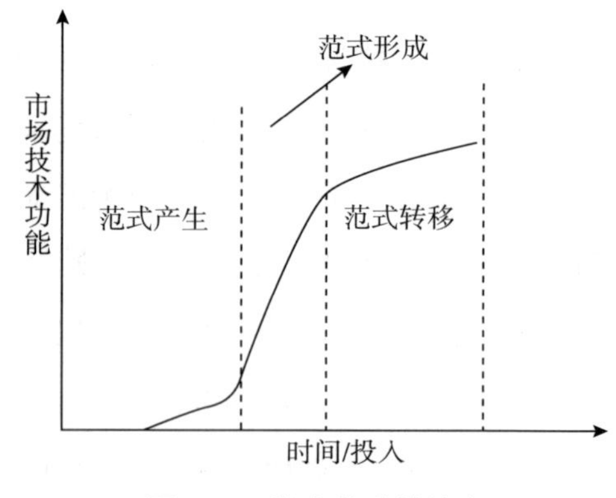

图 4-6 技术范式的演变

新技术在初始阶段，功能不完善，市场份额低，只能适合某些特定需求。由于多种技术同场竞技，且没有对应的成熟市场，所以企业只能试探性地进入市场。技术和市场的不确定性，迫使新技术尽可能地利用市场中支持自身发展的一切资源，对利基市场也不放过。技术范式的产生，就是新技术克服不确定性的过程。

在技术竞争和市场需求的持续推动下，符合市场需要的普适技术结构必然会出现。技术范式以主导设计的形式出现，整合了一系列最大限度地满足市场需求的技术特征。稳定范式结构的形成使得企业可以全身心地投入到提高效率、降低成本、市场营销、增量创新、竞争差异化等方面，逐渐扩大市场份额。

技术范式转移是指新的技术范式大规模取代现有的技术范式。任何技术范式都不可能是完美的，随着市场要求的提高，其缺陷迟早要暴露。美国哈佛商学院教授克莱顿·克里斯腾森（Clayton Christensen）在《创新者的窘境》中指出，企业管理者为追求利润增长，往往把关键资源集中在现有产品、市场和技术上；当技术的绩效开始下降时，其生命就接近“自然极限”了。若此时市场上已经存在运用于利基市场的潜在技术，企业家在产业技术竞争的逼迫下，可能将其引入主流市场，并加以功能改善。如果新技术改变了竞争的内涵，引起了产业结构革命，那么所有企业将被迫采纳这种新技术，以求生存。这时，技术范式转移就发生了。

比特币自 2009 年诞生以来，从商业的角度来看，至少带来了三个方向的技术创新，有可能形成三种不同的技术范式。

首先与比特币发行直接相关的产业得到了蓬勃发展，如矿池、矿机、芯片等。这期间的核心技术是矿机的发展，从 CPU 到 GPU，再到现在的以 ASIC 芯片为核心的专业矿机，技术范式在比特币挖矿行业已经有了两轮转移。本书第二章和第三章描述了挖矿行业短暂而残酷的竞争史，胜者拥有了行业垄断地位，而败者迅速被淘汰者。更大规模的集成电路、更精细的工艺水平（7 纳米）、更合理的矿池组织形式等，将推动挖矿行业的技术范式不断迭代。

其次，比特币作为一种新的货币发行形式，使得货币发行垄断的局面出现了一丝缝隙，造成了局部的货币竞争。本书第四章至第七章，探讨以比特币为代表的加密货币对有价证券的发行、交易和流通造成的影响。在这个方面，加密货币对现有的货币和证券体系没有造成冲击，新技术范式远未形成，最多也只是获得了一个利基市场。

最后，比特币底层的区块链技术在很多行业显示了对现有技术范式的颠覆性。本书第八章至第十章，探讨区块链在不同行业的潜在可能，并阐述了其面临的挑战。截至 2018 年 1 月，区块链技术和加密货币尚未形成清晰的技术范式，技术研发者、企业家和投资者，没有对区块链的基本理论和应用套路形成共识。因此，社会中的各种主体，如个人、公司、非营利性机构，甚至政府，都各自发挥能力，调动资源，寻找潜在需求，塑造多种可能，可谓不拘一格，百花齐发，热闹非凡。

目前，加密货币区块链创业群体对应以上三个不同方向，基本上可分为所谓的“矿圈”、“链圈”和“币圈”。

“矿圈”的主体是矿工，组织形式是矿池，工作场所是矿场，设备是矿机，消耗的是电能，产出是比特币等加密货币。加密货币犹如公开交易的大宗商品（如金矿、石油、煤炭等），其价格是整个行业兴衰的晴雨表。2017 年年底，比特币价格创出了一枚 2 万美元左右的新高，形势一片大好；2018 年 6 月，其价格较 2017 年年底下降了 70%，人们一边哀号。涨跌之间，获益最大的是生产和销售挖矿工具的厂商。据 36 氪 2018 年 7 月报道，矿机行业的头把交椅——比特大陆，将于 2018 年年底在香港资本市场公开发行股票。

“矿圈”也是典型的制造行业，非常类似实体矿山，有着完整的供应链，研发、设计、生产、销售、售后等环环相扣，提供了很多传统的就业机会。“矿圈”的从业者关心的是回本周期、矿场投资、能耗成本、人员效用等传统指标。“矿圈”里的人，被“币圈”和“链圈”界称之为“民工”，可能是因为“矿圈”相对传统、科技感弱、缺乏惊喜。但“矿圈”行业发展完善，相对稳定，是加密货币的基础行业。

“链圈”专注于区块链技术的研发和应用。比特币把区块链技术推上了商业舞台，但是只提供了区块链的精致简洁版本，在很多实际的应用场景中，区块链技术局限明显。“链圈”的从业者跨度很大，从普通码农到构架大师，虽三六九等，但都以技术为本、理想为帜，勤勉踏实。“链圈”的主体，从草根到各研究机构，再到各行业巨擘（如阿里、IBM、摩根大通等），甚至政府部门，均致力于突破技术瓶颈，实现各行各业的“区块链 +”。“链圈”的主体一般都声明：不发币，只做链。有人说，“链圈”的从业者和主体是区块链的基石，可以塑造未来；有人说，“链圈”的从业者和主体只把区块链作为 IT 工具，眼界过低，大材小用，等同于“IT 民工”。目前，“链圈”任重道远，尚未形成技术共识，更没有技术范式，成果屈指可数，未来会走向何处，有待观察。但是由于各大公司的加盟，“链圈”成了不折不扣的人才培养基地，对区块链技术的普及和发展功不可没。

“币圈”是目前最活跃的行业群体，专注于加密货币的发行、交易和投资。比特币是区块链技术的第一个应用，并以“钱”的形式出现，引起了足够多的关注。尽管区块链技术目前不太成熟，但已经足够满足“币圈”的需求。特别是在 2017 年以后，数字货币的发行成了新兴的众筹工具，进一步和“钱”相连，成了电子有价证券的载体，极大地促进了各个环节的发展。

虚拟货币是“币圈”的最主要的产品，是所有交易的载体。比特币需要天才的中本聪才能来到世间，但是由于技术的进步和普及，相继而生的各种币，几乎没有门槛。一个普通人利用适合的工具只需要 5 分钟就可以发行自己的数字货币。根据 etherscan.io 的跟踪，截至 2018 年 5 月，已经有超过 8 万个虚拟货币被创造出来，而且数量仍在快速地增长。

“币圈”爆炸式的发展，增加了虚拟货币的复杂性，甚至造成了名称上的混淆。我们接下来从技术的角度来明确“币圈”的术语，澄清其内涵。在本书范围内，我们遵循以下定义：“电子货币”是所有电子有价票证的总称，包括法定货币的电子形式，如电子支票、支付宝、信用卡等，以及所有的虚拟货币；“虚拟货币”是所有非法国货币的电子货币，如 QQ 币（腾讯推出的一种虚拟货币）、积分、游戏币和比特币等加密货币。“加密货币”是类似比特币的虚拟货币，在其产生的过程中必须使用加密算法（见图 4-7），这些加密货币可再细分为“硬币”和“代币”；“数字货币”一般等同于加密货币，有时特指央行发行的加密货币，被称为“数字法币”。

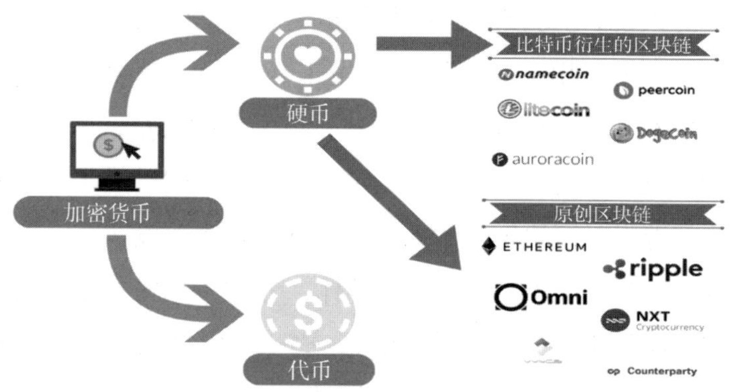

图 4–7　加密货币的分类

所谓硬币是指自身独立拥有底层区块链平台的加密货币。有些硬币通过修改比特币的开源代码，构建一个具有不同功能和特征的新币种，如 Peercoin（点点币），莱特币、Dogecoin（狗狗币）等；有些硬币与比特币的开源代码无关，而是从零创建自身的区块链和支持本币的协议，如以太坊、Omni（奥妙币）、瑞波币等。

代币又称“通证”，也是一种加密货币，其和硬币最大的区别是：代币自身没有独立的区块链平台，需要寄生在其他区块链平台之上运行。在各种实际的应用中，代币往往代表特定的资产或资源，如存储、计算能力或音乐版权等，也可以绑定某些特定的商品和服务，成为它们专属的加密货币。

无论其形式和功能如何变化，加密货币都可以被看作是比特币底层区块链的衍生品。不同币种是调节其中参数（包括共识机制、加密算法、发行机制、存储方式、网络结构等）的结果。所以，在新币种兴起的初始阶段，除比特币之外的加密货币，通称为“山寨币”。

除了技术上的分类，在实际的商业场景中，虚拟货币又可以按照其功能划分，包括货币型——只充当交易的中介，没有其他功能，如比特币、莱特币、比特币现金、零币（ZEC）、泰达币（USDT）等；系统型——代表一个独立的区块链系统，如以太坊、EOS（商用操作系统）、蚂蚁（NEO）等；应用型——是某种特定功能或服务的载体，如 BTS（比特股）、STEEM（斯蒂姆网站）等；公司型——是传统意义上的公司发行的电子有价票证，如玩客币、蝴蝶币、币安币等。各币种之间的关系错综复杂（有寄生、有竞争、有相助等），主要都是为了扩大自己的用户群，并努力应用到实际的商业场景中。

比特币是加密货币的鼻祖，引发了加密货币的热潮，在区块链技术的推波助澜下，打开了潘多拉魔盒，丰富了虚拟货币的种类。加密货币作为一种电子形态的商品，在没有区块链技术的实质支撑下，发展出了自己的商业生态，具体发行、交易和投资的对象已经扩展到整个虚拟货币领域，不再局限于加密货币的范畴，换句话说，加密货币之前就存在的任何电子有价票证（如积分），都可以进入商业体系被炒作。

不代表任何实际价值的“空气币”都可以成为炒作的对象。有人戏言，“币圈”的繁荣是现代的郁金香泡沫，最终难免落得一地鸡毛。投资或投机加密货币是区块链行业难以避免的话题，接下来的三章将揭示币圈的野蛮生长：没有范式，只有创业者、投机者和监管者的各种博弈。

当然，“矿圈”、“链圈”和“币圈”的发展不是相互孤立的，它们是区块链技术的三个不同方面。任何采用工作量证明共识机制的“币”都需要“矿圈”的支撑，以保证网络的稳定。底层区块链的完善，是“币”的核心价值所在，是良好运作的基础。区块链底层技术的发展决定了整个区块链行业能走多远，是决定“币”价的基本面。“币”是价值流通的载体，是其背后技术、商业和运营的集中体现。目前，各“圈”发展的差异性，正是技术范式形成之前企业家分头试错的结果。

本章小结

在本章中，面对线下运营混乱、效率低下，Q 总决定实施信息化，全面升级积分系统，发行麻币，用于线上结算。Q 总基于收到的人民币，1 比 1 发行麻币，自由兑换，棋牌室成了事实上的麻币交易所。对比麻币，比特币无中生有，没有贵金属支撑，没有央行管理，没有信用背书，没有物理介质，没有发行主体，却奢求人们的共识。比特币带火了区块链技术，激发了“链圈”，成就了“矿圈”，同时打开了“币圈”的潘多拉魔盒，一时间，创新迭出、争论不断、没有范式、野蛮生长。

本章要点

- 一般等价物，五花八门，似乎没有证据表明某种特定的东西一定不可以成为一般等价物。
- 货币是人们对某种一般等价物形成的共识。
- 成为一般等价物的门槛比较低，但是竞争激烈，最终，世界上绝大多数国家或地区都选择了贵金属作为一般等价物。
- 如今，在特定的环境中，人们也可能重新选择一般等价物。
- 自由经济学派的代表人物哈耶克主张开放中央银行业务，促进货币发行自由竞争。

- 1971 年 8 月 15 日，布雷顿森林体系崩塌，美元和黄金脱钩。
- 1971 年之后，国家垄断了货币发行，货币成为主权信用的背书。
- 货币的形式：贝壳、金银、纸币、电子货币。
- 比特币原本是“双花”问题的数学答案，保证了在去中心化的网络里一个 UTXO 不能被花费两次。
- 在现实生活和中心化的网络世界中，“双花”问题不会出现。
- 比特币的发行机制：总量 2 100 万枚，速度定期减半，理论上永不结束，事实上大约在 2140 年发行量接近零。
- 比特币网络的去中心化博得大众信任，货币共识之路跌宕起伏。
- 在现实世界中，比特币高度集中化，违背了中本聪的初衷，原因是发行机制依赖经济刺激。
- 《韦氏词典》定义了广义区块链，强调大账本的数据库属性和权益属性。
- 按照所属权益划分，区块链分为公有链、私有链和联盟链。
- 私有链的所有权归单一机构（如公司、个人或公共组织等），其独享记账权。
- 联盟链介于公有链和私有链之间，所有权既不属于普通大众，也不属于某个特定机构，而是一些预选的节点。
- 联盟链的典型应用场景：证券市场、国际贸易、供应链管理等。
- IBM 和微软是区块链企业级服务的先锋。
- 1912 年，熊彼特发表了《经济发展理论》，指出：创新是知识的商业化，创新的主体是企业家。
- 创新理论两个方向：社会制度下的创新网络和技术范式下的产业创新系统。
- 科学范式是一门学科的基本知识体系，是科学研究的“套路”；范式的形成是一门科学从不成熟到成熟的标志。

- 技术范式是技术解决经济问题的模式，一般经历三个阶段：技术范式的产生、形成和转移。
- 技术范式的产生是新技术克服不确定性的过程，获取利基市场是第一步。
- 从商业的角度来看，比特币至少带来了三个方向的技术创新，有可能形成三种不同的技术范式：与虚拟货币发行直接相关的产业、新的货币发行形式、底层的区块链技术，分别对应所谓的“矿圈”“币圈”“链圈”。
- “矿圈”的主体是矿工，组织形式是矿池，工作场所是矿场，设备是矿机，消耗的是电能，产出的是比特币等加密货币。“矿圈”的技术范式已经基本形成。
- “链圈”专注于区块链技术的研发和应用，是人才培养基地。“链圈”没有技术范式，处于试错阶段。
- “币圈”是目前最活跃的行业群体，专注于加密货币的发行、交易和投资，其技术范式尚未形成，但已有利基市场。
- “电子货币”是所有电子有价票证的总称，包括法定货币的电子形式。
- “虚拟货币”是所有非法定货币的电子货币。
- “加密货币”是类似比特币的虚拟货币，在其产生的过程中使用了加密算法。
- “数字货币”一般等同于加密货币。
- “硬币”是指自身独立拥有底层区块链平台的加密货币。
- “代币”又称“通证”，自身没有独立的区块链平台，需要寄生在其他区块链平台之上运行。
- “矿圈”、“链圈”和“币圈”不是相互孤立的。各“圈”发展的差异性，正是技术范式形成之前企业家分头试错的结果。

第五章

麻币栖身于法外

比特币的发行，在技术上催生了区块链热潮，同时其作为一种潜在货币，与广义的区块链概念相结合，在短短三四年的时间里，衍生出了近 8 万种不同类型的代币。任何新生事物都有其自身的发展轨迹。目前，虚拟货币的应用主要集中在商品流通上和虚拟币交易所中。货币的发行、流通、交易都属于强监管行业，按现有的法律法规，在全世界范围内，这些虚拟货币的流通和交易基本都属于法外之行。但是，技术的快速发展，使得虚拟货币在现有的法律体系下难以被有效监管。在过去的两三年里，流通和交易领域的虚拟货币在不合法的边缘野蛮生长。如果虚拟货币可以在市场中购买商品和服务，在交易所中兑换法币，那么无论法律是否承认，其都已经获得事实上的货币地位。

作为流通的一般等价物，货币的使用人数、被接受的交易场景、定价的商品数量、存储的价值高低，都会影响到其市场地位。比特币自 2009 年诞生以来，已经进入商品流通领域，甚至成了某些黑市交易的主要结算货币，在交易所的市值也一度高达 3 000 亿美元。虽然，比特币在交易和流通上都问题累累，但毫无疑问，其已经取得阶段性的成果。

如果把比特币放在整个社会和经济的背景中来衡量，情况就会相对复杂。其实，虚拟货币和经济生态的关系，从麻币和棋牌室的互相影响中，也可见端倪。QPS 系统可以被看作整个社会经济的缩影，麻币是棋牌室内部商品和服务交易的一般等价物，其在与人民币互相兑换的过程中，又被赋予了类似棋牌室法币的地位。进一步探查麻币在QPS系统中的发展，有助于我们理解比特币未来的发展。

第一节　麻币通兑，牛过了头

第四章中提到棋牌室的信息化非常成功：系统上线后运行平稳，线下交易完成线上自动结算。由于服务体验良好，Q总的棋牌室在方圆5公里内，基本形成了局部垄断。周围爱好棋牌游戏的用户成了长期主顾，而且80%以上的人已经养成了在线结算的习惯。棋牌室的麻将游戏，从10张牌桌增加至现在的50张，可同时容纳近200人。虽然棋牌室从周围小区吸引了大量客户，但是这点负荷对于信息系统的处理能力而言，只是九牛一毛。企业信息化是非常昂贵的投资，特别是对中小企业而言。Q总投入资源和精力，以麻币为中心把交易结算移植上网，下一步的目标就是充分利用系统，让投资发挥最大的效益。

要想进一步提高销售收入，Q总有两条路可选：一是深度垂直化，打破地域限制，吸引更多用户；二是多元化，在棋牌室商业生态中，提供更多的产品和服务，在保持现有客户规模不变的情况下，增加交易量，从而提高收入。

棋牌游戏具有典型的地域性：在固定人群中，喜欢棋牌游戏的人的比例是一定的。线下棋牌室只能覆盖固定地理半径内的人群，因为从居所到棋牌室的便捷程度，是牌友选择棋牌室的关键因素。打破地域限制的最有效的方法，是将线下游戏做成线上游戏，让牌友足不出户就可以联机搓麻。在目前这个阶段，Q总对于深度垂直化，深感力不从心。这不仅意味着又一大笔IT投入，而且需要彻底改变客户的习惯，更重要的是，即使游戏上网，系统完备，跨地域推广的成本也非常高。总之，继续深化棋牌生意，对于一个没有资本支持的棋牌室而言，门槛过高。

深度垂直化的投资风险大，收益还不确定；相反，Q 总对多元化却更有把握。多元化是基于现有客户群体，在 QPS 系统中引进更多产品和服务，比如自动售货机、快餐盒饭、捏脚按摩，甚至短期借贷，等等。有些业务可以自营，有些需要引入第三方商家。现有的 IT 系统，使得增加交易的边际成本变得很低，不需要更多的投入，却可以增加现金流。

计划良久之后，Q 总开始实施多元化战略，首先在棋牌室放置了多台自动售货机，售卖零食、饮料、香烟等，又招聘了按摩师，帮助客户消除疲劳。Q 总认为，这两项服务应该是现有客户群体的刚需，同时也可以增强 QPS 系统的内在黏度。新引进的服务也以麻币结算，便于统一管理。当引入的新业务稳定后，Q 总再加码，先后开展了美容、美发、小超市、广告，甚至棋牌培训等活动。棋牌室俨然成了一个 200 人的小经济体，客户的消费水平至少提升了 5 倍。IT 系统得到了进一步利用，棋牌室生意也因此更上一层楼。

在 QPS 系统中，麻币结算，无处不在，整个商业生态都依赖着麻币。随着业务量的提升，第三方商家和用户对棋牌室的信任度也在不断提高。为了使用方便和交易便捷，很多用户和商户并不急于将账户中的麻币兑换成人民币。一些棋牌室的常客甚至故意在账户中留有一定的麻币余额，以便在棋牌室中随时消费。渐渐地，Q 总发现牌友的账户中积累的麻币越来越多，而自己手上也积累了相应数量的人民币。Q 总有时想，如果有一天，自己炒股票把这些钱输了，或者直接跑路了，那牌友可就惨了。每当这些恶念闪过，Q 总都有些莫名的愧疚。

有一天，Q 总学经济的儿子小 q，发现了麻币的秘密，吃惊地大声说（见图 5-1）：“老爸，你真牛，不仅自己做央行，创造了货币，还培育了一个小经济体！”Q 总对这突如其来的赞美摸不着头脑，自己什么时候做了一件连儿子都拜服的事，简直匪夷所思。

“你说啥？我创造了货币？这违法吗？”半晌过后，Q 总似乎想到了什么。

儿子想了一会儿，说：“可能违法，至少打了法律的擦边球。”

Q 总琢磨了半晌：“腾讯不是有 Q 币吗？它怎么不违法？”

儿子说：“Q 币只是积分，不能换钱；钱能买积分，但不能再换成人民币。你这麻币能换成人民币，还能用来发工资，Q 币能用来发工资吗？”

Q 总突然意识到：自己确实做了一件牛事，但好像有点牛过了头。

图 5-1　麻币非法，Q 币合法

对应虚拟货币里的术语

- Q 总以人民币做抵押，发行了麻币，“麻币”本质上就是一种主权货币，主权在 Q 总手上。港币是发钞行以美元做抵押发行的货币，而比特币的发行没有抵押物，完全是人们对去中心化的信任。
- 麻币可以用来发工资、买商品和服务、兑换主权货币。在比特币网络中，比特币也被很多商家接受，也可以兑换法币。
- 在 Q 总的棋牌室，用户可以随时将人民币兑换成麻币，或把麻币兑换成人民币，因此Q总的棋牌室成了麻币的交易所。在虚拟货币交易所，比特币和法币也可以随时兑换。

第二节　比特币对标黄金美元

人类历史也是一部货币发展史：从以物易物，到贝壳、羽毛、羊皮，到天然金银，到铸造金银币，再到纸币、电子货币等。在人类真正介入货币发行之前，各国各地殊途同归地选择将金银作为主要货币，充当价值尺度、交换媒介和保值手段等。金银之所以能够在化学元素周期表的118种元素中脱颖而出，在人类漫长的发展过程中被选择作为货币，完全是因为它自身的物理和化学属性，如珍贵稀少、耐腐蚀、耐高温、易分割、外形美观等。

正如马克思所说："金银天然不是货币，但货币天然是金银。"金银自身的属性不是为了成为货币，但随着人类经济活动的发展，在货币概念的形成过程中，具备独特优势的金银自然而然地成了一般等价物。金银能成为货币，不是因为它的内在价值，而是因为它的自然属性。货币的实际存在早于货币概念本身，人类从来没有主动发明货币，只是给某些特殊商品下了定义，如金银。

黄金是重要的储备资产，比特币只是商品

随着纸币的发明和广泛使用，金银作为支付手段，逐渐不再担当流通货币的角色。1976年1月，国际货币基金组织签订了《牙买加协议》，宣布废除黄金的世界货币职能。黄金非货币化成为黄金货币

理论的主流。当今的黄金分为商品性黄金和金融性黄金。各国放开黄金管制，促使商品黄金的市场和金融黄金的市场都得到了发展。金融投资性的黄金交易是黄金市场的主流，占据了市场份额的 90% 以上。当今世界上有多个黄金交易中心，如英国伦敦黄金市场、美国纽约商品交易所、上海黄金交易所等。世界黄金的总交易额，每天大约在 2 500 亿美元左右。

作为一种公认的金融资产，黄金目前依然是世界各国青睐的主要国际储备资产，是继美元、欧元、英镑、日元之后，国际上可以接受的第五大硬通货。根据世界黄金协会（World Gold Council）最新公布的数据（见图 5-2），世界各国央行或组织常年保留着高达 3.2 万吨的黄金储备，居前三位的国家是美国、德国和意大利，分别拥有 8 000 多吨、近 4 000 多吨和近 3 000 吨，占国家储备资产的 75%、70% 和 67%。中国和俄罗斯在过去的 20 年中，黄金储备增长较快，都从不足 500 吨上升到了近 2 000 吨，但占整个国家储备资产的比例仍然较低，分别为 2.4% 和 17.7%。

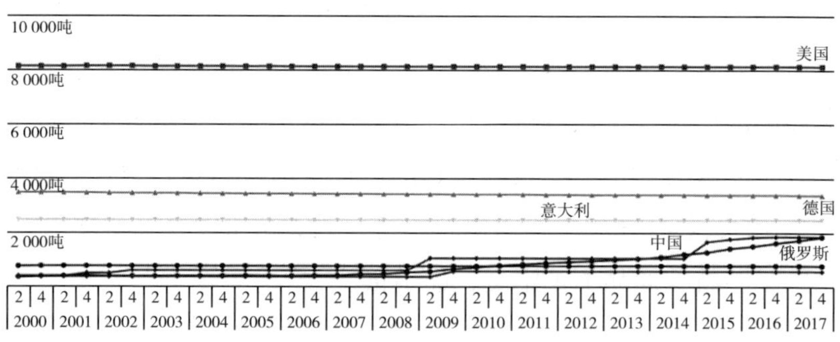

图 5-2　黄金作为储备货币的份额

从黄金在世界储备资产中所占的份额可以看出，虽然黄金在国际货币体系中已不具有明确的货币职能，但仍然被当作储存价值的重要手段。当世界货币的发行量，失去金银的硬约束，快速无限地增长时，人们出于对通货膨胀的担心，或害怕遭遇如外汇资产冻结等突发事件，仍将黄金视作最后的支付保障。黄金储备对稳定市场、汇率，甚至整个经济有着不可替代的作用。

而比特币被广泛地比作“数字黄金”，或者虚拟世界的黄金。尽管有人预测：从 2018 年开始，个别央行将开始持有数字货币作为其资产负债表的一部分，但截至 2018 年 6 月，世界上还没有一家央行把比特币或其他加密货币纳入储备资产。世界黄金的总储量约为 37.650 亿盎司，按现有的（2018 年 3 月）市场价格（1 300 美元 / 盎司左右）计算，总价值近 5 万亿美元。比特币总数为 2 100 万枚，若其单价为 10 万美元，总市值就约为现有黄金总市值的一半。毋庸置疑，以比特币为代表的加密货币成为央行储备资产，将是加密货币发展史上最重要的事件之一。事态究竟会如何发展？让我们拭目以待。

黄金成就了两大世界货币：英镑和美元，比特币来挑战

直到 1971 年 8 月 15 日，布雷顿森林体系（Bretton Woods System）崩溃之前，黄金一直是世界货币，或者是世界货币发行的重要基石，并在 19 世纪和 20 世纪，分别促成了英镑和美元两个世界性的货币霸权。

1816 年，英国通过《金本位制度法案》，从法律上确认了以黄金为本位发行纸币；1821 年，英国正式启动金本位制，规定每英镑含 7.322 38 克纯金。1844 年，英国颁布《英格兰银行条例》，宣布英格兰银行成为唯一能够发行英镑的银行。金本位制度确立后，英国经济贸易迅猛发展。19 世纪 50 年代，英国的城市人口超过 60%，铁和棉布的产量均占全世界总产量的 1/2 以上，煤产量甚至达到全世界总产量的 2/3。

凭借自己的经济、军事优势和先进的金融制度，英国先后击败西班牙、葡萄牙、荷兰、法国、俄国等，并最终在 19 世纪 70 年代，让世界过渡到了金本位体系，英镑成为世界货币，英国成为日不落帝国。但从 1914 年开始，经过第一次世界大战、第二次世界大战，直到 2016 年英国脱欧公投，英镑经历了百年贬值之路。在此期间，美元崛起，逐步取代英镑成为世界货币，并成功脱离了金本位体系。如今，美元霸权是一个不争的事实。

第一次世界大战让英国遍体鳞伤，但在大西洋另一边的美国，却在战争中走向繁荣。1929 年，美国的工业产量占世界总产量的 42%，超过整个欧洲的总和。1913 年，相当于美国中央银行的美国联邦储备委员会成立，从此带领美元走上霸权之路。1944 年，国际货币金融会议，在新罕布尔什州的布雷顿森林召开，确定了以美元为中心的国际货币体系，即美元与黄金挂钩，1 盎司黄金等于 35 美元，其他货币盯住美元，标志着美元正式取代英镑成为世界结算货币。1971 年，美国总统尼克松暂停美元与黄金的兑换，终结了布雷顿森林体系。从此，美元从一种由黄金支撑的货币，转变为一种仅有美国可以任意发行的全球性储备货币。在人类金融史中，首次出现了一国不兑现纸币，而是通过浮动汇率和自由兑换实现了货币霸权的情况。

从英镑到美元的更替中，可以看出：主权货币是国家经济、政治、军事、外交、文化等方方面面实力的体现；主权货币的崛起需要坚实的物质基础，也需要信心基础，如强大的国家机器、良好的信用环境、完善的金融体系等。主权货币的崛起和衰落都是一个漫长的演变历程。

美元霸权是现代经济的重要特征，货币之争是世界经济中的重要现象，且从未停止。正如基辛格所说：“谁掌握了货币发行权，谁就掌握了世界。”美国前财政部长约翰·康纳利（John Connally）甚至傲慢地说：“Dollar is our currency, but your problem（美元是我们的货币，却是你们的问题）。”长久以来，中国、俄罗斯、中东，甚至欧洲等，都或多或少地在为“去美元化”努力。当代，国际化的金融市场给各主权货币提供了广阔的舞台，也记录了各种货币在竞争中的起起落落。

布雷顿森林体系崩塌后，国际贸易从固定汇率转向浮动汇率。美国坚定地维护浮动汇率制，即认为汇率是由市场决定的，而非人为的安排。外汇交易市场（FOREX）成立于 1971 年，是货币交易的主要市场，是国际从事外汇买卖、调剂外汇供求的交易场所。外汇交易市场是全球最年轻的交易市场，起初只对银行、跨国公司和大型经纪公司开放，近年来，随着互联网的普及，已对小型投资者开放。外汇交易市场，也是全球最大的金融市场，不同国家的货币像商品一样在市场中被交易，每天 24 个小时不停转。根据国际清算银行（BIS）的调查报告显示，2017 年全球外汇市场的日交易额高达 5.1 万亿美元。

通过外汇交易市场，各国央行、国际组织、企业甚至个人都可以视自身的情况，随时调整自己的货币资产。根据国际货币基金组织 2018 年 4 月发布的报告，截至 2017 年第四季度，全球外汇储备中美元、欧元、日元、英镑、人民币的占比分别为 62.7%、20.1%、4.9%、4.5%、1.23%。尽管近年来“去美元化”的声浪此起彼伏，美元在全球货币储备中的份额也连续四个季度下滑，跌至 2013 年第四季度以来的最低水平，但是在可以预见的未来，美元在世界央行储备中的霸主地位仍不可动摇。

储备资产体现了人们对货币的中长期信心，支付手段则体现了货币被接受的广泛程度。根据环球银行金融电讯协会发布的数据，2018 年 2 月，全球贸易结算中，美元、欧元、英镑、日元、人民币的占比分别为 38.0%、34.29%、7.34%、3.29%、1.56%。在各国多年的“去美元化”努力中，美元占比虽然不断缩小，但仍占据世界第一的位置，很多重要商品如石油、黄金、农产品等基本仍以美元定价。绕过美元结算贸易，是否预示着美元衰落的开始？现在下结论可能还为时过早。

货币首先是商品，然后才是货币。早在 2015 年 9 月 16 日，美国商品期货交易委员会（CFTC）就首次把比特币定义为了大宗商品，如原油、小麦、大豆一般。作为商品，比特币登陆芝加哥期权交易所和芝加哥商品交易所，顺理成章。

显然，只获得“商品”身份，不能满足比特币的野心。自 2009 年诞生以来，比特币就试图在支付手段和价值储存方面，挑战现有的国际货币体系。众多公司或个人，从支付网络、便捷度、接受度等方面推广比特币支付，想要提高其在商品交易中的地位和份额，但以比特币为首的虚拟货币，在流通中仍面临众多挑战。在储值方面，虽然比特币尚未被纳入官方资产储备系列，但是由于其自身价值有上百万倍的涨幅，带动了虚拟货币交易所的蓬勃发展。即使各国政府的监管日益趋严，初具规模的虚拟货币交易市场，仍保持着充足的流动性，为比特币跻身储备资产提供了可能。

比特币无论是作为支付手段，还是被交易，对虚拟货币的普及都有积极的作用。相对于区块链技术本身，支付和交易是人们认识和使用加密货币更为直接的方式，两者的繁荣程度也会直接反映区块链技术发展的程度，是现代商业环境下和加密货币发展过程中，不可或缺的最接地气的部分。

第三节　虚拟货币的流通困境

比特币自 2009 年诞生以来，使用人数在节节上升。由于比特币具有匿名性，即一个用户可以拥有任意多个地址，所以真实的拥有者数量难以被准确地统计。根据bitinfocharts.com（为比特币、以太坊、比特币现金等提供数据和图表的网站）的实时跟踪，以2018年4月27日为例（见图5-3），下面是一些关于比特币的重要统计数据。

- 余额价值超过1/10/100/1 000/10 000/100 000/10 000 000美元的比特币地址个数分别为：15 888 994/5 493 214/2 211 398/572 439/ 132 942/12 723/1 267，占比分别为：65.35%/22.59%/9.10%/2.35%/0.55%/0.05%/0.01%。
- 占总数0.68%/3.2%/10.82%的地址分别拥有87.37%/95.95%/99.14%的比特币财富；前10/100/1 000/10 000的地址分别拥有5.94%/19.35%/35.41%/56.61%的比特币财富。
- 过去24小时内，收到或者发出比特币的活跃地址为51.69万个，这个数字在2017年年底曾超过100万。

余额	地址	地址占比	硬币数	等价美元	价值占比
0~0.001	10 686 577	48.92% (100%)	2 122 BTC	19 674 285 USD	0.01% (100%)
0.001~0.01	4 970 527	22.75% (51.08%)	20 881 BTC	193 614 783 USD	0.12% (99.99%)
0.01~0.1	3 825 944	17.51% (28.33%)	121 597 BTC	1 127 465 966 USD	0.72% (99.86%)
0.1~1	1 665 308	7.62% (10.82%)	538 463 BTC	4 992 709 972 USD	3.19% (99.14%)
1~10	550 438	2.52% (3.2%)	1 452 513 BTC	13 467 905 771 USD	8.59% (95.96%)
10~100	130 905	0.6% (0.68%)	4 333 629 BTC	40 182 031 147 USD	25.64% (87.37%)
100~1 000	15 753	0.07% (0.08%)	3 721 873 BTC	34 509 743 017 USD	22.02% (61.73%)
1 000~10 000	1 525	0.01% (0.01%)	3 296 913 BTC	30 569 451 038 USD	19.5% (39.71%)
10 000~100 000	110	0% (0%)	2 976 944 BTC	27 602 656 967 USD	17.61% (20.21%)
100 000~1 000 000	3	0% (0%)	439 811 BTC	4 077 993 109 USD	2.6% (2.6%)

账号价值超过下列余额的地址数量

1美元	100美元	1 000美元	10 000美元	100 000美元	1 000 000美元	10 000 000美元
15 888 994	5 493 214	2 211 398	572 439	132 942	12 723	1 267

图5-3　比特币的分布统计

另据2017年年初英国剑桥大学发布的一项数字货币研究报告，比特币的活跃钱包数量，从2013年的60万~260万，上升到了2017年的580万~1 150万。同一时期，比特币公司和Ark Invest Research（方舟投资研究公司）的研究指出，全世界有超过1 000万人持有一定数量的比特币。关于比特币的用户数，不同机构的统计数据之间有些出入，但相对世界 70 亿的总人口来说，误差不足为道。

总的来说，截至 2018 年 4 月，比特币的用户还是不折不扣的小众群体。据彭博社报道，2018 年 1 月，SurveyMonkey（调查猴子）和全球链链商务委员会（Global Blockchain Business Council）联合对 5 700 多名成年人的调查表明：近 60% 的美国人听说过或者读到过比特币，但实际上拥有比特币的人只有 5%，而拥有的小众人群中，年龄在 18～34 岁之间的占 58%。

值得一提的是，随着比特币的暴涨，其关注度日益增高，用户数量也呈明显的上升趋势。2016 年，一位比特币社区的爱好者威利·吴（Willy Woo）利用谷歌搜索趋势进行了推理，并预测：比特币的用户数量和投资额将会每 12 个月翻一番。这一预测如果属实，2025 年左右，比特币的用户数将占总人口的 1/2 左右。

作为流通货币，支付的一边是用户，另一边是接受的商家。商家接受程度是一种货币是否可以被广泛使用的基础。作为支付手段，以比特币为首的加密货币，在不同国家受到的待遇并不相同。2013 年 12 月 5 日，中国央行发布的《关于防范比特币风险的通知》中明确指出：比特币不是货币，只是一种虚拟商品；各商家不得接受比特币作为支付货币；金融机构和支付机构不得开展与比特币相关的业务。所以，目前在中国使用比特币支付是非法的。但是，在其他一些国家，加密货币支付在法律允许的范围内，如德国、日本、美国、英国、法国、加拿大、澳大利亚、瑞士、芬兰、委内瑞拉等。

德国是最早在法律上承认比特币合法地位的国家。2013 年 8 月，德国财政部认可比特币为合法的私有资产，拥有者可以使用比特币缴纳税金或用于其他用途。2016 年，德国能源巨头 Enercity（德国汉诺威市政股份公司）接受居民用比特币支付电力、燃气、供暖和饮用水的账单。同年，德国一所国家认证的私人商业大学——柏林 ESMT

（欧洲管理技术学院），接受比特币支付学费和其他所有费用。2017 年 7 月，德国最大的食品配送网站 Lieferando.de 开始接受比特币支付，其拥有超过 1 万家的合作餐馆、390 万用户。

日本是目前比特币支付最流行的国家，这得益于政府的大力支持。2017 年 3 月，日本内阁会议通过了《关于虚拟货币交换业者的内阁府令》，宣布从 2017 年 4 月 1 日开始，正式承认比特币为合法支付方式。2017 年 7 月开始，任何人在日本兑换比特币将不再征收 8% 的消费税，兑换日元反而要收 3% 的交易费。由于比特币交易的合法化，越来越多的商家，开始支持比特币支付。2017 年年底，日本接受比特币支付的商家达 2 万家左右，应用行业包括零售业：丸井百货、marui（日本著名的仿真枪品牌）、家电连锁商场 Big Camera（日本大型综合购物中心）、Recruit Lifestyle（主要提供日常生活相关的服务的公司）等（超过 260 000 家零售店接受比特币支付）；公共事业：日本能源公司等；票务航空：日本乐桃航空（Peach Aviation）、最大的 C2C 票务平台 Ticket Camp 等。同时，比特币交易过程的简化，极大地提升了用户体验：用户可以像用支付宝和微信支付一样，扫码支付比特币。政府的有效监管，促使比特币在日本被推广和发展。加密货币支付可能会率先在日本从边缘走向中心。

美国也是比特币支付中举足轻重的玩家，从 2012 年开始，美国很多著名的公司先后加入了比特币支付的潮流，如博客系统 wordpress、社交新闻网站红迪、游戏巨头星佳（Zynga）和 G2A、零售巨头 overstock、快餐连锁赛百味（Subway）、咖啡连锁星巴克、在线旅游智游网（Expedia）、卫星电视迪什网络公司（Dish Networks）、大型珠宝连锁店瑞兹（REEDS）、计算机巨头戴尔公司、IT 巨头微软公司、垂直电子商务网站新蛋、租车服务公司 bandago、电子产品在线零售商老虎在线（tigerdirect）、停车服务提供商 Top Airport Parking 等。

用户和商家是比特币支付的基础，但是比特币保存和使用的操作难度超过普通法币，市场上像比特币公司、比特币支付公司（Bitpay）这样的加密货币支付中介公司应运而生，充当着用户和商家的桥梁。加密货币支付中介的使用流程类似支付宝：用户和商家各自在比特币公司/比特币支付公司平台开户；商家开通支付接口后，就可以接受加密货币；用户转入加密货币后，就可以在上述商家中选择加密货币支付。

比特币公司是目前最大的加密货币支付中介公司，总部位于美国旧金山，于2012年成立，截至2015年1月，已经融资超过1.05亿美元，估值16亿美元。截至2017年年底，比特币公司号称拥有1 000万以上的用户和近5万的商家，支持比特币、莱特币、以太坊、比特币现金4种加密货币支付。比特币公司的业务近年来开始向虚拟货币交易所转型，在加密货币支付领域，其最大的竞争对手是比特币支付公司。比特币支付公司，总部位于美国旧金山，成立于2011年。2018年4月，比特币支付公司完成4 000万美元的B轮融资；2017年12月，比特币支付公司声称处理的年化支付额已近20亿美元。

为了让比特币等加密货币的使用更加便利，相关的辅助设施相继出现。比特币ATM就是其中一例：用户可以存入法币，购买比特币转至指定地址，也可以将比特币转换成法币，并取出法币现金。目前，加拿大、美国、奥地利等国都有类似的机器出现。比特币ATM的出现，免去了跨境旅行者携带现金和汇兑的麻烦。在功能方面，有些比特币ATM支持很多新技术，如触摸屏、人脸或指纹识别、U-key加密、NFC或二维码支付转账。2018年4月，据CryptoDaily（加密每日新闻）报道，目前比特币ATM已覆盖67个国家。美国拥有最多，共1 825台；加拿大、奥地利、英国、西班牙分别拥有493、153、119、49台；其他国家如日本、韩国、芬兰都有比特币ATM出现。在某些局部地区，比特币ATM几乎取代了用手机或电脑购买加密货币的需求。

人们出于避险本能，在任何一种新兴流通货币的起步阶段，总是会将其先用于小额支付。2010 年 5 月 22 日，一位名叫拉斯洛·豪涅茨（Laszlo Hanyecz）的早期矿工，花了 1 万枚比特币，从另一位比特币爱好者手中买了两份“棒约翰”（Papa Johns）的比萨。因为当时没有公开的加密货币交易场所，无法得知比特币的真实价值，只能根据当时比萨的价格，推算出每枚比特币大约相当于 0.003 美分。其实，在比特币的起步阶段，由于其币值极小并缺乏大众信任的基础，几乎没有商家愿意接受比特币。像豪涅茨这样的早期矿工，用挖矿所得在当地换取啤酒或零食被认为是一件很酷的事。豪涅茨在比特币社区中分享了这段经历，正是这件被大多数矿工认为很普通的事件，却被历史记载为了比特币货币史上的标识性事件——在人类历史上，加密货币第一次作为支付货币和现实世界发生了联系。

高频是小额支付最主要的特征，快速便捷是良好用户体验的保障。但是，中本聪设置了区块 1MB 容量限制，每个区块最多只能记录 4 096 个交易，导致比特币的网络支付处理能力非常有限，即平均每秒只能处理 3~4 笔，峰值每秒 7 笔，而且确认时间长达 50 分钟。相比目前流行的支付方式，如维萨、万事达卡、支付宝，其分别对应的交易峰值每秒可达 5.6 万笔、4 万笔、8.59 万笔，比特币网络的支付处理能力根本就不值一提。就目前的技术状况而言，比特币被用于大规模小额支付的可能性不大。

科技的发展和科技对现实的影响，往往偏离人们的预期，甚至完全相反。随着比特币价格的暴涨，比特币从开始定位的小额支付转向了大额支付，而且还常常成为新闻头条。2017 年 12 月 8 日，迈阿密的一座顶层公寓，在美国著名的房产中介公司 REDFIN 的网站上挂牌出售，并说明只接受比特币支付，叫价 33 枚比特币。按当时的市价，一枚比特币等于 16 500 美元计算，总价值约 54.45 万美元。

2018 年 1 月，一名华裔投资者郭冠群，用比特币现金与其他几种数字货币支付了 10% 的首付，购买了西雅图的一处房产，成为该地区使用加密货币购房的首个案例。

无论用于小额支付还是大额支付，比特币作为流通货币，都还处于非常早期的阶段。主流商家宣布接受比特币支付，在大多数情况下，还只是个噱头。同时由于比特币价格的疯涨，大多数人只屯币却不用于消费。2018 年 1 月，SurveyMonkey 和全球链链商务委员会联合对 5 700 多名成年人的调查表明：在拥有比特币的人群中，超过 60% 的人认同“购买比特币是一种成长性的投资机会”。

由于比特币天然游离于现有的金融监管之外，再加上法律定位模糊，像购房这样的大额交易，完全可能成为用户逃税漏税的捷径。目前，比特币在支付领域仅有的发展，已经引起了各国税务部门的注意。美国国税局一方面紧盯比特币公司这样的中介，明确表明接受比特币支付的商家也要合法纳税；另一方面，要求使用比特币进行大额支付的用户，必须说明财产来源。在虚拟货币交易领域，美国国税局更是严防死守。

在大众支付市场，由于商家、用户、技术都还没有完全准备就绪，比特币等加密货币就还没有真正意义上担当起支付货币的功能，但其在黑市却成了硬通货。2013 年 10 月，美国联邦调查局关闭了“丝绸之路”网站，因为其中充满了毒品、孩童拐卖甚至谋杀等罪恶交易，并缴获拍卖了 144 336 枚比特币，当时价值是 4 800 万美元。2014 年，美国联邦调查局又捣毁了号称“丝绸之路 2.0”的黑市，但是不幸的是，号称“丝绸之路 3.0”的黑市已经开始运作。

分布式网络加上虚拟货币，使得非法商品的交易如虎添翼，政府的监管难度成倍上升。凯瑟琳·豪恩（Kathryn Haun）是破获“丝绸之路”案件的最大功臣。豪恩曾是美国司法部的副部长，主要负责调查与虚拟货币相关的犯罪活动，现任斯坦福大学的副教授，同时是比特币公司的董事会成员。2017 年，豪恩在 TED（技术、娱乐、设计）讲坛上，讲述了破获“丝绸之路”大案曲折离奇的过程。其中最令人惊奇的是，起初办案的美国联邦调查局的探员，利用卧底身份敲诈网站运营者，私藏比特币，最后露出马脚，锒铛入狱。公诉材料中，比特币公开账本中不可篡改的交易记录完整地揭露了变节探员的罪恶行径，在法庭上被用作重要的检方证据。据说，好莱坞已经购买了该案故事的版权，正在筹拍电影。

任何新生科技都是在不确定中成长的，甚至游走在合法与非法的边缘。比特币促使加密货币矿机行业诞生，但矿机行业只是浪费了一些能源，对社会没有明显的破坏作用，而加密货币作为支付手段，却对社会造成了明显的负面影响，无形中活跃了黑市，助长了逃税，带来了一系列金融监管问题。

对比特币加强监管是毋庸置疑的，但其作为一种新事物、新技术、新工具，仍需要一定的成长空间。因为任何创新都不是预设的，不论科学技术本身，还是涉入其中的发明者、改进者、使用者、监管者等，所有的因素都需要在成长中不断调整或被调整，最终新技术才有可能被合理利用，从而推动社会进步。总之，比特币等加密货币，作为商品流通货币才刚刚起步，发展壮大还是夭折湮灭，也许只有时间才能给我们揭晓谜底。

第四节 虚拟货币的交易生态

一方面，作为流通货币和支付手段，比特币开始向现实世界渗透，并获得了一些发展，但是来自商家、用户、技术、监管者的阻力显而易见；另一方面，作为投资或投机的交易标的，比特币等加密货币得到了前所未有的关注度。伴随着比特币价格的暴涨，不断有人发出警示，将其比作 17 世纪荷兰的郁金香泡沫。投资者或投机者的疯狂涌入，使得加密货币的交易生态生长得更为迅速，发展得更为完善，成为推动加密货币普及的最重要的力量。要想了解加密货币的交易生态，必须先深刻理解证券和证券交易所。

证券不能随便发，交易所不能随便开

首先要明确证券的概念。证券是多种经济权益凭证的统称，是证明券票持有人享有某种特定权益的法律凭证。一般来讲，证券具有一定的票面价值，又称有价证券，主要包括资本证券、货币证券和商品证券等，具体实例有钞票、邮票、印花税票、股票、债券、国库券、商业本票、承兑汇票、银行定期存单等。虚拟货币可以被认为是电子化的有价证券。

每个国家的证券法都明确规定了可在证券交易所交易的有价证券种类：资本类包括股票、债券等；货币类包括各国主权货币；商品类包括黄金、石油等。邮票、银行定期存单等一般都不属于可交易的有价证券的范围。每种交易对象的交易制度都有差异，如保证金、杠杆率、交易流程、结算流程等。显然，目前世界上大多数国家现有的证券法，没有将虚拟货币列入可交易的范畴，也没有与之相关的交易制度。

为了探讨虚拟货币的交易生态，不仅要了解证券本身，还需要理解证券交易所的由来。证券交易所是为证券集中公开交易提供场所和设施，负责组织和监督证券交易的机构，即所谓的二级市场。世界上第一个证券交易所是阿姆斯特丹的股票交易所，诞生于 1609 年的荷兰。早期的证券交易所如同街边的集市，只有合格的证券经纪人，才能在其中面对面讨价还价地成交。著名的纽约股票交易所，就是 24 个证券经纪人，于 1792 年 5 月 17 日在纽约华尔街的一棵梧桐树下协议成立的，其第一个总部位于华尔街 40 号，是一个月租 200 美元的房间。

1971 年，全球第一个电子交易市场——美国纳斯达克证券交易所（NASDAQ）成立，证券交易开始从人工口头报价下单，过渡到基于计算机系统的竞价方式和撮合机制。美国纳斯达克证券交易所的全称为全美证券商协会自动报价系统（National Association of Securities Dealers Automated Quotation），很好地诠释了其内涵。其采用的是最先进的计算机系统，没有实体交易场所，交易效率从而大大提高。随着计算机技术的进一步发展，1996 年，纳斯达克证券交易所的交易量超过纽约证券交易所，成为世界上第一大证券交易所。

上海证券交易所于 1990 年 11 月 26 日成立，开始只有 8 只股票，由一个数据库负责交易撮合。2009 年，具有里程碑意义的第二代交易系统（NGTS）上线，上海证券交易所正式迈入电子交易的世界先进行列。

电子交易所的报价和撮合机制虽然已完全电子化，但是整个交易的结算流程长久以来基本没有什么改变。证券交易所只是整个证券交易过程中的一个阶段，完整的证券交易需要经过中央结算机构、银行、证券公司和交易所等四大类机构的协调才能完成。普通用户或基金公司，必须通过证券公司才能进入证券交易所，而清算结算要通过银行和登记结算公司，才能最终完成确权登记。我国的证券交易清算时间一般是 1 个工作日（T+1）；美国的清算时间更长，2017 年 9 月 5 日，其标准结算时间刚从 3 个工作日（T+3）缩短至 2 个工作日（T+2）。结算时间越长，对交易各方产生的风险越大。

在所有制上，目前的证券交易所分为：公司制的营利性法人和会员制的非营利性法人。前者包括纽约证券交易所、纳斯达克证券交易所、泛欧证券交易所等世界知名交易所；后者主要包括中国大陆的交易所，如上海证券交易所、深圳证券交易所、郑州商品交易所等。无论是营利性的公司制，还是非营利性的会员制，证券交易所都属于强监管的金融行业。每个国家一般都有专属的证券监管机构，如中国证券监督管理委员会、美国证券交易委员会等。在中国，证券交易所具有很强的政府属性；在欧美，交易所虽然属于私人企业，但是并不是有钱就可以成立，也须申请特别许可证。

虚拟货币交易所小有成就：彻底电子化、结算简洁、流动性足

目前所有的虚拟货币交易所，从证券和证券交易所的角度严格地从法律意义上讲，至少在建立初期，都是非法的。原因如下：首先，虚拟货币不属于法律允许的证券范畴；其次，几乎没有一家虚拟货币交易所在成立之初，得到过政府监管机构的许可；最后，随着虚拟货币交易所的迅速发展，各国的监管政策虽然发生了分化，但是大多数国家仍没有承认其合法地位。

即使游走在合法和非法的边缘，虚拟货币交易所也仍在加密货币的热潮中野蛮生长着。比特币诞生后，最早的加密货币交易所于2010年就随之成立。尽管各国监管的大棒不停挥舞，加密货币交易所仍如雨后春笋般地成立，并取得了长足的发展——在虚拟货币之间、虚拟货币和法币之间，形成了流动性充裕的市场，甚至虚拟货币的衍生品交易也非常活跃。

根据链塔智库（Block Date）2018年4月发布的《2018年第一季度数字货币交易所研究报告》：截至2018年4月23日，全球现存177家有效数字货币交易所，遍布各大洲各大国，如韩国、日本、中国、美国、加拿大、英国、爱沙尼亚、澳大利亚、塞舌尔、新西兰、斯洛文尼亚等；根据交易额排行，从前20家交易所的地区分布来看，

亚洲的数字货币交易所最多，共有 7 家，占 35%，其次是北美洲，有 6 家，占 30%。

这些“野生野长”的数字货币交易所，之所以能够在如此短的时间里遍地开花，最主要的原因是计算机互联网技术的普及。30 年前，全球范围内只有少数几家公司掌握了核心技术，有足够的能力搭建稳定的证券交易系统。今天，一个资深的 IT 工程师，带领一个小型开发团队，就完全可以搭建一个交易所系统。虽然其交易处理能力，仍远逊于世界知名的交易所（2009 年 11 月后，上海证券交易所新一代交易系统的峰值订单处理能力，达到 8 万笔 / 秒），但足以供上百万甚至上千万用户直接交易。数字交易所从诞生起，就是完全电子化的，有着明显的互联网时代的印记，其特点如下：

- 全流程互联网化运营：网上开户、入金出金全自动化、所有交易撮合程序化、无固定交易场所；
- 没有常规交易所的开盘、收盘时间，7 × 24 小时交易，永不停歇；
- 所有交易标的，没有涨跌幅限制，几乎没有停牌，并且相对于常规交易所的熔断机制，交易风险大幅上升，但也最大限度地保证了流动性；
- 所有交易者不论大小，一律直接报价参与交易，没有做市商，没有券商；
- 没有额外的交易结算系统，交易标的会瞬间被记录和转账；
- 排位靠前的数字货币交易所，一般都提供程序化交易接口；
- 不同交易所有不同的上币流程，有完全的自主权，可以选择上市交易的加密货币。

据 coinmarketcap.com（加密货币价格追踪网站）的实时跟踪

统计：截至 2018 年 4 月底，有市值并可以交易的加密货币大约有 1 600 种左右，总市值 4 000 多亿美元，过去 24 小时的交易总额是 200 多亿美元。交易额中，比特币占比 36% 左右。交易量前五名的交易所是：BitMEX（比特币期货交易所）、OKEx、Binance（币安交易所）、Upbit、Huobi（火币交易所）。其中前三名 24 小时内的交易额非常接近，均是 20 多亿美元；第四、第五名的交易额在 15 亿美元左右。

数字货币交易所虽取得了长足的发展，但相比传统交易所的规模仍不足为道。这从一些传统交易所的数据中可见一斑：截至 2017 年年底，中国上市公司的总市值超过 50 万亿元，在美国交易的股票总市值达 40 多万亿美元；沪深两市的上市公司达 3 000 多家，在美国交易的上市公司有 10 000 家左右；沪深两市的日均交易额有 5 000 亿元左右，在美国股市的日均交易额有 500 亿美元左右。另外，相较上文提到过的商品和外汇，加密货币的现有规模更是微不足道：2017 年，全球黄金的总市值近 5 万亿美元，日均交易额达 2 500 多亿美元，全球外汇市场的日均交易额超过 5 万亿美元。

虚拟货币交易所问题累累：法币兑换、市场操纵、平台安全、监管缺失

证券交易所本是被强监管、拥有高科技、处于食物链顶端的行业，在数字货币时代，却演变成了市井商业。何为市井？《管子·小匡》里说："处商必就市井"。市井商业是一种生活化、自然化、无序化的商业状态，产生于街区小巷，通俗浅显、充满变幻、杂乱无章。数字货币交易所从无到有，"野蛮生长"，成就小小辉煌的同时也问题累累，其中有四大问题尤为突出：法币兑换、市场操纵、平台安全、监管缺失。

法币兑换，各显神通，暗藏风险

2018 年 1 月，SurveyMonkey 和全球链链商务委员会的联合调查表明：在拥有比特币的人群中，超过 60% 的人认为购买比特币是一种投资，换句话说，购买和持有比特币是为了赚钱。从货币的角度来看，比特币已初步具有流通媒介和储存价值的功能，但由于诞生时间不长，在商业活动中远没有被普及，因此不可能作为价值尺度来衡量法币，更不可能定价重要的商品，如黄金和石油等，并且其价值必须通过法币来体现。比特币兑美元、日元、人民币等的升值部分就是投资比特币的收益。比特币和法币之间的自由兑换，是比特币成为投资品的必要条件，同时在客观上也等同了比特币和法币的地位。

证券交易所若没经过严格的许可申请流程，上市虚拟货币和法币之间的自由交易就会或多或少地和现有监管体系相悖，被视为非法。由链塔智库 2018 年 4 月的报告可知，大多数交易所比较谨慎，会尽量避免触碰到各国的监管政策。目前，在前 20 家交易所中，只有 6 家交易所支持法币的交易。在前 50 家交易所中，链塔智库的统计发现：支持美元交易的交易所主要有 BCEX（综合数字资产交易所）、GDAX、TradeSatoshi（英国代币数字货币交易所）、Gemini（双子交易所）、Bitfinex；支持日元交易的交易所有 Neraex、BitFlyer、Coincheck、BTCBOX、Fisco。另外，还有支持澳元的交易所 ACX 和支持韩元的交易所 Coinone。这些交易所虽然接受法币的进出，但一般只支持比特币和特定法币之间的交易，不支持较小的虚拟货币品种和法币之间的直接交易。

总之，只有少数市值大的虚拟币种，可以在有限的交易所和法币直接交易。上文提到，比特币交易只占总交易额的 36%，剩下的大部分交易额都来自其他的虚拟货币。这些交易标的是各种（虚拟）货币对，如 BTS/BTC、ETH（以太坊）/BTC、XMR（门罗币）/BTC、DASH（达世币）/BTC、LTC/ETH 等。交易所一般会将成熟的、市值较大的货币作为虚拟货币交易对的基准货币，如比特币、以太坊等，而以新发行的、市值小的虚拟货币对标基准货币。

如果把比特币视为货币，虚拟币交易所的交易方式就更像传统的外汇交易平台，其交易对象是各种货币对，可以是虚拟货币和法币之间的货币对，如 BTC/USD（美元），也可以是虚拟货币之间的货币对，如 BTS/BTC、ETH/BTC。货币对的交易形式，基本反映了各币种之间的强弱关系：比特币或以太坊以法币定价；小币种虚拟货币以比特币或以太坊定价。客观来讲，比特币在虚拟货币界的地位，相当于美元在法币世界的地位。有些虚拟货币的炒家在报告收益时，只用比特币为计算单位，而不用法定货币为单位。

在政府监管下，交易所会避免大量持有交易者的法币；对交易者来说，由于反洗钱或税务等原因，用法币在交易所入金出金也是件麻烦事。但是，为了实时体现比特币等龙头币种相对法币的价值，同时为了交易便捷，大多数交易所会使用虚拟货币——泰达币作为美元的等价物，并上线主要虚拟币种和泰达币之间的货币对，如 BTC/USDT、ETH/USDT、BCC/USDT 等。

泰达币由 Tether（泰达公司）于 2015 年年初推出。Tether 于 2014 年 11 月，在马恩岛和香港注册成立。其宣称：1 泰达币 =1 美元，用户可以随时 1∶1 兑换；公司严格遵守 1∶1 的备用保证金，即每发行 1 枚泰达币代币，其银行账户都会有 1 美元的资金保障；用户可以在公司平台进行资金查询，以保障透明度。

从法币的角度来说，由于和美元 1∶1 绑定，泰达币是真正稳定的币种，是避险的港湾。虚拟货币的市场波动性极大，每次遇到市场大回调的极端行情，交易者都希望找个币值稳定的虚拟币，在避险的同时又省去换成法币的麻烦。泰达币的出现刚好满足了这样的市场需求，大大方便了法币的介入，促进了目前币币交易格局的形成。交易者无需将泰达币兑换成法币就可以临时兑现，且其流动性充足。泰达币推出后很快就得到了著名交易所 Bitfinex 的支持，其他各大交易所也紧随其后。目前，泰达币的广泛使用，活跃了虚拟货币和美元之间的交易市场，实时直观地反映了主要虚拟货币的美元价格。

泰达币取得成功的同时，由于其运作缺乏透明性，给整个虚拟货币的交易生态带来了很大的不确定性。2017 年 9 月—2018 年 2 月，泰达币被疯狂增发，市值从 4 亿美元增长到了 22 亿美元。有人提出：2017 年 4 月—2017 年 12 月，比特币的价值大涨可能是泰达币超发的结果。从公开资料看，Bitfinex 和 Tether 的高管成员高度重合，确实存在交易所利用泰达币超发，炒高比特币价值的可能性。在此期间，Tether 还宣布：2017 年 11 月 19 日，Tether 遭到黑客攻击，丢失了价值 30 950 010 美元的泰达币。增发和失窃这种种事件之后，泰达币天量流通的背后是否有等额的美元做支撑，是最受关注的问题。

由于无法直接查询 Tether 的银行账户，Tether 的用户只能相信第三方会计公司的审计结果。截至 2017 年 9 月 15 日，会计师事务所 Friedman LLP（弗里德曼律师事务所）出具的审计报告显示，Tether 以及 Tether 相关公司的银行账户共有 4.43 亿美元。根据 coinmarketcap.com 的数据，2017 年 9 月 15 日，泰达币在市场上的流通总数所对应的美元价值应为 4.22 亿美元，两者基本吻合。

但是，Friedman LLP 的审计报告并没有披露相关银行和公司的名称。银行方面，2017 年 4 月，美国富国银行和台湾的银行切断了和 Tether 的业务往来。截至 2018 年 4 月，存放 Tether 的巨额保证金的银行账户一直是个谜。有传闻称，Tether 的合作银行是荷兰国际集团（ING），但后者拒绝置评。审计公司方面，2018 年 1 月，

Tether 宣布和 Friedman LLP 停止合作。由于目前没有会计公司为 Tether 提供财务审计服务，用户只能看到公司自己发布的信息，这使得可信度进一步降低。

Tether 掌控了泰达币的发行、审计、赎回、提现等程序，但没有公开所有的相关信息，更重要的是未受到有效的监管，甚至在用户条款里面，免除了包括倒闭清算在内的，任何条件下兑付法币的责任。据彭博社消息，美国商品期货委员会在 2017 年 12 月 6 日向 Bitfinex 和 Tether 发出了传票。目前，调查内容和结果都不得而知。据 Tether 网站公布的消息，自 2018 年 1 月 1 日起，Tether 不再向美国居民发行泰达币。

泰达币的潜在风险一目了然，但是，有些乐观的人表示，即便泰达币倒了，也很快会有新的替代者进场接班，因为整个虚拟货币交易生态需要类似泰达币这样的角色，以建立虚拟货币与法币之间稳定的联系。

除了交易虚拟货币和法币的货币对，兑现的渠道还有场外市场，俗称“点对点”或 OTC（柜台交易市场）。点对点交易是指买卖双方都在平台上进行议价，流程走线上，最终交易走线下。场外市场是一个分散的无形市场，没有固定、集中的交易场所，由许多各自独立的经营机构或个人以一对一的方式进行交易。同一币种可能同时出现众多的买方和卖方，不存在公开竞价的机制，而是由买卖双方协商议价。交易模式是由卖家挂单、买家订单，平台只是作为中介监督双方完成交易而已，这种模式与淘宝类似。

目前虚拟币市场存在明显的惜售现象：比特币的点对点成交价格一般高于交易所的实时成交价格 10%；一枚泰达币的场外价格也高于 1 美元。场外交易的活跃者，也可以说是某种虚拟货币的做市商，其中有些人的年交易额可达上亿美元，基本承担了和法币的兑换功能。这些兑换中介游走在法律边缘，基本不受监管，使用者需承担较大的风险。

币币交易和点对点交易，形成了各种虚拟币和法币之间的兑换通道，给整个虚拟币交易市场带来了可观的流动性。根据链塔智库2018年4月的报告，在前20名的交易平台中，可交易的货币对数量超过100的有11家，其中BitBTC超过600个，OKEx接近500个。这说明可选择的交易对种类，还是相对丰富的。少部分虚拟币交易所，不仅提供基本货币对的交易，还提供相关期货等衍生品的交易，有的甚至允许使用杠杆等金融工具。

综上所述，法币兑换的交易通道已初步形成。但是目前虚拟币交易生态还没有根本性的制度保障，交易者基于法定货币的入金出金、收益兑现也都不方便，这给那些对虚拟货币交易有兴趣的初试者造成了不小的障碍。有的人因此产生畏难情绪，迟迟不敢付诸行动，甚至放弃了拥有虚拟货币的念头。除了对法币兑换通道的脆弱感到担忧之外，交易者对虚拟货币的巨大波动也心有余悸，有些明显的市场操纵行为，使得普通交易者沦为被割的韭菜。

市场操纵：巨大的利益诱惑，强烈的犯罪动机

在传统证券市场，证券交易集中度高，交易所规模大、处理能力强。在大多数情况下，一种证券只能在一个特定市场上市，即使有些交易标的可在多个市场交易，但由于机构参与者占多数、交易自动化程度高、流动性好，微小的价差会被瞬间抹平，不同市场之间的价格信息基本同步，也无法形成长期稳定的套利市场。

但是，在目前的虚拟币交易市场，由于交易所规模小，且散户占大多数，再加上各国的监管程度相差较大，因此各虚拟币本身的价格波动巨大。更有甚者，由于众多虚拟币交易市场的存在，同一交易标的，如比特币兑美元，在不同市场价格有相差是常态。同一种币在不

同市场的价格差可能高达 10%，甚至更多，特别是小币种或新上市的币种，价格差异更是明显。

价格本身波动大，不同市场存在明显价格差，这些都是天然的套利机会。有些个人交易者，从事“搬砖”业务，即利用同种虚拟币在不同市场的价格差，同时在多个市场买卖，获取利润。个人层面的“搬砖”业务，不仅要在操作上有一定的专业度，更重要的是，频繁地在不同的交易所入金出金，须绕开相关国家的外汇和税收监管，难度较大。但是，如果交易所本身参与交易，或者勾结一些信息灵通的大户共同操纵市场，普通交易者必然会沦为待割的韭菜。一般交易所的运营者都会声称自己绝不会参与交易，但因为缺乏公开的交易数据，用户无法考证。理论上，在没有监管的情况下，交易所拥有得天独厚的操纵市场的条件，更由于套利空间的天然存在，交易所容易受到巨大的利益诱惑，产生强烈的“犯罪”动机。

平台一直不安全，风波不断

除了法币兑换和市场操纵问题，交易所管理不善导致的虚拟币失窃，也对参与的交易者构成了重大威胁。交易所的使用者，必须将用于交易的币存入平台才能交易，而为了下次交易方便，币可能会被留存在交易所平台上。因为有时要交易多种虚拟币，线下钱包管理非常烦琐，所以交易者会将币长期留在交易所平台上。各大交易所平台都积聚了用户大量的虚拟币资产，再加上运营条件有限或各种管理疏忽，虚拟币交易所简直成了黑客的天堂，各种安全隐患令交易者提心吊胆。

黑客们“各显身手”，给虚拟货币交易所造成了严重的损失（见图 5-4）。自 2009 年以来，交易所平台虚拟币资产被盗的事件，屡有发生。据粗略统计，多个大平台都有发生，如 Tradefortress、

OKCoin（币行网）、Mt.Gox（门头沟）、Poloniex（P网）、比特儿、blockchain.info（分布科技在线钱包服务商）、Bitstamp、796交易所、LocalBitcoins、台湾Yes-BTC、比特币存钱罐、AllCrypt、中国狗狗币协会、ShapeShift、Gatecoin（香港数字货币交易所）、币贝网，YouBit（韩国虚拟货币交易所）、Coincheck、币安等。据美国howmuch.net（全球成本预估网）网站的统计，截至2018年4月，由于平台被盗损失上千万美元的事件就有13起。其中最大的一起发生在2014年2月24日，当时世界最大的比特币交易所运营商Mt.Gox宣布，其交易平台的85万枚比特币被盗。按当时的市价，共损失4.5亿美元，这直接导致Mt.Gox破产，众多投资者血本无归。由于虚拟币交易所迅猛发展而监管缺失，所以很多爆出偷窃事件的交易所，后来被证明是监守自盗，最近有消息说Mt.Gox就是其中之一。

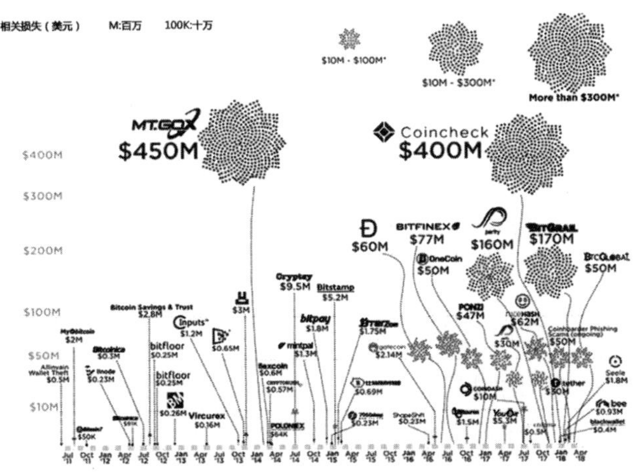

图5–4　黑客攻击给虚拟货币交易所造成的损失

相比法币进出不畅、币价涨跌起伏、交易所大户联手做局等风险，交易所平台的安全事件会给交易者带来更大的风险。前者只是收益的损失，而后者会直接让拥有者的虚拟资产归零。如何选择可靠的交易平台？如何自己保管虚拟资产？对普通虚拟货币的交易者来说，这都是很现实的问题，也是交易者必须克服的问题。

监管缺失：中国关、韩国闹、日本发证、美国只管收税和调查

无论是法币兑换、市场操纵还是平台安全，都反映了整个虚拟货币交易生态的脆弱性，这给虚拟货币的交易者带来了潜在的巨大风险。之所以有如此现象，究其根本，是因为缺乏有效监管：各交易所的法律地位不明晰；交易所的所属国别不清晰；对应的监管法律法规缺失等。

新技术、新事物出现的初期，法律一般都会滞后其发展，但“野蛮生长”的状态是不可持续的。适度和有效的监管，是新生事物良好发展的保障。自虚拟货币交易所诞生以来，各个国家，包括中国、美国、日本、韩国、加拿大、澳大利亚、英国、德国、俄罗斯等，各种听证、调查、新规此起彼伏，从没停止，监管也在争论中发展。以下是截至 2018 年 4 月，一些国家对虚拟货币交易所的监管总结。

（1）中国

中国是虚拟货币交易强监管的代表。2013 年 12 月 5 日，中国人民银行、工业和信息化部、中国银行业监督管理委员会、中国证券监督管理委员会、中国保险监督管理委员会联合发布的《中国人民银行 工业和信息化部 中国银行业监督管理委员会 中国证券监督管理委员会 中国保险监督管理委员会关于防范比特币风险的通知》（银发［2013］289 号）指出：金融机构和支付机构不得开展与比特币相关的业务。这是中国限制虚拟货币的开始。2014 年 3 月中旬，中国央行又下发《关于进一步加强比特币风险防范工作的通知》，要求各银行和第三方支付机构，在 2014 年 4 月 15 日前关闭 15 家境内比特

币平台的交易账户。2017 年 9 月 4 日，中国人民银行等七部委联合发布《关于防范代币发行融资风险的公告》，要求虚拟货币交易所于 2017 年 9 月 30 日前，彻底关停其在中国的所有交易活动。

此后，以人民币计价的虚拟货币交易量，从一度占全球交易量的 90% 以上下降到 1% 以下。遭禁后，中国的虚拟货币交易所公司纷纷转战海外，其中国内三大虚拟货币交易平台：火币网、币行网和比特币中国（BTCC），行动最为迅速。火币集团的海外布局，包括火币全球专业站、火币韩国、火币全球美元站等。火币全球专业站提供多个数字资产品类的交易及点对点投资服务，总部位于新加坡，在中国香港地区设有子公司。币行网则通过投资、合作等方式拿到了世界多国的数字资产交易的牌照，并上线 OKEx 平台进军海外市场。OKEx 总部位于中美洲的伯利兹，旗下的 okex.com 网站提供数字货币与世界各种法币交易、币币交易、衍生品交易等。比特币中国是中国第一家数字货币交易所，也曾是最大的一家，于 2018 年 1 月 29 日发布消息，称比特币中国正式被香港区块链投资基金收购，不过未透露交易价格。其他小规模网站也纷纷出海，多个以华人为主要用户对象的新交易网站也在海外相继成立，如 BigONE（云币网国际版）、gate.io（比特儿的海外版）、CoinEgg（聚币网的海外版）、币安等。2018 年 2 月 4 日，风声再起。据中国央行主办的金融时报报道，针对境内外的虚拟货币交易所，政府将采取一系列监管措施，包括取缔相关商业存在，取缔、处置境内外虚拟货币交易平台网站等。

（2）韩国

韩国也是虚拟货币交易所发展最为蓬勃的国家之一，其监管强度仅次于中国。根据 BTC123（比特币导航）报道，2017 年 6 月，韩国的虚拟货币交易总量居世界第一。当时在韩国，三大虚拟货币交易所 Bithumb、Coinone 以及 Korbit 已经实现交易所和银行的双重业务功能。民众只要加入并成为会员，充值后便可进行虚拟货币的交易。

韩国的这些交易所均为非官方机构，因此处于“无人管”的状态，没有受到反洗钱以及实名认证等制度的约束。由于虚拟货币的套现十分容易，这使得虚拟币的交易异常火爆：2017 年 6 月，Bithumb 的会员人数超过了 71 万人，甚至吸引了不少来自中国的投资人士；2017 年 6 月 28 日，Bithumb 交易所创下一日 7 100 亿韩元的交易神话，超过了世界最大虚拟货币交易所 Poloniex 的一日交易量。也因为“无人管”，韩国虚拟货币的任意操纵交易行为、无故中断事故频发，导致交易者受到了亏损，故当时人们认为，韩国是全世界虚拟货币交易最不安全、最不稳定的地方。

2017 年 12 月 21 日，韩国公平贸易委员会宣布，将对 Bithumb、Coinone 和 Korbit 等 13 家主要的虚拟货币交易所进行实地调查，以查明它们是否违反了消费者保护法等法规。这些交易所一般注册为在线零售企业，韩国政府可能会将其归类为金融机构，从而在安全和消费者保护方面，实施更加严格的监管。

2017 年 12 月 28 日，韩国民众在总统办公室的网站上发起请愿书，抗议政府对数字加密货币的管制。2017 年 1 月 8 日，韩国金融服务委员会（FSC）的主席崔锺九（Choi Jong-ku）表示，金融服务委员会和金融监督院将对 6 家为机构提供虚拟货币账户服务的银行进行联合检查，以核实这些银行是否违反了洗钱规定，以及是否对相关账户实施了实名制。2018 年 1 月 11 日，韩国司法部长朴相基称，正在筹备禁止数字加密货币交易所的相关法案。当天，有超过 4 万网民在网上请愿，要求罢免金融监督委员会主席。截至 2018 年 1 月 16 日，已经有超过 212 700 名的韩国民众签署了抗议请愿书。政府部门被迫回应，韩国总统文在寅称，关闭数字加密货币交易所的法案必须获得国民议会的批准，事态暂时缓和。

2018 年 1 月 23 日，韩国监管部门称，个人必须拥有与加密货币交易所绑定的银行账号，才能继续用法币对虚拟货币进行投资；外国人和未成年人不得在韩国从事加密货币交易。韩国金融服务委员会的副主席金永博（Kim Yong-beom）表示，出台这些措施，是为了最大程度降低加密货币交易的洗钱逃税等副作用，并不意味着韩国有意将虚拟货币交易公司制度化，或强化加密货币交易。

截至 2018 年 4 月，韩国各银行只接受几家最大交易所的账户开设，如 Upbit、Bithumb、Coinone 和 Korbit，仍然拒绝为大多数中小加密交易所提供新的加密货币账户。2018 年 4 月 11 日，韩国区块链协会宣称，正在制定自我监管标准，33 家交易所已被要求进行审查，但其中有 23 家同意，有 10 家拒绝。

韩国对虚拟货币交易所的监管还在路上，各方仍在博弈，尚未形成共识。

（3）日本

日本是对虚拟货币业政策最为宽松的国家，其相对宽松的虚拟货币监管政策，大大促进了虚拟货币交易所的发展。2016 年 5 月 25 日，日本国会通过了《资金结算法》修正案，已于 2017 年 4 月 1 日正式实施，正式承认虚拟货币为合法支付手段，并将其纳入了法律体系之内，日本从而成为第一个为虚拟货币交易所提供法律保障的国家。

《资金结算法》修正案的主要内容是：规定了虚拟货币的定义、虚拟货币交换业者的义务和处罚措施；虚拟货币交换业者必须登记，获得牌照后才能从事虚拟货币交换业务；未在日本登记的外国虚拟货币交换业者，不得对日本国内人员进行虚拟货币交易的营销活动。其规定的虚拟货币交换业者的义务包括信息安全管理，向投资者提供信息，投资者的财产管理，与指定虚拟货币交换业务纠纷解决机构签订合同，提交业务报告，备案等。在《资金结算法》修正案的基础上，日本金融厅对加密货币交易所的监管，相对 KYC（了解客户）等规定，更加严厉。

良好的监管必然会促进行业的发展。自 2017 年 10 月开始，虚拟货币交易中日元的交易量占到全球整体的42%，已超过美元（36%）占据世界最大份额。2017年11月，日本的份额达到41%，维持了首位宝座，有时甚至会超过50%。2017年9月—2017年12月，日本金融厅正式批准16家数字货币交易所获得执照；2018年2月，另有16家数字货币交易所正处在执照审批的过程中。虚拟货币作为结算手段在法律上一得到认可，寻求收益的个人资金就迅速流入，从股市和汇市转战比特币市场。日本虚拟货币交易所BitFlyer的用户数量，增至2016年年底的2.5倍，30岁以下的用户占60%。

日本是虚拟币盗窃事件的重灾区。2014年2月24日，当时世界上最大的比特币交易所运营商Mt.Gox宣布85万枚比特币被盗，损失市价达4.5亿美元，后续的破产处理至今没有结束。2018年1月，Coincheck交易所价值580亿日元的新经币（NEM）被窃。事件发生后，日本金融厅向Coincheck发布了业务整改令，要求其提交情况报告，以避免类似问题再次发生。据日本媒体《时事通信社》报道，日本金融厅列出43个项目，要求所有数字货币交易所逐个进行内部检查，并提交风险管理系统报告，包括系统的配置细节、管理的客户资产数量，以及应对网络攻击的策略。截至2018年4月6日，日本金融厅因KYC程序不充分，暂停了Eternal Link、FSHO、BitStation 3家交易所的运营，还有5家收到了整改通知。Eternal Link还挪用客户存款用作公司开销，违法了法律。

日本对虚拟货币交易所的监管，已先行一步，其经验或可以为其他国家所借鉴。

（4）美国

对比中国的禁止、韩国的博弈、日本的新监管系统，以美国为首的大部分欧美国家，如加拿大、英国、法国、德国、澳大利亚等，企图通过现有体系加强监管力度。政府对参与交易的个人的监管，主要集中在外汇管制和税收监督两个方面。在汇率没有完全放开的国家，如中国、俄罗斯等，资金通过虚拟货币市场大规模外逃是完全有可能的，而且较传统的地下钱庄，其费用大大降低，效率大幅提升。欧美国家一般不存在外汇管制的问题，重点在税收方面，故如何防止洗钱和如何对盈利征税成为重要议题。

虚拟货币是真正意义上的全球统一大市场，参与者是否实名制、如何确认赢利、如何跟踪法币兑换等都是难题。在美国现有的法律体系中，交易所有义务遵守 KYC 规定。KYC 是识别和验证客户身份的业务流程，特别是在银行、证券等金融行业对于反洗钱、反腐败、反偷逃税款有着重要意义。2017 年 12 月，据 CNBC 报道，美国证券交易委员会向 80 家加密货币主体单位发出了传票，其中包括多家虚拟货币交易所。美国证券交易委员会已经开始对数字货币开展为期一年的大规模调查。

为了加强对虚拟货币交易所的管理，2018 年 3 月 7 日，美国证券交易委员会发布《关于可能违法的数字资产交易平台的声明》称，依照联邦法律，虚拟货币交易所交易的数字资产属于证券范畴，因此相关交易所必须在美国证券交易委员会注册或获得注册豁免。美国证券交易委员会表示，许多平台自称交易所，但可能不符合联邦证券法对交易所的定义，却在直接或间接地提供与数字资产相关的交易或其他服务。这些未经美国证券交易委员会审查的平台，可能会误导投资者。作为证券交易所，除应在美国证券交易委员会注册外，还应有防止欺诈和操纵行为的规则，并能够规范成员及其相关人员，保证其遵循联邦证券法律。此外，美国证券交易委员会还列出了已经注册的合法证券交易平台，其中并未出现虚拟货币玩家熟悉的 Bittrex、Poloniex、GDAX 等交易平台。

第五章第三节中提到的比特币公司，不仅运营加密货币支付中介业务，还运营着一家虚拟货币交易所 GDAX，并声称 GDAX 是美国第一家持有正规牌照的比特币交易所。比特币公司通过金融犯罪执法网络（FinCEN）将交易业务注册为“货币服务”。比特币公司被许可在大多数美国司法辖区从事货币传输，包括美元钱包和转账，数字货币钱包和转账。可见，比特币公司所说的牌照，是指货币传输许可证，隶属于美国财政部，并非美国证券交易委员会所指的证券交易牌照。

由于虚拟货币的种类繁多，再加上欧美国家对货币、商品、证券（股票）的交易监管体系不一样，比特币公司的说法或多或少在钻空子。2017年8月24日，加拿大证券管理委员会（CSA）表示，每一种虚拟货币都是独一无二的，必须根据其自身特点来评估是否构成证券。无独有偶，瑞士也开始尝试对虚拟币进行分类。

2015年9月16日，美国商品期货交易委员会把比特币定义为大宗商品。这意味着，比特币期货和期权要符合美国商品期货交易委员会的规定并接受监管，交易行为需要遵守所有大宗商品衍生品的市场规则。这种定义直接导致芝加哥期权交易所和芝加哥商品交易所分别在2017年12月10日和2017年12月18日开始进行比特币期货交易。比特币的定性虽已完成，但对于2015年以后出现的各种“币”，美国的监管部门尚无定论。2018年5月7日，美国证券交易委员会和美国商品期货交易委员会举行听证会，探讨是否将以太坊和瑞波币归类为证券类，暂时的结果是：没有定论。美国证券交易委员会所谓的持牌经营方案可能会再次陷入困境。

对虚拟货币的法律监管仍在探索讨论中，但大商家已经准备行动了。2018年4月25日，纳斯达克的CEO阿德纳·弗里德曼（Adena Friedman）在CNBC表示，当前大量数字货币交易所的流动性匮乏，这是令投资者头疼的问题，也是纳斯达克面临的机会。虽然这个市场依然缺乏监管，但如果未来条件成熟，纳斯达克可能会成为一家数字货币交易所。目前，纳斯达克将交易监控技术，提供给了比特币富豪文克莱沃斯兄弟旗下的Gemini交易所。另据2018年5月8日《纽约时报》报道，全球最大的证券交易服务平台——纽约证券交易所（NYSE）的母公司美国洲际交易所（ICF）正在研究一种比特币交易所平台，以允许投资者买卖比特币。

在美国，与虚拟货币交易所相关的监管机构，除了美国证券交易委员会和美国商品期货交易委员会外，还有美国国家税务局（IRS）。2014 年年初，美国国家税务局首次发布“投资者指南和规则”，声明美国政府决定将比特币等加密货币当作财产而不是货币。美国国家税务局明确规定：按美元计价，交易者的虚拟币资产增值后，兑换成法币或其他任何形式的虚拟货币，都会被认定为所得，必须交税。

2016 年 11 月，美国国家税务局请求联邦法官下令，让比特币公司交出其 2013—2015 年的客户记录，因为它怀疑许多以数字货币进行交易的人，没有向政府报告他们的收益。2013—2015 年，只有 800～900 人为比特币的收益报了税，但与此同时，有超过 1.3 万个比特币公司的用户年交易额超过 2 万美元。联邦法官认为，许多比特币公司的用户瞒报了在投资比特币方面的收益，美国国家税务局有权调查这些纳税人的真实收入。2018 年 3 月，比特币公司将相关数据提交给了美国国家税务局。在 2017 年，比特币从 1 月的 1 000 美元涨到了 12 月的 19 000 多美元，更多的比特币公司用户要求申报比特币的损益。

虚拟货币和虚拟货币交易所都是新兴事物，因此技术创新和相关商业都在探索中前行，与之有关的法律监管也正处在尝试过程中。在一个健康的环境里，商业创新和法律监管必定是相辅相成，互相成就的。虚拟货币的交易生态刚刚形成，没有现成范式，正在经历“野蛮生长”，免不了鱼龙混杂。无论是交易所的运营者、虚拟币的交易者，还是市场的监管者，都在砥砺而行，但愿风雨过后会出现彩虹。

本章小结

本章中，Q 总利用棋牌室完善的信息系统，结合便捷的麻币结算，执行多元化战略，以及循序渐进地引入第三方商家，把棋牌室升级成了一个小经济体。麻币结算，无处不在，通存通兑，润滑油效应更加明显。牌友账户中，麻币积累增多；Q 总手中，人民币越积越多。小 q 告诉 Q 总，麻币很厉害但不合法。对应麻币，比特币也欲挑战黄金、美元，但只获得商品身份，不是黄金更不是货币。挫败之余，企图在支付手段和价值存储方面大展手脚，却在流通领域受阻，但交易生态已显出雏形。

本章要点

- 金银天然不是货币，但货币天然是金银。
- 黄金是重要的储备资产，比特币被广泛地比作“数字黄金”，但是地位与黄金相差甚远。
- 黄金在国际货币体系中不具有明确的货币职能，但人们出于对通货膨胀和突发事件的担心，仍将黄金视作最后的支付保障。
- 黄金成就了两大世界货币：英镑和美元。
- 主权货币是国家综合实力的体现，其崛起和衰落的过程漫长且波澜壮阔。
- 美元在世界央行储备中的霸主地位不可动摇，在全球贸易结算中，仍位列世界第一。
- 2015 年 9 月 16 日，美国商品期货交易委员会首次把比特币定义为大宗商品。
- 比特币试图在支付手段和价值储存方面，挑战现有的国际货币体系。

- 全世界有超过 1 000 万人持有比特币，其中年轻人居多。
- 德国是最早在法律上承认比特币合法地位的国家。
- 中国明确比特币支付是非法的。
- 日本是目前比特币支付最盛行的国家，得益于政府的大力支持。
- 美国允许商家接受比特币，但强调要交税，并诞生了两家最大的比特币支付中介：比特币公司、比特币支付公司。
- 比特币 ATM 是比特币支付的重要辅助设施。
- 比特币网络支付的处理能力非常有限，可能会折戟在高频小额支付市场。
- 比特币价格暴涨，开始从小额支付转向大额支付，如买卖房屋等，或会成为逃税漏税的捷径。
- 拥有比特币的人群中，有 60% 的人认为，购买比特币是一种投资。
- 比特币没有担当起支付货币的功能，却在黑市上成了硬通货。
- 美国联邦调查局关闭了“丝绸之路”黑市网站，缴获了比特币；女神探豪恩立下大功，成为好莱坞的电影素材。
- 证券发行和交易属于强监管行业，大多数国家现有的证券法都表明证券不能随便发，交易所不能随便开。虚拟货币被列入不可交易的范畴。
- 虚拟货币交易所游走在合法和非法的边缘，正在“野蛮生长”。
- 虚拟货币交易所小有成就：彻底电子化、结算简洁、流动性足。
- 虚拟货币交易所问题累累：法币兑换、市场操纵、平台安全、监管缺失。
- 法币兑换，各显神通，暗藏风险：泰达币、点对点交易。
- 市场操纵：虚拟货币交易所面临着巨大的利益诱惑，有强烈的犯罪动机。
- 虚拟货币交易平台成为黑客的攻击目标，一直不安全，风波不断。

第六章

麻币ICO之殇

生意的“非法性”无法遏制商业的内在动力，况且很多商业模式的创新在起始阶段就游走在法律的边缘，比如 C2C 商城、共享出行住宿、P2P 网贷等。有些时候，监管者故意观望，只为留给新技术和新模式足够的成长空间，促使其蓬勃发展。虚拟货币在流通和交易领域，好似一股野火在监管没有覆盖到的地方肆意蔓延。新兴的创业者由此成为新贵的故事不时传来，刺激更多的人投身其中。尽管麻币的发行和运营并非完全合法，但棋牌室的信息化和多元化依然非常成功。Q 总明白只有不断地向前发展才能解决发展中遇到的问题，于是 Q 总和儿子小 q 决定，一不做二不休，来个 ICO。

第一节　麻币上市，转型代币

棋牌室的运营一切正常，因此牌友的麻币账户中的余额越来越多。生意越来越好的同时，麻币非法的念头也在 Q 总心中生长，终成心病。Q 总清醒地认识到：如果放弃麻币这一手段，棋牌室的运营效率和客户忠诚度就会急剧下降。麻币是 QPS 系统的润滑剂，是多元化扩张的纽带，但是它需要更加合法才能让棋牌室的生意做得更大，否则就是达摩克利斯之剑（源自古希腊传说，象征拥有的强大的力量非常不安全），会随时掉落，导致店毁人伤。小 q 最近在一家证券公司实习，没在家住，所以 Q 总常常独自琢磨麻币的合法化问题，等着下次小 q 回来再商量商量。

小 q 自从知道老爸使用麻币的秘密后，也时常思考这个棘手的问题。可谓“踏破铁鞋无觅处，得来全不费工夫”，最近一段时间，互联网金融、金融科技等一系列新词满天飞，小 q 所在的证券公司也请了一些业内专家来讲课。小 q 学到了一大堆新知识，例如商业生态、大数据、虚拟货币、ICO 等，其中 ICO 强烈地吸引了小 q 的注意力。ICO 是从加密货币行业发展起来的新的筹资方式，根据专家讲师的观点，其有可能颠覆现有的证券行业。课后，小 q 阅读了大量有关 ICO 的资料，并和讲师保持着联系，经常交流。渐渐地，小 q 有了改造棋牌室的主意，反复斟酌后觉得可行，心里不免有些激动。

“爸，咱们可以将棋牌室上市。”小 q 还没完全进门，就对 Q 总喊起来。

“你说啥？”Q 总脱口而出。

“既然已经发行了麻币，一不做二不休，咱们干脆来个 ICO，改变发行机制，做去中心化。”儿子有点兴奋。

Q 总表示没听懂，小 q 解释了半天，Q 总没说话，半晌问道：“违法吗？”

“现在应该还不违法”，小 q 回答。

小 q 又阐述了一下前后逻辑，Q 总似懂非懂，但是同意让儿子去准备“上市”。下面是小 q 的逻辑：

- 传统的棋牌室生意明显受地域限制，最多只能吸引周围 5~10 公里的客户；
- 在一段时间内，人群中喜欢棋牌的人的比例是固定的；
- 棋牌室多元化后，已有客户群的消费潜力挖掘基本结束，棋牌室的生意总量难以再提高；

- 棋牌游戏联网是扩大受众面、提高销售额的有效方法；
- 信息化系统可进一步完善，开设更多的直营棋牌室，或发展加盟，采取线上线下结合的模式；
- 系统建设、开设店面、线上线下营销都需要更多的资本；
- 短时间内，现有的棋牌室生意无法登陆资本市场，获得风险投资的可能性不大；
- 将麻币转换成加密货币，做去中心化发行，以筹措扩张的启动资金；
- 通过公开发行麻币筹措资金的同时，可以获得多种发展资源和更多客户；
- 麻币具有权益和货币的双重属性，可以提高 QPS 系统的内在黏度；
- 麻币的可编程性，有助于更好地管理棋牌室的经济生态；
- QPS 系统的发展最终可以是无地域，甚至是无国界的，全世界的所有棋牌游戏爱好者可以在任何地点、任何时间自由加入；
- QPS 系统的发展，会使所有的麻币持有者受益。

总的来说，小 q 想通过麻币去中心化，获得用户群体的信任以及发行棋牌室的初始权益筹措资本，并获得场地、营销、商家、系统开发等各种发展资源。向公众发行麻币后，理论上棋牌室会成为公众公司，但 Q 总仍是大股东，持有麻币的牌友则成了棋牌室的小股东。

小 q 开始研究麻币的 ICO，具体工作就是组织开发运行团队并发布麻币白皮书。小 q 拉上学计算机的同学，一起抓紧时间写了《麻币白皮书》（见图 6-1），其主要内容如下。

图 6-1 “麻币”ICO 发了白皮书

- 题目：棋牌游戏链——QPS 商业白皮书。
- 摘要：QPS 系统旨在打造棋牌游戏生态。
- 项目概述：背景（棋牌爱好者众多且分散）、市场现状（线下棋牌室的规模小且服务单一）、解决方案（线上线下结合，提供多样化服务）。
- QPS 平台和麻币：QPS 是以共有区块链为底层技术的去中心化棋牌游戏平台，而麻币是 QPS 平台发行的一种加密货币。
- QPS 的生态组成和商业逻辑：强大的获客能力和成熟的运营系统，可确保棋牌游戏生态的建立和发展，催生对麻币的大量需求。
- QPS 生态中的麻币需求：仅在中国大陆地区，QPS 生态就拥有 1 亿潜在用户，至少对麻币有 10 亿的需求量。
- QPS 的未来发展空间：连接全世界的 5 亿棋牌爱好者，同时提供高体验服务。
- QPS 的技术架构和指标：高并发、高安全、高扩张性、公开透明。
- QPS 的组织治理架构：QPS 基金会为主要治理机构，会及时公布运营情况。
- QPS 的团队和天使投资人介绍：开发团队、运营团队、天使投资人。

- 麻币的分配计划：一共发行50亿枚麻币，其中40%公开发售，10%给天使团队，30%通过ICO众筹，60%交由基金会管理。
- QPS的资金使用计划：25%用于团队建设，25%用于运营，10%机动分配。
- QPS的开发计划：2017年8月1日启动，2018年1月1日发布首个运营版本。
- 麻币众筹计划：2017年9月1日—2017年10月1日公开发行，可用以太币和比特币置换麻币。
- 麻币风险说明：合规风险、资金风险、技术风险、市场风险。
- 发行计划免责声明：投资者接受投资，就表明理解一切风险。

经过近3个月的准备，一切基本就绪。小q有些兴奋，等《麻币白皮书》发布后，按照现在的市场热度，不仅可以筹措到发展资金，还可以随时通过出售自己持有的部分麻币获得资本收益，甚至可以达到财务自由。小q仔细将《麻币白皮书》看了多遍，认为梦想之旅已经开始。

对应虚拟币商业生态中的术语

- 棋牌室由各种商家组成。在虚拟币的发行模式中，棋牌室是多边商业生态，包含各种产品和服务的提供商。
- 麻币可以在棋牌室的商业环境中自由使用。在虚拟币的发行模式中，从证券的角度来看，麻币是整个生态的代币，直接体现整个生态的权益；从货币的角度来看，代币是购买商品和服务的一般等价物。
- 在虚拟货币的发行模式中，某个生态的开发维护组织通过公开市场发行代币筹集资金，参与购买ICO的代币，相当于投资者在一级市场认购新股。

- 在虚拟货币的发行模式中，《麻币白皮书》是代币发行人发布的详细的项目商业计划书。

第二节　ICO 的前世今生

ICO 是区块链项目筹集资金的一种方式，正式的表述为：数字货币首次公开募资。ICO 不是区块链项目与生俱来的融资方式，而是在技术高速发展的过程中衍生出来的一种商业创新。中本聪在开发比特币项目时，并没有向公众筹集开发经费，完全是他和一帮爱好者自发的探索。截至目前，比特币项目得到了前所未有的成功和认可，最直接的结果就是引来了一大批追随者和模仿者。

ICO 的完整流程：参与各方全靠买币获益

比特币是完全的开源项目，同时又有巨大的利益，这为模仿者提供了高起点和强动力。早期的模仿者，大部分热衷于区块链技术的开发，企图改善比特币算法中的不足，于是创造了所谓的“山寨币”，如莱特币、狗狗币等，其在开发过程中也没有向社会筹集资金。

中本聪在退出比特币项目前，把比特币代码的维护工作交给了比特币核心组织（The Bitcoin Core），让他们负责代码的更新。由于比特币是完全去中心化的网络，一般情况下，在获得超过半数矿工的同意后，比特币核心组织才可以进行代码更新。比特币核心组织的主要任务是招募人员、开发程序、维护代码、付出劳动。

比特币核心组织虽然承担着维护和完善比特币系统的职责，但没有任何形式的收入：没有传统意义上的投资方或甲方支付薪水；按照现有的共识机制，也没有任何比特币的奖励。比特币核心组织的经费主要靠私人捐赠，其中很多程序员都是志愿者，所以按照现有的法律，比特币核心组织是个不折不扣的非营利性组织。尽管没有收入，但没有人否认比特币核心组织在比特币社区中的核心地位。比特币核心组织，实施了几乎所有可能的改良和变更。志愿者若想获利，只有事先拥有比特币，并付出努力，不断改进完善，从而推高比特币的市场价格，最后在交易市场售出比特币，才可以赚取差价。

ICO 的商业逻辑和上述理性的志愿者并无差异，只是事先获得比特币主体身份的不是志愿者或开发者，而是投资者。区块链项目的组织者，通过发行某种与项目相关的虚拟货币，并在项目初期将其以较低的价格公开出售给投资人（可以是大众投资人或专业投资人），再将募集的资金投入项目，不断提高区块链项目的商业价值，推动与之相关的虚拟货币的价格上涨，投资人就会获益。

虚拟货币社区公认的第一个 ICO 案例是奥妙币，代码为 OMNI。奥妙币是建立在比特币协议上的第二代加密货币。2013 年 7 月 31 日—2013 年 8 月 31 日，奥妙币的组织者，在 Bitcointalk（比特币论坛）上众筹成功，筹资 5 000 枚比特币。公开募资期间，每枚比特币大约可以置换 100 枚奥妙币。按当时的市价，1 枚比特币大约等于 100 美元计算，奥妙币 ICO 共募集资金 50 万美元，奥妙币 ICO 的价格大约是 1 枚 1 美元。截至 2018 年 5 月 12 日，根据 coinmarketcap.com 的实时跟踪，一枚奥妙币的价格在 35 美元左右。奥妙币 ICO 让开发者获得了前期资金 50 万美元，项目得以开展，投资者获益 30 倍以上，结果皆大欢喜。

综上所述，ICO 的资金逻辑就是项目的组织者把加密货币作为融资标的，通过 ICO 销售代币，筹集开发资金，核心团队预留一定数量的代币作为激励，希望项目成功，代币增值，反哺团队。由此可见，ICO 在商业上逻辑自洽。自 2013 年开始，越来越多的区块链公司采用 ICO 来募集初始资金。与此同时，ICO 的服务体系迅速完善，形成了相对流畅的 ICO 流程（见图 6-2），总结如下。

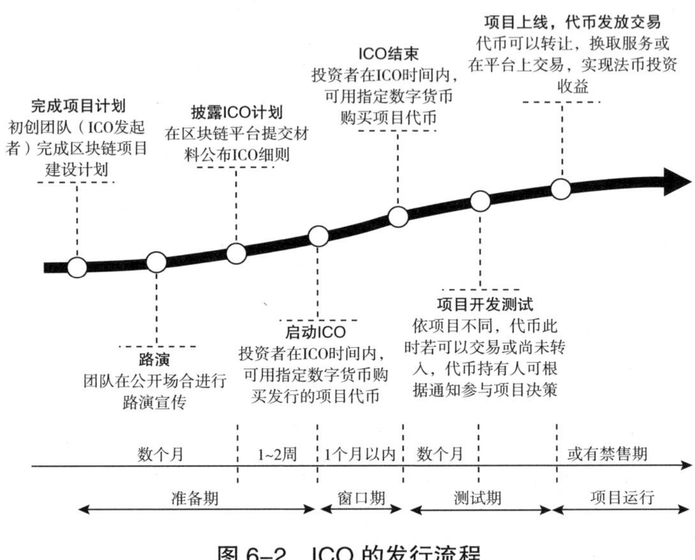

图 6-2　ICO 的发行流程

- 完成项目计划：项目初创团队（一般是 ICO 发起者），完成区块链项目的建设计划。项目组织者基本都会发布项目技术白皮书或商业白皮书，旨在详细介绍项目的情况，包括背景、理念、愿景、技术架构、团队、治理架构、财务计划、实施路径、风险提示等，和传统的商业计划书无本质区别。
- 路演：创始团队在公开场合宣传项目，以吸引投资者的关注，和传统的融资路演无本质区别。一般而言，由于筹资的对象没有任何限制，如地域、国别等，很多社交媒体，如微信、脸书、微博、谷歌等，因为受众广、传播快，成了 ICO 广告投放的首选之地。各种明星或区块链界的大佬，或项目早期的投资人，往往会为项目路演站台，比传统公司的融资路演更为热闹，更能吸引眼球。

- 披露 ICO 计划：创始团队在虚拟币众筹平台提交项目材料，正式发布 ICO 计划，明确 ICO 的开始和结束时间，可接受的募资虚拟货币、价格、成功条件等。ICO 的众筹网站很多：国外有 BlockStarter、Lykke（瑞士金融科技公司）、ICO Alert 等；国内有币众筹、币投资、Ico.info（ICO 项目交易平台）等。
- 启动 ICO：投资者在指定的 ICO 时间内，用指定的虚拟货币购买项目代币。一般情况下，项目接受的、用于募资的虚拟货币，受众广泛，价值稳定，如比特币、以太坊等。
- ICO 结束：指定的 ICO 时间到期，ICO 项目的代币销售结束。如果募资情况达到预期，投资者就获得项目代币，否则 ICO 失败，项目发起者返还投资者投资的原始虚拟货币。
- 项目开发测试：ICO 将筹措的虚拟货币用于项目开发，遵循白皮书中的规划，有条不紊地推进项目发展。
- 项目上线，代币开放交易：项目代币一旦开始在虚拟货币交易所上线交易，拥有代币的投资者就可以自由兑现收益。一般情况下，项目组织者有一定的禁售期，以防欺诈，保证公平。

ICO 无疑是创新之举，对难以获得传统资本市场青睐的初创公司来说，更是甘霖。2016 年以后，区块链的初创公司对 ICO 的需求开始井喷。与此同时，ICO 过程中的每一步，如白皮书的撰写、路演的策划宣传、ICO 筹资发案、众筹平台发布、代币上市交易等，都有机构或个人提供专业服务。围绕新兴的 ICO，形成了新兴的 ICO 服务产业，两者相辅相成，迅速把 ICO 推向了高潮。从 2016 年下半年开始，ICO 的项目数量和融资额都屡创新高。

根据 ICOdata.io（ICO 数据库平台）的数据，2016 年，全世界有 29 个项目，通过 ICO 筹集了 9 000 多万美元；2017 年，全世界发行 ICO 的项目暴涨到 873 个，共筹集了 61.4 亿美元；截至 2018 年 7 月，全世界有 1 034 个项目，通过 ICO 筹集了 66.3 亿美元。另据 EY research（安永研究）（见图 6-3）于 2017 年 11 月发布的 ICO 研究报告，自 2017 年第 3 季度开始，在区块链领域通过 ICO 融资的额度，首次超过传统风险投资对该领域的投入，而且前者的融资增长速度远大于后者。

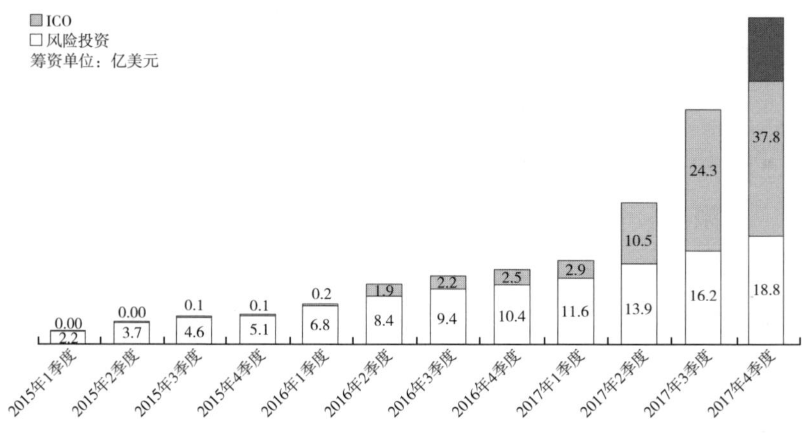

图 6-3　2017 年 ICO 筹资的增长趋势

截至目前，历史上已经完成的 ICO 项目中，最成功的非以太坊莫属。2014 年 7 月，以维塔利克·布特林（Vitalik Buterin）为首的以太坊基金会发布白皮书并宣布，将在 2014 年 7 月 22 日—2014 年 9 月 2 日，平均以 1 枚比特币置换 1 700 枚以太币的价格，发起 ICO。按当时的市价计算，以太坊基金会一共筹集到了 1 800 多万美元，以太坊 ICO 的价格为：1 以太币 =0.35 美元。以太坊是一个去中心化的开发平台，可以让开发人员方便地开发和发布各种分布式应用（DAPP），并用以太币来支付其在以太坊上的运行费用。自以太坊发布以来，截至 2017 年年底，近 1 000 个去中心化应用诞生其中，以太币的总市值高达 800 亿美元，列于虚拟货币第二位，仅次于比特币。一枚以太币的市值达到 700 美元，和其 ICO 的价格相比，上涨了 2 000 倍。

前面提到，比特币核心组织是比特币的核心维护机构，本质上，其是非营利性组织。与此类似，大获成功的以太坊的核心组织也是一个叫“以太坊基金会”的非营利性组织，注册地为瑞士。尽管基于以太坊，已有 1 000 多个去中心化应用被开发出来，并利用以太坊的计算资源在运行，但是“以太坊基金会”并没有直接获取任何报酬，唯一的收益是在公开交易市场上出售所持的以太币的所得。

没有最牛，只有更牛。随着以太坊的成功，区块链界的另一位大佬丹尼尔·拉里默（Daniel Larimer）发起了区块链项目 EOS，并开始了 ICO。相比以太坊定位于“一个去中心化应用的开发平台”，EOS 的定位更宏大，其声称为“去中心化应用的操作系统”。EOS 用以太坊作为 ICO 的募集货币，总共发行了 10 亿枚代币，其中公开发行 9 亿枚，剩余 1 亿枚预留给开发团队 Block.One（区块链平台 EOS 开发商）。预留的 1 亿枚在 ICO 期间，不可在以太坊区块链上进行交易或转移。Block.One 是 EOS 的开发商，丹尼尔·拉里默是 Block.One 的首席技术官（CTO）。

EOS 的 ICO 周期总共持续 341 天，分为两个阶段：前 5 天（2017 年 6 月 26 日 21：00—2017 年 7 月 1 日 20：59：59），分发 2 亿枚；其余时间（2017 年 7 月 1 日 21：00：00—2018 年 6 月 2 日 7：00：00），分成 350 个连续小周期，每个周期持续 23 个小时，每 23 个小时分发 200 万枚，共分发 7 亿枚。

第一阶段已经结束，约筹集了 65 万枚以太币，（1 以太币 =306.7 944 EOS），按当时的市价，前 5 天内筹集了 1.85 亿美元，成为当时最大规模的 ICO。第一阶段 EOS 的 ICO 价格大约是 1EOS=1 美元。截至 2017 年 10 月，EOS 宣布已经筹资 7 亿美元，当时估算，到整个 ICO 结束，筹资会轻松超过 10 亿美元。实际上，截至 2018 年 5 月 13 日，据 eosscan.io（EOS 区块链浏览器）统计，在 ICO 已经结束的前 329 期中，EOS 项目共筹集到了 6 379 614 枚以太币，按当时的市价 700 美元/以太币计算，募集资金已超过 44 亿美元。截至 2018 年 5 月 12 日，ICO 尚未结束，软件开发还在进行当中，EOS 的总市值已超过 110 亿美元，在所有虚拟货币中排名第五。

ICO 脱离区块链，独立存在

第四章讨论过“代币”和“硬币”的区别：硬币有自己的区块链网络，而代币必须借助其他的区块链网络。这个差别主要源于技术实现方式的不同，在实际的商业应用中，两者基本可以通用。在 ICO 方面，两者都可以作为募资的标的。EOS 开发正在紧锣密鼓地进行，但尚未发行自己的钱包，也没有自己的区块链网络，其用于融资的代币是寄生在以太坊上的。

技术一般以向上叠加的方式发展，EOS 的 ICO 如此辉煌，正是利用了以太坊提供的基础架构。功能上，以太坊给开发去中心化应用提供了基础平台；商业上，以太坊成了最大的区块链项目众筹平台。去中心化应用的开发者利用以太坊提供的基础设施，如钱包、网络、开发环境等，开发应用的同时，还可以发行与项目相关的加密货币，并直接指定以太币作为资金筹集的虚拟货币。区块链项目的发起团队，只用几分钟就可以搭建一个去中心化应用的基础框架，并发行 ICO 所需的代币。

技术的发展，特别是以太坊这样的平台的出现，让发行代币变得极其容易。截至 2018 年 5 月 13 日，已经有超过 8 万种虚拟货币被创造出来。这些虚拟货币，从技术上讲，是不折不扣的“代币”。作为 ICO 的融资标的和交易标的，硬币和代币没有太大区别。据 coinmarketcap.com 的实时统计，截至 2018 年 5 月 13 日，在 1 610 种上市交易的虚拟货币中，属于硬币的有 872 种，属于代币的有 738

种。在代币的市值排名中，EOS排名第一，高达120亿美元；排名第十的Aeternity（阿姨币），市值也超过8亿美元。

这些代币在诞生之初最重要的任务就是在ICO中承担融资标的，之后，若上线虚拟货币交易所，就会成为交易标的。而且相当大一部分代币，在最初的很长一段时间里，没有自身的区块链网络和自身对应的商业生态，也没有任何使用场景，只有融资和交易功能。代币虽然起源于区块链、去中心化，成长于商业应用、使用场景，但是在实践中，其作为融资和交易标的，已经脱离了其诞生时的商业环境，独立存在。

发行代币，技术上极为简单，使用代币，融资功能就可独立，再加上虚拟货币交易所提供的流动性，交易兑现切实可行。于是，更多的社会主体加入了ICO的浪潮：项目不再限于区块链；运营环境不再限于去中心化；主体不再限于非营利性组织，可以是传统公司，甚至有影响力的名人。当然，不可否认的是，代币的技术和商业部分都会在项目白皮书中被描述，区块链、去中心化、可编程货币等热词仍在白皮书中占主流。这些和实际项目暂时没有必然的关系，但是项目的愿景也是支撑其市值的重要因素之一。

代币有证券属性，是一种独特的金融现象

第五章重点阐述了加密货币的货币属性，而且通过比特币和以太坊等公有链的运作模式，加密货币的权益属性也显而易见。但无论哪种加密货币——硬币或代币，它们是股票吗？

按现代商业中的标准定义，股票是股份公司发行的所有权凭证，是股份公司为筹集资金而发行给各位股东作为持股凭证并借以获取股息和红利的一种有价证券。鉴于股票的定义，发行加密货币的不是现有法律框架下的股份公司，其也没有附属的股息和红利，更为重要的

是，几乎所有的代币发行者都否认代币是所有权凭证。EOS 在买家必须签署的 ICO 购买协议中明确写道，“EOS 代币没有任何权力、用途、目的、属性、功能和特征”。

到目前为止（2018 年 5 月 14 日），最流行的说法是：加密货币有货币属性，但不是货币；加密货币有股票属性，但不是股票。

在第五章中提到的泰达币是基于奥妙币网络的代币，代号是 USDT，截至 2018 年 5 月 13 日，市值超过 22 亿美元，在代币中排名第四。在第五章中提到的、在虚拟货币交易所排名中位列前三的币安，也发行了自己的代币，代号是 BNB，截至 2018 年 5 月 13 日，市值超过 15 亿美元，在代币中排名第六。这两种代币的发行和交易清楚地表明，虚拟货币的发行已经完全脱离区块链技术，成为一种独特的金融现象。

从货币的角度来讲，Tether 用收到的美元作为储备金发行泰达币，但是没有实时准确地公布美元资产，因此受到质疑。Tether 的用户条款免除了在任何条件下兑付法币的责任，使得泰达币看起来更像一种融资证券。但是，Tether 在免责条款中又强调，持有泰达币的用户没有被授予对 Tether 的所有权和控制权。然而，Tether 自己公开的盈利模式中，除了收取泰达币兑换法币的手续费之外，销售代币筹措到的法币所产生的利息，也赫然在列。显然，Tether 用代币融资，但否认了代币的权益属性。

币安的代币和泰达币有类似之处，但更为复杂。2017 年 5 月，币安发布了白皮书进行 ICO 募资。据白皮书介绍，币安平台发行的基于以太坊的代币币安币，总量 2 亿枚，永不增发；创始团队成员预留 8 000 万枚币安币，占总发行比例的 40%，在 4 年期间线性释放；知名业内人士天使融资持有 2 000 万枚币安币，占总发行比例的 10%；通过 ICO 发行 1 亿枚，兑换规则为：1 以太币兑换 2 700 枚币安币或 1 比特币兑换 2 万枚币安币。币安 ICO 共筹资 1 500 万美元。2017

年 7 月 14 日，数字资产交易平台币安上线。

币安是个不折不扣的中心化运营的公司，其主要利润来自交易佣金。币安在其白皮书的“风险提示”一栏中明确指出：币安的代币币安币，只是币安平台使用的一种加密代币，不是一种投资，无法保证一定会增值；币安币不代表对币安的所有权，并不授予任何个人参与或控制任何关于币安（含币安应用）决策的权力。总之，币安币不是传统意义上的股票。

为了确保投资者的利益，币安在公司利润和代币之间做了关联，声明：每个季度都会将币安平台当季净利润的 20% 用于回购币安币，回购的币安币将直接销毁，确保回购记录公开透明，直至销毁到币安币的总量只剩 1 亿枚为止。2018 年 4 月 15 日，币安发布公告称：根据白皮书的约定，币安第三季度销毁了 2 220 314 枚币安币，市价约 3 000 万美元，币安币目前的总量是 194 972 068 枚。

币安发行代币，引得其他交易所效仿。2018 年 1 月 21 日，火币集团发行“火币全球通用积分（Huobi Token）”，代码 HT，号称“不私募，不 ICO，只送不卖”。虽然听起来类似，但肯定和上面所谈论的两种币不完全一样。

不仅这些在区块链大潮中成长起来的公司热衷于发行代币，有些相对成熟的公司也加入了发币热潮。2017 年 8 月，迅雷开始众筹玩客云系列产品，同时发行了号称基于区块链的玩客币。2017 年 12 月，美国知名零售商、上市公司 Overstock 旗下的区块链公司 T0，通过 ICO 募集的资金超过 2.3 亿美元。2017 年 12 月 29 日，人人网推出人人坊，发布白皮书，通过 ICO 发行了代币人人币，最后被监管部门叫停。

ICO 固然给公司提供了新的融资渠道，但其本身和传统的融资方式并不矛盾，如私募基金。加密聊天软件 Telegram（电报），在 2017 年年底推出的 ICO 成了混合融资的典型。

Telegram，由俄罗斯传奇创业家帕维尔·杜罗夫（Pavel Durov）于 2013 年推出，是一个跨平台的即时通信软件，用户的通信信息被及时加密，无法被破译。截至 2017 年年底，Telegram 拥有近 2 亿用户，主要分布在伊朗和俄罗斯等国。由于具备聊天加密功能，Telegram 也已成为"币圈"人士必备的即时通信工具。不幸的是，2018 年 4 月 13 日，俄罗斯境内开始屏蔽 Telegram 的服务；2018 年 5 月 2 日，伊朗宣布封杀 Telegram 的应用程序。

2018 年 1 月，Telegram 发布白皮书，计划推出自己的区块链平台——"Telegram 开源网络（TON：Telegram Open Network）"，将发行加密货币来加强聊天工具的支付功能。据彭博社报道，Telegram 计划筹资 12 亿美元，分两轮各预售 6 亿美元代币，首轮只面向传统的风投圈子，次轮允许散户投资者入场。2018 年 4 月 11 日，据 CoinDesk（比特币新闻资源网）报道，美国证券交易委员会公开的文件证实：Telegram 已经从私募基金筹集了 17 亿美元，远超预期。由于在现有的法律体系下，通过 ICO 向公众筹集资金的风险过大，Telegram 可能会放弃 ICO 计划。

从以上的各种 ICO 案例中不难看出，无论代币发行的主体是非营利性的基金会、营利性的公司还是个人，无论代币流通的环境是去中心化的还是中心化的，无论代币的使用场景、运营环境和技术成熟度如何，有一点是共识，即代币可以有价值，可以被交易，可以用于融资。

这无疑为创业者打开了一扇可以获得资本的崭新大门，虽不通畅但可以抵达，且其相对于传统资本市场的高高在上甚至傲慢封闭，改良颇多。代币融资，是对创业者的利好，更是对心存不轨者的诱惑。一时间，ICO 行业风起云涌，代币发行此起彼伏，随之而来的必然是泥沙俱下，各种项目鱼目混珠、真假难辨。

ICO 成了“割韭菜”的利器，监管何在

ICO 的成功不等于项目的成功。不可否认，有些项目通过 ICO 获得了空前的成功，发行的代币获得了千倍甚至万倍的增长，如以太坊、埃欧塔（IOTA）等，但大多数项目石沉大海。

据 ICO 项目的追踪服务提供商 Tokendata 分析，在 2017 年年底前的 902 个 ICO 项目中，有 142 个项目在融资过程中就已经失败，有 276 个项目在融资之后遭遇到各种各样的问题，资金耗尽，还有 113 个项目正处于“半失败”状态，基本停止运营，社区悄无声息。将三者相加，可以得出近 60% 的项目 ICO 仅一年后，就基本失败，所筹措的 2.33 亿美元的资金，也灰飞烟灭。2017 年 11 月，德勤发布区块链发展报告：GitHub（代码托管服务平台）上的区块链项目总数已近 9 万个，但只有 8% 在过去的 6 个月内更新过一次代码。

2017 年 10 月 31 日，以太坊的创始人布特林在其母校加拿大滑铁卢大学演讲时指出：90% 的创新公司都会失败，这是一个事实；另一个事实是，90% 的代币价格将会归零。项目失败固然令人不安，但赤裸裸的欺诈更是令人厌恶。2018 年 5 月 17 日，《华尔街日报》发表文章提醒投资者，在其调查的 1 450 个加密货币公司中，近 20% 有隐藏危险，包括伪造交易文件、虚报收益以及虚假的团队信息等。

毋庸置疑，任何通过发币忽悠不明真相的群众买币，然后卷款逃跑，或者草草了事，导致币值归零的行为，都应该受到严格监管和重点打击。即使是行业的排头兵，监管缺失也会让用户失去保障，利益严重受损。前面提到过的 Tether，截至 2018 年 5 月 12 日，Tether 的 22 亿美元的保证金必须公开。另据对 EOS 以太币资金的实时跟踪，在 2017 年 7 月 1 日—2018 年 4 月 12 日期间，其接受众筹的公开地址账户，合计转出 23 亿美元，EOS 官方必须对此做出说明。币安在

公告中说，会用当季 20% 的利润回购币安代币币安币，并进行销毁，这其中的利润额必须经过审计，否则何以令人信服。

这些发币主体将区块链和去中心化的口号喊得震天响，自身却成了事实上的权力中心。发布者不需要申请 ICO 牌照，完全没有政府监管，面对大量非专业的投资者，完全不需要对后果负责。这样，他们和用户之间的地位悬殊，信息严重不对称，因此用户的利益难免会受到侵害。良性的法律监管，是整个行业得以健康发展的必要条件。2017 年 5 月，华尔街的传奇人物诺沃格拉茨（Michael Novogratz），也是加密货币知名的、忠实的拥趸之一，在哈佛商学院的论坛上发表讲话表示：加密货币企业需要制定合理的商业原则，以满足监管机构的要求，使得此新兴行业合法化。

第五章详细分析了各主要国家对虚拟货币交易所的监管。交易所只是虚拟货币进行交易兑换的场所，规范其固然重要，但是规范 ICO 或者虚拟货币的发布，才是整个虚拟货币监管的源头。虚拟货币的发行和交易交织互生，利益错综复杂，而且直接挑战了已有的金融秩序，关系到国家的经济命脉，因此各国政府要想在保护创新和监管尺度之间取得平衡，难度颇大。

据 EY Research 2017 年 12 月发布的报告，截至 2017 年 11 月，世界上 ICO 项目发行前 5 名的地区分别是美国、俄罗斯、新加坡、中国内地、中国香港，项目发行数分别是 1 031、310、260、256、196。可以说，对 ICO 的监管是个世界性难题。2018 年 3 月 19 日，在阿根廷召开的 G20（20 国集团，一个国际经济合作论坛）财长和央行长会议上，虚拟货币的监管问题成为了焦点之一。由于日本在虚拟货币的监管中先行一步（2016 年 5 月 25 日，颁布了《资金结算法》修正案，于 2017 年 4 月 1 日正式实施），因此日本主导了此次虚拟货币议题的讨论，相关议题包括三个方面：对虚拟货币交易所的管理；打击 ICO 虚假信息炒作；反犯罪及洗钱。但是，对 ICO 本身如何监管尚未定论，可见问题之复杂，监管者之慎重。

对 ICO 项目的监管，各国政府没有任何先例可循，对整个加密货币行业的意见分歧也颇大，难免会造成事实上的监管漏洞。

对 ICO 监管最严厉的大国，包括中国、韩国和俄罗斯等。2017 年 9 月 4 日，中国人民银行等七部委联合发布了《关于防范代币发行融资风险的公告》，要求全面停止中国境内的 ICO 项目，已经完成 ICO 的项目也要实行清退投资。2017 年 9 月 29 日，韩国金融服务委员会表示，将禁止所有形式的首次代币发行（ICO）。俄罗斯的政府部门一直以来都声称要禁止加密货币交易所和 ICO，但 2018 年以后有所松动。2018 年 3 月 20 日，据 RIA（因特网应用程序）报道：俄罗斯联邦政府正在制定一项涵盖 ICO 以及加密货币交易的法律，将为 ICO 的募资规模设定门槛，对投资者进行资格认证。

对 ICO 监管比较宽松的国家，包括澳大利亚、新加坡、加拿大、瑞士等。澳大利亚和新加坡，明确表明不会禁止 ICO，并于 2017 年发布了法律框架，具体的法律条款正在制定中。加拿大和瑞士认识到了加密货币的复杂性，原则上将采取分类处理或一币一审的方式。2018 年 2 月 16 日，瑞士金融市场监督管理局发布了《ICO 指导方针》，将 ICO 发行的各种币分成了 3 类进行评估，分别是：支付代币、功能代币、资产代币。2017 年 8 月 24 日，加拿大证券管理委员会发布的《工作人员通知 46-307——加密货币发行》指出，每个 ICO 项目都是独一无二的，必须根据其自身特点来评估其是否构成证券。

美国是 ICO 最大的市场，向来也是金融市场的风向标。美国联邦政府有 3 个主要的金融执法部门，分别是：金融犯罪执法网络、美国证券交易委员会和美国商品期货交易委员会。

美国商品期货交易委员会是联邦政府独立的监管机构，主要负责商品及其衍生品的交易。2015 年 9 月 16 日，美国商品期货交易委员会发布文件，首次把比特币定义为大宗商品，同原油、黄金、大豆等一样，为比特币登陆芝加哥期权交易所和芝加哥商品交易所提供了监管依据。但是，对于 ICO 产生的多种代币，美国商品期货交易委员会没有做出明确的说明。

金融犯罪执法网络隶属于财政部，主要负责监管货币的存储和传输、反洗钱等。2018 年 3 月，金融犯罪执法网络在写给参议院的信中表示，所有虚拟货币和法币之间的交易以及虚拟货币之间的币币交易，都属于货币传输范畴，受金融犯罪执法网络的监管。目前，有些交易所如比特币公司都已经获得该监管机构的注册牌照。

美国证券交易委员会也是联邦政府独立的监管机构，主要负责监督《证券法》的实施，特别是股票及其衍生品。2017 年 7 月 25 日，美国证券交易委员会发布《投资者公告：首次代币发行》指出，ICO 发行的代币如果属于证券，则必须受到联邦证券法的管辖。2018 年 4 月，美国证券交易委员会的官员表示：监管机构对 ICO 代币融资持“谨慎但开放”的态度，但不排除未来要求 ICO 符合美国联邦证券法的可能性。美国证券交易委员会的主席杰伊·克莱顿（Jay Clayton）认为：除比特币等个别纯交易中介外，基本所有的 ICO 都属于证券发行。2017 年 7 月 25 日，美国证券交易委员会发布 The DAO（去中心化的自治组织）的调查报告称，根据《1934 年证券交易法》，运用 Howey 测试（判断某种金融工具是否为“证券”的有效手段）得出了 DAO 币是证券的结论。然而，2018 年 5 月 7 日，美国证券交易委员会和美国商品期货交易委员会举行听证会，探讨是否将以太坊和瑞波币归类为证券类，暂时的结论是：没有定论，继续讨论。

从法律上讲，ICO 是否被纳入美国联邦证券法管理，必须判断发行的代币是否属于证券。验证代币是不是证券，美国的做法是进行 Howey 测试。Howey 测试是指 1964 年美国联邦最高法院的主审法官所提出的鉴定证券的条件，其规定证券需具备 4 个条件：利用钱财进行投资；投资一个共同事业；仅仅依靠发起人或第三方的努力；期望自己获得利润。显然，ICO 发行的代币符合前两点，但在后两点上存在较大争议。以以太坊为例，去中心化的网络使其价值和功能并不完全依赖于发行主体——基金会，而是需要成千上万独立的开发人员、矿工和社区的努力，而且投资者并不期待获得利润，因为以太坊基金会没有利润。

法律上的争议尚未平息，现实中的监管风暴却早已来临。美国证券交易委员会虽没有明确禁止 ICO，但根据现有法律，已经对 ICO 的虚假宣传祭出重拳。自 2017 年 10 月开始，美国证券交易委员会发起的重大案件包括：认定得州数字货币银行公司 AriseBank 发行的代币 eACO 违背了《证券法》；对 Overstock 旗下的子公司 tZero 的 2.5 亿美元的 ICO 开启了审查；传讯了生物科技公司 Bioptix 改名 Riot Blockchain（暴乱·区块链）的事宜；对美国拳王弗洛伊德·梅威瑟（Floyd Mayweather）支持的数字货币公司 Centra 的 3 名联合创始人发起了诉讼；开始对相关对冲基金展开调查等。2018 年 3 月初，CNBC 报道，美国证券交易委员会对数字货币产业启动大规模调查，向 80 多家行业内公司发出了传票。主要广告平台也加入了限制虚假宣传的阵营：2018 年 1 月 30 日，脸书更新广告政策，禁止与虚拟货币有关的广告；2018 年 3 月 14 日，谷歌发布公告称，自 2018 年 6 月起，禁止包括 ICO 在内的数字货币广告。

在监管风暴下，ICO 的融资额迅速下降。据 ICOdata 的报道（见图 6-4），2018 年 7 月 ICO 的融资总额为 4.2 亿美元，比前 1 个月下降了 73%，降到了 2018 年以来的最低点。

ICO 的热潮暂时受到遏制，但没有完全停止。不可否认，ICO 在融资上的创新性确实给现有的证券体系带来了冲击，甚至给投资者布下了陷阱。但是诚然，任何新事物的发展都不可能一帆风顺。到目前为止（2018 年 5 月），以美国为首的金融大国，基本对虚拟货币的创新采取了宽容的态度，并对明显的欺诈行为进行了打击。短期内，

ICO 发行人可以和监管机构（如美国证券交易委员会等）合作，调整发行过程，更清楚地说明代币和代币平台的性质。从长期来看，各国政府出台完整有效的加密货币行业的监管法律，势在必行，这样才能保证虚拟货币区块链技术的发展。

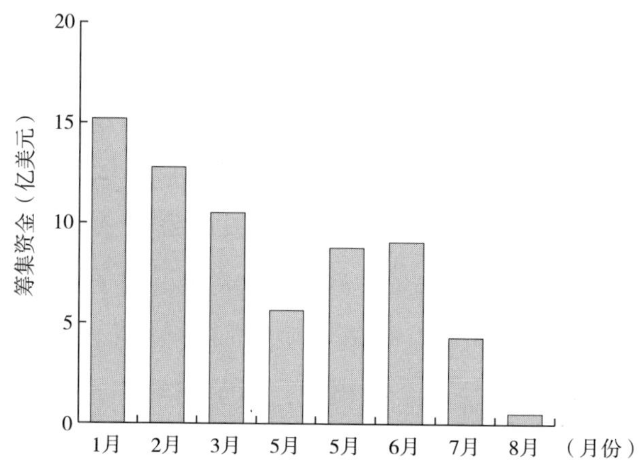

图 6–4　2018 年 ICO 筹资的下降趋势

第三节　多边市场和代币经济

无论是拥有独立区块链的所谓“硬币”，还是寄生在其他区块链上的“代币”，技术上都已相当成熟，基本上已经普及。全世界几百家 7 × 24 小时开张的交易所提供了市场定价的基础；ICO 的发行流程也已基本成熟并为人所知。目前没有一个政府形成完整的监管措施，或承认其完全合法，但是市场上的创业者向来没有等待的习惯，他们不仅没有放缓速度，前进的脚步还越来越快。当然，这些史无前例的商业模式，给创业者带来了难以抵御的金钱诱惑，而且从商业的角度来看，其也有一定的合理性。

回顾互联网的发展史，从 20 世纪 90 年代以来网络基础设施的逐渐完善到最近 10 年移动互联网的普及，本质上互联网改变了社会的连接方式。人（或组织）和人（或组织）之间的连接变得唾手可得，并且无处不在、成本低廉，体验还在不断地提升。万物相连的趋势仍在持续，以互联网为基础的人物互联已经兴起，如智能家居、可穿设备等，更进一步的人工智能和云计算等，最终物物互联会成为现实，如无人驾驶、机器人、工业互联网等。

互联网时代，多边市场空前成功

社会网络的连接密度和频率迅速提高，不仅打破了人或组织的地域局限，而且在商业上极大地拓展了市场的边界，甚至创造出了前所未有的市场模式，其中双边市场的兴起和繁荣，是其中颇具代表性的实例。图 6-5 是著名的多边市场模式。

图 6-5 美国苹果公司的多边市场

双边市场，也称为双边网络（Two-sided Networks），是具有两个不同用户群体，彼此提供产品或服务的商业平台。平台自身依赖不同用户的交流、交易创造价值，术语叫“多边平台”（MSP）。不同的用户群体，可称之为角色，提供产品和服务的一方，是“生产者”；购买产品或服务的一方，是“消费者”。在不同的交易中，角色完全可以互换；随着平台边界的扩大，更多的角色可以加入。不同用户群体之间的交流、交易，逐渐形成网状结构，平台自身就成了名副其实的多边市场。

互联网经济的发展，促进了众学者对双边市场网络效应的研究。

2000 年，达特茅斯大学的教授杰弗里·帕克（Geoffrey Parker）和波士顿大学的教授马歇尔·阿尔斯泰恩（Marshall Alstyne），共同发表了题为《信息补缺、替代品和战略产品设计》（*Information Complements*、*Substitutes and Strategic Product Design*）的论文，分析了在多边市场中，软件平台如何通过免费赠送产品来提高收入和利润。

同年，法国经济学家让·梯若尔（Jean Tirole）和苏黎世大学的教授让·查尔斯·罗切特（Jean-Charles Rochet）共同发表了题为《竞争对手之间的合作：支付卡协会的经济学》（*Cooperation among Competitors*：*The Economics of Payment Card Associations*）的论文，分析信用卡市场中存在的相同现象。

2010 年以后，“互联网思维”席卷中国，“羊毛出在猪身上”成为互联网平台创业者的基本策略之一。创业者通俗的表达，与教授们的理论有异曲同工之妙。

概括来讲，平台模式是指连接两个或多个特定群体，为其提供行为规则、互动机制和互动场所，并从中获取盈利的一种商业模式。经过 10 多年的发展，多边市场理论已相当完善。在现实的商业世界中，多边市场的平台型公司更是出尽风头。20 世纪 60 年代，美国兴起的购物中心模式，是线下多边市场的典型代表。在互联网时代，多边市场被迁移到网上，其规模和能量自然不可同日而语。

平台型公司会为各种不同的角色，提供基本免费的软件甚至硬件工具，并为其开发各种配套的商业流程，以解决用户的痛点或痒点。在平台的帮助下，平台生产者，即所谓的“B”（Business），可以迅速获得渠道、工具、用户优势，扩大影响，提高营收；消费者，即所谓的“C”（Consumer），可以有更多选择，获得最优性价比，享受更好的服务。

互联网平台企业较大多数传统企业而言，在市场、人才、资金、管理等各方面显示出了明显的优势，最终体现为资本市场上的惊人市值。中国互联网的三大巨头：百度向用户免费提供第三方网页的搜索，向广告商收取广告费；淘宝撮合卖家和买家不再限于产品，更扩展到各种服务领域；腾讯提供社交平台，也是天然的多边市场。2018 年 2 月，三大巨头的总市值大约为 7.1 万亿元，相当于 1.12 万亿美元，大约占中国股票市场总市值的 15%。

美国的 FAANG（美国市场上五大最受欢迎和表现最佳的科技股的首字母缩写）：脸书和腾讯一样，独霸社交领域；亚马逊（Amazon）开放自有供应链和云平台，服务于第三方卖家；苹果（Apple）商店对接应用的开发者和使用者，从中收取费用；网飞（Netflix）是最成功的流媒体服务公司，用户几乎可以看到世界上的任何电视、电影和视频；谷歌（Google）和百度一样，独霸搜索领域。2017 年 11 月，FAANG 的总市值达到 2.8 万亿美元，占美国股票市场总市值的 10%，超过法国的经济总量，大约是美国经济总量的 15%。

此外，还有一大堆受资本疯狂追逐的独角兽，如滴滴、优步（Uber）、Airbnb（爱彼迎）、美团、58 同城、360、摩拜单车、Linkedin、Yelp、微博、推特、优酷、Wework（共享办公空间）、今日头条、红迪、ebay、前程无忧、珍爱网、陌陌、Match.com（线上婚恋交友网站）、LendingClub（P2P 平台）、人人贷、人人车等，涵盖出行、媒体、求职、交友、零售、金融等多个行业。任何一个成功的互联网企业，多多少少都有多边市场的影子。

资本市场的放大作用，导致多边市场内部的权利和义务不对等

多边市场在商业上的成功有目共睹，在资本市场的辉煌更是如神话一般的存在。但是，财富的过度集中，不仅会造成社会群体之间的贫富悬殊，而且，在多边市场内部，会导致权利和义务在平台的拥有者、运营者、使用者之间的分配极不合理。

平台的运营者，包括平台公司内部的员工和平台上提供产品和服务的普通生产者。平台公司内部的头部员工，作为高管或创始人，是平台拥有者的构成部分。从平台运营的角度来说，头部员工和生产者，通过“无差别劳动”对平台贡献和产生的价值没有巨大的差别，相差10倍也许是能够给出的最大值。但是，头部员工拥有的股票权益本质上属于平台拥有者，因此由于资本市场的放大作用，头部员工的财富收益远远大于普通生产者。

法国经济学家托马斯·皮凯蒂（Thomas Piketty）在《21世纪资本论》中揭示，当今世界贫富悬殊最大的原因是资本回报率远远大于GDP的增长（GDP的增长可以看成是劳动创造价值的指标）。从过去300年左右的数据中，皮凯蒂发现，在资本市场，平均的投资回报率维持在每年4%～5%，而GDP的平均年增长率只有1%~2%。5%的投资回报意味着每14年财富就能翻一番，而2%的经济增长意味着财富翻一番要35年。在过去100年的时间里，拥有资本的人的财富是起初的128倍，而整体经济规模只是100年前的8倍。

另据美国劳动统计局的数据显示（见图6-6），从20世纪70年代开始，绝大多数人的劳动报酬的增长就远远落后于整体生产力

的增长。1973—2013年，典型工人的小时薪酬仅上涨了9%，而生产率却上涨了74%。这意味着工人劳动创造的财富，远远超过他们从雇主那里获得的薪水和福利。在中国，过去20年，房地产行业的暴涨也是资本收益远超劳动收益的典型代表。2016年年底，瑞信研究院（Credit Suisse Research Institute）发布的《2016年全球财富报告》称：全球最富有的0.7%的群体掌控着全世界近50%的财富。

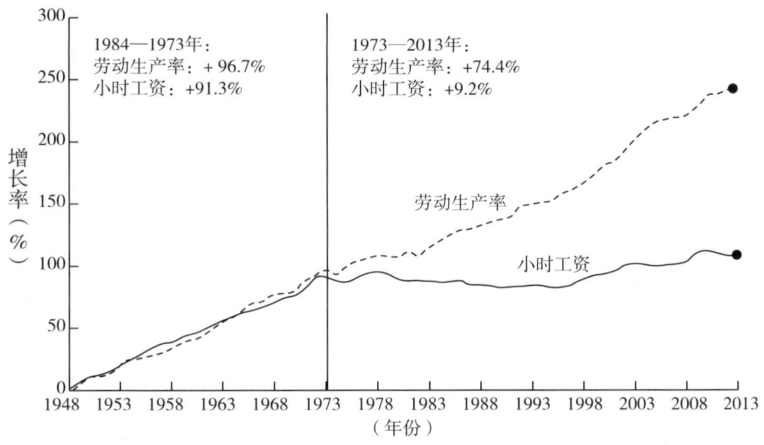

图6-6 劳动生产率和薪酬的对比

资本和劳动力是生产的两个要素。资本可被拥有、被交易，从理论上讲可以无限累积，获得溢价，而劳动力是个人能力，只能自己使用获得酬劳，很难被别人拥有、被交易和获得溢价。即使在美国这样的成熟资本市场，阿里巴巴的静态市盈率也有近50倍，脸书有40倍，亚马逊则高达250倍。在A股市场，市盈率超过百倍，早已是司空见惯的事情。

从宏观层面来看，贫富悬殊可能有着更深层次的原因，一朝一夕不可能改变，但是，在多边市场的公司层面，提高实际运营主体拥有的平台权益份额，可能是缩小贫富差距行之有效的措施，特别是对早期的生产者而言。一个多边市场，在建立之初，至少前10 000名的生产者对平台的形成有奠基石的作用。虽然在平台的初始阶段，生产者可能会获得免费使用权或一定数额的补贴，但这些和他们失去的平台权益相比，只是九牛一毛。

在现有的资本市场体系内，资本和创始人瓜分了平台权益。有人说，资本冒了巨大风险，因此获得巨大收益是理所应当和无可厚非的。但问题是，资本垄断了早期平台的权益分配，没有留给平台其他重要群体任何参与的机会，这显然透露出某种程度的不公平。当平台的多边市场规模形成后，一面是号称“天下没有难做的生意”的权益拥有者，另一面却是累倒在电脑屏幕前的中小商家，其中不乏平台早期的开拓用户。

代币的权益属性带来资本、带来资源、杜绝豪赌

本章的上一节描述了虚拟货币的发行催生了虚拟币交易市场的诞生和繁荣，其中大量的代币正是来自多边市场生态，如虚拟货币交易所本身的币、棋牌室的麻币、专注于解决保险问题的代币、专注食品安全的代币等。这些典型的多边市场商业生态，是一个个紧紧围绕代币建立起来的经济圈，简称为“代币经济”（token economy）。

代币的首个重要属性是权益属性，相当于平台公司的股票。从商业角度来讲，拥有代币相当于拥有平台，尽管法律上尚未承认；从代币的权益角度来讲，整个 ICO 的过程，就是向公众出让股份筹集资金的过程。ICO 本身，是代币应用的首个重要商业场景，带有严重的金融属性。

代币的发行，无形中打破了资本对平台早期权益的垄断，使带有不同资源的开拓者都可以参与其中。在这种情况下，拥有代币的投资者，很多都是带着创业的心态，随时准备使用自身的优势资源来帮助平台成长，而且拥有的代币数量，基本反映了对自带资源的价值评估。

一位有志于成为平台的活跃生产者的人，很可能也是早期投资人之一。

事实上，多边市场的成长初期（见图 6–7），需要注入多种资源，如社会资源、自然资源、文化资源等，资本只是其中一项。社会资源包括名人效应、各种重要的合作伙伴，如媒体、银行、供应商、经销商等；自然资源包括各种低于市场价格的设备、土地、办公室等；文化资源包括沟通技巧、编程能力、运营能力、市场能力、组织能力、领导力以及任何能帮助团队建设的能力。随着平台的成长，生产者的投入，不仅是资本还有早期的劳动付出，都会被资本市场放大，从而避免资本拥有者和平台运营主体之间形成巨大的财富鸿沟。

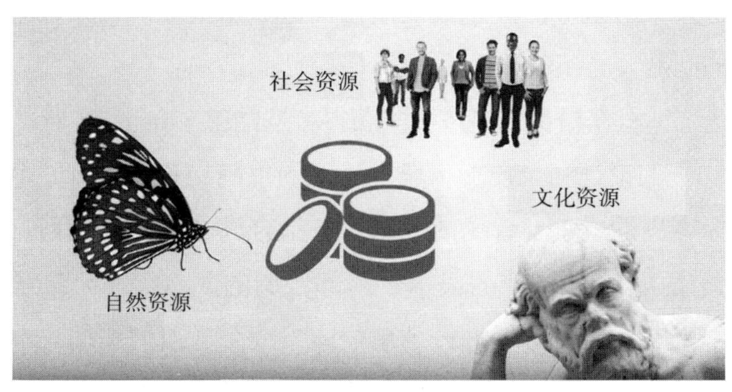

图 6–7　平台形成需要各种资源

早期的代币发行，使得多边平台中的各主体均享有获得资本收益的机会，保证了发展过程中平台生态内部的财富平衡，维护了整个生态的健康稳定。更重要的是，发行代币带来了第一批用户，有效地解决了平台企业“先有鸡还是先有蛋”的开局难题，这对计划通过平台销售产品或服务的生产者来说，是个巨大利好。

多边市场的成功和辉煌，让很多互联网创业者兴奋不已，纷纷入局，但是“做产品还是做平台”一直是让创业者非常纠结的问题。如果专注做产品，从短期来看，能较快取得盈亏平衡，甚至能够获得利润，但创业者有可能错失“跑马圈地”的机会，最后沦为竞争对手平台上的普通生产者。如果心怀平台之梦，前期免不了巨额投入，还要熬过漫长的亏损期。创业者深知平台的多边属性，了解平台增值必须仰仗多边规模的同时扩大，而这些都需要资本的支持，所以很多资源有限的创业者常说："做平台是找死，做产品是等死"。

平台连接生产者和消费者，只有生产者和消费者的数量都达到一定的量级，才能产生滚雪球的效应，进入自然增长的良性循环。换句话说，只有生产者加盟平台提供产品和服务，才能吸引和留住消费者；只有消费者达到一定数量，才能吸引和留住生产者。那么，问题来了——初创平台，任何一边的基数都是零，应该先启动哪边？把有限的资源投在哪边才能产生最佳效益？这显然是一个"先有鸡还是先有蛋"的问题。

理论上，根据诺贝尔经济学奖获得者罗纳德·哈里·科斯（Ronald H. Coase）的论证：企业在市场上达成的每笔交易都是有成本的，如寻找目标客户的成本、合约的成本（包括合同的询价、谈判、签约和执行等费用）、合作伙伴的成本、内部协调的成本等。经济学上，用边际成本来表示企业每增加一个单位产量或服务所增加的成本，或者简单地表达为互联网企业常说的"获客成本"。多边平台形成后，边际成本会很低，但在初始阶段，其获客成本非常高，而且随着多边市场一波一波的创业热潮，获客成本呈快速上升趋势。

在中国，20 世纪 90 年代，门户网站刚兴起时，免费可能是个市场利器。到最近 10 年，打车平台竞争时的大规模的补贴大战，着实让创业者和投资人心惊胆战。2016 年 1 月，当时优步的全球总裁特拉维斯·卡兰尼克（Travis Kalanick）表示，2015 年优步在中国的营销补贴是 10 亿美元，而滴滴可能高达 40 亿美元。

没有资本撑腰的创业者，可能会通过爆品策略，或者名人效应，抑或事件营销等手段揽客，但这些在资本面前分量太轻，不值一提。创业者和投资人可能是看好平台将来的潜力，或是骑虎难下，但是整个竞争基本上就是资本的赌博游戏。如此大规模的投入，尽管可以把估值推高，但并不能保证将来一定会盈利或上市。美团就是其中一个尴尬的例子，滴滴的结局也不能确定。

资本催生的多边市场相对成熟后，平台的拥有者，相对于生产者和消费者来说，地位发生了重大转变，完全处于强势地位。平台的拥有者，包括头部的管理群体，把平台最赚钱的生意做成了专营，比如平台广告；对无壁垒的竞争交易进行收税，比如苹果公司对微信打赏都要收 30% 的提成。平台前期资本的巨额投入和平台后期资本的垄断获利，使得多边市场的发展更像是资本豪赌的游戏，某种程度上，破坏了多边市场的公平和稳定，不利于其发展。

相反，代币经济在多边平台初期大幅度地降低了获客成本。因为初始的代币发行，不仅给项目筹措了启动资金，而且还获得了首批用户，其中不仅包括提供产品和服务的生产者，还包括购买产品和服务的消费者，从而在短时间内形成了多边市场的雏形。这个过程在一定程度上剥夺了资本暴富的机会，更重要的是，杜绝了其豪赌的可能性，保证了整个多边市场的健康稳定发展，可以说利大于弊。

代币是可编程货币，可以带来用户，帮助管理运营

代币之所以能够将早期的投资者转换为多边市场的种子用户，是因为代币不仅有权益属性还有货币属性，拥有者不仅是多边市场的股东，还可以使用代币在多边市场生态中购买产品和服务。这些原始股东形成了多边市场的雏形，激活了需求和交易，带来了最初的繁荣，而且因为具备股东身份，他们无疑是忠实的消费者。

另一方面，新加入的消费者因为必须使用代币，很可能由此转化为代币的持有者，成为多边市场的长期股东。如果有更多的消费者青睐多边市场提供的产品和服务，那么消费者对代币的需求就会增加，

从而推高代币的价格，给代币的持有者带来溢价。代币的权益和货币的双重属性，使得消费者兼有股东角色，从而大大增加了消费者的忠诚度。

目前商业环境中的虚拟货币，如腾讯“Q 币”，在现实生活中已经很常见。代币作为特定生态圈的流通货币，除了拥有权益属性外，仅从充当“一般等价物”的角度来看，和“Q 币”类似。但是，代币和比特币一样，是一种“可编程货币”，本质上是一段有内置逻辑的计算机程序，而中心系统管理的“Q 币”只是一个数值，两者有天壤之别。

代币又称“智能货币”，具有可编程性，其消费场景可以被明确定义，如时间、地点、商家、商品、频率等。根据管理和运营的需要，这些场景的属性可以被叠加到支付过程中，这样多边市场的商业生态可能会大有改观，比如，给代币附上一个商品黑名单，可能会解决假货问题；限定代币的使用频率可能会解决刷单问题；给代币附上一个用户白名单，可能会解决盗用问题；限定代币的使用时间或金额可能会解决营销问题等。当然，最终解决这些问题可能需要破解大量的工程难题，但在理论上，代币的可编程性提供了管理多边市场的全新思路。

代币经济实现拥有者、运营者和使用者的统一

在多边市场中，生产者和消费者是保持市场活力的直接参与者，所谓的平台公司则更像一个管理者，目前多边市场的管理和运营都由平台公司来执行。上文提到的八大互联网企业，本质上都是在管理运营平台，从中获利。在现有体系中，管理者的作用已得到重视，但在运营层面，生产者和消费者对平台的贡献，在很大程度上被忽视了。

生产者承担了运营的大部分具体工作，如多边电商平台，其生产

者的日常工作包括商品筛选、上架下架、承担库存、物流管理、全天候客户、资金垫付等；多边软件应用平台，其生产者的工作包括软件开发、测试、更新、运营、营销等。而消费者，作为生态圈中的一分子，对整个多边市场的作用也不可或缺，如提问、点赞、发文章、留学责任的评价、组织活动等。这些用户产生的内容（UGC）对活跃市场，至关重要。

为了激励生产者勤奋自律、鼓励消费者积极参与，目前平台公司的普遍做法是实行“积分”制度。积分本质上是一种虚拟货币，可兑换商品和服务，用于奖励对平台有贡献的用户行为，活跃生态并提高用户的使用频率和留存度。但是，平台出于自身利益的考量，把积分排除在主流价值之外，因此其不仅没有给用户带来立竿见影的好处，反而成了滥用霸权的集中体现。积分系统一般独立于运营系统之外，复杂而不易用，甚至成了消费者、运营者和管理者的负担。

积分制度的存在，主要作用是对用户行为进行奖励，其价值量级可能只有平台上真实产品和服务的 1% 或者 0.1%，甚至无法用法币来精确衡量。从财务的角度来看，给用户滥发“钱”可能会引起意想不到的税务问题。代币是一种电子货币，理论上可以被无限分割，可以度量任何价值层面的行为，也可以完全取代积分的功能。由于代币本身是平台的通用货币，生产者和消费者通过运营活动能获得代币奖励，根本不用担心被忽视。

代币替代积分制度，大大简化了奖励管理，消除了积分三等公民的身份，更好地、客观地评估了平台真实运营主体的贡献，提高了生产者和消费者参与市场的积极性。代币的无限细分性，保证了对运营活动的广泛覆盖，使得多边市场中的分工更为精细，大幅提高了整个生态网络节点的连接密度，增加了生态圈的内在黏度。

综上所述，代币同时具有权益和货币属性，是一种可编程的、可无限细分的电子货币。代币将股权、货币和积分集于一身，避免了资本市场对不同角色的不公平待遇，既保证了价值度量实质上的对等，又体现了数量上的差别。代币发行将多边平台的所有者、运营者和消费者有机统一，摆脱了唯资本马首是瞻的利益分配格局，最大程度调动了平台各主体的积极性，减少了各参与主体之间在运营过程中和利益分配上的内在摩擦，使各个角色齐心合力，各得其所（见图 6-8）。在人员层面上，代币发行将用户、员工、股东三体合一，使得全员持股变得量化而可执行，拉近了三者之间的关系，消除了三者之间利益上的对立，避免了“用户第一、员工第二、股东第三”这一类无用的口号。

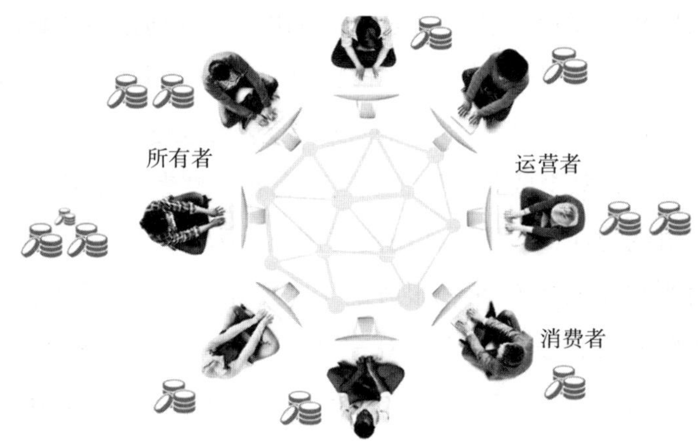

图 6-8　代币经济统一所有者、运营者和消费者

代币经济是功能性多边市场向人文商业生态圈发展的潜在推动力

在互联网应用飞速发展的今天，混业经营已是常态，例如，属于农业的种草莓、种蘑菇，加入采摘后，和旅游业混搭了；养殖业，加了比赛后，和文娱混搭了；户外用品零售企业可以在连锁店中加入设备租赁、赛事组织、户外旅游、健身教学、亲子互动等多种相关服务。传统意义上的不同行业开始被整合在同一个平台里。

理论上，参与平台的生产者可以提供生态圈需要的任何产品和服务，多边市场已变成电商、社交、共享、娱乐等的混合体。当下最典型的案例莫过于美团和滴滴分别进入了对方的强势领域：美团进入了出行行业，滴滴进入了外卖行业，其根本原因是双方服务的对象群体高度一致，行业不再是分界符。不同的商业生态圈的最根本区别在于用户群体的不同。

"人以群分"是人类社会的基本状态，多边市场从人文的角度经常被看成互联网时代"人以群分"的具体呈现。平台各角色的基础属性的一致性，决定了多边市场内在黏度的强弱。亲子、发烧友、病友等社区的凝聚力，远大于靠各种营销手段或资本推动形成的功能性平台，如求职、房产、婚恋等（见图6-9）。万物互联的时代，"人以群分"的基础属性发生了深刻的变化，从起初的地域、人种、职业，逐渐过渡到爱好、宗教、贪婪和恐惧等更加接近人性的元素。随着连接进一步的紧密，功能性的多边市场会不断进化为"以人性为基础的商业社群"，形成特定人群的商业生态圈，即"人文商业生态圈"。

图6-9　走出行业，融入社群

人性过于复杂，因此运营者缺乏明确的指标来界定平台的主要参与者或服务对象。多边市场的研究者发明了“圈层”“种子用户”“超级用户”等概念，来描述所处的商业生态，但大多数只停留在人文理念上。代币的发行和使用准确地界定了平台边界和用户群体，使运营者能更好地运用数据工具，提高运营效率，改善用户体验。更进一步来说，拥有特定的代币，是代币经济时代社会个体特殊的人文标识，是自身特定的身份符号，是个性的综合体现。在某种程度上，代币量化了社群的基础属性，提高了管理者在商业生态演变过程中的调节能力，大大增强了多边市场的内在黏度。

人文商业生态圈以特定人群为基础，类似一个独立的经济体。在此生态中，所有的商业流程和软硬件工具，本质上是针对某类特定人群的定制。代币是人文商业生态圈的通用货币，是经济体中最重要的定制工具，是整个经济体的血液，是经济体得以发展的“定海神针”。代币的社群化，类似常说的人民币区域化，或经济体中的美元区、欧元区等，将促使多边市场彻底摆脱功能或行业的限制。同时，代币又是用户人群拥有生态圈的权益凭证，完成了拥有者、运营者和消费者的有机统一，并在操作层面上实现了“民有、民享、民治”的理念。

代币无疑将推动多边市场的进一步发展，更为重要的是，对于位于同一起跑线上的多边市场，发行代币可能已成为平台生存和成长的必要条件。在多边市场的建设初期，代币的权益属性可以使平台迅速获得种子用户，形成市场雏形，较没有发行代币的竞争对手而言，具有无可比拟的时间优势。在多边市场的发展期，代币发行可以帮助创业者摆脱对资本的完全依赖，吸引多种发展资源，并且能保证在各角色之间公平分配权益，提高用户的内在黏度。在多边市场的成熟期，代币的可编程性成为构建高效经济体的基本保障。代币在市场中可自由交易，用户可以根据自身的判断，用脚投票，随时决定离开或加入。一方面，代币可以激发各商业生态圈之间的相互竞争，使其发展完善；另一方面，发行代币，成了商业生态圈参与竞争的前置条件。

在目前的金融体系下，代币的发行和交易常常被归属于证券监管范畴，其不合法性显而易见。从保护早期投资者的角度来看，现有的监管政策有积极的一面，但是随着商业上越来越强烈的需求，重新制定监管框架显得愈来愈迫切。同时技术本身的发展，也会加快问题的解决，如第八章中阐述的智能合约，就可以通过事先设定的程序，形成对资金的有效监管，从而保证投资者的权益。

总之，代币发行虽然源于加密货币的发展和自由交易，但在经济意义上，其已经超越加密货币本身，并在某些方面拥有独特优势。作为新生事物，代币经济固然有很多不完善的地方，也没有现成的技术范式可循，但已成为功能性多边市场向人文商业生态圈发展的潜在推动力。

第四节　无法无边无形的巨无霸

第一章介绍了与比特币诞生密切相关的组织——密码朋克。密码朋克的成员大多数是黑客级的技术天才，致力于追求彻底的自由主义，甚至无政府主义。比特币的创造者，神秘的中本聪就是其中之一。比特币的早期追随者、挖矿者、山寨者，或多或少都有点技术偏执。去中心化的区块链被誉为技术草根改造社会的妄想痴梦。在拥有吸引人的价格之前，以比特币为代表的虚拟货币的拥趸群体，是有“理想”的，而不只是想发财。然而，当比特币突破 1 万美元的时候，当 ICO 的致富神话成为重点话题的时候，当交易所人满为患而暂停注册的时候，人们真正意识到，商业才是实现梦想的真正载体。

虚拟货币交易所，无法又无形，野蛮生长

相对于承载技术控梦想的区块链技术，虚拟货币交易所是一门真正的生意，是一个新生的行业，目前（2018 年 5 月 12 日）还是一个非常赚钱的行业。交易佣金是交易平台利润的主要来源。大部分平台的交易佣金在 0.1% 左右，远高于中国 A 股券商在二级市场交易中的佣金费率（0.03%～0.05%）。交易所还有一项隐形的不固定收入——“项目上线费”。在传统资本市场中，创业公司要想公开交易，需经过千难万难的 IPO，而代币上市，只要交易所同意即可。据业内人士透露，一般性项目的代币上线交易，交易所收 100 万～500 万元的佣金。交易所到底有多赚钱？因为没有公开的、经过审计的财务报表，无法知晓。

以币安为例，该交易所目前名列前三甲。2018 年 4 月 15 日，币安发布公告称，币安第三次季度销毁 2 220 314 枚币安币，市价约 3 000 万美元。根据白皮书约定，销毁的代币价值应该是季度总利润的 20%，以此推算，币安的年度利润应该是 6 亿美元。但据数字货币数据跟踪平台“非小号”的交易额数据，2018 年 3 月，币安 24 小时的平均总成交额在 170 万元左右，其年利润在 10 亿美元左右。

更令人难以置信的是，取得如此骄人业绩的币安才刚刚成立 8 个月。2017 年 7 月 2 日完成 ICO，币安募集到了相当于 1 500 万美元的数字资产，7 月 14 日正式上线；9 月获得泛城资本、黑洞资本千万美元的天使轮投资。从 ICO 到 2018 年 5 月 15 日的 10 个月时间内，币安币的价格从 10 美分大涨至 13 美元，市值达到 13 亿美元。上线 7 个月后，币安被誉为业内最安全、交易处理最快（每秒可处理 140 万次交易）、交易量最大、用户最多的虚拟货币交易所。

币安的成功离不开创始人赵长鹏。赵长鹏，1977年出生于江苏，在温哥华接受教育，喜欢钻研技术，以程序员身份自诩。大学毕业后，赵长鹏先后在东京股票交易所、彭博社、高频交易系统公司Fusion Systems、Blockchain.info、虚拟货币交易所OKCoin等工作，担任的职务从程序员到首席技术官，但从来没有离开过交易系统的开发和研究，这些经历为他后来创立币安奠定了扎实的基础。2014年，赵长鹏卖掉了上海的住房，拿全部资金押注比特币。

2017年9月，币安成立后不久，中国央行等七部委开始以前所未有的监管力度联合整治数字货币行业：立即停止各类代币发行融资活动，关停国内的虚拟货币交易所。在不利的商业环境下，赵长鹏果断出海，将币安定位于国际化交易平台，只允许币币交易，力争符合"不允许法币交易"的监管要求，短时间内上线上百个虚拟货币交易对，成为交易者的首选平台。

2018年2月7日，美国著名的财经杂志《福布斯》发布了史上第一份"虚拟货币创业亿万富翁"名单，赵长鹏以身价11亿~20亿美元位列第三，超过文克莱沃斯兄弟，成为前10名中唯一的华裔。2018年2月28日，赵长鹏成为《福布斯》的封面人物。2018年2月，赵长鹏接受采访表示，币安目前能支持大约120种加密货币、100多种钱包和240个交易组合，并且已经收到了超过5 000种货币的上市交易申请。这真是令人吃惊！

纵观币安短暂的发展史，可以发现币安的崛起着实不易。2017年5月，赵长鹏筹集币安之初，虚拟货币交易所行业已经是强手林立。中国国内原有的三大虚拟货币交易平台火币网、OKCoin、比特币中国，几乎垄断了国内所有的虚拟货币交易量。2017年9月，监管风暴给了币安进入的机会，但是也给币安带来了同样的监管压力。各国严格监管法币和数字货币之间的兑换，催生了币安的币币交易策略；各国对交易所的严格监管，迫使币安成了全球性的、不受地域限制的、币币交易的平台。

截至 2018 年 4 月 12 日，根据链塔智库的报告，币安支持 298 种币币交易对。截至 2018 年 5 月 13 日，币安交易平台支持 10 种语言，分别是英语、汉语、韩语、法语、越南语、土耳其语、荷兰语、德语、俄语、世界语。截至 2018 年 3 月 16 日，币安网发布第 8 个月的运营数据，用户数突破 790 万人，来自 180 多个国家。2018 年 2 月，赵长鹏表示，用户中的 38% 位于美国，第二大交易市场是日本，来自中国的只占不到 3%。

第五章详细描述了各国政府对虚拟货币的监管现状：中国全面禁止虚拟货币交易所的运营；日本要求在本国运营的交易所持牌经营；美国正在要求各交易所登记，并严格执行反洗钱的 KYC 规则。截至 2018 年 5 月，币安在上述任何一地都没有取得相应资格，从理论上来讲，允许来自这些国家的用户使用交易平台，都应视作“非法”。监管还在持续收紧。2018 年 2 月，币安发布公告宣布，停止为中国大陆的客户服务，其他国家更严厉的政策估计也在路上。

事实上，币安的总部在哪里一直是个谜。中国颁布加密货币交易禁令后，有传闻说，币安先到中国香港，又到日本，之后又搬到中国台湾。2018 年 3 月 26 日，据 CCN（中联）报道，币安将其总部搬至马耳他共和国。赵长鹏也发微博确认了此事。这种把总部设在无名岛国的做法，在虚拟货币行业十分普遍：火币集团注册在塞舌尔；Block.One 注册在开曼群岛；Tether 和 Bitfinex 注册在维京群岛；有消息称，OKex 也要迁往马耳他共和国。

由于用户来自世界各地，币安团队也就分布在多个国家和地区。2018 年 2 月，赵长鹏接受采访时表示，由于各国对虚拟货币政策的不确定性，币安将总部安在某一国家的风险较大；在未来 3～6 个月内，会将现有团队的规模扩大一倍，达到 300 人左右，但是会分布在世界各地。2018 年 2 月，日本金融厅对币安发出警告。币安联合创始人、首席营销官何一，在 Telegram 里表示："如果日本要求日本人在本土日元市场交易，也是可能的，还是等等吧。"不少网友询问：币安总部在哪里？何一回应称，币安没在日本办公和注册，是"去中心化办公"。至于币安的服务器在哪里？更是无人知晓。

这样出于监管或运营服务的需要，把人员分布到全世界各地，且总部不明确的"无形"公司，在虚拟货币行业并不是特例，最典型的莫过于 Telegram。由于遭到俄罗斯政府的封杀，Telegram 的创始人帕帷尔·杜罗夫（Pavel Durov）从创建 Telegram 的第一天起，就过着漂泊的生活，曾先后出现在中东、欧洲，或美洲等地。但公司总部在哪里？到底有多少员工？这些都无从知晓，更别提收入、开户行、报税等有关公司的细节问题。

类似币安和 Telegram 这样的公司，"居无定所"地去中心化办公，这种漂浮不定的所谓公司有前途吗？

较传统证券行业，虚拟货币交易行业的空间巨大

第五章详细对比了虚拟货币交易行业和传统证券交易行业的规模。据 Visual Capitalist（视觉资本数据报表网）报道，截至 2017 年年底，全球股市的市值总和高达 73 万亿美元；全球各国的狭义货币量为 36.8 万亿美元，广义的货币量为 90.4 万亿美元；地表所有黄金的总市值为 7.7 万亿美元。无论是从股票、外汇还是大宗商品的角度来看，现有的虚拟货币市值，截至 2017 年年底，总共才 7 000 亿美元，微不足道。

证券交易所属于强监管的金融行业，起初都是政府机构的衍生，公司化运作是近几十年的事情。在欧美，证券交易所已基本完成私有化改造，在中国和其他发展中国家，尚没有私有化的迹象。美国的纳斯达克证券交易所和纽约证券交易所都是公司化运作的成功案

例，而且交易所本身都已经是上市公司。

纽约证券交易所拥有的上市公司的总市值最大，在 2016 年，已超过 16 万亿美元。其母公司美国洲际交易所（Intercontinental Exchange）已在纽约证券交易所上市，股票代码为 ICE，截至 2018 年 5 月 15 日，市值已超过 410 亿美元。

纳斯达克证券交易所的交易最活跃，仅股票的日均交易量就超过 20 亿股。其母公司纳斯达克 OMX 集团，于 2002 年 7 月 2 日在自己的股票交易所上市，股票代码为 NDAQ，截至 2018 年 5 月 15 日，市值达到 150 亿美元。

对比这些传统的证券交易所，作为一门生意，从目前各自的体量来看，虚拟货币交易所至少还有 10 倍的成长空间。对比传统行业，虚拟货币行业本身的商业环境，更有利于相关交易所的发展。

虚拟货币交易所的交易标的广泛：代币、衍生品、资产证券化等源源不断

首先，蓬勃的 ICO 提供了源源不断的交易标的。ICO 本身不是生意，只是生意的一个环节，但是它产生了整个虚拟货币行业最重要的商品——代币。代币上线交易，又衍生出了庞大复杂的数字货币二级市场。代币不仅是整个代币经济生态圈的燃料，还可能代表了最新的区块链技术本身。目前，大大小小的、遍布世界的虚拟货币交易所，构成了代币的市场价值衡量体系。

其次，以虚拟货币为基础的衍生品交易市场庞大。金融衍生品是叠加在金融基础产品（如股票、债券、外汇、贷款等）之上的金融工具，如外汇期货、利率期货、股票指数期货、股票期货、期权等。2017 年，据 Visual Capitalist 报道，按照最低标准进行预估，全球衍生品的价值总量为 544 万亿美元。截至 2018 年 4 月 25 日，根据

链塔智库的统计，只有5家虚拟货币交易所支持期货交易。庞大的、潜在的虚拟货币衍生品市场，尚未被开发。

最后，虚拟货币作为定价“货币”的交易，空间更为广阔。最近几年，在我国方兴未艾的资产证券化（asset-backed security，简称ABS），理论上会提供不胜枚举的交易标的，其定价货币可以不再是传统的“法币”，而是改用一种或多种虚拟货币。

资产证券化是指将缺乏流动性但具有可预期收入的资产，通过在资本市场上发行证券的方式予以出售，获取融资，最大限度地提高资产的流动性。狭义的资产证券化是指信贷资产证券化，但广义的资产证券化还包括实体、证券和现金。传统的车贷、房贷、现金贷都是证券化的常用资产。截至2017年年底，据Visual Capitalist报道，全球的债务总量是215万亿美元，全球房地产的价值是217万亿美元。

虚拟货币交易领域创新不断，很多不常见的资产也成了证券化的标的，如名画、古董、玉石、名人时间等。这些新颖的基础资产，在原有的法币系统里容易受到现有法律的监管，但是若改用虚拟货币定价交易，生命力就顿时强壮了许多。截至目前，有些专业的资产证券化交易平台已经上线，如虚拟货币投资基金Dfund旗下的“秒啊国际”，把“名人时间”作为标的，已经上线的名人包括影视明星、政治人物、财经大佬、知识大佬等，其采用虚拟货币作为定价基准。

总之，各种代币、衍生品和待证券化的资产包罗万象，源源不断。虚拟货币交易所的交易对象似乎没有边际，比特币等虚拟货币带来的庞大的矿机产业，孕育了像比特大陆这样的行业霸主。比特大陆（2017年的利润在35亿美元左右）用5年时间完成了英伟达（2017年的利润在30亿美元左右）24年的发展历程。相较虚拟货币的硬件产业而言，虚拟货币相关的交易所由于成长空间不受物理条件限制，发展更快，是个不折不扣的“无边”行业。

虚拟货币交易所，无法、无形、无边，不屑资本

虚拟货币交易所在如此严厉的监管环境中诞生，成长空间和前景依旧广阔；创业者们在“东躲西藏”中，仍能取得商业上的巨大成功。面对如此千载难逢的商业机会，不仅传统的交易所巨头要来分一杯羹，如纽约证券交易所、纳斯达克证券交易所、芝加哥期货交易所、纽约商品交易所等，嗅觉灵敏的风险资本更是闻风而来，对这些“无法、无边、无形”的潜在“巨无霸”趋之若鹜。虚拟货币交易所成了区块链领域传统风险投资追逐的焦点。

2016 年 6 月 24 日，Circle（一家为消费者开发使用比特币的工具的公司）宣布获得 6 000 万美元的 D 轮融资，由 IDG（美国国际数据集团）资本领投，Breyer Capital（硅谷知名风投公司）、CICC Alpha（中金甲子投资基金管理有限公司）、EverBright Investments（光大证券投资有限公司）等参投。Circle，2013 年成立于美国波士顿，定位是一家提供数字货币储存及国家货币兑换服务的消费金融公司，有“美国版支付宝”之称。2018 年 3 月 3 日，Circle 宣布以 4 亿美元的价格收购著名加密货币交易所 Poloniex。

2018 年 3 月 23 日，据 36 氪报道，新加坡数字资产智能投顾和交易平台“数字币交易所”（shuzibi.com）于近日完成了 3 000 万元的天使轮融资。资方包括千方基金（ChainFunder）、松禾远望、LINKVC、韩建基金等。

2018 年 5 月 13 日，美国股票交易应用公司 Robinhood 宣布完成 3.63 亿美元的 D 轮融资，估值为 56 亿美元，由 DST Global（俄罗斯互联网投资公司）领投，谷歌资本、红杉资本参投。在融资时点，该公司已在美国 10 个州提供加密货币交易服务，今后旨在打造最大的加密货币交易平台。

尽管ICO被认为将颠覆风险资本，但后者对区块链公司的投资正迅速飙升。金融科技分析研究公司Autonomous Next的统计表明：2017年，风险投资在虚拟经济领域共投入10.6亿美元；2018年前3个月，同一领域的投资已达3.23亿美元。2018年只过去了不到3个月，投资总额却已经超过了2017年总量的1/3。但是，ICO的出现确实给传统风险投资带来了压力。

2018年4月25日，据彭博社报道，根据香港法院公开的诉讼文件显示，红杉资本起诉了币安的创始人赵长鹏，原因是其违反了独家投资协议。2018年8月，赵长鹏和红杉资本开始就投资币安进行谈判，后因估值没有谈拢，时间拖太久，币安选择了另一家出价更好的投资方——IDG资本。

红杉资本是中国互联网时代最大的、地位最显赫的风险投资机构，几乎投资了中国所有的头部互联网公司，如阿里巴巴、新浪、京东、唯品会、聚美优品、豆瓣网、奇虎360、大众点评、美团、小米科技、火币网等。截至2016年年底，红杉资本已在中国投资超过200家企业，所投企业的总市值高达2.6万亿元。

创业者常常以获得红杉资本的投资为自豪，而币安敢于以一己之力对抗“风投霸权”，可能预示在区块链时代，先前资本和创业者之间牢固的主从关系开始瓦解。正如赵长鹏于2018年5月7日发布的文章《ICOs不仅仅是好的，而且是必要的》中所说，“通过ICO募集资金，比通过传统风投容易100倍”。

代币经济成就虚拟货币交易所，从无法、无边、无形到真正的巨无霸

在商业上，虚拟货币交易所目前是一群“无法、无形、无边”的潜在“巨无霸”，以种种“打擦边球”的方式与监管博弈，野蛮生长。

具有讽刺意味的是，这些打着“去中心化”大旗的创业者们，创立和塑造的恰恰是完全中心化的交易实体。项目方、投资基金、交易平台、投资者等构成了完整的利益生态链条。在虚拟货币交易所里，资本市场的种种规则都有相似的存在，曾经的乱象也一应俱全。和任何中心化的网络机构一样，虚拟货币交易所的安全事件也层出不穷。由于监管缺失，交易所的权力更加集中，整个运营更接近暗箱操作，用户的财产损失也无人担责。

区块链创业者的理想安在？难道逃避监管和收割“韭菜”成了仅剩的使命？所谓的技术先驱真要沦为“赌场老板”？ 2018 年 3 月 17 日，币安的创始人赵长鹏在接受雅虎财经采访时表示，币安将预计使用 6 个月左右的时间实现去中心化，以币安代币为燃料，打造无边界的交易生态，减少中心化交易所对用户留存货币的控制，提高安全性和透明度。其首席营销官何一，回复网友问询时更是表示，“币安都做链了，以后没公司了”。

在现实中，与其相信他人的梦想和良知，不如相信市场竞争的导向。虚拟货币交易所是典型的多边市场，用户的争夺是整个生态的核心。用户对生态的选择标准永远是安全、透明、低成本和高回报。中心化的虚拟货币交易所在成长之初，就没有办公地点，逃脱了法律约束，也没有业务限制，最终在对用户的争夺中也会失去所谓的中心，走向“民有、民享、民治”的代币经济。

鉴于目前虚拟货币交易所诱人的利润，创业者和资本会更大规模地涌入，但随之而来的残酷竞争将大大削弱交易所的盈利能力。2018 年 5 月 15 日，据 FinanceMagnates（外汇行业媒体）报道，首个由纳斯达克证券交易所支持的加密货币交易所 DX 将于 2018 年 6 月推出，除了合规、安全之外，对用户来说，更重要的是 DX 免交易费。目前（截至 2018 年 5 月），市场上虚拟货币的交易平台近 200 家，投资整合可能会成为 2018 年的大趋势。

随着竞争越来越激烈，利润率开始收窄，监管趋严，用户对运营透明度和平台安全性的要求不断提高，中心化的虚拟货币交易所有转向去中心化交易的内在需求。虚拟货币交易作为区块链行业内的排头兵，无论从思想意识还是商业竞争角度来看，都可能是最早实践代币经济、最早实现去中心化的行业。目前来看，唯一的障碍是技术成熟度。

虚拟货币交易所的去中心化，一直是被热议的话题。相对于中心化交易平台，去中心化的交易平台与生俱来具有区块链技术的根本优势：用户在交易生态中占据主导地位；可以保持对自己资金的控制权；使用加密技术更安全、更透明；没有单点故障；可以抵御黑客攻击，避免损失等。

目前，已经上线或正在开发的去中心化的比特币交易平台有 0x、Kyber、Airswap、stex、Cosmos、Loopring（路印）、Etherdelta（以德）、OmiseGo、Switcheo Network、raidEX、Dew.one、bitshare 等。这些平台尚未形成规模，主要是因为其中大多数操作并不容易：流动性受限；不提供法币支付；用户教育缺失；关键技术不成熟等。这些因素在很大程度上限制了去中心化交易平台的推广使用。现在有很多币种的钱包提供内盘交易功能，但由于技术上的限制和使用者的习惯，参与度很低，交易非常不活跃。

虚拟货币交易所是整个虚拟货币行业，乃至整个区块链产业链中的重要一环。交易向来都是市场经济的核心活动之一，决定了技术、商业的价值体系和资本的流向。可以预见，当技术成熟时，去中心化的虚拟货币交易生态便会落地生根，蓬勃生长，成为真正意义上的，安全透明的，无法、无形、无边的巨无霸。

本章小结

本章中，小 q 在 Q 总的允许下，发布了麻币 ICO 白皮书，踌躇满志，募集资金后，准备大干一场。ICO 后，麻币将改变性质，成为加密货币，棋牌室也将正式进入区块链行业。ICO 是区块链创业者筹集资金的一种创新模式，在短时间内，迅速成了行业热点，也成了一种独特的金融现象。同时，代币发行的普及，促使多边市场转型为代币经济。虚拟货币交易所，可能会首当其冲地受到改造，成为无法、无形、无边的巨无霸。

本章要点

- ICO 成热点，ICO 的服务体系迅速完善，ICO 的发行流程已完整。
- 2017 年，全世界发行 ICO 的项目有 873 个，共筹集了 61.4 亿美元。
- 以太坊是迄今为止最成功的 ICO 项目，截至 2017 年年底，其代币的价值上涨了 2 000 倍。
- ICO 的参与各方：发行者、开发者、投资者等，全靠买币获益。
- ICO 脱离区块链，独立存在，其发行主体是公司、非营利性组织或个人。
- 代币有货币和证券属性，但又不是货币或证券，成了一种独特的金融现象。
- 大部分 ICO 项目失败，欺诈横行，ICO 成了“割韭菜”的利器。
- ICO 监管：中国禁止；加拿大、瑞士认为要“一币一议”，判断是否要将其纳入证券管理；美国倾向于纳入证券管理，展开了调查，但没得出结论。
- 美国对代币投资者进行 Howey 测试：用钱财投资；投资共同事业；仅靠他人努力；期望利润。前两条成立，后两条不成立，无法认定代币为股票。

- 在互联网时代，多边市场空前成功。2018 年 2 月，中国互联网三大巨头的总市值大约是 7.1 万亿元，大约占中国股票市场总市值的 15%；2017 年 11 月，FAANG 的总市值达 2.8 万亿美元，占美国股票市场总市值的 10%。
- 资本市场的放大作用，导致多边市场内部的权利和义务不对等，资产拥有者获得财富最多，实际运营者和消费者被忽视。
- 代币发行促使多边市场转型为代币经济。
- 多边市场成了资本的赌博游戏，早期垄断权益投资，后期垄断谋取暴利。
- 代币的权益属性，带来了资本和资源，杜绝了豪赌。
- 代币的货币属性，可以带来初始用户，加速多边市场生成，提高用户的内在黏度。
- 代币具有可编程性，又称“智能货币”，可以帮助管理和运营。
- 代币经济可以实现平台拥有者、运营者和使用者的统一，共同受益。
- 代币将股权、货币和积分集于一身，将用户、员工、股东三体合一，实现了“民有、民享、民治”的理念。
- 万物互联，功能性的多边市场会不断转向“人文商业生态圈”。
- “人文商业生态圈”是以人性为基础的商业社群，类似独立的经济体。
- 拥有特定代币，是代币经济时代社会个体的人文标识，是自身的身份符号，是个性的综合体现。
- 代币量化了社群的基础属性，是针对特定人群最重要的定制工具。
- 代币社群化，类似人民币区域化，或经济体中的美元区、欧元区。

- 发行代币可能会成为多边市场平台生存和成长的必要条件；代币经济，是功能性多边市场向人文商业生态圈发展的潜在推动力。
- 对比传统证券行业，虚拟货币交易行业的发展空间巨大。
- 虚拟货币交易所的交易标的广泛：代币、衍生品、资产证券化等源源不断。
- 虚拟货币交易所，无法、无形、无边，不屑资本。
- 代币经济成就了虚拟货币交易所，塑造了真正的巨无霸。

第七章

从ICO到IFO

发行代币既可以帮助初创企业筹集资金，又可以带来初始用户。尽管证券发行和交易都属于强监管行业，但是由于各国立法执法的滞后，ICO自2016年以来仍得到了飞速的发展。任何一个缺乏监管的新兴事物，都可能造成局面的混乱，甚至失控。创业者通过ICO筹集发展资金，从保护广大中小投资者利益的角度来说，是一件非常糟糕的事情。真诚的创业者固然受人追捧，但其中不乏浑水摸鱼者会大行欺骗之术，造成恶劣影响，甚至损害整个行业的发展。

在缺乏法律规范的市场，创业者可以迅速成为财富新贵，也可能遭受牢狱之灾。如果所谓的新商业模式，会给社会造成相当程度的危害，那么监管者很可能会猛踩刹车，这样做在减少危害的同时，也会给正常的商业发展造成中断。但是，企业家没有等待的习惯，总是要不断地解决遇到的问题，尽力、尽快地抓住发展良机。在创业中，梦想起航后，触礁是常有的事。本章从麻币ICO计划遇阻开始，看Q总如何劫后逃生，获得新机。

第一节　棋牌室借IFO重生

第五章中，小q接棒Q总，制订了周密的麻币ICO计划，发布了 QPS 商业白皮书，计划总共发行 50 亿枚麻币，其中 40% 用于公开发行，预计可筹集大约 2 000 万元的资金。白皮书发布后，小 q 做了一个很炫的网站，在中国最大的 ICO 社区上线，从 2017 年 9 月 1 日开始，启动为期一个月的众筹活动。

由于 ICO 市场很热，加上棋牌室游戏通俗易懂，线下也经营多年，积累了一定的人气和信用，ICO 进展顺利，10 天后，认筹金额已超过计划的 1/2。ICO 开始的这些天以来，小 q 一直很亢奋，并和多家虚拟货币交易所取得了联系。如果一切顺利，ICO 一个月后，麻币就可以在多家交易所上市交易。到那时，棋牌室就会资金宽裕，前景大好，小 q 个人至少也可以旱涝保收。小 q 初出江湖，眼看首单即将大功告成。

但天有不测风云，人算不如天算。小 q 只顾盘算自己的小棋局，却不知道外面天已经变了。正当麻币 ICO 进行得如火如荼的时候，重大新闻来袭：中国央行联合多部委下发通知，禁止任何个人和组织发布和参与 ICO；近期已经发布的一律下架，将所募集的资金返还给投资者。

这突如其来的禁令打断了小 q 所有正常的活动，不仅筹资计划告吹，而且还增加了额外的退款工作。小 q 一天 24 小时泡在币圈的论坛上或群里，竖起耳朵听，睁大眼睛看，想打听其他 ICO 的兄弟们怎么应对。禁令发出后，币圈大致有 3 种应对策略：一是关门上锁，卷款跑路，从此隐姓埋名，落草为寇；二是遵循通知，整理清单，悉数返还，不拿群众一针一线；三是迅速启动海外办公，转战他乡，在美国、新加坡、加拿大或日本，继续造梦。

小 q 是个有底线的人，第一种应对策略根本不予考虑。为了继续实现 QPS 生态梦想，小 q 很快和海外留学的同学取得了联系，可大家都没有在海外运营公司的经历，更重要的是，同学们基本都不了解什么是加密货币，什么是 ICO，第一感觉都是骗钱之术。禁令发布两个星期以来，小 q 心急如焚，但始终没有想好如何处理筹款。另外，有一部分投资者开始失去耐心，在社交媒体上开骂。小 q 一时想不出对策，心力交瘁，最后决定按原比例退回筹款。一进一出，难免有些损失，但退款后，小 q 的心情轻松了许多。不过革命尚未成功，同志还需努力。

梦想一旦生根，只要环境适合，一定会发芽，小 q 和技术伙伴继续寻找着可能成功的机会。Q 总勤勤恳恳地经营着棋牌室，将这一切都看在眼里，虽不知道儿子究竟在干什么，但是明白儿子的“上市计划”比自己的麻币更不合法，被叫停了。但让他奇怪的是，国家也没有其他说法，没有抓人，也没有罚款。Q 总隐约感觉到，儿子做的可能真是前所未有的创新，于是给予了小 q 精神上的支持。

天无绝人之路，两个月后，币圈大佬吴怕冷做了个惊天举动，宣布把比特币分叉。小 q 迅速看了所有相关的信息，技术伙伴也反复研究了 GitHub 上的所有相关代码，顿时觉得峰回路转。

机会总是垂青有准备的人。小 q 和技术伙伴在第一时间把 ICO 白皮书改成了 IFO 白皮书（见图 7-1），并宣布：

图 7-1　ICO 黄了，IFO 活了

- QPS 生态建立在基于以太币的分叉区块链上；
- 麻币是以太币分叉形成的新链所对应的加密货币；
- 分叉形成的新链与旧链不再兼容；

- 麻币的发行总量预设为 50 亿枚，分叉后不再需要挖矿，一次性分配完毕；
- QPS 基金预获 30 亿枚，剩下的 20 亿枚按比例无偿分配给现有以太币的持有者；
- 分叉一个月后，麻币将在主要交易所上市。

虽然小 q 还不知道分叉后的麻币的市场定价的高低，但如果麻币分叉成功，至少意味着发币这事总算可以告一段落了。小 q 相信只要努力实现白皮书中的承诺，随着 QPS 生态一步步完善，麻币的价值自然会在市场交易中得到公平体现。IFO 白皮书修改发布后，小 q 和技术团队开始静下心来，为即将到来的分叉做最后的准备。

本章是棋牌室去中心化运营的起点。麻币的成功发行，是 QPS 商业生态建设中的里程碑事件，打开了一扇通向未来发展的大门。

第二节　梦想从巨人之肩开始

区块链分叉本身是个纯技术问题，甚至被认为是共识算法的小小缺陷，在本书前四章中都有提到，但没有作为一个主题深入讨论。IFO 的流行，使得不值一提的“技术不完美”，变成了一种继 ICO 之后有效的发币融资手段。

区块链软分叉只能修补小漏洞，硬分叉会造成社区分裂

在某一时刻的比特币网络中，不同的全节点可能拥有多个不同的

区块链版本，但都是合理的，这种现象叫“区块链分叉”。其产生的原因和修正的方法，总结如下。

- 区块链中的区块按先后顺序，以嵌套方式叠加，故第一章把区块链类比成“俄罗斯套娃”。先生成的区块叫“父区块”，紧接其后的是“子区块”，连接两个区块的结构叫哈希密码锁，是父区块的区块头的哈希值，存放在子区块中。
- 在同一次记账权的争夺中，两个以上的不同矿工产生了“有效哈希值”，各自立即将收到的已验证交易写入区块，以广播方式发给其他的节点，以求被验证。这样，此时的区块链网络就产生了两个或两个以上的合法区块。
- 由于网络延迟等原因，不同的节点可能会收到不同的合法区块，并且每个全节点只会保留一条自认为完整合法的区块链。这意味着，在不同节点上，同一个“父区块”可能有多个不同版本的“子区块”，形成多个不同版本的区块链。区块链分叉后，不同的矿工在各自的区块链上继续挖矿工作。
- 区块链分叉后，不同版本的区块链吸引的矿工在质量和数量上都不一样，换句话说，不同的分叉所对应的算力有差别。算力的高低，决定了分叉链的增长速度，总算力高的分叉，增长速度更快。一段时间之后，一条分叉链的长度要超过其他分叉。
- 矿工在网络中发现更长的链后，便会抛弃自己当前使用的链，把更长的链复制过来，在这条链的基础上继续挖矿。所有矿工都这样操作，最长的链就成了主链，分叉出来被抛弃掉的链就会逐渐消失。
- 某一时刻，同一笔交易会被临时记录到不同的分叉上。最终，只有存在于最长分叉链上的交易才算真正有效，这要等到现有区块后面出现至少5个得到验证过的区块。

- 如果两笔以上的不同交易，同时使用了同一个 UTXO，并被临时分别记录在不同的分叉上。和以上情况相同，该交易也得等到其所在区块后面出现至少 5 个得到验证过的区块时，才算彻底有效。

比特币通过以上机制，确保整个网络里只有一条链会被保留下来，成为真正有效的账本。在某一时刻，其他的分叉可能存在，但长期来看都是无效的，这保证了区块链的唯一性。值得注意的是，比特币网络保证区块链唯一性的前提是：所有矿工都遵从同样的机制。换句话说，就是所有的节点都使用同样版本的软件。这本来无可厚非，是对网络中所有节点的基本要求，但是，在软件升级或遭到攻击时，节点情况会变得复杂。根据不同的情况，区块链分叉主要有两种：软分叉和硬分叉（见图 7-2）。

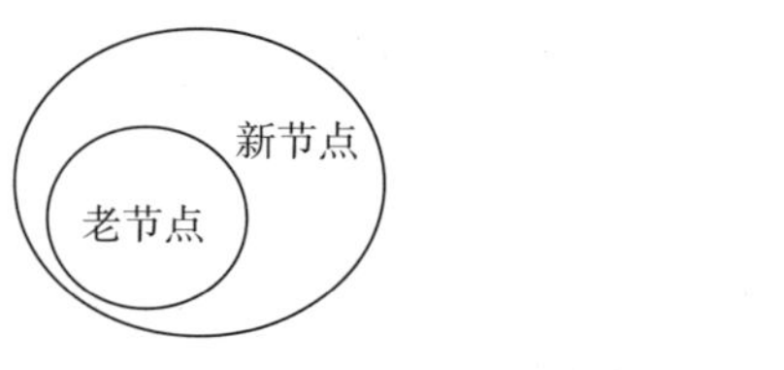

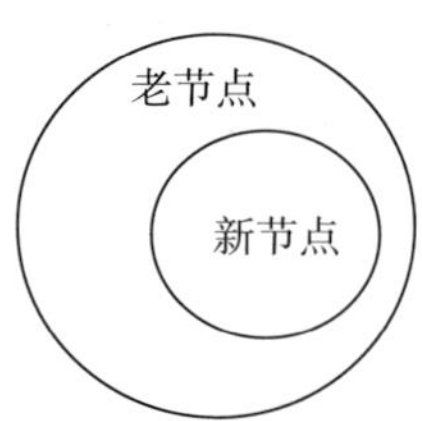

图 7-2　区块链的硬分叉和软分叉

软分叉的情况：在系统中，有部分矿工节点使用了新版软件，而新版软件和老版软件不兼容。使用新版软件的节点，叫新节点；使用老版软件的节点，叫老节点；新节点不接受老节点产生的区块，但老节点可以验证新节点产生的区块。

当新节点的总算力低于全网算力的 50% 时，新节点的总算力就小于老节点的总算力。新节点挖出的区块没有机会接入最长区块链，区块仍以旧的方式产生和接入区块链，有效区块链没有变化。相反，当新节点的总算力超过全网算力的 50% 时，老节点挖出的区块无法得到新节点的验证。新节点产生的区块，可以得到老节点验证，也可以被接入原先的有效区块链，此后有效区块链上的区块发生的更新，都来自新版软件。

在这两种情况下，由于新旧软件产生的区块不同，在某一时刻，网络中可能存有不同版本的区块链，但是，新老节点自始至终都在同一条有效区块链上挖矿。当所有的矿工都完成软件升级后，旧节点不复存在，软分叉就会消失。

软分叉的优点：始终只有一条链，没有分成两条链的风险，不会导致社区的分裂。软分叉不要求所有节点同一时间升级，允许逐步升级，且软分叉过程并不影响系统的稳定性和有效性。

软分叉的缺点：老节点必须能够接受新节点产生的区块。这要求新版软件向前兼容，意味着新版软件的变化必须在旧版软件认可的范围内，前者输出只能是后者输出的一个子集，这显然对新版软件的限制颇多。一般情况下，软分叉不能给现有区块链带来重大改变，只能修复一些较为简单的问题。

硬分叉的情况：在系统中，有部分矿工节点使用了新版软件，而新版软件和老版软件不兼容。使用新版软件的节点，叫新节点；使用老版软件的节点，叫老节点；新节点不接受老节点产生的区块，老节点也不接受新节点产生的区块。

当新节点的总算力介于 0 和全网算力的 100% 之间时，网络中新旧两种节点同时存在。新旧节点产生的区块不可能相互验证，各自的区块以各自不同的方式产生，分别接入不同的区块链分叉。由此，全网节点分裂成两个互不重合组：各组有自己的有效区块链；各自在不同的有效区块链上继续挖矿。

硬分叉的结果，必定是导致原有的区块链分裂。两条或两条以上独立的区块链，各自拥有不同的矿工群体，甚至不同的用户群体。每个区块链社区代表一种生态，有自己的代币。一般而言，在商业上，社区用户群越大，价值越大。区块链硬分叉带来的矿工和用户群的分裂，必然会对原区块链社区的价值造成损害。一般情况下，区块链社区在做软件升级时，会尽量避免硬分叉，以免用户流失。

每个矿工节点或全节点运行的软件，体现了相应区块链的整体价值观，包括共识机制、区块内容、服务输出、运营规范、技术路线等，凝聚了整个社区在各个方面的共识，如技术、商业、经济或社会等。硬分叉意味着区块链社区的共识破裂，在某个方面双方分歧很大，无法弥合，一部分矿工和用户决定采用不同路线。

第一个有影响力的区块链硬分叉是以太坊分叉事件（见图 7–3）。2016 年 6 月，黑客利用程序漏洞攻击了以太坊上的著名项目“The DAO”，窃取了当时价值近 6 000 万美元的以太币。2016 年 7 月，以太坊开发团队通过修改软件，在第 1 920 000 个区块做了硬分叉，追回了被黑客盗取的以太币。然而，部分以太坊矿工并不认同这个修改，自始至终没有更新以太坊软件，于是形成了两条区块链：新链为以太坊，原有链为以太坊经典。两条链各自代表了不同的社区共识以及价值观。到目前为止（2018 年 5 月），以太坊经典，虽然没有像以太坊那样异军突起，但总体而言仍算健康。

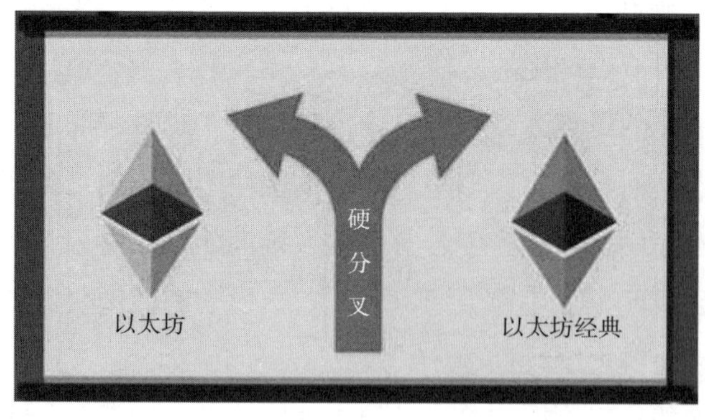

图 7–3　以太坊硬分叉的后果

以太坊的硬分叉发生在遭黑客攻击之后，作为修补方案，或多或少有点不得已而为之的意味，实际上，大多数人进行了迁移。但是，因为是硬分叉，只要有一个节点没有更新软件，就会造成事实上的两条主链。一次大的更新升级，想要得到社区全体的认同，几乎是不可能的事，所以每次硬分叉，必然会造成社区分裂，只是两边力量大小的问题。

2017年8月1日，由吴忌寒领导的矿工团体创建了一个比特币分叉，产生了一条新链，代币为比特币现金，简称BCC。这次硬分叉完全是主动而为。以吴忌寒为首的矿工，在解决比特币网络拥堵问题时，力求推行自己的区块扩容方案，主张由1兆扩展到8兆，这和比特币核心维护团队（The Core Team）发生了严重的分歧，最终其独立出去，形成了自己的链和自己的社区。

区块链硬分叉，拆分生态，制造新币，成就IFO

区块链软分叉可以视作区块链软件更新、清除简单漏洞的途径，是管理上的微调，而硬分叉则是大变动，类似公司层面上的拆分。在目前的商业环境中，公司拆分在法律、财务和业务等各个层面都是极其复杂的，利益难以平衡，业务难以分割，且耗时耗力，有时甚至会滋生暗箱操作，备受诟病。区块链的硬分叉则完全是技术路径，无论是在法律、财务还是业务层面，分割界面都非常清晰，没有任何歧义，而且切分效率之高，令人折服。

区块链硬分叉可以高效拆分以代币为基础的商业生态圈。一方面，不可否认，在分叉初始，原有生态的总体价值会遭到削减；另一方面，分叉后，通过节点的自由选择，生态圈的内部共识更稳，内在黏度更强，商业效率更高。

区块链硬分叉也是制造新虚拟货币的一种途径。以以太坊分叉为例，硬分叉生成的以太坊和以太坊经典两条链，它们在分叉前的数据是完全一样的。分叉后，原本持有以太坊经典的用户，除了原有的以太坊经典外，多了相同数量的以太坊。换句话说，以太坊经典持有者在硬分叉后，凭空获得了一种新的虚拟货币以太坊。用户凭空多出的虚拟货币资产，具体价值如何，取决于市场的交易情况。但总的来说，区块链硬分叉成了一种发行新币的方式，凭空增加了原有用户持有的资产，这对于另立门户的矿工和原有用户来说，是个皆大欢喜的结果。

硬分叉创造加密货币的方式也可以用来筹集资金，对应的新名词为 IFO。在分叉的初始阶段，制造分叉的矿工团队可以不开放挖矿权，暂时垄断在新链上生成区块的权力，通过所谓的"预挖"，给指定的节点事先分配一定数量的新虚拟货币，然后再开放挖矿权，允许所有节点参与。项目团队可以将事先分得的新虚拟货币在公开市场出售，筹得发展资金。IFO 使得硬分叉有了金融功能，像 ICO 一样，一发不可收拾。

区块链硬分叉完全是一项技术活，但其过程极其简单，一个熟练的区块链工程师只需几分钟就可以搞定。项目的组织者主动对比特币或以太坊等主流区块链进行硬分叉，生成新代币，再根据项目的商业目标，赋予新链代币诸多新颖的功能和特性，以构建自身的商业生态圈。对比原先的 ICO，IFO 有明显优势。

- 技术继承：所有的公有链项目都是开源的，在 GitHub 上都有源码库。组织者只需付出很少的努力，就可以根据源码分叉生成一个新币，如麻币。由于起点是原币源码，所有原币的先进技术，就可以完全得到继承。开发者可以根据自身的商业目标，选择最接近的已有区块链进行硬分叉，以减少开发量和开发难度。

- 绕开 ICO 禁令：通过所谓的“预挖”，优先获得分叉后的新币。组织者可在短时间内，获得一定份额的新币，在上市交易后，直接将其在二级市场兑现，筹措开发资金，绕开了 ICO 依赖的一级市场。
- 用户基数大：组织者可以选择主流虚拟货币进行硬分叉，因为这些货币的知名度高，受众广泛。组织者可以按照一定的比例，无偿给原币的持有者赠送新币，圈住首批用户，加速新币商业生态的形成。用户是整个区块链生态争夺的最重要对象，ICO 新币的用户数基本为零，而 IFO 生成的代币，初始用户与生俱来。
- 绑架交易所：很多 ICO 的新币，没有机会在虚拟货币交易所公开交易。虽然，在虚拟币行业中没有类似证监会这样的机构，但是交易所为了维护自己的声誉，会拒绝 ICO 后发展不好的新币上市交易。没有公开的二级市场，新币的发行者就无法兑现手中的屯币，大众也很难对项目进行估值。一般情况下，IFO 无偿获得的新币，会自动出现在用户的钱包里。如果经常交易的原币持有者，一直将原币托管在交易所账户上，新币也会出现在交易账户上。持有者对新币天然的交易冲动，有时会迫使交易所开通新币交易。

鉴于 IFO 的上述优势，硬分叉的组织者可以在已经成功的区块链的基础上，继续进行技术创新和商业建设，不需要平地起高楼。2017 年 12 月，号称中国比特币首富的李笑来发起了“超级比特币（SBTC）”项目。其团队在白皮书中宣称：在比特币原链第 498 888T 区块实施高度分叉；超级比特币的总量是 2 121 万枚，其中 21 万枚为分叉预挖；比特币的原来持有者获得一比一赠送。超级比特币的特点：区块扩大至 8 兆，零知识证明，支持图灵完备的智能合约，闪电网络，去中心化挖矿等。显然，超级比特币团队利用比特币的超级人气，并借鉴其他公有链的技术成果，打造出了所谓的超级链。梦想的起点，不再是巨人的脚底，而是巨人的肩膀。

2017 年 8 月 1 日，比特币第一次成功分叉，产生了比特币现金。随后，在 2017 年 10 月 24 日—2017 年 12 月 12 日期间，比特币以迅雷不及掩耳之势分叉 8 次（见图 7-4），而且，基本上每次分叉出的新币都在主流交易所上市交易。硬分叉的风口里，以太坊也没有落后。2017年12 月15日，第一个以太坊硬分叉的新币——以太雾诞生。据说二流币莱特币，也已“怀孕”。

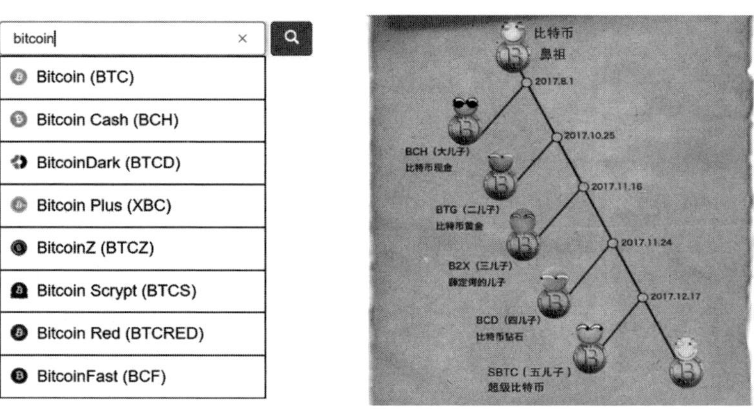

图 7-4　比特币硬分叉产生的儿子们

第三节　货币战争，一触即发

区块链硬分叉，不管是遭黑客攻击后不得已而为之，还是创业者站在巨人之肩追求梦想，其现实结果都是产生了更多的区块链和更多的代币。在硬分叉中，技术继承不可避免。这些由某个特定基础区块链分叉出来的新链，不可避免地具有内在相似性和明显的族群特征。在商业上，分叉币诞生后的首要任务是上交易所交易，以便完成既定的融资目标。多个几乎雷同的虚拟货币，同时在二级市场被交易，涨落之间反映各自进退，其背后团队更是利益交错，少不了明争暗斗。

创业者在每个分叉币的白皮书中都描述了新币自身的特性，但这些都是尚未实现的愿望。分叉币被创造出来后，在很长一段时间内，同族的虚拟货币之间的竞争远大于合作。“货币战争”经常被用来描述现代经济中法币之间的竞争，而在虚拟货币的世界，这种竞争有过之而无不及。

比特币现金的技术创新和商业运营，都是中心化的

2017 年 8 月 1 日，挖矿巨头比特币大陆旗下的矿池 ViaBTC 开始正式实施硬分叉方案，基于比特币的原链，推出了“比特币现金”。比特币现金矿工我行我素，公然分裂原有的比特币社区，同时因为对比特币现金有控制权，开始趋向公司化运作。这些反去中心化的做法，在区块链界引起了广泛的讨论。

比特币现金是比特币扩容之争的直接产物。在比特币设计之初，中本聪将区块大小限定在 1MB，导致比特币网络的交易处理能力非常有限，通常情况下只能达到每秒 3～4 笔，峰值不过每秒 7 笔，远远不能满足实际需求，造成了网络堵塞、交易确认延迟、交易费用居高不下等问题。2017 年 7 月，比特币核心社区准备实施隔离见证（Segwit）升级，并决定在 6 个月内把区块大小升至 2MB。而比特币现金团队不接受有争议的隔离见证方案，提出直接将区块扩容为 8MB。

其实，比特币现金扩容方案本身也颇具争议。通过区块扩容提升链的吞吐量，只能线性地增加交易处理能力，治标不治本。全球性的

支付系统，如维萨、万事达卡、支付宝等，每秒可处理 5 万笔左右的交易。相比之下，比特币现金的扩容方案，显得杯水车薪、前途暗淡。

在现实中，比特币现金的链上交易，数量有限。截至 2018 年 5 月，比特币现金的区块大小鲜有超过 1MB 的，暂时看不出区块扩容对解决拥堵的效果。

扩容方案要想达到预设目标可能不容易，副作用却很明显。区块容量保持在 1MB 时，大多数个人电脑可以运行全节点，这对去中心化网络的安全至关重要。区块扩容后，用户只有升级硬件和网络宽带，才能运行全节点，这导致网络更加中心化。

当然，扩容也有帮助。扩容使得比特币现金的交易费用比大多数代币便宜，即使规模不断扩大，交易费仍保持在一个相对较低的水平。2018 年 4 月 20 日，比特币的每笔交易费用大约是 0.20 美元，尽管比网络拥堵时每笔 40 美元的交易费用大幅下降，但和比特币现金的 0.002 8 美元相比，仍高出百倍。2018 年 5 月 15 日，比特币现金再次硬分叉，区块扩容至 32MB，交易费低廉已成板上钉钉。

在技术上，比特币现金除了对区块大小进行扩容外，还更换了算法难度调整策略。

第三章第三节描述了比特币有效哈希函数的难度调整过程，其基本算法是：新难度 = 旧难度 ×（最新 2 016 个区块的实际花费时长 /20 160 分钟），其中，20 160 分钟是 2 016 个区块的理论时长（假设每个区块耗时 10 分钟）。从公式中可以看出，比特币网络每生成 2 016 个区块，才会调整一次难度。虽然，最初比特币的目标出块时间大约是每个 10 分钟，但随着比特币交易量增多，矿工进出频繁，在 2 016 个连续区块期间，算力和难度有时会不匹配，这就导致出块时间和交易确认时间难以预料。

比特币现金社区曾多次调整难度策略，最近一次发生在 2017 年 11 月 13 日，其算法策略为：根据前 144 个区块期间的比特币现金网络的平均总算力，每 600 秒进行一次难度调整，目标值也是每 10 分钟产出一个区块。该策略背后的逻辑是：针对实时的网络算力，定时调整出块难度，而不是像比特币那样，每隔固定的 2 016 个区块进行调整。显然，前者考虑了网络算力的实时变化，提高了难度调整的及时性和准确性，稳定了出块预期。

除了在技术上不断地探索，在商业上，比特币现金更加努力。

比特币现金来自比特币的硬分叉，继承了比特币近 10 年发展起来的用户群体。除了普通用户，有些原比特币阵营的大佬也纷纷为其站台。

比特币的早期投资者之一，号称“比特币耶稣”的罗杰·维尔（Roger Ver），在 2018 年 5 月 15 日接受 CNBC 采访时表示，比特币现金是除比特币外，全世界用户和商家使用最多的加密货币；不看好比特币，称其缓慢、昂贵且不可靠。

埃米尔·奥登堡（Emil Oldenburg），是世界上最大的比特币相关网站 Bitcoin.com 的联合创始人之一，在 2017 年 12 月 19 日接受采访时透露，他已经卖掉了持有的所有比特币，转而投资比特币现金。

比特币现金除获得用户的支持外，还获得了大量基础设施厂商的支持，如钱包供应商、交易所和支付中介等。比特币现金已经获得众多知名钱包供应商的支持，如 Edge、Bread、Jaxx、Copay、Exodus、Ledger、Trezor、Stash、Mobi 等。

全球各大主流交易平台在比特币现金诞生后不久，纷纷上线其相关交易。截至 2018 年 5 月 22 日，比特币现金已上架 Bitstamp、比特币公司、Kraken、Bithumb、GDAX、Poloniex、Bittrex、火币、币安和 OKEx 等 93 家交易所。

比特币现金与比特币支付公司等第三方支付公司合作，大量的商户开始接受其作为支付手段，包括微软、Newegg（新蛋）、亚马逊等知名公司。许多比特币 ATM 公司都添加了比特币现金服务，如

General Bytes（比特币硬件和软件生产商）、Bitcoinplug、Lamassu ATM（比特币 ATM 制造商）等。

人员方面，目前一共有 7 支集中管理的团队支持比特币现金开发和维护，分别是 Bitcoin ABC、Unlimited、XT、Parity、Flowee、Bitprim 和 Nchain。这些都是公司化运作的团队，较去中心化的社区而言，它们解决问题的速度更快。

2018 年 5 月 18 日—2018 年 5 月 19 日，比特币现金的核心矿工在香港召开会议，同意给比特币现金准备发展基金，拨出不超过 5% 的区块奖励，为开发相关项目提供资金，推动更多应用落地，如开放代码空间，提升脚本能力，实现智能合约等。按当时的市价，1% 的区块奖励相当于 65 万美元，其发展决心真是天地可鉴。

华尔街精英、加密货币交易公司BKCM LLC的创始人布赖恩·凯利（Brian Kelly）高度评价此次会议，认为这种提升区块链价值的方式很好，会有更多的实际应用落地。因为有用性是价值的基础，对比特币现金来说，这是极大的利好。

比特币现金更具稀缺性。比特币现金总量为 2 100 万枚，虽然和比特币一样，但在比特币分叉时，有些交易所或钱包不支持比特币现金，其流通总量实际上减少了。

综合以上所有利好和利空因素，截至 2018 年 5 月 30 日，根据 coinmarketcap.com 的实时跟踪，比特币现金的市值超过 170 亿美元，在虚拟货币中位列第 4，是迄今为止最成功的分叉货币，对比大多数竞争对手，表现不俗。

货币战争，各显神通，暗藏风险，呼唤监管

虚拟货币到底如何发展？遵循怎样的商业模式？采用何种技术路线？一直都是币圈争论不休的话题。

从商业运营的角度来看，币圈有两种完全不同的发展路线：一种是像比特币那样，创始人消失，基金会名存实亡，整个系统靠矿工、交易所和周边应用支撑，没有强力的中心；另一种是公司化筹资、公司化运营、公司化推广，一切围绕一个中心运作，如瑞波币、达世币等。

实际的虚拟货币市值证明：两种路线都可以做得很好，彻底执行后，效果都不错。截至 2018 年 5 月 30 日，比特币市值第一，瑞波币市值第三。除此之外，有些区块链网络采用半中心化运作模式，如 EOS，社区选举产生 21 个可信节点来管理网络，效果也不错——EOS 市值第六。真可谓条条大路通罗马。

比特币和比特币现金以及其他虚拟货币之间的竞争，折射出新事物在发展初期没有技术范式可循，总是争议不断，即使是专业人士也难以达成共识。但是，毋庸置疑，虚拟货币的胜败犹如法币的起落一样，会引起财富的此消彼长，决定商业生态的繁荣与衰败，甚至引发一些不可预见的后果。虚拟货币之间的竞争，对区块链技术的发展，对创业方向的把握，对政府的监管，都意义重大。

第五章第二节描述了 17 世纪末以来，全球货币体系波澜壮阔的演变历程。每次世界货币的更替，从贵金属到金本位的英镑，再到金本位的美元，直到如今国家信用的美元，都伴随着世界经济格局的重大变化、人类财富的乾坤挪移，甚至军事冲突。

法币之间的战争，从来都是惊心动魄、你死我活的，而虚拟货币之间的竞争有这么严重吗？一般来说，在发达的市场经济中，货币具有价值尺度、流通手段、贮藏手段、支付手段和世界货币五大职能，这些也构成了货币竞争的五大维度。法币的竞争基本围绕这五个方面展开，虚拟货币也不例外。下面先以比特币为例，总结其在各个职能方面的现状。

- 价值尺度方面：价值尺度是货币的最基本职能，用来衡量商品的价值大小。第六章第四节中提到，虚拟货币可以作为一些次级资产证券化产品的定价货币。但总的来说，目前虚拟货币诞生时间不长，与强势的法币如美元，相距甚远，而且自身的价格波动巨大，暂且没有资格作为普遍适用的价值尺度。

- 流通手段方面：第五章第三节描述了比特币的困境，即缺乏足够的商家、消费用户，以及相关的税收监管体系不健全，这些都会阻碍比特币成为主流的流通货币。
- 支付手段方面：比特币网络的交易处理能力有限，远远落后于当前流行的维萨、万事达卡、支付宝等支付工具，特别是对高频小额支付来说，有着确认时间长、手续费高的致命弱点。
- 世界货币方面：目前的比特币更是遥不可及。第五章第二节描述了世界货币的演变历程，从黄金、英镑到美元，它们在各自的鼎盛时期，都是最重要的世界贸易结算货币和储备资产，占比都遥遥领先于其他竞争货币。而目前比特币尚未进入主流社会，这一点无从谈起。
- 贮藏手段方面：作为贮藏手段，比特币似乎最有希望。一直以来，比特币社区流行一种观点：比特币本质上是一种电子黄金，不需要做区块扩容去迎合高频小额支付，仅充当“价值存储”工具即可。目前比特币使用笨拙、价格波动、处理能力差等缺点，都不妨碍其成为储值载体，而且在年轻人中更容易流行。

在这五个领域，法币竞争中的胜出者往往是赢家通吃。现在的美元、曾经的英镑，在充当世界货币时期，在各个方面都占据着统治地位。因为法币之间的竞争，本质上是国家之间的竞争，是主体信用之间的竞争。法币是基于国家信用的货币，是国家经济、政治、军事、外交、文化等各方面实力的综合体现，这些因素可以分列讨论，但其对法币的影响浑然一体，无法割裂。主权货币的崛起，需要坚实的物质基础，也需要信心基础，如强大的国家机器、良好的信用环境、完善的金融体系等。

然而，虚拟货币之间的竞争，本质上是底层技术和商业运营的竞争，更接近于市场经济中公司层面的竞争。任何一种技术或公司运营模式都不可能是完美的，必然有其不足之处。换句话说，任何虚拟货币，只能适用于某个或某些特定的商业场景，不具有法币在整个市场经济中的普适地位，其内在技术和算法逻辑也不是放之四海皆准的通用法则。某种特定的虚拟货币要想在货币五大职能领域全都拔得头筹，全面超越其他虚拟币种，几乎没有可能。

加密货币是可编程货币，是区块链上基于计算机和加密技术的一段程序，其本质区别是技术和算法的区别。这些技术和算法，虽然在某种程度上体现了社区在社会、经济、政治和文化上的认知，但最终反映在治理体系和使用场景中，仍是与共识机制、交易、存储等相关的技术指标。用户的接受度，或多或少会受到社区商业运营策略的影响，但从长期来看，技术仍是决定性因素。

第一章第四节提到的“不可能三角”中，虚拟货币作为技术的上层建筑，同样面临着去中心化、可扩展性与安全三者之间不可兼得的窘境，差异化发展可能是虚拟货币不得不采取的发展策略。在法币竞争中不可分割的五大货币职能，在虚拟货币领域可能正面临着瓦解。不同的虚拟货币，在某个方面可以做到极致，但在其他方面却稍逊一筹，比如，比特币因其使用笨拙成为最好的贮藏手段；比特币现金则因其低廉的交易费成为主流的支付手段；Zcash（零币）因注重隐私保护，或成为特定场景下的重要支付手段。在区块链的世界里，不同资产因自身的特性迥异，可能会选择不同的虚拟货币作为价值尺度，最后导致所谓的世界货币不复存在。

第八章将讨论跨链交易，第九章将讨论代币背后的价值以及价值互联网，这些给虚拟货币的差异化发展提供了良好的外部环境，反过来也会进一步强化虚拟货币的差异性。在可预见的未来，各虚拟币种会承担不同的职能，相应的技术路线和运营策略也将进一步分化，差异化竞争会成为虚拟货币最现实的发展策略。

无论采用怎样的技术路线和运营策略，都是对新生事物的积极探索。虚拟货币的竞争是市场经济的一部分，当然值得鼓励。任何竞争都有正向积极一面，也有令人不齿的阴暗面。法币之间的货币战争涉及面极其广泛，潮起潮落、惊心动魄，甚至还会不时传来枪炮声。虚拟货币之间的竞争达不到战争的层面，但即使是商业层面的竞争，有时也会毫无底线、不择手段，在经济意义上也是你死我活。科技的飞速发展，给商业攻击提供了强大的武器，机枪池便是其中之一。

一般而言，某个特定的矿池或矿工只能挖一种币，但是如果两种或两种以上的虚拟货币的挖矿算法类同，该矿池或矿工就可以挖多种币。机枪池是一种智能矿池，可以实时监控多个币的市场价格、挖矿难度和出块速度等信息，动态地将其拥有的算力在不同的虚拟货币之间自由切换，实现单位时间内挖矿收益的最大化。

目前，主流币被频繁硬分叉，很多虚拟货币同根同种，其挖矿算法也就完全相同或非常近似，使得许多矿机可以在不同的虚拟货币链上从事挖矿作业。比特币和比特币现金就是这样的冤家对头。现成的比特币矿机都不需要变动矿场，只需在后台简单地改变几个参数设置，就能实现币种的切换。为了吸引个体矿工的加入，一些矿池更是贴心地推出了自动切换的功能。个体矿工从自身利益出发，特别是有一定规模的矿场，由于购买矿机的成本压力，必须追求挖矿效益最大化，反过来迫使有条件的矿池都成为机枪池。图 7-5 为最大的矿池蚁池的广告。

第三章第三节阐述了有效哈希值的意义。在比特币网络中，有效哈希值对矿工的意义重大，是工作量的证明，是获得奖励的直接依

图 7–5　蚁池的机枪池广告

据。但从社会现实的角度来看，其毫无意义，这些算力完全是能源的空耗。矿工除了从比特币网络获得利益之外，无法从其他渠道获得任何好处，这保证了矿工对比特币网络的忠诚，抑制了其作弊的动机。然而，机枪池的存在，使得某个特定网络里的算力可以脱离原有的网络环境获得价值，这给原先稳定的网络带来了无穷的隐患。

比特币算法按区块数量调整挖矿难度，每 2 016 个区块调整一次，而比特币现金按时间调整，每 600 秒调整一次。理论上，比特币现金完全可以对比特币网络发起攻击，过程如下。

- 比特币现金的算力相对集中，比较容易受中心化组织的支配。攻击者可以先将所支配的算力全部投入比特币网络参与挖矿。根据其难度调整原则，比特币网络会在下个周期将难度值向上调整，当前周期投入的算力越大，难度向上调整的幅度越大。攻击者可以最大限度地投入可支配算力，同时在公开市场拉升比特币价格，引导机枪池中的个体算力切换到比特币网络中，使得比特币网络在下个周期的挖矿难度大幅提升。
- 在比特币网络下个难度周期初始之际，即难度向上调整刚刚完成之时，攻击者将上个难度周期投入比特币网络的可支配算力迅速撤离，同时在公开市场拉升比特币现金价格，引导机枪池中的个体算力切换到比特币现金网络中。比特币网络由于挖矿

> 难度大，又瞬间失去大量算力，出块周期就会被大大拉长，同时，由于难度调整算法的限制，在产出 2 016 个区块之前，挖矿难度无法调整。个体矿工在很长一段时间内无法从比特币网络获益，必然就会离开，而且在难度再次调整之前，都可能不再回归，这就会造成比特币网络堵塞极其严重，当前出块周期被无限拉长，甚至近乎停转，造成事实上的瘫痪。

如此演绎并非空穴来风。2017 年 11 月 10 日，比特币现金的价格在交易所陡然被拉高，造成比特币网络长时间的严重堵塞，其背后的故事细节不得而知，但理论上存在无底线攻击的可能。

软件程序因自身的漏洞受到攻击，已经是司空见惯，不足为奇。在上述攻击流程中，比特币网络的算法逻辑算不上严格意义上的程序漏洞，只是自身生态的特点。攻击者通过算力的一进一出，利用比特币网络的固有逻辑，破坏其网络的稳定性。这是一场纯技术之间的正面对抗，还是法律意义上的犯罪，目前难以定论。

市场经济的基础是法制，但是不幸的是，尚没有任何一个主权国家有完善的法律体系来规范虚拟货币之间的竞争。哪些可以做，哪些不可以做，没有明确的界限。当代币经济高度发达时，每种代币所代表的商业生态体系难免会在对手面前暴露一些弱点。如果利益足够大而又没有有效监管，类似的致命攻击可能很难避免，其造成的损失也难以估算，可能不亚于一场小型战争。

目前，各虚拟币种的竞争已经相当激烈，在技术和运营上各显神通，好不精彩。比特币等头部虚拟货币，已开始逐步进入主流资本市场，如纽约商品交易所、芝加哥期货交易所、纳斯达克证券交易所等。巨量的、嗜血的主流资本，会利用规则千方百计地获利。当散户或加密货币爱好者眼巴巴地看涨之时，资本有可能正在谋划如何通过做空各种虚拟货币或其衍生品，攫取暴利。

当下的比特币或比特币现金：算力严重集中，币严重集中；技术不成熟，漏洞百出；交易所不透明，市场无监管；大量资金介入，市场暗流涌动。货币战争，一触即发，绝非耸人听闻。

货币之争是世界经济的重要现象，美元霸权是现代经济的重要特征。尽管中国、俄罗斯、中东，甚至欧洲等，都或多或少地加入到了“去美元化”的努力中，但竞争的同时也会有合作。为了促进货币间的国际合作，扩大国际贸易，保障各经济体协同发展，国际货币基金组织于 1945 年 12 月 27 日成立。国际货币基金组织是一个为国际货币问题制定多边政策的机构，并于 1969 年创设了特别提款权（SDR）。特别提款权是一种储备资产和记账单位，由一篮子货币组成。2015 年 11 月 30 日做了最近一次调整，现各成分货币占比为：美元占 41.73%，欧元占 30.93%，人民币占 10.92%，日元占 8.33%，英镑占 8.09%。

2018 年 3 月 7 日，比特大陆的创始人吴忌寒在华盛顿区块链峰会上表示，比特大陆非常有兴趣投资运用区块链技术的私有中央银行。私有中央银行可以发行和管理多种私有货币，然后将其作为一种服务，合法地出售给有需要的经济体。经济体可以是一个国家或者一个虚拟的实体，比如网络游戏的社群或者某个特定行业。这种私有中央银行，到底类似现有国家体制下的中央银行，还是更多地倾向于国际货币基金组织这样的国际组织，只有时间才能给出答案。但是，虚拟货币间的合作正成为热议的话题。2018 年 1 月，有传闻说莱特币和 Monero（门罗币）可能合并，但目前没有下文。虚拟货币的合并，技术上会比虚拟货币的分叉复杂很多，但并非不可能。

在可预见的未来，虚拟货币会在分分合合中向前发展，各种闻所未闻的商战或商业创新将陆续登场。这真是一个精彩纷呈，令人眼花缭乱的时代！

本章小结

本章中，央行的一纸禁令搅黄了小 q 的 ICO 美梦。梦醒后难免沮丧，小 q 退了筹款，寻求出路。困境中，币圈大佬发起了分叉革命，给小 q 指出了一条生路。小 q 重发白皮书，转向 IFO。比特币分叉，原本只是技术上的不完美，在商业上却成了造币方法、融资手段。大量硬分叉，使得币种相近，竞争难免。虚拟货币战争不是耸人听闻。

本章要点

- 区块链分叉本身是纯技术问题，是一种“技术上的不完美”。
- 在某一时刻的比特币网络中，不同的全节点可能拥有多个不同的区块链版本，但都是合理的，这种现象叫“区块链分叉”。
- 在比特币网络中，只有存在于最长分叉链上的交易，才算真正有效，这要等到现有区块后面出现至少 5 个得到验证过的区块。
- 比特币区块链分叉后，不同版本的区块链吸引的算力不同。总算力高的分叉，增长速度更快，在一段时间之后，长度会超过其他分叉。
- 软分叉的优点：新老节点从始至终都在同一条有效区块链上挖矿，不会导致社区的分裂。
- 软分叉的缺点：老节点必须能够接受新节点产生的区块，这要求新版软件向前兼容，意味着新版软件的变化会受限。
- 硬分叉的结果，必定是导致原有的区块链社区分裂。
- 区块链硬分叉可以高效拆分以代币为基础的商业生态圈。
- 区块链硬分叉也是制造新虚拟货币的一种途径。
- IFO：制造硬分叉的团队，将事先分得的新虚拟货币在公开市场出售，筹得发展资金。

- IFO对比ICO的优势：技术继承；绕开ICO禁令；用户基数大；绑架交易所，让新币上市。
- 区块链硬分叉，拆分生态，制造新币，成就IFO。
- IFO的技术继承，使得区块链梦想的起点，不在巨人的脚底，而在巨人的肩膀。
- 多种从某个特定基础区块链分叉出来的新链，具有内在相似性和明显的族群特征。
- 2017年8月1日，挖矿巨头比特币大陆的领导矿工实施比特币硬分叉，推出“比特币现金”。
- 比特币现金将区块大小扩容为8兆，后又扩容至32兆，有效降低了交易成本。
- 比特币现金更换难度调整算法，改为每600秒调整一次，摒弃了比特币每2 016个区块调整一次的策略。
- 比特币现金来自比特币的硬分叉，继承了比特币近10年发展起来的用户群体。
- 比特币现金获得了大量基础设施厂商的支持，如钱包提供商、交易所和支付中介等。
- 目前一共有7支集中管理的团队支持比特币现金的开发和维护。
- 截至2018年5月30日，比特币现金的市值超过170亿美元，在虚拟货币中位列第4，是迄今为止最成功的分叉货币。
- 币圈有两种发展路线：一种是像比特币那样，创始人消失，基金会名存实亡，整个系统靠矿工、交易所和周边应用支撑，没有强力的中心；另一种是公司化筹资，中心化运作。
- 货币具有价值尺度、流通手段、贮藏手段、支付手段和世界货币五大职能。
- 法币竞争中的胜出者在五大职能方面是赢家通吃，因为法币之间的竞争，本质上是国家之间的竞争，是主体信用之间的竞争。

- 虚拟货币之间的竞争，本质上是底层技术和商业运营的竞争，更接近于市场经济中公司层面的竞争。
- 用户对虚拟货币的接受度，或多或少会受到社区商业运营策略的影响，但从长期来看，技术仍是决定性因素。
- 虚拟货币不得不采取差异化发展策略。
- 科技的飞速发展给商业攻击提供了强大的武器，机枪池便是其中之一。
- 机枪池是一种智能矿池，可以实时监控多个币的市场价格、挖矿难度和出块速度等信息，动态地将其拥有的算力在不同的虚拟货币之间自由切换，实现单位时间内挖矿收益的最大化。
- 机枪池的存在，使得某个特定网络里的算力可以脱离原有的网络环境获得价值，这给原先稳定的网络带来了无穷的隐患。
- 没有任何一个主权国家有完善的法律体系来规范虚拟货币之间的竞争。
- 巨量的嗜血资本在千方百计地利用规则获利，加大了虚拟货币战争的可能性。
- 虚拟货币之间的合作正成为热议的话题。

第八章

牌友用智能合约切磋

代币虽被奉为商业生态的血液，但具体的业务仍需各种应用支撑。去中心化是公有链最主要的特征，所有部署在公有链上的应用都自动拥有去中心化的特征。同时，公有链保证了交易各方无条件的信任，促使社会网络更好地移植到互联网上。麻币通过分叉以太坊成功发行，是 QPS 里程碑似的事件。从此，整个生态有了根基，运营将围绕代币展开。麻币给 QPS 的发展打开了一扇大门，小 q 的脑海里一下涌出无数想法。面对太多的可能，小 q 有些激动，甚至狂热，给 QPS 的发展绘制了一幅大大的蓝图。

第一节 棋牌室智能合约战略

QPS 基于以太坊的 IFO 终于成功，麻币脱胎换骨。小 q 踌躇满志，心中谋划着 QPS 的发展计划：

- 第一步：把麻将比赛做成线上游戏，并用麻币结算。游戏是一个去中心化的应用，它基于以太坊并用智能合约的方式开发。牌友不用见面就可以在网络中放心大胆地和来自世界各地的选手进行比赛，一切按事先约定的程序进行，也不用担心系统管理者和他人勾结作弊。

- 第二步：围绕麻将比赛开展麻币借贷，主要通过加杠杆让牌友有更多的资金参与游戏；当触发某些合规条件时，智能合约完成自动放款或平仓。
- 第三步：改造棋牌室的自动售货机，将其作为节点接入 QPS ；用户向自动售货机节点支付麻币，可以在售货机前获取商品，并刷脸确认。
- 第四步：开设无人管理线下棋牌室，将各种门锁、设备作为节点接入 QPS，并采用麻币支付的方式驱动各个节点的使用和维护。
- 第五步：改造 QPS 管理机制，通过成员投票，将 QPS 基金会改造成一个基于区块链的、自我进化的 DAO 组织。
- 第六步：设定自动奖赏机制，让全世界有志于推动 QPS 发展的“有识之士”能够自由地贡献自己的聪明才智和发展资源。

小 q 浮想联翩（见图 8-1），一时没有止境。QPS 里所有的交易都以智能合约的方式开展，以实时事件为驱动，以麻币完成结算。QPS 系统围绕麻币，通过智能合约变得更加智能、高效、紧密。每个成员以麻币为身份标识，不论是拥有者、发起者、开发者，还是管理者、运营者、使用者，都被分配了合理的责任和权益。每个人的收益取决于其对生态圈的综合贡献，而不是他们的资本付出。公平合理的分配机制是生态圈长治久安、稳定发展的重要基石。

小 q 深刻地认识到，用户是整个生态圈的基础，是最大的财富，也是其他生态圈争夺的主要对象。每个用户在生态圈内的交易、消费、生产、评论等，都成为自己生态身份的一部分。这些元素在区块链上产生、保存、传播，不可篡改，真实可信，永不丢失，构成生态圈内成员之间无条件信任的基础。另外，牢固的信任会吸引更多的用户加入，促成更多成员间的交易，提高整个生态圈的活力。

图 8-1　牌友用智能合约切磋

同时，由于麻币的成功发行，小 q 同时用麻币和人民币作为薪资支付手段，招募了各种区块链人才。其中，有些区块链开发者来自所谓的“链圈”。他们以往的工作主要是开发联盟链应用，和常规的软件公司没什么区别，因为没有发行货币，所以没有获得数字资产的市场溢价。在 QPS 系统中，麻币的发行总数一定，虽然现在还没有上市交易，但随着系统的完善和生态圈经济体的扩张，随着参与者人数的增多和商品交易量的提升，麻币增值可能只是时间的问题。这对加盟的员工很有吸引力。

麻币是生态圈价值的唯一体现。被吸引过来的开发者看好 QPS 系统的前景，相信麻币可以给他们带来更多的收益。他们怀着美好的预期，持有尽量多的麻币，并努力地建设 QPS 系统。小 q 看在眼里，乐在心里。连 Q 总都感叹，没有见过这么忠于职守的员工。小 q 告诉 Q 总，他们不仅是员工，还是股东，可能还是牌友。Q 总心想，世界上真的存在会打麻将的程序员股东吗？可现实胜于雄辩，他们已经来了。

在初步发展规划完成后，技术伙伴带领团队有条不紊地向着 QPS 商业白皮书上的目标前进。小 q 还有一个重要的任务，就是在适当的时候，让麻币在一些虚拟币交易所上市交易。这样，QPS 基金会可以兑现一些麻币，用于项目发展，同时在参与的商家、开发者、使用者等角色心中，建立 QPS 系统的价值尺度，可以极大地增强生态的内在黏度，有利于进一步扩张。在可预见的未来，随着 QPS 商业圈的扩大和用户的增多，麻币的增值会给小 q 和核心团队带来可观的收益。

小 q 把棋牌室的游戏做成基于以太坊的智能合约，线下棋牌室里的牌桌也换成了定制电脑，并添置了自动售货机。在 QPS 系统里，一切买卖都是智能合约，所有交易都由麻币结算，棋牌室的生意达到了一个新高度。小 q 开始琢磨智能合约还有怎样的潜力，以便提高现有生态的活力，进一步扩展 QPS 系统的边界。

第二节　区块链上的智能合约

智能合约最早是由美国科学家尼克·绍博于 1996 年在题为《智能合约：数字市场的基石》的论文中提出的。1989 年，绍博毕业于美国华盛顿大学，获得计算机科学学位。1998 年，绍博设计了一种叫“位黄金”（Bit Gold）的去中心化数字货币系统，但很快发现无法解决“双花”问题，最终无法实施。但是，他一直深信有一种终极的技术协议——“上帝协议”（The God Protocols），能让“上帝”在所有的交易中扮演公正的第三方。

作为一名程序员，绍博一直以来对密码学和法律有着浓厚的兴趣，于是重回校园，在乔治·华盛顿大学法学院学习，并于 2006 年获得法律硕士学位。绍博认为，加密货币不足以让市场获得完全的自由，因为在市场中，除了货币，还有其他制约因素（如法律等）。

1997 年，绍博在一篇关于智能合约的论文中写道：智能合约是缔约双方通过用户界面和内在协议达成的数字化契约，并受到公开网络的保护，其效率远远超过纸质合同；如果基于互联网的法律能够连接现实生活中的设备，那么智能合约可能成为合同的主要形式。

自 2009 年以来，比特币交易变得越来越流行。由于早期从事过数字货币领域的工作，绍博被多次怀疑是中本聪本尊。尽管绍博一再否认，但是外界求证的努力一直没有停止。有人甚至指出，绍博的行文用词习惯和中本聪论文中的表达有很多相似之处。不管怎样，绍博在比特币诞生史上有过重要的贡献，对智能合约的形成和发展做出的贡献更是无人可以替代。

智能合约可以看作是基于计算机程序的电子合同，明确了参与各方的权利和义务。合同条款可以在没有第三方监督的情况下，被全部或部分地自动执行。这些交易是可信的、可追踪的、不可逆转的。智能合约比传统合同更安全可靠，并减少了与合同相关的其他交易成本。

自动售货机（见图 8-2）是现实生活中经常被提到的智能合约案例。客户放进一定数额的货币，就会触发“让客户选择商品”的流程；在客户选择商品后，售货机就会掉下所选的商品。这个例子涉及硬件和软件的应用，而有些案例可能只涉及软件的应用，如信用卡自动还款。在用户设置好还款条件后，还款程序会在条件满足时自动执行。比如用户设置每月 1 日凌晨 2：00，归还信用卡所有的欠款，自动还款程序便会在那一时刻自动将用户指定账户的钱划转至信用卡中；若有指定账户的余额不足或其他意外情况发生，还款程序会以邮件的方式即时提醒用户。

图 8-2　智能合约的典型代表：自动售货机

从这两个直观常见的案例中，我们可以看出：智能合约无非是一种“如果……那么……”的逻辑。当一个预先设置好的触发条件被满足时，智能合约执行合同条款中规定的相应动作。如果上一个动作的执行改变了某些状态属性，又满足了另一个“如果……那么……”逻辑的触发条件，那么另一组相关的规定动作又会被执行。其中，状态属性的改变被称之为“事件”。

整个智能合约体系类似多米诺骨牌，某一事件触发了动作执行，产生了下一个或多个事件，由此触发更多的动作执行。因此，程序可以在多个事件间构造复杂的逻辑，以反映现实社会中真实的合同。

虽然智能合约的概念在 20 世纪 90 年代就已经被提出，但是由于技术上不够成熟，一直只停留在理论阶段，没有得到广泛应用。主要原因是：在现实世界里，无法找到一个可靠的第三方来确认合同的合理性并自动执行。

在自动售货机和信用卡自动还款的案例中，合同双方的信用地位在实际商业环境中是完全不对等的。拥有售货机的商家，其信用度远远大于投币的客户；发行信用卡的银行，其信用度也远远大于还款者。由于对商家（银行）的高度信任，投币者（还款者）允许商家（银行）编写的程序在没有第三方确认的情况下自动执行售货（还款）合同，智能合约得以执行。

但是，这种地位的不对等给了商家和银行强势的地位，用户和它们之间的合同或多或少地含有霸王条款。在实际生活中，常见的涉及霸王条款的业务包括银行理财、房屋买卖、投保理赔、电信套餐等。据统计，一个苹果的粉丝如果拥有苹果公司 5 种不同的产品（见图 8-3），并使用苹果公司为每台设备提供的软件，那么他至少已经同意了 30 份服务合同（总计超过 10 万字的法律文档）。用户在与强大信用主体签订合同时，往往很随意，或无条件顺从，但在与对等信用个体签订合同时，却显得格外小心，甚至斤斤计较。

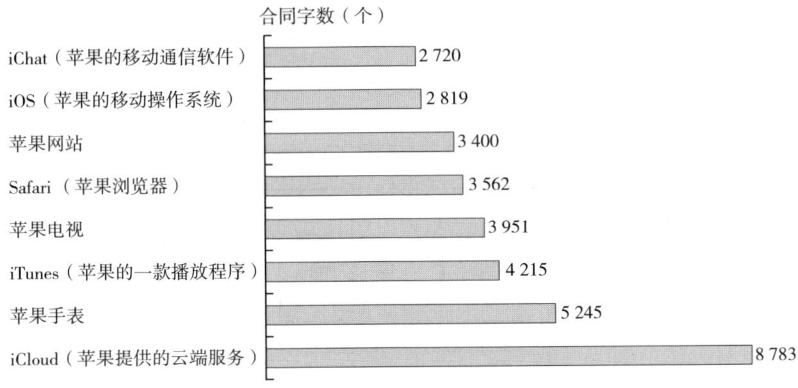

图 8–3　苹果公司产品的霸王条款数量

在一般情况下，合同条款包括合同的效力、履行和违约处理等。效力是指合同适用的范围，包括时间、地点、人、组织和物。履行是指合同各方的权利和义务，通常包括各方达成的一系列行动方案。违约处理是指在合同无法履行时的纠纷解决机制，包括选择适用的法律、判决机构等。当信用对等时，合同各方会针对以上问题来回谈判，反复斟酌。即使最终达成协议，任何一方都不可能将合同置于对方的计算机程序中，让其自动执行，因为违约后的判决流程和执行结果也是合同的重要组成部分，关乎各方利益。

2009 年，在公开网络上，在智能合约的执行过程中，能够扮演公正的第三方的“上帝”终于出现，那就是比特币底层技术——区块链。

智能合约在区块链上的实现过程（见图 8–4）类似比特币的产生过程。合约各方都是区块链网络里的一个节点，它们之间达成的协议被表达成计算机程序语言，即“合约”。合约在区块链上的所有行为与比特币交易在 P2P 网络中的传播、验证、共识、写入区块、链形成等过程原理相同，最终形成一条合约区块链。区块链上被验证的合约会被定期检查，符合触发条件的合约，会被广播至全网。各节点像验证比特币交易一样对合约再次验证，等全网达成共识后，合约中的程序得到执行，并通知各相关方。整个处理过程由区块链底层的智能合约执行系统自动完成。

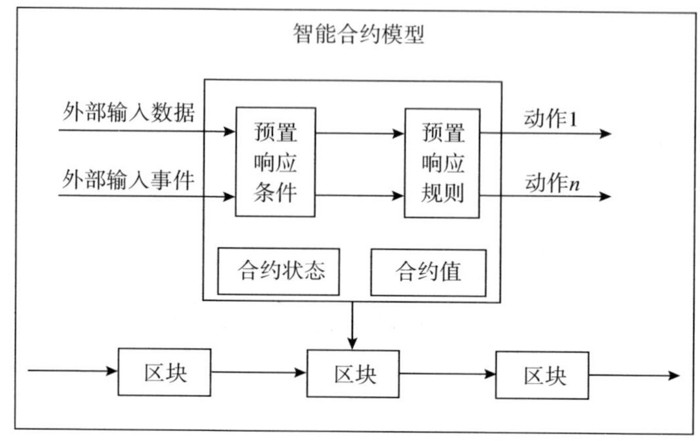

图 8–4　智能合约的模型

第二章第二节描述了比特币的交易，其本质上是自带数据的程序。验证过程是针对 UTXO 数据结构，执行锁定脚本和解锁脚本。在逻辑表达方面，比特币具有非常灵活的“可编程性”。为了追求安全性和稳定性，中本聪规定比特币的脚本语言为图灵非完备性，从而限制了比特币交易脚本含有复杂逻辑的可能性。在智能合约中，各方的买卖流程本质上也是一种逻辑表达，可能较比特币的交易逻辑更复杂。理论上，如果脚本语言突破图灵非完备性，完全可以在区块链上构造逻辑复杂的去中心化应用。自 2014 年开始发展的以太坊赋予了脚本语言图灵完备性，是目前最成功的智能合约平台。

2013 年，作为一名比特币社区的程序员，维塔利克 · 布特林提出，比特币平台应该提供更完善的编程语言，让程序员开发各种去中心化的应用程序，但他的提议没有得到比特币社区的认可。于是布特林决定开发一个新的平台，并于 2013 年发布了《以太坊白皮书》。2014 年 7 月，以太坊进行了 ICO，筹集了 1 800 多万美元的开发资金。以太坊最重要的技术贡献就是智能合约，并为此专门开发了图灵完备的编程语言 Solidity。以太坊有 4 个官方开发周期：前锋（Frontier）、家园（Homestead）、大都会（Metropolis）、宁静（Serenity）。目前以太坊处于第三个周期——大都会。截至 2017 年年底，近 1 000 个去中心化应用在以太坊上运行。以太币市值在虚拟货币中位列第二，仅次于比特币，高达 800 亿美元。

在技术上，以太坊是比特币应用的有效升级。比特币的每个区块记录了一段时间内比特币的转账记录。在比特币交易中，脚本语言是交易传播、验证和执行的载体。相对应地，在以太坊中，区块记录了各种已验证的合约，其执行载体是图灵完备的脚本语言（又称“虚拟机”）。所以，有人将以太坊称之为“区块链 2.0”。

智能合约的概念诞生在互联网初期，但彻底实现却完全依赖于区块链，所以现在的智能合约专指区块链上的智能合约。部署在区块链上的智能合约具有前所未有的优点。

- 无条件信任。在中心化的世界里，信用严重不对等，智能合约很可能演变成霸王条约；在信用对等的个体之间，智能合约难以形成。在公有链中，节点之间无条件信任，智能合约达成的可能性大大增加。如果把合同部署在区块链上，合同双方拥有不依赖第三方的牢固互信，有利于商业活动的开展。例如在现实生活中，陌生牌友之间的比赛并不常见，但在区块链上切磋则不存在这样的顾虑。在现实场景中几乎无法建立信任的场景，在区块链上的智能合约中则有可能出现。
- 不可篡改。在现实生活中，合同双方在签订合约时会一式几份，并在上面签字、盖章，主要目的就是防止合约被篡改。智能合约保存在区块链的分布式大账本上，形成类似比特币的嵌套式储存，杜绝任何修改。
- 自动执行。在日常生活中，双方签订合同要依赖第三方权威机构来监督实施，即使这样，无法执行的合同大量存在。但是，区块链上的智能合约是用计算机程序语言编写的，在去中心化的计算机上执行，无法被阻止，这最大限度地保证了缔约双方签约时的意志。

- 事件触发广泛。理论上，智能合约可以处理任何状态下的契约关系，前提条件是必须要输入触发事件。随着信息科技的发展，在日常生活中，许多行为和对象已经数字化（如音乐版权、著作权等），这些合约的触发事件可以完全数字化，后继动作可以自动执行。当物联网普及时，更多现实生活中的触发事件将被数字化，被接入区块链，驱动智能合约的执行（例如在锁上共享单车的一瞬，骑行费用已经被扣除；在雨雪天开车，车险就会自动调升等）。

智能合约把先前不可见的法律系统，特别是所谓的合同法，搬上了互联网，使得虚拟世界在无人监管的情况下自动公正地执行事先达成的契约。正如绍博描述的那样，法律是保证市场完全自由的重要支柱之一，没有嵌入到网络世界自动执行的法律机制，虚拟世界纵使拥有自己的自由货币，也可能是杂乱无章的。

现有法律体系主要分为两大类：英美法系和大陆法系，前者是以判例为中心的，所谓的法官是法律最终的制定者；后者是以法律条文为中心的，由专业立法者撰写。大陆法系特点之一是具有系统的民法体系，继承了法典编纂的传统，强调法典必须完整，注重细节，崇尚法理逻辑，要求法官严格按照法条审判。从技术的角度来看，大陆法系可以被看作是用人类语言写成的计算机程序，把它转换成智能合约是水到渠成之事。完善的民事法制体系是社会持续稳定发展的必要条件，是民众发展民生的基本保障。

智能合约为民法体系迁移到互联网上提供了可能。民事法律服务数字化使得整个法律体系更加快捷、方便、有效，这对商业乃至整个社会的影响都无法估量。即使对于刚刚诞生的虚拟货币社区，智能合约的作用也不可小觑。

第三节　追求无为而治的DAO

市场经济本质是法制经济。法律制度为市场主体创造了高效、有序、公平的市场环境，规范了市场主体的行为，如产权界定和保护、合同的签订和执行等。区块链上的智能合约是法律或规则新的体现形式，其建立和执行的高效率必定会对以法律为基础的市场经济产生深刻的影响。

在市场经济中，最重要的市场主体是公司。经济学基本原理指出：市场通过价格机制合理高效地配置资源。如果在成熟、自由、高效的市场中，一切资源都得到了最合理的配置，为什么还需要企业的存在呢？诺贝尔经济学奖得主罗纳德·哈里·科斯在《企业的性质》一文中解释道：公司内部配置资源的效率高于外部市场调节资源的效率。可见，公司内部治理效率决定了其在外部市场中的地位。公司对内在治理效率有着本能的追求，公司的经营者只有不断地提高内部管理水平，才可能在激烈的市场竞争中立于不败之地。

公司内部治理是一系列规则的总和，公司治理结构是治理水平的综合反映。正如“创新理论”的奠基人、经济学家约瑟夫·熊彼特所论述的，企业的组织演变是创新的重要部分。在科技飞速发展的互联网时代，公司治理结构始终紧随商业发展的趋势，而智能合约的出现，必然给公司的治理结构带来可预见的重大变化。公司内部治理规则的适用和影响范围有限，可能成为智能合约率先落地的理想场景。

公司治理结构的演变，从层级组织到企业生态圈

历史上，最早的公司诞生于 1602 年，即在荷兰成立的东印度公司。此后，公司从最初的无限公司发展到股份有限责任公司，后者至今仍是市场经济中最广泛存在的公司形式。在第二次工业革命中，公司的治理形式和人员组织架构得到了彻底的塑造，形成了现代企业管理制度的典型形态。

19 世纪末，被誉为“科学管理之父”的美国人弗雷德里克·泰勒（Frederick Taylor）提出了“泰勒制”的科学管理理论，该理论通过系统研究员工与工作任务之间的关系，设计了标准化的工作流程，提高了生产效率，奠定了西方管理制度的基础，促进了“生成流水线”的普及。

同时代的被誉为“组织理论之父”的德国社会学家马克斯·韦伯，提出了权威理论与官僚组织理论。韦伯是现代组织理论的奠基人，又被冠以管理学家的称号。韦伯的组织理论构成了管理学的基石，使得金字塔结构成为工业时代最普及的组织架构。

20 世纪初，人际关系学说的创始人乔治·梅奥（George Mayo）注重研究人的个体行为和群体行为，提出了通过满足职工的社会需求来提高生产效率的理论，把管理学强调的科学性和严密性转向强调人的因素。

泰勒、韦伯和梅奥分别从流程、组织和人的角度研究了企业“如何优化管理，提升效率”。大规模工业生产的不二法门在于提升效率和降低运营成本。无论是从机器还是人的角度来看，“上级管下级”的科层制度都与大规模工业化高度相配。到目前为止，现代企业制度本质上仍是从股东大会、董事会、高级管理层、中级管理层，直至底

层员工的层级制度。

在大规模生产的工业时代，金字塔式的组织结构被证明是最有效的公司治理形式。然而，随着历史的车轮滚滚向前，科技的发展日新月异，特别是自20世纪90年代以来，互联网技术的普及掀起了第三次工业革命的浪潮，公司的生产、组织和人都发生了重大的变化。

首先，客户需求发生了深层次的变化。客户需求更多地体现了自身的需要，带有明显的个性化特征，例如撞衫被普遍认为是一件尴尬的事情。这种客户需求的变化迫使大规模生产制造最终转向大规模定制；无论产品还是服务，整个生产流程的发起者都是客户；公司内部的生产状态不再是管理层可以任意“优化”的对象。

其次，员工获取信息的方式发生了深刻的变化。在金字塔结构中，员工的大部分生产信息、知识或技能都来自自己的上层。信息技术降低了信息的存储、传输和处理的成本，员工高效获取知识信息的途径不再是程序化的，来源也不再限于公司内部，金字塔结构不再是信息和知识传播的主渠道。

最后，在生产要素中，人的地位得到空前提升。拥有核心能力的个人对非人力要素（如工资、福利、职位等）的议价能力得到极大的提升。很多组织的内部关系转化为市场关系，导致固定的生产模式和自上而下的组织体系彻底被打破。

客户参与生产、信息渠道多元、人的议价能力提升等因素共同作用，将推翻企业内部的金字塔，也将使企业的边界变得模糊。企业竞争模式由个体企业之间的竞争过渡到企业所在行业、产业链之间的竞争，最后发展为企业生态系统间的竞争（见图8-5）。企业生态涵盖范围极其广泛，包括各种商业模式、管理模式、新颖的科技、宽泛的行业、广阔的地域、庞大的用户等，没有明确的限制。同一生态中的企业互相依存，共生发展，单打独斗的时代已经一去不复返了。

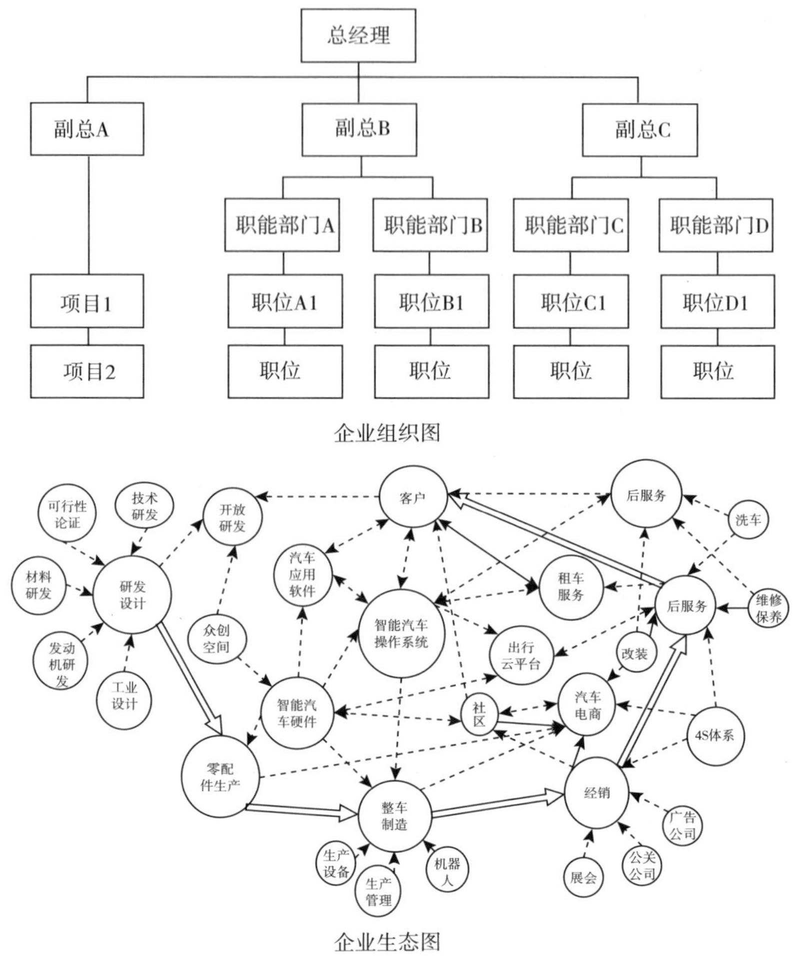

图 8–5　企业组织形式的演变

现代的企业巨头，如阿里、腾讯、小米、百度、亚马逊等，无一不是生态型企业。以阿里为例，截至 2017 年 6 月，阿里集团官方公布其员工人数为 73 000 多人。根据官方披露的 2016 财年业绩，阿里 2016 年总销售额达到 3.77 万亿元人民币，服务的用户超过 10 亿。2017 年“双 11”活动期间，天猫和淘宝一共产生 8.1 亿个包裹，超过 300 万名快递物流人员为之服务。显然，创造惊人规模的，不只是阿里在册的那 7 万多名员工，还包括阿里生态系统里大大小小的各种角色。据阿里官方数据，仅淘宝和天猫两大平台，就聚集了上千万家店铺，如物流公司、店铺装修公司、存货管理公司等。

除了这些核心平台外，阿里生态系统还有阿里通过资本、业务、技术等手段产生关联的各行各业的企业。正如阿里巴巴学术委员会主席、前阿里集团总参谋长曾明教授在其《商业智能 20 讲》中描述的那样，今天最成功的互联网公司，大家把它们称之为“平台”或“生态系统”，本质上是一张“非常复杂的协同网络”，其核心机制是“在线”和“互动”的不断演化和深化。

协同网络的巨大威力是有目共睹的，那么它还可以再进化吗？

如果把整个互联网平台或生态看作是一个独立的企业——“前生态企业”，那么那张“非常复杂的协同网络”便把许多“前生态企业”内部的职能（如淘宝的商家、滴滴的司机、微信的公众号等）按市场化原则外化了。这些原本属于“前生态企业”的内部职能，现在已不属于平台公司，但属于所谓的生态系统，它们的产出以服务和产品的形式按照市场定价提供给生态系统里的企业或最终客户。因此，整个生态系统的效率远远高于“前生态企业”。而所谓的平台公司只是这张“非常复杂的协同网络”的管理者。

但是，整个“前生态企业”仍然没有实现彻底的网络化。在一般情况下，这些互联网平台建立在 Web（网络）2.0 技术之上，是一种混合式的自动化平台，它界限分明地把“前生态企业”分成两个部分：外围网络化市场化的服务体系和层级结构的平台管理公司。在服务体系中，数字化的工具普遍存在，规则和流程基本都是自动执行的，互联网、物联网、大数据、云计算、人工智能等新技术在其中大显身手。而在平台管理公司内部，金字塔的组织结构仍为主流，规则和流程基本是非自动化的，需要不间断地进行人为干预。

在“互联网 +”的大潮中，许多工业时代的巨无霸企图通过新技术把原本属于企业内部的职能和人员网络化、市场化、生态化，以提高其核心竞争力。2016 年 11 月 24 日，在国务院参事室主办的“2016 国是论坛”上，海尔集团董事局主席张瑞敏在谈到“大型企业如何向互联网转型”时强调：企业一定不要做“帝国”而要做生态圈，经过多年探索，海尔内部已有 200 多个小微企业和创业企业。

智能合约，构建DAO 的核心治理逻辑

在区块链时代，在互联网平台或生态系统中，金字塔结构最后一个层级的管理组织也可能被网络化和自动化（见图 8-6），取而代之的是 DAO。平台管理公司制定了整个企业生态圈的规则，并将其自动化，是整个企业生态圈毫无争议的中心。DAO 是通过区块链上的智能合约，将公司内部管理规则代码化、程序化，杜绝了执行过程中的人为干预现象。那么 DAO 究竟是什么？它是如何产生又是如何发展的？

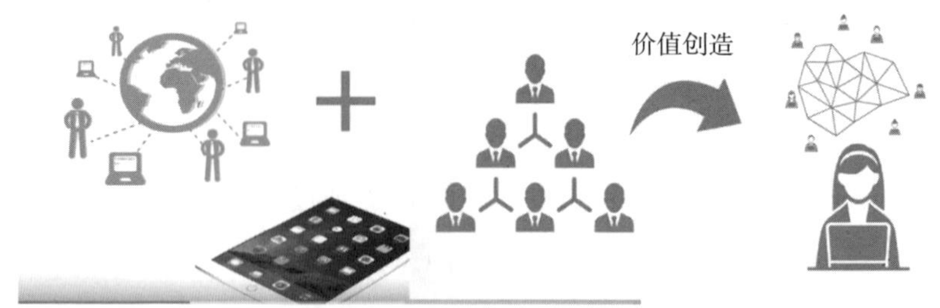

图 8-6 DAO 瓦解最后的金字塔结构

2013 年 9 月 7 日，区块链界的大佬丹尼尔·拉里默，现 EOS 网络的首席技术官，首次提出了“分散式组织公司（DAC）”的概念。为了区别传统意义上“公司（Company）”的概念，DAO 代替了 DAC。DAO 是个极其新的概念，尚没有统一的定义，但具有以下基本特征。

- 通过公开的规则，以开源软件的形式，在无人干预和管理的情况下自主运行的组织形式。
- 每个人都可以成为该组织的参与者，一般有两种途径：购买该组织的权益代币，或者提供组织认可的服务。
- DAO 像一个全自动的机器人，当全部的程序设定完成后，会按照既定的规则运作。
- 在运作的过程中，根据实际情况和既定的程序，组织可以不断地更新程序，完成自我升级，以适应周围环境的变化。
- DAO 的形态广泛，可以是某种数字货币，也可以是一个系统或者机构，为客户提供有价值的服务（如货币传输、去中心化的应用平台等）。
- DAO 有自己的公开透明的规则条款，如代币的数量上限、竞争记账的共识方式等。
- DAO 代币的拥有者都可以被视为该 DAO 的股东。在一般情况下，股东永远有权行使数字货币带来的权益，并根据规则从中获益。
- “矿工”或开发者通过贡献自己的服务，成为 DAO 的参与者，并根据规则获得代币奖励；当更多的人需要 DAO 时，DAO 持有的代币可能会增值，从而有利于机构的成长。
- DAO 是一种全新的机构形态，可能是未来互联网中组织形态的雏形，它不受任何个人的控制却有明确的目标，能够自己进化和发展。

综上所述，DAO 是一个组织，所有的管理规则被写入智能合约，并在区块链上执行，公开公正，不可篡改。无论创建者、管理者、维护者还是使用者，都是组织的参与者，他们按照智能合约的代码，拥有权利和义务。所以，DAO 要实现的是对组织的“无为而治”。DAO

刚好和中国道家中“道”同音，多么美好的邂逅。道家，作为中国一种古老的处世哲学，在智能合约世界里找到了知音。“无为而治”不再只是一种思想，而是一段实实在在的可执行的计算机程序，是社会网络向虚拟世界迁移的又一个实例。

第六章提到的“无法无边无形的巨无霸”是未来公司的形态，DAO 的诞生让这个概念更加清晰。“无法”，意味着不受某特定法律所管辖，DAO 自身的智能合约成为核心准则。“无边”，意味着生态的开放性，任何人可以按照公开规则成为组织的参与者、选择自己的角色、摆脱常规的限制（如行业、地域、国家等）。“无形”，意味着没有固定的物理形态，如中心机房、官方总部、官方人物等，所有的节点可以自由进出。一个“无法无边无形”的共同体，具有空前的创造力、极高的管理效率、合理的治理机制，这些都为“巨无霸”的诞生奠定了基础。

企业治理从金字塔组织结构到网络化的企业生态圈，再到“无为而治”的 DAO，最后形成以代币为基础的“民有、民享、民治”的商业生态圈，实现了完全网络化、自动化、去中心化。一个企图“无为而治”的 DAO，有无实际效果？可以“治”吗？以下是目前各个虚拟货币社区的发展情况。

比特币核心是目前维护比特币网络的核心组织，负责技术开发，在得到 51% 的矿工同意的情况下，可以更新代码，是一个非营利性组织。根据比特币网络的共识机制，只有矿工可以获得奖励，而其他的工作，如维护全节点或代码开发，都无法从比特币网络中获得直接的报酬。比特币核心的官方网站公布的人员名单显示，截至 2018 年 5 月，有三四百人常年为比特币网络撰写并提交代码。另据 bitnotes.earn.com（实时跟踪比特币网络数据的一家网站）的报道，截至 2018 年 2 月 28 日，比特币网络的全节点数超过 11 000 个。对于一个相对成熟的、完全去中心化的虚拟货币社区，如此众多的志愿者，显示了社区的基础相当坚实。

以太坊（见图 8-7）作为发展中的新兴社区，拥有区块链行业最大的志愿者开发团队。以太坊的共识机制规定，以太坊的开发者也没有直接的网络奖励。根据 CNBC 的报道，截至 2017 年 6 月，以太坊社区拥有 35 000 名开发者，超过 500 家创业公司在以太坊上开发去中心化应用；截至 2017 年 11 月，以太坊的开发测试包（Truffle）的下载量已经超过 20 万次。2018 年 1 月，以太坊开发者联盟负责人安德鲁·基斯（Andrew Keys）在接受采访时表示，以太坊社区的开发者数量全球第一，是开发者数量位列第二的区块链社区的 30 倍。

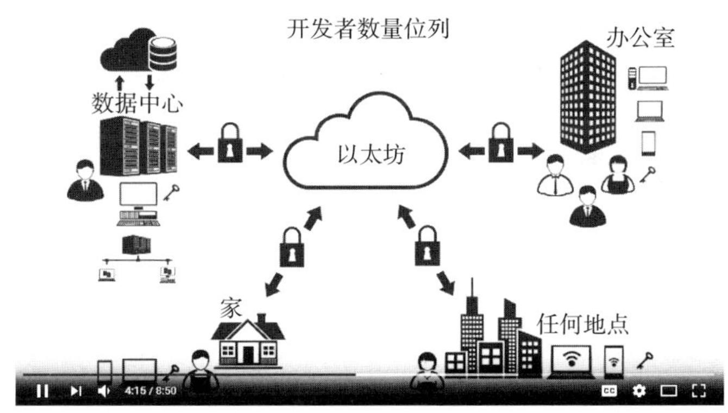

图 8-7　无为而治的以太坊

在开发和运营的过程中，对参与者贡献的工作是否给予直接的代币奖励，完全取决于写入智能合约的规则。STEEM 是一个类似“今日头条”的、去中心化的内容发布网站，无论是发布文章、点赞还是评论，用户都可以直接获得代币奖励。2018 年 5 月 18 日，STEEM 宣布其注册用户已经达到 100 万名。

DAO 自诞生以来，随着区块链的发展，取得了一些进步，但是里程碑式的重大应用还没有出现。可能在不久的将来，大事就会发生。2018 年 1 月，以太坊的创始人维塔利克·布特林提出了 DAICO（分散自主式ICO）的概念，在原有ICO的基础上加入DAO机制，用智能合约限制代币发行人不负责任的套现行为。

ICO被认为是一个伟大的创新，同时也是一个天生的“畸形儿”——代币发行者和大众投资者信息严重不对称。代币发行者掌握了所有的信息，而大众投资者除了一份真假难辨的白皮书外，没有其他任何信息来源。这种情况加上监管缺失，大众投资者要深刻理解项目，或只能寄托于发币者。然而，在巨大的利益面前，人性经不起考验。很多ICO发行的是“空气币”，发行者根本没打算把筹到的钱投入项目，而是卷款而逃或敷衍了事。

DAICO在ICO筹款期结束后，利用智能合约允许大众投资者决定代币发行者从ICO筹款中提取金额的速度。大众投资者可以根据项目的进展情况，用投票的方式，分期给发行者拨款，将发行者使用资金速度和项目进展情况结合起来，甚至可以投票终止整个项目，将余额全部退还给投资者。

新技术的应用速度总是令人咋舌。2018年5月16日，去中心化的游戏平台The Abyss（阿比斯）使用DAICO方式（见图8-8），在为期一个月的ICO中，从近5 000名投资者中成功筹得价值1 500万美元的代币。其使用DAICO规则如下：

- 增加拨付资金的投票，只能由项目开发人员发起；
- 每次增拨资金的比例有一个上限，防止开发团队滥用资金；
- 拨付资金的投票次数不超过每周一次；
- 只有拥有代币的投资者可以投票，项目开发者不可以投票；
- 在预定的投票之前，投资人将会被告知详情；
- 当投资人决定终止该项目时，智能合约将余款退还给投资人，同时销毁开发人员持有的代币。

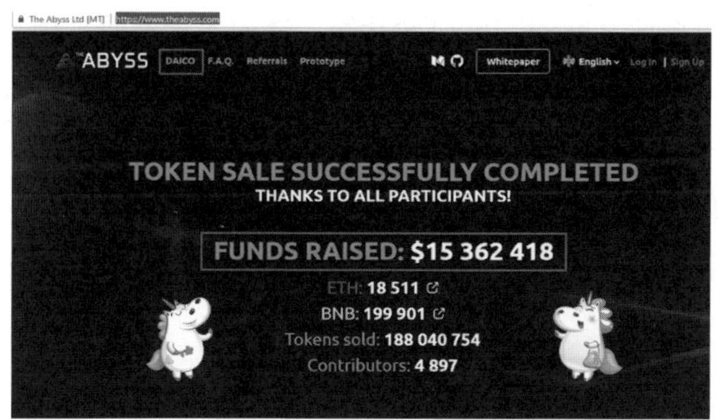

图 8–8 首次使用 DAICO 的 Abyss 项目

任何一种新技术都有利有弊。DAICO 抑制了代币发行方的“恶”，但有可能暴露投资者的“不善”和“不明智”。参与项目的大众投资者大多数只是投机者，并不是看好项目的长期发展，其唯一目标是尽快套现获利，对深度参与项目或运营项目毫无兴趣。这些投机者如果被迫参与项目的运营，可能会投出不负责任的票，有害而无利。而且，投机者被迫参与项目运营也可能延误项目的发展良机，让项目在市场竞争中处于不利地位，使得所有投资人都遭受损失。

总之，DAICO 是在原有 ICO 基础上的改良，是智能合约技术促进虚拟货币社区发展的典型案例，是在法律缺失的情况下的一种大胆尝试。2016 年 9 月，畅销书《精通比特币》（*Mastering Bitcoin*）的作者、区块链界的重量级人物安德烈亚斯·安东诺普洛斯（Andreas Antonopoulos）在参加加拿大参议院听证会时，关于“政府应该如何监管虚拟货币的交易和发行？”的问题的回答颇为经典。他虽然没有给出具体措施，但说道：区块链是一种崭新的技术，有很多可能；目前情况尚不明朗，政府不用急于着手制定新的监管法规；在市场竞争中，对于有些问题，区块链技术本身可能有更好的解决方案。

实践是检验真理的唯一标准，DAICO 的使用效果有待进一步观察。但可以肯定的是，DAICO 概念的提出和应用清楚地表明，智能合约在公司治理方面的尝试已经开始。作为未来网络上组织形态的雏形，DAO 本着“无为而治”的美好愿望开启征程，必然会面临技术、安全、法制等一系列问题。

智能合约技术的发展是 DAO 背后最主要的推动力量，而有着更广阔应用前景的智能合约本身正在蹒跚前行。

第四节　美好遐想和现实灾难

智能合约和代币经济相结合使得企业平台彻底转变成商业生态圈，甚至经济生态圈。商业流程深度网络化使得拥有者、运营者和使用者各司其职，各得其所。在技术上，智能合约和物联网结合，线上线下，浑然一体；当受到代币驱动时，合约自动执行；对用户来说，操作简便、安全高效，简直是极致体验。

万链齐发，构成美好未来，跨链交易成关键

为了展示美好，让我们畅想一下未来：假设在将来的世界里，有一个类似 Airbnb 的代币经济体（见图 8-9），提供的也是房屋短租服务，类似于 Airbnb，但又有很多不同。

图 8-9　区块链世界里的房屋短租

- 所谓的房屋短租平台公司已经不复存在，取而代之是一个叫作“HSDAO（房屋共享 DAO）”的去中心化的房屋

共享自治组织。

- HSDAO 的创建者通过代币发行筹措了启动资金，经过多年的努力，构建了这个令人向往的、有着极致体验的代币经济体。
- 用来共享的房屋也是区块链网络里的节点，有的是 HSDAO 成员提供的，有的是组织发行代币购买的，由全体组员共享。
- 每间房屋的任何一个部件和房屋中每台家用设备，全通过物联网实时接入区块链，它们都是网络中的节点。所有部件和设备的使用状态、损耗程度和维修历史等数据，全部存储在分布式账本里，不可篡改。
- 组织中的每个成员都是区块链网络上的一个节点，其人物图谱如指纹、脸部轮廓、瞳孔等数据也存储在区块链上，并用各自的私钥加密，如果没有得到所有人的授权，那么任何第三方不可以获得。
- 组织中的成员可以通过类似钱包的客户端浏览任一间房屋，不仅可以查看房屋出租的历史记录，还可以看到所有房屋的现有状态。
- 组织中的成员能够了解到房屋的各个部件和屋内设备的运营状况，可以预订那些未出租的房屋或者房间，租用时间可以精确到分钟或秒。
- 组织中的成员可以了解到由谁负责出租服务和房屋维护，以及他们的历史。
- 在预订房间的同时，客户还可以购买保险、租车等，这些服务不一定来自 HSDAO 组织，但可以通过币币交易跨链购买。
- 预订结束到入住之前，客户可以随时查看已预订的房屋状态，若有问题，按事先设定的规则，智能合约进入意外处理分支，直到问题解决。
- 有预订的组织成员在规定时间内到达预订的房间，通过自选的生物特征作为通行证入住房间，如一切正常，按事先设定的规则入住。

- 智能合约自动执行扣款程序，并把相应的代币瞬间转到各获益方的账户。
- 短租者在入住后，享有隐私权，短租期间产生的所有数据被加密保存，如果没有私钥，第三方无法破译。
- 房屋中任何设备均由智能合约控制，如空调、冰箱、炉灶、地板、跑步机等，本质上它们都是自动售卖机（有的卖商品，有的卖服务）。设备的使用费用均按使用折旧计算，租客在结束使用的时候，划转代币完成结算。
- 退租时，客户可以选择自己清洁，也可以选择第三方清洁。系统会自动检查房屋各部件、各设备的状态，计算出精确的费用。租客在离开的时候，划转代币完成结算。
- 提供清洁、维修、设备等各种服务和产品的第三方均为组织内的成员，他们有各自提供服务的流程和规则，均以相关的智能合约方式执行。

去中心化的组织成员提供一切服务、产品和资金。智能合约执行一切流程、规则和交易。任何独立硬件和不同身份的主体（人或组织）都是区块链网络中的节点，分别有不同的属性、权利和义务。所有的数据接入区块链，并用使用者的密钥加密保护隐私。

每当一项新技术出现的时候，人们不免胡思乱想、胡乱猜测，其实没有人知道未来会怎样。然而技术控们往往可以告诉你一些好消息：在上述区块链上的短租小屋不是幻想，因为有人已经迈出了第一步。

Slock.it 是一家德国区块链初创公司，自 2015 年成立以来，一直专注于区块链和物联网的研发，成功地开发出利用智能合约的区块链锁（见图 8-10）。每把区块链锁都连接到以太坊区块链上，由相关的智能合约控制。任何设备，如住宅、汽车、洗衣机、脚踏车等，都能安装区块链锁。区块链锁的所有者可以给区块链锁控制的资产设置预付款额度和租赁价格。用户通过以太坊区块链向锁的所有者发送代币，在智能合约开锁后，用户获得使用权。

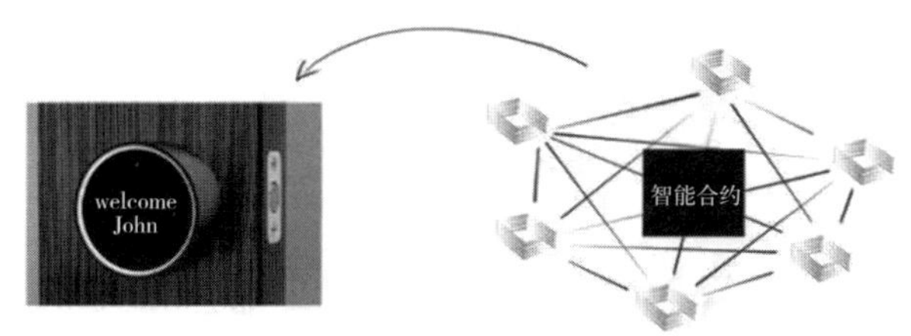

图 8-10 区块链世界里的锁

Slock.it 的研究和产品给了区块链界一个启示：可以把看似复杂而庞大的系统分拆成许多小规模的或不可再分割的独立功能，每个功能由各自的智能合约控制。每个独立的功能（服务或产品），都可以用独立的区块链来实现，都有相应的代币。这其实已经不是幻想，而是区块链技术发展的现状。Slock.it 的创始人斯蒂芬·图尔（Stephan Tual）在 2017 年 5 月撰文指出：目前区块链世界一片繁华，创业者和各级别的企业都在涌入；公有链、私有链、联盟链等，万链齐发；每条链都有各自的共识机制、存储方法和对应的商业问题，在大多数情况下，它们都发行相应的代币，令人眼花缭乱；在可预见的将来，区块链世界会更加碎片化。

现实社会是分领域进行价值创造的，把整个现实社会都移植到一个区块链上是不现实的。现实的发展也验证了这个论点：截至 2017 年年底，GitHub 上的区块链项目超过 8 万个；coinmarketcap 的数据显示，目前代币数量已超过 1 600 种。每条独立的区块链或独立的代币，都体现了独特的价值体系，如果区块链之间没有信息互通，则每条链都会成为信息孤岛。区块链之间的竞争关系必然转向竞争和合作并存，各链之间将通过跨链协议进行跨链交易。

目前常见的跨链技术有：公证人机制（Notary Schemes），使用者有 Interledger（瑞波币的跨账本协议）；侧链（Sidechains），使用者有比特币中继（BTC Relay）；哈希锁定（Hash-locking），使用者有闪电网络（Lighting Network）；分布式私钥控制（Distributed Private Key Control），使用者有 Wanchain（万维链）、FUSION（融合链）等。这些技术都刚刚兴起，还没有大规模地落地应用。

灾难总是先于美好而发生

跨链技术可以实现链间价值的互换，我们离智能合约和代币经济的梦想越来越近。然而“罗马不是一天建成的”，发展的道路并不平坦，现实灾难远比美好遐想来得猛烈。

2016 年，The DAO 事件爆发，是迄今为止最大的智能合约丑闻。The DAO 是一个去中心化的风险投资基金，以智能合约的形式在以太坊上运行，利用自己掌控的以太币投资在以太坊上的应用项目，为其成员创造价值。投资者用以太币兑换得到 The DAO 代币，并使用 The DAO 代币对 The DAO 项目中发表的、需要融资的项目进行投票，共同决定是否投资。The DAO 不受任何人或者组织控制，整个过程完全自动化。The DAO 项目于 2016 年 5 月 28 日完成众筹，共募集 1 150 万以太币，市价达到 1.49 亿美元，成为当时最大的 ICO 项目。

但由于其智能合约代码存在安全漏洞，The DAO 遭受黑客攻击，损失 360 万以太币，价值 6 000 万美元。在遭受攻击后，2016 年 6 月 17 日，以太坊创始人布特林通知社区，The DAO 已经受到黑客袭击，并在以太坊官方博客发布题为《紧急状态更新：关于 The DAO 的漏洞》的文章，解释了以太坊被攻击的细节，同时提议进行一次软分叉，将被偷盗的以太币的相关交易认作无效。不幸的是，在软分叉实施后，问题没有得到彻底解决。2016 年 7 月 20 日，社区经过投票正式实施争议很大的硬分叉，直接导致以太坊被撕裂成 ETH 和 ETC（以太经典）两个平行社区。虽然硬分叉追回被偷盗的以太币，但是 The DAO 下的投资项目已经无法正常运作了，整个项目只能被解散，募集到的以太币退还给了投资者。

具有讽刺意味的是，The DAO 项目的发起者正是前面提到的让人们对智能合约充满美好遐想的德国公司 slock.it。在 The DAO 项目失败后，slock.it 修改了智能合约，提出重启项目，但是响应者寥寥无几。

The DAO 项目的失败引起了区块链界长时间的讨论，议题包括技术、安全、法律、程序正义、结果正义等各个方面，一些观点汇总如下。

- The DAO 的技术漏洞只是程序意义上的瑕疵，完全可以弥补，但智能合约的编写和测试比预估的困难许多。
- The DAO 项目发起者声明：整个流程由不可伪造、不可虚构、不可篡改的程序代码自主运行，整个项目除了程序没有其他任何法律文件。
- 黑客没有违背上述原则，没有违背任何法律和合同，只是通过漏洞进行了套利，这和股票市场的做空没有本质的区别。
- 相反，拯救方案，无论是软分叉还是硬分叉，都违反了“不可伪造、不可虚构、不可篡改”的原则，实质上构成了违约。
- 原本应有机器自动执行的智能合约遭到撤销、推翻、回滚，这和现有的纸质合同有何区别？
- 投资者在整个投资和返还的过程中，没有任何法律保障。一个完全由智能合约代码管理的投资平台取代信托关系，比想象的困难得多。

- 去中心化的共识机制遵循程序正义，为了结果正义而推翻程序正义，有违整个区块链社区的立足之本。

梦想和灾难并存，新技术从来都是如此。人类在新技术的世界里，从来都是个蹒跚学步的幼儿。人类的自信带来克服困难的力量，而盲目自信又会招致重挫。然而，自信和盲目自信的界线模糊，尺度难以把握，谨慎乐观可能是当下正确的处事态度。智能合约技术不成熟，毫无监管框架，却前景诱人，只能且行且珍惜。

第五节　因为年幼，所以问题多多

任何一项新技术，无论创造了怎样辉煌的历史，都是从襁褓中走来的，在幼年时，无一不是个“问题儿童”。19 世纪的蒸汽汽车被贬称为“行走的锅炉”：当时把立式锅炉装在车后座，一个人往炉门里添煤，另一个人小心翼翼地驾驶。19 世纪的英国，到处都是奔跑的马车，路上随处可见马粪。蒸汽汽车隆隆而过，烟尘滚滚，又丑又危险，如过街老鼠，人人喊打。赶马的车夫和拾马粪的工人，因为其自身利益严重受损，是蒸汽汽车最强烈的反对者。蒸汽汽车只能是那个时代工业“极客”的宠儿。与“蒸汽汽车”的境遇相反，智能合约的应用领域玩笑般地出现了加密猫（CryptoKitties）。

加密猫由位于美国旧金山的 Axiom Zen（一家咨询服务公司）开发，于 2017 年 11 月 28 日正式登陆以太坊区块链。加密猫是个电子猫的喂养与繁殖游戏。每只电子猫有 $2^{256}-1$ 种可能的基因组合。通过遗传，它们的后代可以获得父母的特征如个性、外观等，总计有 40

亿种可能性。玩家通过以太币（游戏中唯一的交易货币）购买加密猫。加密猫是基于区块链的去中心化游戏，完全由智能合约执行。

互联网 + 猫 + 区块链，使得加密猫迅速走红。截至 2017 年 12 月 4 日下午 4 时，以太坊上共有 25 241 只加密猫参与交易，总交易次数超过 3 万次，交易额近 400 万美元，最贵成交价相当于一只猫 75 万元人民币。同时，由于交易量太大，以太坊网发生堵塞：待处理交易数量超过 1.5 万个，加密猫应用处于“宕机”状态，以太坊上的其他应用也运行不畅。人们不禁感叹，被基于厚望的区块链智能合约不在金融、共享经济、物联网等方面落地，而是从一只简单的猫开始，而且居然把以太坊网整瘫痪了！

创新是不能预判的，但是人们总希望在杂乱无章的演化中寻找规律，美国高德纳（Gartner）咨询公司是其中颇为著名的一家。高德纳咨询公司把各种新科技从诞生到成熟的过程分成五个阶段：科技诞生的促动期（Technology Trigger）、过高期望的峰值期（Peak of Inflated Expectations）、泡沫化的底谷期（Trough of Disillusionment）、稳步爬升的光明期（Slope of Enlightenment）、实质生产的高峰期（Plateau of Productivity）。

根据高纳德绘制的技术成熟曲线图（见图 8-11）可知，区块链技术正从过高期望的峰值期和泡沫化的底谷期。过高期望的峰值期特点：早期公众过分关注，演绎出一系列成功的故事，被人们津津乐道；失败的例子更多，但是对于失败，只有少量公司采取了补救措施，而大部分却无动于衷。泡沫化的底谷期特点：经历前面阶段而存活下来的公司，经过多轮扎实而有重点的尝试，对新科技的适用范围和限制有了更客观的了解，成功地摸索到有效的商业模式，逐渐成长。

2018 年 5 月 6 日，高德纳发布了一项针对企业首席信息官（CIO）的调查结果：77% 的受访者表示，其所在企业目前对区块链技术不感兴趣；只有 1% 的企业使用区块链技术。毫无疑问，区块链技术有巨大的潜力，但事实上，难以被广泛地应用到主流商业中。究其原因，主要是联盟链（包括私有链）和公有链都面临着一些尚未跨越的壁垒。

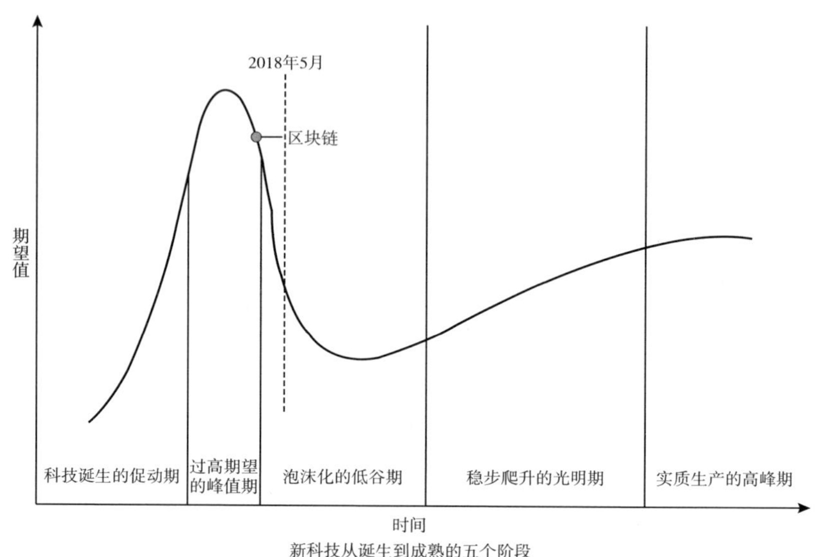

图 8–11　高德纳的技术成熟曲线

联盟链网络不是无条件自由进出的平等网络。第四章第三节详细阐述了联盟链的由来，其所有权既不属于公众，也不属于某个特定机构，而属于一些事先预选的节点。联盟链的本质是：通过线下协商，筛选节点，并赋予其权力，再将这种权力分机制地移植到网络上，形成一个共生共荣的商业生态。

联盟链和多边市场的生态平台拥有共同的目的，都是为了形成高效的网络协作，达到共赢的结果。但两者的形成路径不尽相同：前者是事先协商，形成规则，然后打造系统，最后运营执行；而后者是在竞争中自然形成权力格局。在自由竞争的过程中，各市场主体在启动时争先恐后，在过程中如履薄冰。如果利益各方经过协商达成了建设生态平台的共识，那么前期必须落实有关的资格筛选规则、权力分配机制、将来的更新原则、商业事务边界等。前期的讨论或争论耗时费力，中期建设可能还要拖拉扯皮，耽搁进度，最后还可能落得人人心怀不满。第四章第三节介绍了很多联盟链应用的大场景，但是都没有急于启动，商业协议难定、商业边界不清晰是主要原因。

除了商业上的原因，联盟链也面临着一些技术上的挑战，但是其难度和广度远不及公有链。下面引用前比特币公司的区块链工程师普茜·凯西瑞迪（Preethi Kasireddy）于2017年12月11日发表的文章《公有链的根本挑战》（*Fundamental Challenges with Public Blockchains*）来说明当前公有链面临的困境。

- 可扩展性的限制。公有链的共识机制要求网络中的全部节点参与处理全部的交易，导致吞吐量低下和交易速度缓慢。第一章第四节提到公有链的“不可能三角”：现有的公有链技术，无法同时获得可扩展性、去中心化、安全，只能在三者之间找平衡。解决该困境的潜在技术有：链下交易通道（off-chain payment channel），分片（Sharding），链下计算（off-chain computation）等。
- 隐私难以得到保护。公有链有一个公开的、可以被追踪的账本。智能合约的所有细节，包括发送者、接收者、交易数据、执行代码、合约状态等都是公开的。非授权组织如黑客、竞争对手、政府机构等，通过反匿名（deanonymizing）技术可以识别用户，获得信息。解决该困境的潜在技术有：ECDHM addresses（椭圆曲线迪菲–赫尔曼可信树地址），混合器（Mixer），环签名（Ring Signature），零知识证明（Zero-knowledge proofs），代码混淆（Code Obfuscation），预言机（Oracle），可信任执行环境（Trusted Execution Environments）等。

- 智能合约无法形式化验证。在数学上无法证明智能合约的程序，它将按预先设定的程序运行。原因很简单：智能合约是不可逆的，一旦被部署到网络中，便无法被修改，所以需要保证一切都不会出错。无论多么小心，写出一个没有漏洞的智能合约，难度很大。目前没有什么好的办法。
- 存储限制。网络里的每个全节点，都储存了所有的数据，而且没有期限，只增不减，不可逆。目前的解决策略是：每个节点不需要存储所有数据，如 Swarm（蜂群币）、Storj（控盘币）、代币等。
- 不完善的共识机制。共识机制保证了网络里的节点之间无条件的信任。当前流行的共识机制各自存在问题，如工作量证明的硬件定制过于强势、矿池中心化、浪费电力等，权益证明的无利害关系、易遭受长程攻击等。目前没有完美的共识机制，只有根据应用的场景做适当的调整。
- 缺乏治理标准。公有链是一个开源的、人人可以加入的、完全去中心化的系统，没有所谓的决策中心，没有升级系统的稳定路径，没有系统维护的标准。管理权的集中和去中心化之间存在着微妙的平衡。所谓的链上治理（on-chain governance）是解决该困境的潜在技术。
- 缺乏开发工具。区块链的软件开发环境不完善，开发新协议或中心化应用仍过于烦琐，现有的集成开发环境无法同时做到代码检查、智能合约开发、区块链分析等。这是个纯工程问题，比较容易解决。
- 量子计算机的威胁。量子计算机一旦成熟，现有的加密算法都会被有效攻破，所以公有链面临着量子计算机的严重威胁。目前后量子算法研究大致有六个方向：基于格的密码学（lattice-based cryptography）、多元密码学

（multivariate cryptography）、基于哈希的密码学（hash-based cryptography）、基于密码的密码学（code-based cryptography）、超椭圆曲线同构密码学（supersingular elliptic curve isogeny cryptography）和对称密钥量子电阻系统（symmetric key quantum resistance systems）。

- 其他问题。如跨链协议，更安全便捷的密钥管理、更高效的签名方案等。

区块链技术发展至今，没有形成所谓的主流派别。虽然有些研究者将区块链解析成多层结构，如数据层、网络层、共识层、激励层、合约层、应用层等，但只是一家之言或理论建议，没有形成所谓的行业标准。创业者面对众多问题，没有系统的归纳，也没有具有大局观的解决策略，仅在各自方向上奋力前行。正如第四章第四节阐述的那样，目前区块链技术领域百家争鸣，百花齐放，没有明确的技术范式可循。

区块链的问题已经成堆，智能合约面临的问题也是不胜枚举：驱动事件如何由外部世界接入？信息源如何验证？链上的合约可以撤销吗？不符合法规的合约是否有效？是否需要配套纸质合同？政府如何监管智能合约？在合约的执行中，出现不可抗力该怎么办？合约程序有漏洞，如何处理？合约的隐私如何保护？被黑客攻击的合约是否依然有效？如何防止攻击？等等。

实现智能合约的美好梦想有一个前提条件，就是物联网普及后的万物互联。第一章第二节详细阐述了区块链诞生的环境——互联网络。所有公有链吸引人的特征，如无条件信任、不可篡改、去中心化等，完全基于相关节点必须运行在同等协议的网络中。节点的数据只有产生在区块链网络中，才会被验证；只有遵循网络的数据存储规则，才能保证不被篡改；只有在网络中执行智能合约，才会受到约束。脱离了网络，区块链的所有特性都不成立。目前很多设想中的区块链应用，如供应链溯源、资产上链等，在大多数情况下，其场景中产生原始数据的主体没有直接连入网络，关键的数据上链环节需要人为介入，极大地降低了可信度。

好消息是，随着互联网、云计算的成熟，各种硬件设备正以惊人的速度接入网络。据《福布斯》杂志 2017 年预测，到 2022 年，全球将有超过 500 亿个智能设备接入互联网，如智能交通工具、可穿戴设备、智能家电等。另外，作为物联网的一个分支，工业互联网正在将生产资料和设备接入网络。一张史无前例的庞大的万物互联网络正在形成。

智能合约能驱动加密猫游戏，是因为其所有的输入事件和输出执行都以纯软件的形式存在。随着物联网的进一步发展，将有更多的设备入网，加上雾计算或边缘计算的兴起，智能合约将获得更多的、实时的、可验证的输入事件，以及更多可信任的合约执行主体，其应用场景将摆脱纯软件的限制而渗透现实生产生活的方方面面。随着数据的海量增长和人工智能的快速进步，智能合约本身的内涵将更加宽泛。“智能”不仅代表目前的自动化，而且还可能实现真正意义上的“智能化”。

智能合约本质上是一组部署在区块链上的逻辑，其输入的是导入区块链的事件信息，换句话说，是对世界的感知；输出的是一系列的动作执行，是外界的行为响应。感知、逻辑和响应，是人工智能系统的固有特征，其中逻辑的复杂程度决定了“智能”的高低。区块链上的逻辑不受人工干预，但若能自我学习、自我升级，那将妙不可言。另外，物联网的接入给区块链提供了丰富的、可信的数据资源（数据是人工智能最重要的原料）。如果在现有的智能合约中，嵌入人工智能算法（如机器学习），再喂以区块链大账本中已验证的数据，那么整个区块链网络是集感知器和执行器为一体，以智能合约为核心的超级智能体系。正如腾讯前副总裁吴军教授所言：人工智能 + 物联网 + 区块链＝超级人工智能，其中人工智能是大脑、物联网是眼、耳、鼻、舌，区块链是神经网络。

智能合约与区块链结合在一起，再加上物联网和人工智能，是梦想更大了还是问题更多了？可能两者都有。是喜是悲？如何应对？看看互联网和人工智能的历史，也许会有所启发。

互联网诞生于20世纪60年代，经过30年才开始流行起来，之后又经历20年的大规模的社会改造期，其间创造出CPU芯片、操作系统、数据库、通信协议、移动互联网、大数据、云计算等一系列技术工具，累积了众多的基础设施，形成了成熟的技术范式，最终才有了今天无所不在的应用，如电商、社交媒体、搜索引擎、出行软件等，才引起了各行各业的巨变，如交通、能源、金融、医疗、教育等行业。

人工智能的历史比互联网的更长（见图8-12），从20世纪50年代被正式提出，经过跌宕起伏的50年才开始正式进入应用领域，最近几年才成为街头巷尾热议的话题。在最初的50年里，许多科学家怀着强烈的好奇心，经过无数次不同方向的探索，最终才在神经网络方面找到了希望。然而，在人工智能的黑暗时期（1990—2000年），神经网络技术几乎被判了死刑。直到21世纪初GPU规模化的使用，人工智能才得以走出实验室进入商业领域。即使现在，历经沧桑的人工智能仍存在许多问题。最近有人提出，人工智能的现有神经网络理论的局限性不足以支撑大规模的商业应用。

综上所述，所谓的高科技，从诞生到应用，再到大规模普及，要经过长期的发展历程，绝非一朝一夕就能完成。而且，科技塑造美好未来，从来不是一门学科能够解决的，也不是仅仅依靠科技人员就能实现的，需要社会方方面面的协同发展。智能合约区块链，不仅涉及计算机知识，还与密码学、社会学、经济学、政府、法律等密切相关。

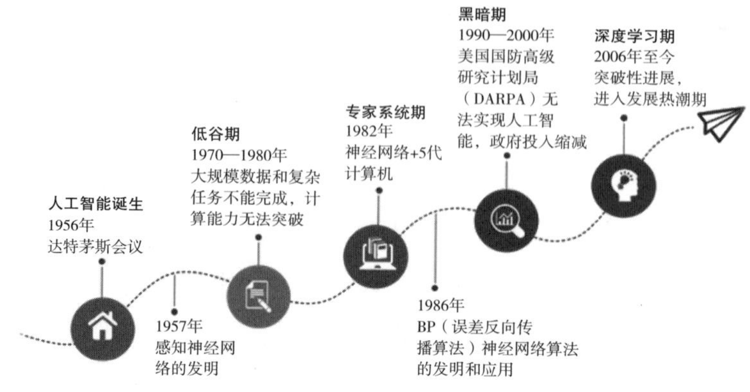

图 8–12　人工智能的发展历程

让我们回到本节开始的蒸汽汽车。1865 年，英国政府为了减少马路冲突，创造良好的交通环境，制定了第一部机动车道路安全法，规定：蒸汽汽车时速不得超过 4 英里（1 英里 =1 609.344 米）；经过城镇村庄时，时速不得超过 2 英里；车辆至少由 3 人驾驶，其中 1 人必须在车辆 50 米之外为汽车开道，一边步行一边摇动红旗，提醒他人汽车即将通过。这就是臭名昭著的“红旗法案”。英国人一直未能跻身汽车制造大国，虽然有其他原因，但“红旗法案”功不可没。

可见，错误的解决方案比问题本身更可怕。智能合约、区块链等新技术刚刚兴起，发展轨迹无人知晓。梦想和问题总是交织出现，梦想越大，问题越多。创新是一连串的连续改善，阻断其中任何一环，都有可能失去美好的未来。有些区块链项目无法马上落地，只是因为其基础设施尚未成形，时空环境尚未契合。“因为年幼，所以问题多多”，是成长的烦恼。投入精力、解决问题、努力创新，是任何技术在发展的过程中不变的主题。

本章小结

在本章中，小 q 通过 IFO 成功地再造了麻币，制订了雄心勃勃的发展计划，为了扩展棋牌室的商业生态，开发出各种智能合约应用，努力推动麻币增值，以期获得回报。智能合约是基于已验证逻辑可自动执行的节点间的契约，在技术上，是比特币可编程性的升级；在社会意义上，是民法体系向互联网的迁移。智能合约不可避免地对社会产生了重大影响，如DAO在公司治理方面的实践。若智能合约和物联网、人工智能相结合，威力将更为强大。基于技术的美好遐想往往在现实灾难前如梦初醒。智能合约正在兴起，永远在路上。

本章要点

- 绍博深信有一种终极的技术协议——“上帝协议”，能让“上帝”在所有的交易中扮演公正的第三方。第三方的“上帝”，就是区块链。
- 智能合约可以被看作是基于计算机程序的电子合同，明确了参与各方的权利和义务。常见案例：自动售货机、信用卡自动还款程序。
- 在现实生活中，若合同双方的信用地位悬殊，将催生霸王条款；若信用地位对等，难以达成智能合约。
- 现在的术语“智能合约”专指区块链上的智能合约，具有无条件信任、不可篡改、自动执行、事件触发广泛等特点。
- 以太坊升级脚本语言为图灵完备性，是目前最成功的智能合约平台。
- 智能合约为民法体系迁移到互联网上提供了可能。从技术的角度来看，大陆法系可以被看作是用人类语言写成的计算机程序。
- 罗纳德·哈里·科斯在《企业的性质》一文中指出：公司内部配置资源的效率高于外部市场调节资源的效率，是企业存在的根本原因。

- 公司内部治理规则的适用和影响范围有限，或为智能合约落地的理想场景。
- 在前两次工业革命中，公司的治理形式和人员组织架构得到了塑造。金字塔结构是现代企业管理制度的典型形态。
- 泰勒、韦伯和梅奥分别从流程、组织和人的角度，研究了企业“如何优化管理，提升效率”的问题。
- 客户参与生产、信息渠道多元、人的议价能力提升等因素共同作用，将推翻企业内部的金字塔，也将使企业的边界变得模糊。
- 企业竞争的模式由个体企业之间的竞争过渡到企业所在行业、产业链之间的竞争，最后发展为企业生态系统间的竞争。
- 互联网平台公司把许多“前生态企业”的内部职能按市场化原则外化了。
- 整个“前生态企业”没有实现彻底的网络化，分为两个部分：外围网络化市场化的服务体系和层级结构的平台管理公司。
- 在“互联网 +”的大潮中，工业时代的巨无霸通过新技术把原本属于企业内部的职能和人员网络化、市场化、生态化，以提高其核心竞争力。
- 在区块链时代，在互联网平台或生态系统中，金字塔结构最后一个层级的管理组织也可能被网络化和自动化，取而代之的是DAO。
- DAO 是一个组织，所有管理规则被写入智能合约，在区块链上执行，公开公正，不可篡改。
- DAO 是一种全新的机构形态，可能是未来互联网中组织形态的雏形。
- DAO 要实现的是对组织的“无为而治”。
- DAO 让“无法无边无形的巨无霸”的未来公司概念更加清晰。
- 2018 年 1 月，以太坊社区拥有 35 000 名开发者，超过 500 家创业公司；以太坊的开发测试包的下载量已经超过 20 万次。

- DAICO 是原有 ICO 的改良，是智能合约促进虚拟货币社区发展的典型案例。
- DAICO 抑制了代币发行方的“恶”，但暴露了投资者的“不善”和“不明智”。
- 现实社会分领域进行价值创造，把整个现实社会都移植到一个区块链上是不现实的。
- 如果区块链之间没有信息互通，那么每条链都是信息孤岛，所以区块链之间的竞争关系必然转向竞争和合作并存。各链之间通过跨链协议进行跨链交易。
- 智能合约代码存在安全漏洞，导致 The DAO 项目遭受黑客攻击，损失了 360 万枚以太币，价值 6 000 万美元。
- The DAO 项目的失败引起了区块链界长时间的讨论，议题包括技术、安全、法律、程序正义、结果正义等方面。
- 高德纳认为区块链技术正从“过高期望的峰值期”滑向“泡沫化的底谷期”。
- 联盟链和多边市场的生态平台拥有相同的目的，都是为了实现高效的网络协作，达到共赢。
- 公有链的当前困境：可扩展性受到限制、智能合约无法形式化验证、隐私难以得到保护、存储存在限制、不完善的共识机制、缺乏治理和标准、缺乏开发工具、量子计算机的威胁。
- 智能合约和人工智能结合，“智能”不仅代表自动化，还要实现“智能化”。
- 物联网的发展给智能合约提供了更多的、实时的、可验证的输入事件，以及可信任的合约执行主体。
- 如果智能合约、物联网和人工智能完美结合，那么整个区块链网络是集感知器和执行器为一体、以智能合约为核心的超级智能体系。

- 错误的解决方案比问题本身更可怕。“因为年幼，所以问题多多”，是成长的烦恼。投入精力、解决问题、努力创新，是任何技术在发展的过程中不变的主题。

第九章

麻币预示世界要变

新技术在取得单点突破后，往往需要其他的配套技术，甚至配套的社会制度才能发挥现实功效。理论上的正确不代表工程上的完备。改变整个航运业，不仅需要发明集装箱，还需要依赖货运码头、轮船制造、运营体系等配套建设。工程的进化可能非常漫长。在牛顿力学建立的 300 年后，火箭上天、回收还是个问题。现阶段，公有链明显的缺陷使得只有简单的智能合约才能完整执行。公有链的底层系统尚未完善，触发事件一般只限于软件中；现实世界信号难以接入；信息收集和合同的执行延迟到令人无法忍受。创业者眼中看到了未来，但实现仍需时日。区块链基础设施不完善，让梦想显得过于超前。小 q 对 QPS 的美好规划，在现实中也遇到了同样的尴尬。

第一节　未来已来只是口号

在技术伙伴的带领下，第一个应用很快上线。麻将比赛成了基于智能合约的在线游戏，在以太坊上运行，胜负结算都通过麻币自动进行。麻将游戏的逻辑比较简单，运行效率可以接受，用户数增长迅速，但总数还是有限。QPS 首次将游戏、代币、区块链结合，掀起不小的波澜，一时竟成了“币圈”和“链圈”自媒体的热门话题。

在发布游戏前一个月，小 q 已经和两家交易所达成麻币上市交易协议。在基金会发布上市交易消息之前，小 q 又额外购买了价值上百万元人民币的麻币。在游戏上线运行后，麻币的涨幅已经超过了 5 倍。尽管整个虚拟货币的牛市可能还要持续一段时间，小 q 还是决定在价格冲顶之前，抛售大部分额外囤积的麻币。小 q 不仅自己取得了可观回报，而且 QPS 基金会也为开发团队筹集了更多资金。小 q 第一步计划圆满成功，马不停蹄，开始着手下一步发展。

麻币价格的飞涨是市场对麻币需求骤增的直接体现，同时，麻币持有人数增多，也意味着麻币用户群的迅速扩大。小 q 发现用户中不乏棋牌爱好者，他们年龄较轻，是线上棋牌游戏的天然拥趸者，而线下用户群体仍然主要来自棋牌室周边的住户，几乎没有变化，游戏上线对他们没有明显的影响，仍是线下切磋、线上支付。炒作麻币成了 QPS 线上推广的最佳途径：炒币的人相对年轻，也是区块链的爱好者，转换成用户的概率较大。小 q 计划分两步走：一边开发更多的线上游戏，一边对线下棋牌室进行智能改造，为连锁店做准备。

线上游戏的开发，理论上没有问题，指派的项目经理带领团队有条不紊、按部就班地向前推进。但是，线下棋牌室的区块链智能改造却遭遇了前所未有的困难。在原计划中，小 q 准备先改造自动售货机，使其变成 QPS 网络中的一个节点。自动售货机的商品更新、交易、维修等信息，都可以在区块链上实时更新。在此基础上，再改造棋牌室中的设备，如牌桌、麻将等，甚至棋牌室的门锁等。为了能接入网络，不可避免地要在自动售货机中加入芯片，这意味着从硬件节点到前端应用的整个系统层级都需要重新开发。小 q 在和技术伙伴讨论时发现，若所有的触发事件和事务执行都限定在软件系统中（如纯粹的线上游戏），在目前的用户水平下，开发和运行效率还能接受，但如果和互联网相连，对目前的团队来说，开发量和技术要求几乎是不可能完成的事。

小 q 和技术伙伴也关注其他公有链的发展，特别是那些被视作区块链基础设施或基础系统的项目。在这些项目中，有的号称是区块链的操作系统，有的企图解决扩容问题，有的专注于现实信号的接入和认证等。文科出身的小 q 理解共识机制、加密算法、信息通信、开发工具等这些计算机科学的基础知识，并非易事，但对比过去 30 年互联网技术的发展及应用背后庞大的技术集群（如程序设计、数据库、大数据、云计算等），他仍然能深深地感到区块链的基础设施完全处于婴儿期，当下做区块链的落地如同 20 世纪 70 年代汇编语言的开发应用。越深入地了解现状，小 q 越感到焦虑。

线下棋牌室还在正常运营，只是和 QPS 区块链没有直接关系。麻币结算，是现有 QPS 和区块链的唯一联系。线下客户对接入商家和商品的信任，仍源于线下客户对 Q 总的信任，而不是所谓的区块链技术。在线下棋牌室没有进一步智能化之前，小 q 没有计划做连锁经营，因为每个新店仍会依赖客户的信任，其扩张的边际成本和现有模式无异。

Q 总看着小 q 疯狂地创业，自己也参加了不少名师讲座、专家论坛，并了解了一大堆新名词——公有链、私有链、信任社会、可编程货币、价值互联网等，隐约感到世界可能要变，包括信任体系、价值标准、分配原则、组织形式、法律制度等一系列的社会机制。但是根据他的人生阅历，区块链要引起社会深层变革，起码还得等 20 年。

“世界要变，但不是现在”，竟成了 Q 总和小 q 两代创业人当下的共识（见图 9-1）。

图 9-1　麻币是开始，世界要变

第二节　信任的演变与重构

区块链横空出世，世界要变了，从哪儿开始变呢？又有怎样的内在逻辑呢？ 2015 年 10 月 31 日，英国《经济学人》杂志发表了封面文章《信任机器》，其副标题是“比特币的内在技术如何改变世界”，文章指出，真正的创新不是加密货币本身，而是铸造它们的信任机器——区块链。一个显而易见的平凡过程，有可能改变社会主体间的合作方式。

现代市场经济是法制经济，最本质的制度特征是交易过程的契约化，契约的根基是信任。1991 年，诺贝尔经济学奖的获得者科斯，在 1960 年发表的《社会成本问题》中创造性地提出了“交易成本”的概念，指出企业“利用市场的交换手段进行交易的费用”包括提供价格的费用、讨价还价的费用、订立和执行合同的费用等，而交易各方的信任是交易成本的重要因素。契约各方需要某种最低程度的信任，否则交易成本会无穷高，契约无法缔结，交易无法执行。可见，信任是市场经济的内在需要，是市场经济的起点，是市场经济的灵魂。

显然，信任很重要。那么，信任到底是什么？从哪里来？未来又会怎样？又是如何和火热的区块链扯上关系的？这些都是大问题。

信任的科学研究和历史演变

信任是个极其抽象而复杂的概念，至今没有统一的定义。在社会学、心理学、营销学、经济学、管理学等不同领域，信任有着不同的内涵。对信任的不同理解导致了对信任研究的不同取向。北京大学彭泗清教授，在 2000 年发表的文章《关系与信任：中国人人际信任的一项本土研究》中，把西方对信任的研究总结成以下四个方面。

- 1958 年，美国心理学家莫顿·多伊奇（Morton Deutsch）通过囚徒困境实验，首次从心理学的角度认为：信任是对情境的反应，是由情境刺激决定的心理和行为。美国犹他州立大学管理学院教授詹姆斯·戴维斯（James Davis）总结了“我”容易对对方产生信任的情境：对方有能力做到他所说的；对方是真正地、带有善意地关心“我”；对方和“我”拥有共同的、正向的价值观。
- 美国心理学家朱利安·罗特（Julian Rotter）和社会学家劳伦斯·赖茨曼（Lawrence Wrightsman）认为：信任是个人人格特征的表现，是一种经过社会学习而形成的、相对稳定的人格特征。
- 德国社会学家尼克拉斯·卢曼（Niklas Luhmann）和美国社会学家琳恩·朱克（Lynne Zucker）以及政治学家弗朗西斯·福山（Francis Fukuyama）认为：信任是建立在法理（法规制度）和伦理（社会文化规范）上的社会现象。人们都愿意生活在一个充满信任的环境里，远离尔虞我诈。
- 谷歌研究员大卫·刘易斯（David Lewis）和美国社会学家安德鲁·韦格特（Andrew Weigert）认为：信任是人际关系的产物，是理性权衡和情感共同决定的人际态度。有些流行语道出了其中的奥秘：信任意味着愿意受到伤害（To trust means that you are okay with being vulnerable）。

前两种研究方向更多考虑信任中的个人因素，而后两者更加注重社会因素。将信任置于社会制度和文化规范的变迁中，更能看出其演变趋势。随着市场经济的崛起、社会的变迁，信任所依赖的社会系统发生了根本性的变化：从血缘性社区转变到以制度法规为基础的陌生人社会。尼克拉斯・卢曼将这两种社会状态下的信任分别总结为人际信任与系统信任。

人际信任的机制是因为熟悉而信任。中国传统社会（社会学家费孝通称之为乡土社会）的信任，是典型的人际信任。在乡土社会，人们被束缚在土地上，地域的限制导致彼此“熟悉”，成为信任的基础。费孝通指出，乡土社会的信任是因为对行为规矩熟悉到无须思索而产生的可靠性，而不是对契约的重视。

人际信任对中国社会的经济发展影响巨大，即使在现代，也扮演着举足轻重的角色。2011 年，温州爆发了民间借贷危机。据央行温州中心支行当时的调查，在温州，89% 的家庭或个人、59.67% 的企业，参与了民间借贷，其市场规模达到 1 100 亿元；民间借贷规模占民间资本总量的 1/6 左右，相当于温州全市银行贷款总额的 1/5。这些传统的民间借贷，一般基于血缘、亲缘、情缘、地缘和业缘关系，交易频率高、高度分散、隐蔽性强，难以监管。2016 年 12 月 12 日，中国社会科学院发布《社会心态蓝皮书：中国社会心态研究报告（2016）》指出：以熟人关系为代表的关系信任，仍是当代中国社会信任的主要模式；基于职业群体和陌生人的社会信任模式，尚未建立。令人惊愕！

建立在“熟人”基础上的信任，有着天然的局限性，因为每个人能够认识且熟悉的人数是有限的。英国牛津大学的人类学家罗宾・邓巴（Robin Dunbar）在 20 世纪 90 年代提出了著名的“邓巴数字”，即 150 定律（Rule of 150）。该定律指出：受自身智力限制，人类拥有稳定社交网络的人数大约是 150 人，深入交往的人数最多 20 人左右。在

“熟人”社会，每个人可动用的社会关系类似石头丢入水中后的涟漪。信任关系，以“己”为中心，像水波一样，一圈圈地推出去，愈远愈单薄。血缘、地缘关系的远近，决定着“熟人”处于哪一圈的“波纹”上，决定了信任度的高低。显然，这样的信任基础无法支持商业社会大规模的生产协作。

随着科技的发展、社会的进步，工业化、城市化、市场化、全球化、信息化接踵而来，以地域和血缘为纽带的社群被打破，“陌生人社会”最终形成（见图 9–2）。人们聚居在几千万人口的大城市里，常常面对的是难以熟悉的邻居和日渐疏远的亲人，有时甚至“举目无亲”。但是，由于社会分工的发展，人们出于工作生活的需要，必须交往，急需寻找新的社会信任机制。正如尼克拉斯·卢曼所说的那样，系统信任对人际信任的取代，是历史变迁的必然结果。

图 9–2 陌生人社会

系统信任是制度管控下的信任模式。现代西方社会的信任机制是对契约或法律的信任，即“制度化信任”。琳恩·朱克将制度信任界定为：人对其所处社会制度环境的依赖；认为合法的资质、契约合同等，是信任双方不可逾越的、必备的制度保障。大卫·刘易斯认为，一个相对稳定的制度系统，通过其规范的和内在的价值观，鼓励个体自觉地对他人或组织产生信任，久而久之，形成普遍意义上的信任文化。所以，确切地讲，系统信任是在制度保障下的、基于共同价值观的、有共同预期的、自觉性的信任关系。

德国社会学家齐美尔指出："信任是社会中最重要的综合力量之一。"有法律保障的、值得高度信任的文化体系，给市场经济带来了强大的活力，使得社会交易成本急剧降低。高效的、大规模的社会分工协作，造就了市场经济一波又一波的繁荣浪潮，在社会各个方面，成就了一批坚实的、令人信服的机构。这些机构往往是大型的、稳定的、符合规则的、值得信赖的、给人稳定预期的组织，基本分为4类：政府、企业、非政府组织和媒体。

在美国，各个类别都有令人肃然起敬的优秀代表：政府方面有法院、美国联邦调查局、美国食品药品管理局（FDA）、国会等；企业方面，根据《财富》杂志2000年发布的信息，在世界500强中，美国上榜企业达185家，其营业总额为5.5万亿美元，占比为39.1%，其利润总额为3 247亿美元，占比为48.7%；非政府组织方面有教会、红十字会等各慈善团体和大学、医院等社会公共机构；媒体方面有三大电视网（全国广播公司、全美广播公司、哥伦比亚广播公司）、纽约时报、时代周刊、McGraw-Hill（麦格劳–希尔）出版社等。

这些机构稳定且有着无比强大的公信力，充当着"陌生人"之间的信任中介。所有的社会主体、个人或组织，通过这些机构互相连接，彼此交流和交易。主体之间即使缺乏直接信任，也可以产生有效的间接信任，从而保证社会高效运转。莆田系医院的广告，贴在路边电线杆上，天生值得怀疑，若投放在百度上，可信度骤然提高；若能在中央电视台播放，怀疑的人可能零星可数。可见，重量级机构作为信任中介，作用明显。

美国日裔学者弗朗西斯·福山在1995年出版的畅销书《信任——社会美德与创造经济繁荣》中，将美国列为"高度信任社会"，指出：

被认为极端个人主义的美国人，却自愿服从各种社会团体的权威，包括家庭、教会、本地社区、公司、工会和专业组织等；由于普遍存在的高度社会信任，毫无血缘关系的人可以轻松地、大规模地为着共同的目标而合作，把经济、政治、宗教、教育等各方面的发展，推向无人企及的高度。

系统信任对社会的现代化发展功不可没。顺便说一下，弗朗西斯·福山在《信任——社会美德与创造经济繁荣》中，把整个华人文化圈和意大利、韩国等都列为“低度信任社会”，甚至断言中国不会出现世界顶级公司，经济也不会腾飞。这本书登上了纽约畅销书排行榜榜首，奠定了弗朗西斯·福山顶级学者的地位，也引起了国内学术界的广泛讨论。然而，人算不如天算，世事难料：随着科技的进一步发展，特别是互联网的普及，这些建立在系统信任基础上的中流砥柱遭到前所未有的挑战，开始有衰败的迹象。

制度信任的危机和根源，信息社会的负面效应

皮尤研究中心（Pew Research Center）于 2017 年 12 月 14 日发布了 2017 年公众对政府的信任报告。报告显示，只有 18% 的美国民众认为美国联邦政府“会做正确的事”，是 1958 年有此统计以来的最低点。而在 20 世纪 60 年代，民众对联邦政府的信任度在 70% 以上，此后一路下滑，但在 2000 年左右，有所反弹。最近的 20 年，更是滑到深渊，直至现在的最低点。

另外，2018 年 1 月发布的埃德曼信托晴雨表（2018 Edclman Trust Barometer）显示（见图 9-3），截至 2017 年年低，美国民众对四大重要机构——政府、媒体、企业、非政府机构的信任度，分别是 33%、42%、48%、49%，都处于历史低点，而低于 50% 的信任度被认为是“不可相信的”。公众信任度下滑不仅发生在美国，而是

全球现象。在同一份调查中，埃德曼发现在 28 个世界主要经济体中，有 2/3 的国家，4 项总体的信任度低于 50%，被标为“不可信国家”，包括世界上的多数国家，如加拿大、日本、韩国、德国、西班牙、阿根廷、巴西、法国、瑞典、波兰、俄罗斯、英国、澳大利亚等。

2017 年国家信任指数	国家或地区
47	全球
72	印度
69	印度尼西亚
67	中国
60	新加坡
60	阿拉伯联合酋长国
53	荷兰
52	墨西哥
52	美国
50	哥伦比亚
49	加拿大
48	巴西
48	意大利
48	马来西亚
45	阿根廷
44	中国香港
44	西班牙
43	土耳其
42	澳大利亚
42	南非
41	德国
40	法国
40	英国
38	南朝鲜
37	瑞典
36	爱尔兰
35	日本
35	波兰
34	俄罗斯

2018 年国家信任指数	国家或地区
48	全球
74	中国
71	印度尼西亚
68	印度
66	阿拉伯联合酋长国
58	新加坡
54	墨西哥
54	荷兰
53	马拉西亚
49	加拿大
47	阿根廷
47	哥伦比亚
47	西班牙
46	土耳其
45	中国香港
44	巴西
44	南朝鲜
43	意大利
43	美国
41	德国
41	瑞典
40	澳大利亚
40	法国
39	波兰
39	英国
38	爱尔兰
38	南非
37	日本
36	俄罗斯

	2012 年	2013 年	2014 年	2015 年	2016 年	2017 年	2018 年
美国							
政府	32%	38%	32%	35%	39%	47%	33%
媒体	37%	38%	35%	39%	47%	47%	42%
商业	44%	50%	48%	51%	51%	58%	48%
非政府组织	49%	52%	52%	52%	57%	58%	49%
信任指数	40	45	42	44	49	52	43
25个主要国家							
政府	38%	41%	39%	42%	43%	43%	45%
媒体	46%	49%	48%	46%	49%	43%	44%
商业	47%	50%	49%	49%	53%	52%	52%
非政府组织	50%	53%	54%	51%	55%	53%	53%
信任指数	45	48	47	47	50	48	49
28个主要国家							
政府					42%	41%	43%
媒体					48%	43%	43%
商业					53%	52%	53%
非政府组织					55%	53%	53%
信任指数					50	47	48

图 9–3　不同国家信任度排名

但是有一个好消息：在上述调查中，中国以总体信任度 74% 排名世界第一。中国为什么排第一，暂不做讨论。下面讨论的问题是：西方各国坚实的信任体系为什么面临崩溃，而且速度如此之快？

历史上，民众对机构的信任度一般随着经济周期会有所波动。在 2000 年的互联网泡沫破灭和 2008 年的金融危机等经济低潮期，民众对机构的信任度大打折扣。但是，在 2018 年的当下，整个三大股指——道琼斯指数、标准普尔 500 指数和纳斯达克指数都在历史最高位；2018 年 4 月，美国失业率降至 3.9%，创下近 18 年来的新低；2018 年前两个季度，美国 GDP 增长率超过 3%，是近 10 年来的新高。在经济最好的时候，民众对机构的信任都创了历史新低，历史上绝无仅有。

这是一个崭新的问题，一个令人措手不及的问题，没有人能给出权威的解释，但是有些现象值得深思，可以从中看出端倪。

首先，近年来，原本信誉良好的机构被频频爆出丑闻，不胜枚举。

在个人层面，代表机构的头部人物丑闻不断。2017 年 10 月，好莱坞著名制片人哈维·韦恩斯坦（Harvey Veinstein）被曝性丑闻后，“Metoo（我也是）运动”在社交媒体上得到空前的传播。在随后的半年时间内，娱乐、科学、政府、媒体等社会各界，揭露了数十位重量级人物的性骚扰行为。被揭露者斯文扫地，匆匆退场；社会大众唏嘘不已，信心受挫。这些大型机构的管理者或代表者，给民众的印象坏到了极点——满嘴仁义道德，一肚子男盗女娼。

不仅社会名流丑闻不断，政治领导人也不再是道德楷模。美国总统特朗普受到婚外情、假慈善、偷税漏税、违规使用竞选资金等指控，民众已司空见惯。有着 30 多年从政经验的希拉里 · 克林顿，留给大众的印象是人前幕后的两面派作风，也为其竞选失利埋下了伏笔。

在政府层面，根据对过去 10 年美国参议院和众议院道德委员会经手调查的 175 个案件的详细分析，美国媒体 Issue One（发行一号）在 2018 年 2 月发布了名为“道德盲点”（The Ethics Blind Spot）的报告，指出美国国会在营造高道德标准的文化中完全失败，留下为世诟病的道德黑洞。2018 年 5 月，民调机构盖洛普（Callup）发布的数据显示，对于刚刚执政不到一年半的特朗普政府，只有 37% 的民众认为政府道德良好，创下近 40 年来的最低，而 20 世纪 80 年代的里根政府，在同类的民调中获得 65% 的好评。

除了政府，一些以前受人尊敬的非政府组织也出现了令人咋舌的丑闻。2002 年 1 月 6 日—2002 年 12 月 14 日，美国《波士顿环球报》的“聚焦”专栏对神父“亵童”事件进行了深入的报道，揭露了天主教神父在美国犯下的儿童性侵丑闻。这个报道在 2003 年获得了美国普利策新闻奖，同名电影《聚焦》（*Spotlight*）获得 2016 年奥斯卡最佳影片。另据 2004 年的《约翰·杰伊报告》（*John Jay Report*）指出，仅在美国，高达 4 392 名天主教神父有虐待教友和儿童的嫌疑。

2017 年 2 月，澳大利亚皇家委员会发布的调查报告显示：1950—2010 年，在澳大利亚的天主教会中，有 7% 的神父被指控性侵儿童，但这些指控此前从未被立案调查；1980—2015 年，共有 4 444 人报告说，自己曾在天主教会遭遇性侵；涉事教会机构超过 1 000 家；受害者遭侵犯时的平均年龄，女孩为 10.5 岁，男孩为 11.5 岁。

在商业公司层面，丑闻更是数不胜数。

2001 年 10 月，美国能源公司之一的安然公司假账丑闻被曝光，直接导致公司破产。安达信会计师事务所，一度贵为全球五大会计师事务所之一，在丑闻中解体。这个丑闻既是美国历史上的最大破产案，也是最大的审计失败事件。2009 年 6 月 29 日，举世关注的麦道夫金融诈骗案结案。71 岁的主犯，曾经的纳斯达克主席伯纳德·麦道夫，承认自己经营了美国历史上最大的“庞氏骗局”，被判处 150 年监禁，同时被罚款 1 700 亿美元。2017 年，美国富国银行承认，在过去的 8 年中，未经客户许可，设立了多达 350 万个银行假账户，之后 CEO 引咎辞职，被罚 2 亿美元，多达 5 300 名员工失去工作。

2015 年，美国环境保护署和空气治理委员会调查指出，2009—2015 年，德国大众公司为柴油车安装作弊软件，以应付尾气排放检测；涉嫌违规排放车辆超过 48 万辆，部分汽车排放的氮氧化合物甚至达到标准的 40 倍。2017 年 3 月，德国大众正式承认尾气排放造假，向美国政府交付罚款 240 多亿美元。2017 年，日本第三大钢铁企业神户制钢所被爆篡改部分产品的技术数据，以次充好应付客户，长达 10 年之久。其产品除了供应给本土汽车制造商之外，还供应给日本新干线动车、英国高铁、美国波音飞机公司等 500 家著名企业。在事件传出后，舆论哗然，日本制造跌落神坛。

此外，被曝丑闻的著名公司还有雅虎、全球电讯、奥林巴斯、巴克莱银行、三鹿奶粉等（见图 9-4）。总之，近年来使客户无比信赖的大公司丑闻不断，五花八门，令人沮丧。这些在社会法制下诞生的机构，本是信用社会的台柱，本应该严格按照法律法规流程，履行各自的权利和义务。层出不穷的丑闻却揭示了这些大机构违背了自己所代表的价值观，无情地打击了信任它们的公众。曾经被全社会视为信任基础的共同价值观，成了上层人士或机构的遮羞布，如此的表里不一，动摇了普通民众在长期制度约束下形成的信任感。

图 9-4 丑闻频出的大公司

其次，全球化下贫富差距过大，不同阶层之间失去互信。

2017 年，瑞士信贷（Credit Suisse）发布了《2017 年全球财富报告》，指出 1% 的富人群体拥有的财富超过全球总财富的 1/2，占比 50.1%；同时指出，对于富人来说，情况会越来越好：2017 年全球最富有的 1% 家庭的财富总额达到 280 万亿美元，预计 5 年内，将增长到 340 万亿美元以上。富裕阶层在迅速聚拢财富的同时，也在想方设法逃避税务责任。以美国为例，2017 年 12 月，美国新闻周刊报道，2016 年有 5 411 名美国人放弃美国国籍，人数比 2015 年上升了 26%，预计 2017 年将有 6 813 名美国人放弃国籍，再次上升 26%。

放弃美国国籍主要是为了躲避美国全球征税的政策。除个人外，跨国公司如苹果、亚马逊、星巴克等，利用税务漏洞，在全球范围内避税额高达数百亿美元。

另外，中下阶层的境遇却每况愈下。根据美国疾病控制和预防中心的资料显示：仅 2016 年，有近 4.5 万名 10 岁以上的美国人结束了自己的生命；2017 年，自杀人数增加近 30%。绝大多数自杀者为白人男性，而中年白人男性又属于特别高危人群，1999—2016 年，45 ~ 64 岁的白人男性自杀人数增长了 63%。研究人员将这种现象与“工人贵族阶层”危机联系起来。2001—2012 年，全美有 4.25 万家工厂关门，制造业岗位减少 550 万个。对美国工薪阶层来说，失去收入不错的工作，不只意味着赤贫，还意味着失去自尊和生活的意义。

无论是在财富聚敛还是避税手段上，中下阶层和富裕人群都相去甚远。贫富如此悬殊，且有进一步扩大的趋势，势必会使不同阶层之间失去信任，再加上不断爆出的金钱或道德丑闻，加剧了阶层对立。占比庞大的中下阶层对代表各种机构的精英人物不再唯马首是瞻，而是充满了怀疑、不屑甚至仇恨。在 2011 年 9 月 17 日开始的“占领华尔街”运动中，代表 99% 民众的示威群众向社会 1% 的所谓精英发出了愤怒的呐喊。运动席卷美国 120 个城市，持续数月，并扩散到欧洲。

美国《时代》杂志主编法里德·扎卡利亚，2016 年 3 月撰文指出：贫富分化严重，工作机会大量流失，中产阶级的“美国梦”日益虚幻，“平等”仅是一种口号，人们不再相信努力可以成功。

最后，随着社交网络和自媒体的兴起，信息失真严重。

全球知名的《柯林斯词典》(*Collins Dictionary*)将“假新闻”(fake news) 列为 2017 年度热词，并将其加入《柯林斯词典》的最新版本。根据《柯林斯词典》的定义，“假新闻”是指“假借新闻报道形式，传播错误虚假、耸人听闻的信息”。该词典编纂者指出，自 2016 年以来，“假新闻”一词的使用率增加了 3 倍以上。

随着互联网和社交媒体的兴起，“人人都有麦克风，人人都是评论员”。一些网络平台和个人置社会道义于不顾，热衷于制造“假新闻”博眼球，获取经济收益，甚至捞取政治好处。据美国网站 PCMag.com 2018 年 1 月报道，在 2016 年美国大选期间，有 25% 的美国人阅读了假新闻网站，其中通过脸书、Gmail（吉妹儿）、谷歌、推特渠道，获得假信息源的占比分别为 22%、6%、2%、2%。脸书社交网络已然成为最大的假新闻集散地。

除了专业制造假新闻的组织，一些有影响力的人物偏离事实的陈述，往往起到了混淆视听的作用。2018 年 5 月，美国三大电视网之一的哥伦比亚广播公司，其王牌节目“60 分钟（*60 minutes*）”的著名记者莱斯利·施塔尔（Lesley Stahl）透露，2016 年 11 月，她在对特朗普总统当选后的首次采访间隙，在没有摄像机拍摄的情况下问及总统，为什么要不断抨击主流媒体为“假新闻”？特朗普答道：“这样做是为了诋毁你们所有人，当你们再写下关于我的负面报道时，没有人会再相信。”

不管此事件是否真实，个人或机构的影响力完全可以阻挠事件真相的传播，造成民众信任的混乱。2018 年，美国统计网站 statista.com 的民调显示：近 2/3 的美国选民认为，美国主流媒体上“有很多假新闻”；高达 84% 的受访者表示，他们很难判断在线新闻的真假。

虽然真新闻受到干扰，假新闻充斥网络，但在崇尚“新闻自由”的西方，statista.com 的民调显示，仍有 42% 的民众认为，社交网络的出版自由应该得到保护。由此可见，在短时间内，辨识网络信息的真假基本上是个人的选择。然而不幸的是，据美国 ZDNet.com（至顶网）的报道，90% 的用户不会对社交网络上的信息做事实核查确认，因为他们相信自己的朋友和熟人。

在信息爆炸、真假难辨、缺乏权威声音的网络社会，大众不仅失去了原本信任的信息源，而且还经常受到虚假信息的影响。人们在失去曾经共同拥有的价值观后，进一步迷失在海量的信息中。在现有体系下，重新建立互信的基础，几乎没有可能。

不论是丑闻泛滥造成的负面效应，还是贫富悬殊造成的社会分裂，抑或是网络信息的真假难辨，基于社会制度建立起来的信任共识，都受到了严重的挑战。充当信任中介的各大机构，面临失去权威的窘境。这里面固然有机构的过错，也有民众的盲从，但归根结底是互联网技术的发展动摇了社会信任系统。

丑闻泛滥是信息发布过于容易和信息流通瞬间到达的结果。

自农耕文明开始，甚至更早，一直到今天，人类社会基本上都是金字塔结构。究其原因，人类学家根据“邓巴数字”给出了一些解释。“邓巴数字”，又称 150 定律，即每个人能够维持稳定关系的人数有限，最多 150 人左右。因此人们在大规模群居时，无法形成稳定的扁平状结构，而金字塔结构是最佳的选择。

在金字塔结构中，从上到下，随着人数的增多，掌握的权力、财富和智慧却大幅度减少。在历史的长河中，无论社会经济或政治状况如何，在普通人看来，上层社会基本都存在暗箱操作（阳光照不到的地方必然产生腐败）。历史告诉我们，互联网之前的工业社会和农业社会，滋生的丑恶行径较现在有过之无不及。

在导致美国前总统尼克松下台的水门事件中，联邦调查局前二号人物马克·费尔特为记者提供了重要的线索，被贴上“深喉”（deep throat）的标签，受人敬仰。美国安然公司前副总裁雪伦·沃特金斯，因揭露安然公司的假账丑闻，被誉为“拉响警报的人”（wistle blower），被评为美国《时代周刊》2002 年风云人物之一，成为勇气的化身、时代的英雄。

在互联网时代，互联网本身就是一道强烈的光束，可以轻而易举地照到先前没有阳光的地方。任何机构里的任何人都可以成为“深喉”或“拉响警报的人”，如 2013 年披露美国国安局“棱镜计划”的爱德华·斯诺登，以及在 2016 年的美国大选中，攻击各种政治机构、散布各种机密的黑客组织。

在“言论自由”的保护伞下，在互联网上，个人发布信息变得异常容易。各种藏有丑恶行径的机构或个人，被曝光的可能性大大增加。同时，信息的传播速度已是今非昔比，被曝光的丑闻影响面又快又广。从另外的角度来看，并不是被曝光的事件都属于丑闻范畴，有时只是“狗咬狗”的结果。任何事件在一定范围内被“昭告天下”，几乎不可避免。

在互联网时代，可能并不是存在的丑闻多了，而是被揭露的丑闻多了。从某种角度来看，社会因此更加透明，揭露丑闻甚至可被视为一种时代的进步，但在当下，其对社会的负面影响不可忽视。

贫富悬殊是互联网时代的各阶层配置资源能力分化的产物。

在互联网时代，全球化浪潮汹涌澎湃，跨国企业和享有巨额财富的个人可以在全球范围内配置资源。

跨国企业可以在全球范围内优化供应链：在原料最便宜的地方采购，在生产成本最低廉的地方生产，雇用性价比最高的员工，将产品和服务卖到最高端的市场。在全球供应链条件下，资本拥有者或企业高管获得前所未有的溢价；普通劳工，特别是原本发达经济体的产业工人，不仅没有从中获得相同比例的收益，而且因为在全球范围内存在性价比更高的可替代劳工，渐渐失去了原有的经济地位。据美国劳动统计局的数据显示，1973—2013 年，普通工人的小时薪酬仅上涨了 9%，而生产率上涨了 74%。这意味着工人劳动创造的财富，远远超过他们从雇主那里获得的薪水和福利。

同时，富有人群可以在全球范围内配置财产和采购服务，享有最低的税收、最先进的医疗、最高端的教育、最宜人的环境，投资最有潜力的股票和房产等。从互联网赋能的角度来看，上层精英人群从中获得的益处远多于中产阶级及以下人群。高科技、全球化，和大多数中产人群没有直接关系，甚至成了讨伐的对象。贫富悬殊导致西方社会反全球化浪潮，一浪高过一浪。

在互联网时代，不同人群的资源配置能力差距悬殊，目前仍没有缩小的迹象。随着科技的发展，不同社会阶层的人生活境遇完全不同，互信基础荡然无存。

事实难辨是互联网强化了影响力但弱化了判断力所致。

在互联网时代，人人都有麦克风。参与竞争的，除了做互联网转型的传统媒体外，很大一部分是自媒体，如在微博上十分活跃，又有着大群粉丝的大 V（见图 9-5）、“公众人物”、网红和意见领袖等。自媒体本质上仍是一种媒体，但构成其影响力的核心要素发生了变化，不再只是内容，还裹挟着很多内容以外的东西，如颜值、性格、知名度、才艺、爱好、经历等。这些因素在传统媒体时代，很难成为吸引听众或观众的着力点，但在互联网时代，成了自媒体崛起的重要支撑，其重要性甚至盖过内容本身。

图 9-5　高高在上的大 V

具有影响力的自媒体和受众之间的关系，用“明星”和“粉丝”来描述更为贴切。它们之间的信息互动，超越了常规理性的范畴，成了粉丝情感寄托的途径，而内容本身却往往被忽视。近年来，粉丝疯狂追星常见于报端，在极端情况下，粉丝甚至为了明星而自杀。

除信息互动之外，商品和服务的交易也是明星和粉丝之间的重要纽带，即所谓的“粉丝经济”——“网红”的淘宝店，从粉肠到手表，应有尽有。大 V 们贩卖知识，本质上也是粉丝经济，同样的内容，换个人讲，商业价值大不相同。

自媒体对粉丝超越理性和内容的影响力，在网络平台的推波助澜下深入生活的方方面面。近年来，内容分发平台发展迅猛，不胜枚举。仅在中国，大规模的综合性平台就有微博、微信、头条、百度等，还有相对垂直的如 YY（游戏直播）、喜玛朗雅（语音）、快手（视频）等。顶峰时期，仅直播平台就有 100 多家。

总之，在网络时代，自媒体和受众之间的交流和交易是丰富的、多元的、瞬间的、无处不在的；自媒体对受众的影响力，占据绝对主导地位，空前强大。互联网强化了自媒体或明星的影响力，而接受者或粉丝的判断力却被严重削弱，原因有三。

- 信息零距离。在互联网普及前，70 后甚至 80 后，在童年或少年时期，只有在家庭和学校的帮助下，才能跨越和信息的距离，全世界都如此。但在互联网时代，青少年与信息之间的距离为零，他们接受信息的方式发生了巨变。各种信息、知识和价值观，以视频、音频、图片、文字的组合模式，铺天盖地、争先恐后地到达他们的面前。在很大程度上，个人的成长过程从被引导塑造转变成自己的主观选择。
- 沉浸于舒服区。每个人都在特定氛围中长大，组成元素有家庭、语言、文化、兴趣、社区、经历、自然环境、宗教等，这些因素是形成各自价值观的基础，构成了自身所谓的舒适区。由于社会生产力足够发达、物质丰富，大多数人躺在舒适区里，只接受让自己舒服的人、事、物，拉黑使自己不舒服的人、事、物。而仅舒适区里的信息，也足以填满人们的信道带宽。人们，特别是青少年，长时间只和自己感觉舒服的人、事、物为伴，精神需求能够得到满足；对非舒服区的人、事、物，从不了解到彻底失去兴趣，甚至从价值观上产生鄙视，彻底失去了离开舒适区的主观动力。诚然，人有好奇心，但是绝大多数人不愿意跳出自己的舒适区，重新认识世界，能够坚持不断摆脱自己舒适区的人是非常少的，也是难能可贵的。

- 商业强化舒服区（见图 9-6）。现代商业在不断强化舒适区。自由市场竞争激烈，做生意的人都知道“客户是上帝”。商家以最快的速度、最便捷的方式，给客户送钱、送物、送感觉。门户网站什么都有，但要客户自己选，现在“头条”帮你选；中国人出国逛商场不会外语，售货员就说汉语等。只要市场存在且有利可图，商家就会筛选人、事、物，迎合并强化客户的舒适感。互联网是革命性的技术，使得企业提供产品和服务的能力空前提高，可以全方位地扩展舒适区：把中意的产品、定制的服务，在适当的时间，以适当的方式，通过适当的人员，送到客户面前。消费者最终可能像 6 个月时的婴儿，念头都不用动一下，所有需求就能瞬间得到满足。

图 9–6　商业强化舒服区

用进废退。2017 年 11 月，医学专业期刊《智慧》（*Intelligence*）的最新研究称，西方国家居民的智商水平呈现持续下降的趋势。另据英国《每日邮报》同时期报道，自 1900 年起，“西方人”的平均智商至少减了 10 分；2008 年，英国青少年平均智商比 28 年前的对照组少了 6 分。孟德斯鸠说："人在苦难中才活得像个人，而泡在舒服区里的人，可能更像一头猪。"

在互联网时代，信息零距离、物质零距离、服务零距离、极致舒适零距离使得个体的肉体和精神都浸淫在自己的舒适区里，失去了摆脱的主观动力。同时，新技术赋能的商业主体穷尽所能，迎合和营造舒适区，构成了强大的外部力量。内外结合使得每个人只愿意接触和自己价值观相同的人，而远离那些价值观不同的人。社会随之更加碎片化，何以互信？

互联网科技的发展动摇了西方社会现有的"制度化信任"，人们必须重新找到信任的基础，否则现代社会寸步难行，发展更无从谈起。解铃还须系铃人，科技的进一步发展，必须重构社会信任的基石。过去 2000 年，人类社会从依赖血缘和地缘的"熟人"社会，发展为基于制度信任的"陌生人"社会，政治、经济、文化等都获得了质的进步。现在，随着社会网络向虚拟网络的进一步迁移，社会信任有可能完全基于信息技术，而区块链正是这部信任机器的核心技术，通过区块链技术的引导，建立在信任基础上的一切又将获得跨越式的发展。

区块链是数字化量化信任的机制

区块链如何重构信任，让我们回到先前提到的关于信任的第 4 个定义。谷歌研究员大卫·刘易斯和美国社会学家安德鲁·韦格特认为：信任是人际关系的产物，是理性权衡和情感共同决定的人际态度。

在基于地缘和血缘的"熟人"社会，信任更多地体现了人与人之间的情感纽带。但是，从个人交往的角度来说，很多时候都是知人知面不知心，表面上感觉对某个人很熟悉，其实并非知根知底，了解到的可能只是冰山一角。此时的信任在很大程度上是一种情感认同，因为缺乏必要的数据而无从推理，更没有制度上的保障。

在制度化信任的“陌生人”社会中，理性权衡成了信任关系中的主要成分。决定信任的主体在利用制度或机构保护自己的同时，也可以从不同的机构得到有关对方的大量数据，从而进行仔细的利弊分析，最后判断风险的大小。但是，在现代社会，即使在所谓的大数据时代，人们仍无法完全基于理性分析产生信任。因为很多机构都不完全透明，难免存在暗箱操作。人们获取的对方的信息也总是片面的、不完整的，加上自身的逻辑推论难免有缺陷，所以在做出信任决定的最后时刻，不得不求助于情感。

大多数银行都依法作业并受到严密监管，但仍使用雕梁大柱，以给人可靠的感觉。同理，政府机构都是明镜高悬，进出有序，给人严谨的感觉。这些机构虽建立于制度之下，但制度本身不可能尽善尽美。适当的感官刺激，从情感上引导大众对机构产生信任，有时也是必要的。

信任一旦求助于情感，意味着我们愿意冒被伤害的风险。受伤害的程度会有多大？我们只能心里有数，但无法量化，只可意会，不可言传。

在区块链的世界里，任何一个现实社会的机构，都可以用网络里的一个或多个节点来表达。所有节点数据的输入和输出，以及体现运营规则的智能合约，都得到了网络的验证。有关节点所有的信息，从产生的那一刻起，都得到了其他所有节点的认证。没有获得验证的信息，无法在网络中传播，进而无法被记录到分布式账本上，难免被废弃。在区块链网络里，每个节点的信息是真实的、全息的，没有遗漏。

有人说，在当前的商业世界里，现有的区块链网络还无法解决假茅台的问题！其实，这并不是区块链本身机制的问题，只是因为目前茅台酒的生产和运输过程完全游离于任何区块链网络之外，其过程数据没有经过区块链的认证。同样，在供应链金融领域，资产的产生过程基本游离于区块链网络之外，而上链的一刻有明显的人为干预。理论上，这些环节给数据造假提供了机会，使得数据可靠性大打折扣。

由此可见，区块链保证数据的全息真实是以网络为边界的，只有接入区块链网络的节点，其数据才是可验证的、可靠的。脱离区块链网络来讨论数据的真实性，是没有意义的。从商业的先后时机来说，区块链大规模的商用必然在物联网大规模普及之后。只有生产设备和运输设备普遍接入互联网，接入区块链，基于这些数据的后续计算才可能真实可靠且有意义。

如果节点的所有行为都在区块链网络中进行，那么数据将得到及时验证，永久储存。区块链网络可以调用某节点的所有信息，计算该节点的可信度。更重要的是，用于计算信用的算法是公开的、透明的、统一的、得到所有节点验证的。这种全息数据下完全客观的计算，杜绝了现实世界里评估每个节点可信度时的主观性。因此，在区块链网络里，一个节点对另一个节点的信任没有掺杂半点感情色彩，也不需要理性的权衡，只是节点的全息数据通过特定算法得到的某个数值。信任不再是心理学、社会学、博弈论，经济学的研究对象，更不是性格特征或情感表达，只是数学的表达。

区块链网络的信任，其原料是数据，表达形式是数据，产生过程也是一套数学机制。整个过程，就像用塑料加工设备将原料铸造成塑料座椅一样，充满确定性，误差容忍度极小。正如《经济学人》杂志所描述的：区块链就是一部制造信任的机器，如同工业时代的注塑机一样。区块链网络中的节点，无须所谓的理性权衡，也不需要产生常规定义下的信任，仅凭网络内置机制，就可以轻而易举地决定是否相信对方，或者在多大程度上相信对方，而且能精确到一个确定的数。区块链，特指公有链，是一个任何节点都可以加入的、不需要信任的，同时又高度可信的网络。

信任终于由基于“熟人”进化成基于“制度”，最终将演变为基于“技术”的信任（见图 9-7）。基于“制度”的信任系统，对人类历史发展有着不可替代的作用，但是由于在制度下诞生的机构，权力和资源过于中心化，具有明显的牌照化、特权化、由上而下的不透明性，难免存在暗箱操作。另外，基于区块链的信任系统，具有由下而上的包容性，削弱了中心化，完全透明、可信赖、可追溯。从商业角度来说，区块链的信任系统成本更低，必然进一步推动社会的发展。

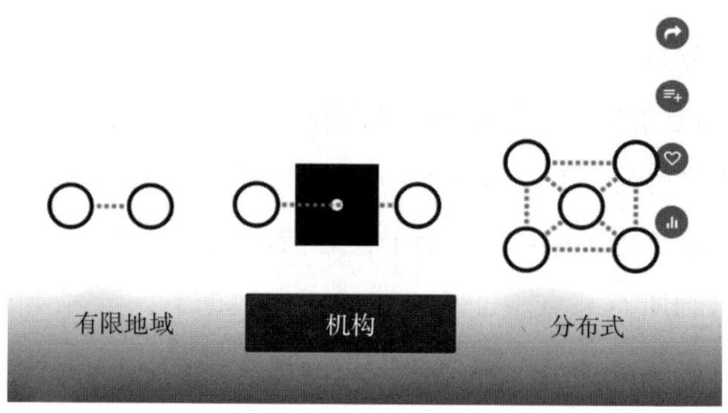

图 9-7　信任的演化过程

基于区块链技术的信任体系，进一步突破了制度信任的地域限制。毋庸置疑，制度信任已经突破了“熟人”社会中血缘和地缘对生产协作的限制，但是制度本身也是社会政治的产物，在绝大多数情况下，是以国家为界限的。在两个完全不同的制度下，或不同的价值观体系里，建立信任的成本空前膨胀，即将一个国家的制度迁移到另一个国家，谈何容易。中国自 1986 年开始，经过 15 年的谈判才进入 WTO（世界贸易组织）。制度对接之难，可见一斑。

区块链将信任数字化和量化，以网络为边界，以代码为载体，以数据和算法为依据，完全没有地域和社会制度的限制。网络里的节点从加入的那一刻起，完全使用数学语言相互交流，没有任何人为障碍，建立信任关系的效率空前提高。

当然，区块链网络要变得可信，数据的质量至关重要。虽然物联网正在蓬勃发展中，但是在现实社会中普及物联网仍需时日。在将来相当长的一段时间内，商业社会中的区块链，只可能得到有关节点的部分数据，信任计算也只可能基于已获得的数据。随着数据量的增加和算法的完善，其可用性将会迅速提高。

在现有的商业社会里，蚂蚁金服通过大数据计算得出的芝麻分，其数据采集范围已经超出了个人金融数据的范畴，包括了身份特质、信用历史、行为偏好、履约能力和人脉关系共五个方面的数据。虽谈不上全息，但是蚂蚁金服采集范围较以前已是空前扩大，其反映的个人信用的准确程度空前提高。尽管其使用的数据没有得到第三方认证，用于计算芝麻分的算法也未公开，但是这种基于数据的信用计算理念，已经崭露头角。

随着社会网络向虚拟网络的迁移，人们对数据的态度已经有了巨大的变化。20 世纪 90 年代，在互联网刚刚兴起的时候，人们普遍对网上的数据持怀疑态度，互联网创业者甚至经常被人质疑为骗子；淘宝网只有在支付宝的担保下，方可正常交易。30 年后的今天，陌生人之间的线下交易令人有所顾虑，反而在线上平台下单令人放心，例如各种出行平台、外卖平台等。

现如今，区块链犹如 30 年前的互联网，基础薄弱，已上链数据寥寥无几。即使数据上链，由于不可避免的人为介入，可信度也会大打折扣。随着物联网和区块链基础设施的完善，若干年后，那些不上链的数据，可能不再拥有任何可信度。人们对数据的态度，折射出时代的变迁。

区块链的创业者约翰·盖弗斯（Johann Gevers），在 2014 年的 TED 演讲中提道，一个完全基于技术的信任系统，应该包括基于区块链的交流系统、法律体系、生产体系、金融系统。交流系统保证人们意志的自由表达；法律体系保证节点之间自由缔结契约，并自由选择仲裁者和执行方式；生产体系保证所有物件在其生命周期中可追溯；金融系统保证自己的劳动价值安全而不受掠夺。换句话说，只有以上 4 种系统不受干扰地运转，每个节点的相关数据得到收集和确认，其信任值才可能高度完整可信。

信任是现代商业的基础。如果信任的基础发生质的变化，必然会给建立在其上的商业带来巨变。Funfair Technology（游艺技术）是一家线上游戏公司，因为采用了区块链技术，消除了玩家担心庄家作弊的顾虑，用户进而可以放心大胆地在网上和电脑上玩各种游戏。这是一个类似小 q 棋牌室的故事，这个案例只是在新的信任基础上产生的小小的商业变化。更为重要的是，以区块链技术为基础的信任机制，使得目前的信息互联网升级为价值互联网，大量的商业规则和交易都有可能由此而改写。

第三节　交易与价值互联网

互联网于 20 世纪 60 年代被发明，到 20 世纪 90 年代，正式大规模进入商用，在随后的 30 年里，推动全社会进入信息时代。物理上，互联网用光缆、同轴电缆、路由器等工具连接了世界上绝大多数的电脑、手机，正在努力连接更多的设备，推动社会进入物联网时代。逻辑上，互联网采纳了各种通信协议如 TCP/IP、HTTP（超文本传输协议）等，保证了节点之间的通信畅通。

随着物理上和逻辑上的不断完善，互联网成为一条四通八达的信息高速公路。根据美国《福布斯》杂志 2018 年 5 月的报道，互联网上每天的流量是 250 万 TB，相当于近 2 亿部高清电影。互联网承载着各种信息，以零边际成本，瞬间将其传递到世界各个角落，前提只是接入网络。

作为信息的载体，现今广泛使用的互联网被称为“信息互联网”，是第一代互联网。信息互联网的价值体现是信息传播。在信息互联网上，用户传递的仅是信息，发送者发出的是信息拷贝，接受者接受的也是信息拷贝。信息，无论以何种数据格式保存，如文本、音频、视频、图片等，或以何种文件格式展示，如 Email（电子邮件）、PPT（演示文稿）、Word（微软公司的一个文字处理器应用程序）、PDF（便携式文档格式）等，其传递的结果都是被复制到更多的网络节点上，被更多的人拥有。信息关乎人类的智慧成果，如音乐、文学、电影、管理、科学等。信息互联网一方面促进了知识信息的自由流动，一方面又给人类装上了千里眼和顺风耳，双管齐下，提高了信息传递和接收的范围，惠及大众。

但是，信息互联网只是展示了创造者和这些成果的关系，却无法界定和绑定创造者和这些成果的所属关系。人们必须借助中心化的权威机构，如法院、央行、知识产权局、证券登记中心、房产管理局等，来保障自身拥有的有形或无形的商品，如房产、作品、货币等。这些物品的所有权，无法脱离这些权威中心而自由流动，人们因此被束缚在某个体制（或国家、地区）内，同时也抑制了商业的进一步蓬勃发展。

以比特币区块链为代表的互联网，被称为“价值互联网”（internet of value），又被称为第二代互联网（在完整解释价值互联网之前，暂用第二代互联网作为描述语言），理论上可以保证“价值”在互联网上自由流动。对应信息互联网，价值互联网的价值体现是价值传播。然而，“价值”究竟是什么？是如何上网的？又是如何被传播的？其中又孕育着怎样的商业机会？

区块链用“币”定义“物”、“物”的所有权和实现物权转移

为了回答这一系列问题，先来比较研究一下两代互联网各自的开

山之作：电子邮件和比特币。

电子邮件是信息互联网时代的第一个标杆产品，发明于20世纪70年代，兴起于20世纪80年代。70年代，互联网的前身阿帕网（Arpanet）的使用者太少，而且网速极慢，只有2～3kbps（千比特/秒）。用户只能发送简短信息，发送照片简直就是奢望。80年代中期，个人电脑兴起，网络中的电脑数量增多，电脑爱好者和大学生成了电子邮件的主要拥趸者。90年代中期，互联网浏览器诞生，电子邮件使用流程极其简化，同时全球网民人数激增，电子邮件通信成为常态。电子邮件的发展历程，清楚地表明信道容量和使用人数是其普及的关键要素。

从商业应用的角度来说，比特币于第二代互联网，类似电子邮件于第一代互联网。比特币转账和电子邮件发送的根本区别在于：在发送者发出电子邮件后，接收者收到该电子邮件，发送者自己还留有电子邮件的拷贝；在发送者发出比特币后，接受者收到等额的比特币后，发送者自身的比特币余额有了相应的减少。

理论上，在电子邮件的收发过程中，互联网中所有参与信息传播的节点，都可以获得电子邮件的拷贝。整个信息传播的过程，网络只记录了信息流，不涉及信息的所有权问题。而在比特币的转账过程中，只有指定的接受者才能获得被发送的比特币，其他参与比特币转移的节点都没有获得比特币，也没有其拷贝。在整个转账过程中，网络不仅记录了比特币转账的信息流（账本信息），而且还准确地转移了比特币的所有权。

在中心化网络里，用户通过银行系统也可以实现转账。付款方和收款方在转账前后，其账面余额都会被相应地调整。但是，用户银行余额的变化，不是因为货币资产本身在网络上发生了迁移，而只是银行根据信息流，更改了账本上的用户余额。在信息互联网里，黑客攻破任一个参与信息传播的节点，就可以获得转账信息，从而误导记账节点。如果黑客攻破记账节点，就可以肆无忌惮地篡改用户余额，造成混乱。

由此可见，信息互联网通过复制，传播了信息，且信息安全至关重要。而在比特币网络中，即使黑客获得了转账信息和账本信息，仍无法修改用户余额，更不能改变比特币的所有权，除非改写整个比特币区块链的底层协议。

比特币区块链的底层协议有三大特征：不可篡改性、可编程货币以及以工作量证明为基础的共识机制。从数学的角度来看，这些技术解决了所谓的“双花”问题（详见第三章第四节中比特币区块链产生的内在逻辑）。若从商业应用的角度来看，比特币区块链的底层协议定义了比特币、比特币所有权，实现了比特币所有权转移。

毫无疑问，比特币是一种商品。第二代互联网实际上定义了商品、商品的所有权，并实现了商品所有权的转移，而且账本和转账信息公开可查。比特币这种商品本质上是一段精心设计的计算机代码。正是因为代码的“可编程性”，在区块链网络里，这段计算机代码经过程序员的巧夺天工，理论上可以表达现实生活中的任何商品、资产或价值载体，比如货币、股票、保险、债券、票据、房产、知识产权、黄金、钻石、歌曲、文学、游戏、数据、契约、身份、能源、投票权等。

所有这些物、商品或资产，迁移到区块链上，都必须通过一个类似比特币的“币”或“代币”来表达，其过程无非有两种路径。

第一种，“物”的产生全过程，都在区块链的智能合约上进行；每一步的逻辑规则和产生的相关数据，都得到及时的认证；“物”实际上是该区块链网络提供的商品或服务（见图 9-8）。“币”和“物”之间的所有关系，都通过区块链上的智能合约来执行。整个过程真实可靠，可信度被彻底数字化、量化，例如，用户参与区块链上的游戏，获得的装备；在区块链创作平台，创作的歌曲、文章和视频；用户在区块链应用上留下的所有数据等。这些“物”已经完全电子化、程序化，和其对应“币”，表达上一脉相承，可以无缝对接。“币”的流转代表了相应的“物”的所有权和使用权的转移。

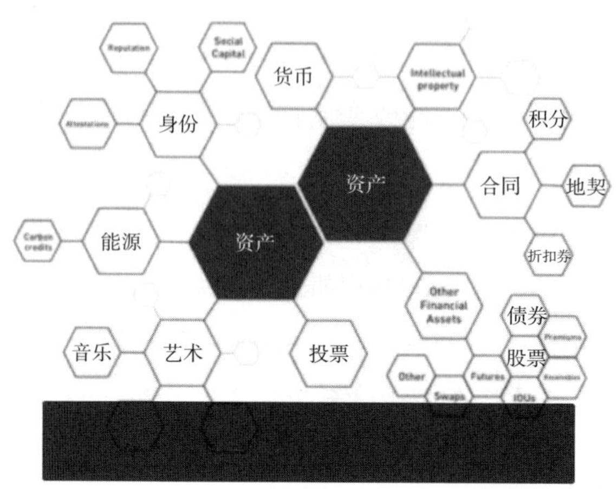

图 9–8　价值互联网上的资产

第二种，对于暂时无法上链的“物”，必须通过人为介入，绑定“物”和“币”的关系。例如，房产暂时无法整体在网络上表达，房产的所有权和某个“币”之间的关系，必须通过线下某权威机构绑定和认证，以至获得房产代币的人可以被所有相关的人或节点承认和接受。在目前这种情况下，物联网还欠发达、欠普及，在各种资产上链的过程中，难免有人为介入，这给链上资产的可信度留下了隐患。

无论采用何种途径，资产上链在商业上有着巨大的潜力。由于技术不成熟，每一类资产上链的商业场景和面对的技术难题都不一样，但这些并不妨碍“资产上链”成为商业趋势。

“币”在交易和被交易中被定价

有了“币”，大家很容易想到“交易”。这些代表物、商品或资产的“币”被交易的过程，是第二代互联网被标榜为“价值互联网”的重要原因。

第六章第三节详细描述了多边市场和代币经济。区块链网络代币统一了现有多边经济生态中的 3 种有价符号：货币、证券和积分。积分体现了各种参与者的日常贡献；证券是治理社区的权力凭证，以及外界对整个经济生态的定价；货币是购买区块链网络提供的服务和商品的硬通货。积分属性事关社区运营逻辑，而证券和货币属性与交易密切相关。

在货币属性方面，代币的可编程特性使得其在实际商业应用中异常灵活，可以根据场景需要绑定一种或多种商品和服务。换句话说，该种代币只能购买一种或多种特定的商品和服务，甚至还可以限定在指定场景中，比如只有在规定的时段、卖家或价格等情况下才可以使用。

货币和证券都是金融圈的专业词汇，法律上有明确的定义。很多代币的流通被限定在特定的场景中，可能是为了避免监管的麻烦。在区块链领域，“燃料”一词经常被用来描述只能购买特定商品和服务的“代币”，如在以太坊区块链上运营去中心化应用，需要给网络支付以太币，以太币就被视作以太坊的“燃料”。

无论代币被视作区块链经济网络的货币还是燃料，其价值体系都包括代币对特定商品和服务的交易、代币和其他货币度量衡之间的交易，以及代币和其他代币之间的交易。

代币对特定商品和服务的交易

代币对本区块链网络里商品或服务的定价符合现代价格理论。价格是商品同货币交换的比例，是价值的货币表现。在经济学中，价格理论研究商品价格的形成和变动规律，有着悠久的历史。

劳动价值论，在 17 世纪中叶，由被誉为“政治经济学之父”的英国经济学家威廉·配第首先提出，亚当·斯密、大卫·李嘉图、马克思也对该理论做出了巨大贡献。其核心思想为：价值是凝聚在商品中的无差别劳动；价格反映了商品生产的总代价。

边际效用价值论，在19世纪70年代初，由英国的杰文斯、奥地利的门格尔和法国的瓦尔拉提出，后由奥地利的庞巴维克和维塞尔发展成熟。该理论是由效用价值论发展而来，核心思想为：价值只反映商品效用，不代表内在性质；价值取决于人的欲望，以及人对物品效用的估价；效用随着人们消费某种商品数量的增加而递减；边际效用，就是某物品在一系列递减效用中，最后一个单位所具有的效用（最小效用），是衡量商品价值量的尺度；商品价格是由能够引起实际购买的最低欲望来调节的；在竞争条件下，市场价格是买卖双方对物品的主观评价彼此均衡的结果。

边际效用价值论认为价格是主观的，是交易决定价值的核心理论。在该理论下，一件商品无论花费多少成本，如果没有人购买，都会被认为没有价值。劳动价值论认为，价格是客观的，实际反映了商品生产的社会总成本。劳动价值论和边际效用价值论并非水火不容，在完全竞争的市场中，价格就等于成本，二者结论相同。只是在现实中，完全竞争市场只是一个理论假设，实际的市场均处于不完全竞争的状态，比如政府由于某种情况支持或限制某种商品的价格，这时边际效用价值论可以比劳动价值论更好地解释价格现象。

均衡价格理论是当前主流的价格决定理论，其核心观点是：商品价格由商品供给和需求双方的均衡点决定。1890年，英国经济学家阿尔弗雷德·马歇尔出版的《经济学原理》，以数学的形式引入需求曲线、供给曲线以及一系列要素变量，用均衡分析方法论证了均衡价格理论，解释了现代经济中的大多数现象。在《经济学原理》中，马歇尔总结道："在短时期内，效用对价值起着主要的影响作用，而在长时期内，生产成本对价格起着主要的影响作用。"

代币为区块链网络提供的商品和服务的定价，基本上遵循边际效用价值论，由买卖双方经过主观评价的博弈，最后趋于均衡成交。

在现实生活中，由于主观定价，买卖双方获得的商品信息和推理逻辑都不尽相同。例如，同一个名牌包，不同人给出的价格完全不同；一个仿制的名牌包，知情人和不知情人的出价有天壤之别；同质量的两种商品，一个有强力的广告营销支持，一个秉持“酒香不怕巷子深”的态度，其市场价格可能也不一样。可见，由于买卖双方的信息不对称和主观逻辑不同，市场中商品的成交价格可能远离其生产总成本，即劳动价值论指出的凝聚在商品中的无差别劳动。

但是在区块链网络中，通过智能合约产生的商品或服务，全部过程完全透明可查，买卖双方的信息不对称大大减弱，双方主观判断的差异缩小。同时，区块链网络这个局部市场可能更接近于充分竞争的状态。例如，歌曲创作者都利用同样的、区块链网络提供的工具创作歌曲，并只能在网络上出售和播放，而且还可能直接面对同一类型的用户，其成交价格会更接近客观的无差别劳动，而远离购买者的主观臆断。

充分竞争和信息对称促使效率提升，最终让买卖双方获益，然而，代币本身被定价的过程，却是另外一番景象。从货币强弱的角度来看，由于诞生时间不长，任何代币的价值都需要借助法定货币的交易方可确立。如果无法和法定货币直接交易，至少也需要和强虚拟货币（如比特币等）建立交易。

代币和其他货币度量衡之间的交易

第五章第四节详细描述了虚拟货币的交易生态，虚拟货币具有良好的流动性，为代币的定价提供了良好的市场环境。如果代币仅仅是其背后特定商品和服务的符号，只是促使商品成交和服务发生的特定“燃料”，这种基于“实物”交易的定价过程，与代币对商品的定价过程没有什么不同。正如历史上出现的粮票、油票和布票等，这种票证也可以在市场上被交易，但其内涵简单，买卖双方的主观认知趋同，市场价格接近其代表的商品和服务的价值，且波动较小。

然而，代币不仅是区块链网络特定的货币，其既有“燃料”的属性，还有代表该区块链经济体权益的属性。第八章第三节详细描述了 DAO 的治理模式。DAO 可能是区块链网络经济体最终的模式，允许和鼓励经济体中所有成员参与制定管理规则。代币是组织成员参与其中的凭证，同时也是组织在获得市场认可后获得回报的载体。

代币在虚拟货币交易所被交易，其定价过程和股票市场高度类似，金融交易特征明显。金融交易过程不仅产生 GDP，也产生价值，为此还发展出一门学科叫金融经济学，有兴趣的读者可以深入研究。

金融交易本质上是给金融资源定价，如货币、债券、股票及其衍生品等。人们拥有金融资源，也遵循边际效用价值论，其效用为：希望金融资源在未来能创造出更多的价值。因此，所有的金融交易都可以被视为现在和未来不同时间的价值交换。未来充满不确定性，充满着随机事件，金融市场的作用之一是对未来定价，对交易风险定价。

对未来和随机事件定价，显然是一件复杂的事。某个代币所代表的经济生态未来究竟会怎样，谁也没有把握预测。在棋牌室的故事中，即使小 q 深入了解了麻币生态，对未来也是一头雾水。在现实生活中，买卖双方在交易鸡蛋时，感觉轻松又公平，因为只要对鸡蛋现有的价值做出衡量，而其未来的价值，即使有波动，也小到可以忽略不计。但在交易股票时，恰恰相反，对其未来价值的重视远远超过对现有价值的判断，因而时常患得患失，甚至有被欺骗的感觉，俗称“韭菜”心理。

代币交易是上述两种交易的混合体，既有实物交易的特征，又有金融交易的特征。一些代币，特别在发行之初，价格的起落犹如过山车，惊心动魄。由于未来扑朔迷离，再加上买卖双方信息极其不对称，代币价格上涨百倍甚至千倍，仍有人接盘。但是，正如均衡价格理论所述："在短时期内，效用对价值起着主要的影响作用，而在长时期内，生产成本对价格起着主要的影响作用。"随着时间的推移，代币的交易价格会趋于平稳，将真实地反映出市场对其代表的商品或服务的真实需求。

如果代币不绑定特定的商品和服务，在其定价的过程中，实物交易属性就会消失，完全体现出金融交易的属性。比特币是价值互联网的第一个应用案例，没有绑定任何特定的商品和服务，其目标就是通用货币。比特币能否成为通用货币，如第四章第二节描述的那样，是一个共识形成的过程，实现的具体路径是完完全全对法定货币的金融交易。在交易的过程中，不同的时段会发生不同的随机事件，如技术问题、社区分叉、监管政策等，严重影响交易者对未来的预期，所以比特币价格自可交易以来，一直在剧烈波动。

代币定价的交易对手可以是法定货币，也可以是强势的虚拟货币（如比特币）。无论选择哪种作为价值尺度，代币定价中的金融交易属性都是一样的。在现阶段，两种交易的监管方式和技术形式可能不一样。

第五章第四节提道，迫于政府监管的压力，只有很少的交易所大规模地提供代币和法定货币之间的交易。另外，代币与比特币的币币交易已经成为主流。

在技术形式方面，代币与比特币的交易和代币与法定货币的交易都可以在中心化的虚拟货币交易所进行，像目前大多数交易所一样。两者有所不同的是，前者有可能因为跨链技术的发展采用跨链交易，从而彻底避开中心化的交易所；后者则只能在中心化的交易所进行，因为至今没有一种法定货币是基于区块链技术发行的。当然，随着"资产上链"的兴起，法定货币也可以上区块链，以代币的形式出现，届时跨链交易可能会成为主流。法定货币上链是个重大金融问题，将在后记中详细讨论。

代币和其他代币之间的交易

第八章第四节从技术的角度描述了跨链协议和跨链交易，指出在万物互联、万链交织的时代，每个链的功能都可以被其他链随时调用，从而构筑一个复杂而有序的区块链世界。从技术工具的角度来看，社会网络的各项功能会逐步迁移到区块链上，形成第二代互联网；从价值实现的角度来看，币币交易正是创造价值的直接原因。

代币代表有形或无形的物，或代表资产，同时又是触发物或资产发挥功能的“燃料”。而币币交易正是不同资产之间的交易，是交易双方各取所需的手段，是物或资产发挥效用、体现价值的途径。

如果跨链交易成为每条区块链的标准功能，则币币交易不再需要中心化的交易所，因为区块链技术量化了信任，交易双方不论处于哪条区块链上，都可以轻松地获得对方的信用值，从而决定是否进行交易。鉴于用户需求的多样化，币币交易必然无处不在，上链资产以“币”的形式在网络上快速转移，价值创造时刻发生，互联网蜕变成名副其实的“价值互联网”。

币币交易的目的不再是寻求被法定货币或强势虚拟货币定价（不代表任何特定商品和服务的代币不在讨论之列），而是更加直接地体现其代表的商品和服务的价值。币币直接交易，摒弃了代币定价过程中的金融交易属性。代币兑另一种代币的价格涨落，直接反映了市场对各自代表的商品或服务实际需求的变化。币币交易演变成网络时代的“物物交换”。

价值互联网时代的“物物交换”完全不同于原始时代的“以物易物”。

- 网络时代的“物物交换”以代币的形式完成，并不一定涉及实物的移动，而远古时代的“以物易物”必须以实物交换的方式完成。

- 代币交易的单位可以无限细分，交易者可以随时随地、一次性地、精准地获得他们想要的，而远古时代的“以物易物”，交易者无法迅速、充分地满足交易需求。
- 代币交易是电子交易，不需要一般等价物，其效率也无与伦比，而远古时代的“以物易物”效率极低，只有借助一般等价物才能提高效率。

区块链让“物”的信息透明无比，当物物之间直接定价时，交易者的主观评价更加趋同；代币背后的商品和服务的使用价值，成为交易定价的主要因素。物物之间直接交换，使生产者摆脱了金融中介的束缚，获得了更大的交易自由，从而获得更大的价值。在价值互联网中，不能排除通用货币的存在，如比特币或者上链的法定货币，但是“物物交换”的普及，将大大弱化代币定价中的金融交易属性。中心化的交易所是信息互联网的产物，而代表“物物交换”的币币交易是价值互联网的产物。

有人戏言，劳动价值论是无产阶级的经济观，因为其强调劳动在商品价值中的决定性作用；边际效用价值论是资产阶级的经济观，因为其强调交易在商品价值中的决定性作用。近几十年来，繁荣无比的金融市场则是脱离劳动价值论的现实写照，是造成贫富悬殊的重要原因之一，也是虚拟经济和实体经济割裂的直接推手。如今，区块链来了，一切将逐渐回归劳动本源。

总结一下，回答本节开始关于价值互联网的问题。价值互联网利用区块链技术中“可编程货币”的特征，定义了现实社会网络中的物或资产，并将其直接或间接地迁移到链上；通过智能合约绑定“币”和“物”的关系，使“币”成了驱使“物”发挥功能的“燃料”；利用区块链保障的信息透明，使“币”在接近充分竞争的市场中对“物”定价，构筑高效的区块链网络经济体；通过币币交易实现互联网时代的物物交换，让价值创造和传播遍及网络，并促使价值回归劳动本源。

从商业的角度来看，以上每一步都孕育着巨大商机，罗列如下：定义各种资产；生产过程的彻底信息化和物联网的普及；资产上链；构筑智能合约的运行环境；编写智能合约；区块链网络市场环境的监控和发布；“币”对“物”的交易体系；“币”被强势货币定价的体系，跨链技术的实现；币币交易的实现和结算。价值互联网给创业者带来前所未有的广阔天空，将改写商品和价值的流通方式。

回到本节的开始，电子邮件开启了信息互联网，已经给社会带来了一轮一轮的变革；比特币从数学上证明了价值互联网的可能性，实际应用才刚刚开始。目前，信息互联网和价值互联网完全处于不同的发展阶段。

- 比特币是价值互联网时代的第一个标杆产品，发明于2009年，2017年登陆美国主流交易所。2017年年初，比特币公司和投资管理公司Ark Invest Research的研究指出，全世界有超过1 000万人持有一定数量的比特币。据bitinfocharts.com统计，2018年7月，每24小时比特币的转账次数超过15万笔。
- 在电子邮件方面，据美国Radicati Group（拉迪卡蒂集团）2017年2月发布的报告，2016年，全世界有37亿电子邮件用户，共发送近2 700亿封邮件；预计到2021年年末，全球用户数为41亿，将发送3 200亿封邮件。

电子邮件是信息上网的开始，历经近60年，如今绝大多数的信息都在网上。信息互联网以接近零边际成本的方式将信息传播到各个角落；价值互联网将以同样的方式，让资产自由迁移，价值自由传递。比特币是资产上网的开始，60 年后，价值互联网将吸纳多大规模的社会资产？构建怎样的价值体系？下一节让我们回到第一次技术革命和第二次技术革命的历史脉络中寻找答案。

第四节　新技术和技术革命

科学技术，通称“科技”，其实两者所指不尽相同。

科学解决理论问题，把自然界事实与现象联系起来。1985 年，美国先进科学协会（AAAS）提出“项目 2061”（Project 2061）。该项目长期致力于通过科学教育普及科学认知，提出科学的 5 个关键因素：好奇心、尊重事实、质疑、善于反思、关心世界。科学探索未知，结果难以预测，而人类的好奇心被认为是推动科学发展的根本力量。

技术是利用成熟理论解决社会发展中的实际问题，常常目标明确，和工业或商业联系紧密。区块链解决了“双花”的问题，确切地说，是一次技术的突破。区块链技术在整个科技发展中，到底有怎样的地位？或将帮助人类社会解决什么重大问题？又将如何推动商业的演变？让我们回到科技变革的脉络中，寻找答案。

19 世纪末，美国经济学家索尔斯坦·维布伦（Thorstein Veblen）、克拉伦斯·艾尔（Clarence Ayres）和社会学家威廉·奥格本（William Ogburn）等提出了技术决定论，他们认为：技术是一种自主的力量，按照自己的逻辑前进，支配并决定社会的发展；技术变迁导致社会变迁。马克思的理论“生产力决定生产关系”，也属于技术决定论的范畴。1988 年，中国改革开放的总设计师邓小平在全国科学大会上提出“科学技术是第一生产力”。历史证明，世界文明的进程和科学技术的发展密不可分。

从 18 世纪 60 年代开始，人类社会相对静止的状态被突如其来的第一次工业革命打破，从此进入浩荡的工业文明。此后的 200 多年中，人类社会共经历了 3 次科技革命，并催生了 3 次工业革命，重构了社会经济、政治结构和世界格局。

第一次工业革命，人类进入蒸汽动力时代：能源方面找到了煤，交通上使用了蒸汽机，通信上改进了印刷术；机器替代手工，大规模进入社会生产。政治上，封建社会彻底瓦解，资产阶级登上历史舞台。

第二次工业革命，人类进入电力时代（从 19 世纪 70 年代开始）：能源方面找到了石油，交通上使用了内燃机，通信上发明了电报、电话、电视；电动机大规模进入社会生产。政治上，资产阶级日渐成熟，政治民主化，宪法制度完善，社会矛盾缓和。

20 世纪 40 年代，人们开始欢呼第三次科技革命的到来，宣称以原子能、电子计算机、航天技术和生物工程等为核心的技术，将触发第三次工业革命浪潮。人类善于总结，但疏于预测。经过 60 多年的发展，人们发现只有计算机技术对社会影响巨大，其他技术仍待观察。

对前两次工业革命，人们基本达成共识，但关于第三次工业革命，目前主要有 3 种观点。

- 第一种观点认为，第三次工业革命就是信息技术革命，互联网技术的大规模应用就是佐证。这是历史的总结，没有人反对，但不完整，因为革命还没有结束。
- 第二种观点认为，第三次工业革命是制造业数字化革命，其代表人物英国《经济学人》的编辑保罗·马基利（Paul

Markillie），在 2012 年发文指出，现有制造业的生产模式正从规模化、集中式和标准化向分散化、作坊式、个性化转变，3D 打印技术是核心元素。

- 第三种观点认为，第三次工业革命是互联网和可再生能源的结合，其代表人物美国未来学家（或经济和社会理论家）、畅销书《第三次工业革命》（*The Third Industrial Revolution*）的作者，杰里米·里夫金（Jeremy Rifkin）认为，人类社会将以互联网、物联网为基础，构造分布式再生能源和智能交通网络，重点技术为 5G、风能、太阳能、无人驾驶、工业互联网等。

上述观点都以信息化为核心，差别只是发展路径之争。此外，也有人认为生物技术、航天航空技术、纳米技术、海洋技术等为第三次工业革命的核心技术。

正当人们对第三次工业革命众说纷纭、见仁见智之时，世界经济达沃斯论坛主席克劳斯·施瓦布（Klaus Schwab）于 2016 年 1 月出版了《第四次工业革命》（*The Fourth Industrial Revolution*），将区块链作为核心技术之一，纳入其中。2016 年 5 月，被誉为“数字经济之父”的加拿大经济学家、商业策划大师唐·塔普斯科特（Don Tapscott），出版了《区块链革命》（*Blockchain Revolution*）一书，助推区块链热潮席卷全球。有人不禁惊呼，以区块链技术为代表的第四次工业革命已经到来。科技界、商界，甚至政界，各路学者纷纷加入讨论，热闹非凡。

区块链技术到底是第四次工业革命的序幕还是第三次工业革命的下半场？要回答这个问题，先来看看第三次工业革命现在处于什么阶段。

第三次工业革命正在改变社会经济结构

蒸汽机打破了沉寂的农业社会，带来了工业革命。随着通信、交通、能源等基础产业的发展，人类的文化教育事业也有了长足的进步，知识的产出量惊人，科技进步日新月异。

据全球知识产权组织（WIPO）2017 年 12 月发布的年度报告《世界知识产权指数》（WIPI）显示（见图 9-9），2016 年，全球的创造者共提出了 310 万件专利申请，比 2015 年增长 8.3%，已经连续增长了 7 年。其中，中国国家专利局收到了 130 万件申请，位列第一；美国收到了 60 多万件，位居第二。以上数据都是历史最高。

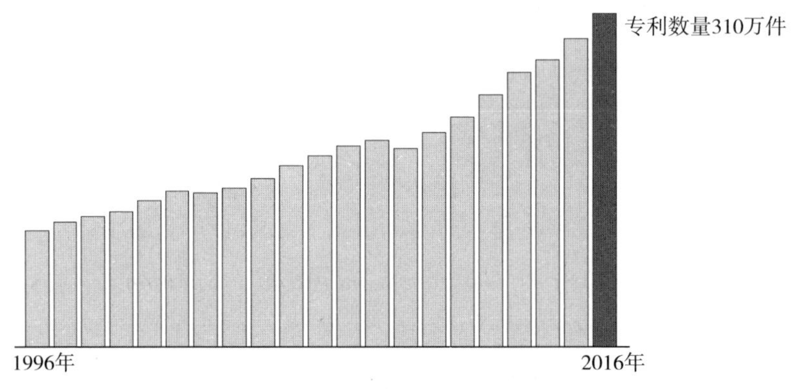

图 9-9　世界专利增长情况

新技术层出不穷，但是能称得上技术革命的凤毛麟角，到目前为止，没有争议的也只有三样：蒸汽机、电和电子计算机。这些技术，之所以称得上技术革命，是因为能引发工业革命，大规模地改造社会。美国历史学家林恩·怀特（Lynn White）认为，人类的生存系统可以分成 3 个层次：技术在最底层，是决定性的；社会处于中间，是技术的结果；哲学位居最高层，是技术和社会的表达。哲学可能过于深远，但技术对社会的影响显而易见，至少应该有以下几个层次或阶段。

- 衍生出无数相关新技术，形成庞大的技术体系。以目前的信息革命为例，从 20 世纪 80 年代开始，技术热点一浪接一浪，先后有个人电脑、互联网、移动互联网、物联网、大数据、云计算、人工智能等。它们快速经历了诞生、发展、应用，甚至成熟等各个阶段，解决了社会发展中大量的实际问题。
- 渗透到社会各个行业，推动经济结构的转变。以电时代为例，渗透从电力（发电机、电动机、电灯等）开始，到能源（煤炭、石油）、交通（内燃机、电力机车）、通信（电报、电话、电视），乃至化工、材料、钢铁、机械、汽车、农业等，最终引起经济结构由轻工业转向重工业，小规模转向大规模，甚至出现垄断，相应的组织管理类的人文科学也配套发展。
- 延伸到政治思想领域，改变政府运作模式，甚至国际格局。第二次工业革命，从 19 世纪后半叶，马克思笔下的“每个毛孔都流着血和肮脏的东西”的人吃人的初期资本主义，历经沧桑，终于走到民主宪政、落实普选、阶级矛盾缓和的成熟资本主义。世界格局也从帝国主义崛起、欺凌羸弱、列强争霸，到第二次世界大战后建立的所谓的战后秩序。无论经济、政治、民族还是国家，一切都在沧海桑田中重新划界。

对照以上的发展轨迹，第三次工业革命经过近 60 年的积累，基本完成了技术储备：互联网通信已经普及；可再生能源进入商用阶段；无人车已上路测试，局部已经开始商用。各种互联网技术范式基本形成，对零售、金融、媒体等已经造成巨大的冲击，正在向大规模的基础行业渗透，如化工、钢铁、材料、机械、农业等。世界各国也不约而同地提出了自己的战略计划，总结如下。

- 2012 年 2 月，美国总统执行办公室国家科技委员会发布了《先进制造业国家战略计划》，强调“再工业化”；2013 年进一步推出《制造业创新国家网络》，打造嵌入制造业各个环节的“工业互联网”，包括设计、生产、装配、服务等。

- 2012 年 1 月，欧盟委员会启动“智慧欧洲”（Smart Europe）项目。2013 年 4 月，德国政府在汉诺威工业博览会上正式推出“工业 4.0”战略，提出智能工厂、智能生产和智能物流，旨在保持制造业全球领先地位。2018 年 6 月 6 日，欧盟委员会在长期预算草案里提议，拨款 423 亿欧元建设新一代交通、能源和通信等方面的基础网络，并增设“数字欧洲”项目，首批投资 92 亿欧元，重点领域为超级计算机、人工智能、空间项目等。
- 2015 年 5 月 19 日，中国政府发布《中国制造 2025》，力争用信息化、网络化、智能化实现制造业的全面升级。2015 年 6 月 24 日，中国政府发布《国务院关于积极推进“互联网 +”行动的指导意见》，明确“互联网 +”在各重点领域的发展目标，如制造、农业、能源、金融、物流、交通、公共服务、绿色生态等。2018 年 5 月 31 日，中国政府工业和信息化部发布《工业互联网发展行动计划（2018—2020 年）》。

在 2010 年以后，移动互联网更是如火如荼，令人耳目一新的商业模式如雨后春笋争相出现。企业和政府从里到外的组织管理模式，如财务、人事、客户关系和供应链等方面，都在变革。毋庸置疑，经济结构正在被网络重塑。

当第三次工业革命进入第二个阶段时，互联网开始“+”一切，一切都必须数字化，世界似乎很美好。然而，“房间里的大象”其实已经出现。

第三次工业革命之怪现象：劳动生产率增长停滞，后果严重

2017 年 11 月，救助欧债危机的核心机构——欧洲稳定机制（ESM）的秘书长卡林·阿涅夫·简斯（Kalin Anev Janse）发文指出，当今世界经济的五大挑战，排在前三位的分别为：贫富悬殊、不充分就业、贸易保护。

2017 年 8 月，世界经济论坛发布的调查（以 18~35 岁的年轻人为调查对象）显示，位列全球前三的经济挑战分别是：气候变暖、局部战争和贫富悬殊。

2017 年 9 月 25 日，在全美商业经济协会（NABE）第 59 届年会上，世界货币基金组织副总裁张涛指出，世界经济的四大挑战为：劳动生产率增长缓慢、贫富悬殊、工资增长缓慢和贸易保护。

所有的调查都剑指贫富悬殊，贫富悬殊已然成了“房间里的大象”。

自 2000 年以来，英国的乐施会（Oxfam）根据《福布斯》和瑞信研究院的全球财富数据，每年发布全球财富状况的统计报告。2015 年是重要的“奇点”：全球 1% 的最富裕人口拥有接近 50% 的全球财富。乐施会 2018 年的年度报告指出，2017 年世界最富有的 61 个人拥有的财富和全球底层 50% 人口（约 36 亿）的总财富相当；全年全球创造的总财富中，82% 被世界最富裕的 1% 人口获得，而最贫穷的 50% 人口，其财富不见任何增长。贫富不仅悬殊，而且差距还在加大。

在第三次工业革命高歌猛进，科技创新日新月异之际，为什么会出现如此大的财富分化？各路经济学家观点不一，但有些相关事实不可否认。

第一，劳动生产率增长下滑。

劳动生产率是劳动者在一定时间里，创造的劳动价值与相应劳动

消耗的比值，是劳动创造价值的效率，是社会生产力发展水平的重要体现，和劳动者收入与生活水平密切相关。

根据美国劳工部的统计数据，美国劳动生产率的增长经历了几个起伏波动的阶段（见图 9-10）。1948—1973 年，美国非农业部门的劳动生产率增速达到 2.8%；1973—1979 年，因石油危机骤降到 1.2%；1980—2007 年，逐步回升到 2.6%；2008—2017 年，因金融危机再次骤减到 1.2%。美国制造业的劳动增长率更惨，从 2000—2007 年的 4.3%，自由落体般地降到 0.7%。

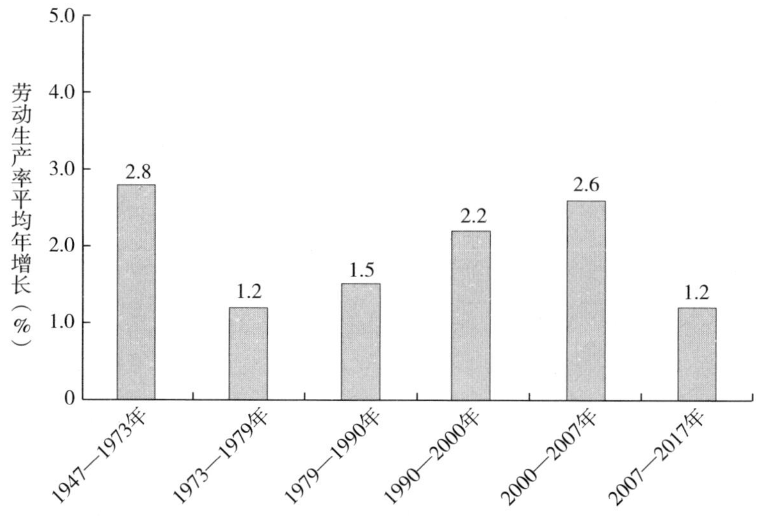

图 9-10 过去 60 年，美国劳动增长率的变化

劳动生产率增长缓慢，意味着劳动者创造财富的增速不够快，生活水平难以提高。更严重的是，不仅劳动者创造财富的效率不理想，而且财富分配也出了大问题。

第二，资本回报大于劳动回报。

法国经济学家托马斯·皮凯蒂在《21 世纪资本论》中揭示，在过去的 300 年中，投资平均回报率为每年 4%~5%，而 GDP 平均每年只增长 1%~2%。美国劳动部的统计数据显示，从 20 世纪 70 年代开始，劳动报酬的增长远远落后于劳动生产率增长；1973—2013年，典型工人的小时薪酬仅上涨了9%，而劳动生产率上涨了74%（见图9-11）。

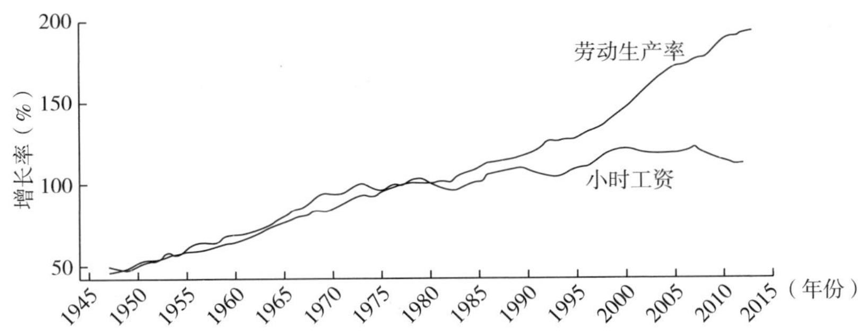

图9-11 美国劳动增长率和薪资的对比

按照马克思主义的经济理论，这意味着劳动者创造了大量的剩余价值，被剥削得厉害。果不其然，国际货币基金组织研究表明，考虑通货膨胀因素，有超过50%的美国家庭2016年的收入低于2000年；据世界银行统计，美国的基尼指数（Gini Index），从1979年的34.6上升到2016年的41.6，上升20%。

根据波士顿咨询公司（GCG）的测算，2016年全球私人拥有的财富为166万多亿美元，比2015年增长5.3%，财富创造快于上一年的4.4%，其中最大的因素是股票价格的上涨。2018年，乐施会在达沃斯发表题为《奖励劳动，而不是财富》（*Reward work，not wealth*）的文章，呼吁财富分配要回归劳动，不能过度依据资本。

孔子说："不患寡而患不均。"在经济领域里，生产搞不上去，分配又如此不公，这给社会、政治甚至世界局势造成了严重的问题。

发达国家的中产阶级正在消失。美国人口普查局2017年9月发布的《2016目前人口状况》显示，美国家庭年收入的中位数为59 039美元。美国皮尤研究中心将中产阶级定义为，家庭年收入在中位数的2/3至2倍之间。统计表明（见图9-12），美国中产阶级家庭的占比，从1971年的61%逐年下降到2015年的不到50%；家庭收入低于中位数1/2的比例，却从1971年的16%上升到20%。与此同时，高收入家庭的比例也在增加，从1971年的4%上升到2015年的9%。同样的统计发现，欧洲也有类似的情况，如意大利、德国、西班牙、芬兰等。社会正在从稳定的纺锤形结构转向哑铃形，矛盾冲突加大。

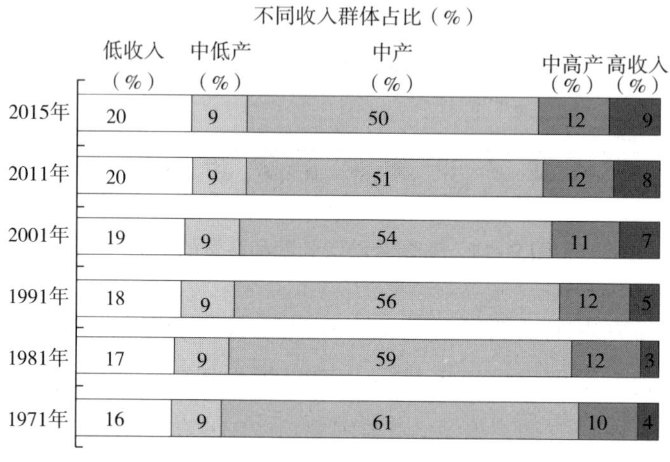

图 9-12　美国中产阶级的消失

中产阶级占比下降，找工作难是主要原因。2017年11月，联合国贸易发展会议（UNCTAD）发布报告称：2/3的劳动密集型的工作，在未来10年会受到技术发展的影响。美国适龄劳动者的参与率（Labor Force Participation Rate），从2000年的顶峰67.30%下降到2018年5月的62.7%；欧洲的情况更严重。2017年，麦肯锡的报告得出类似的结论，全球45%的劳动力处于失业或半失业状态。

另外，大量需要高技能的工作找不到适合的劳动力。据高科技工作网站Modis发布的《2018年科技人员薪水指南》（*2018 Modis Salary Guide for Tech Professionals*）预测，从2018年到2024年，美国的科技岗位每年将增加12%，高于整体劳动力市场的6.5%，会产生近50万个新岗位。同时，高科技工作的薪资是平均工资的两倍。

然而，据美国人力集团（the Manpower Group）发布的《2018年人才短缺调查报告》（*Talent Shortage Survey*）显示，声称招不到合格员工的企业，从2013年的35%上升到2018年的45%。新技术已经成了失去工作的劳动力重新进入就业市场的障碍。

国际发展不平衡，导致国内国际动荡加剧。过去30年，发达国家的中产阶级比例下降，但是众多发展中国家的民众得益于信息技术助推下的大规模全球化，脱离贫困，走入中产阶级。中国和印度是最大的受益者。在国内不平等上升的同时，国际不平等却在下降。根据世界银行2016年发布的数据，国内不平等在世界不平等中的比重超过1/3。

这种国内国际的发展不平衡，促使各国选民排外情绪陡增。2016年6月23日，英国民众通过公投宣布脱离欧盟。2016年11月，特朗普以“美国优先”为口号，当选美国总统。2017年法国大选，极右翼政党“国民阵线”主席玛丽娜·勒庞掀起巨大脱欧思潮。2017年9月，在德国大选中，德国总理默克尔成功连任，但其领导的温和派联盟党的得票率已大幅下降。2018年3月，脱欧派“五星运动”成为意大利议会第一大党，虽不能独立组阁，但已走到政治舞台中央。

欧美各国的保守排外势力在各项政策上不约而同地反对全球化，如减少移民、增加关税、限制国际投资、脱离自由贸易协定等。根据《全球贸易预警报告》（*Global Trade Alert Reports*）的统计，G20国家在2013—2017年每年采取多达200项限制贸易的措施，是2012年的两倍多，其中，美国是急先锋。加拿大政治学者约翰·索尔（John Saul）早在2004年就出版了《全球化的崩溃》（*The Collapse of Globalism*），认为西方民众正在重申国家利益，全球化崩溃不可避免。2009年以后，该书再次得到前所未有的关注。

显然，第三次工业革命在轰轰烈烈地进入第二阶段的同时，遇到了前所未有的挑战。历史不会重复，但可以借鉴。纵观第一次和第二次工业革命，社会进步浩浩荡荡，但从来不会一帆风顺。

前两次工业革命后期血雨腥风，以史为鉴

一般而言，工业革命在进入第二阶段后，开始影响社会各个行业，改变经济结构。因此，旧的生产关系不得不改变，新秩序必将建立。当工业革命进入第三阶段时，社会经济结构已经改变，经济决定上层建筑，与之相应的政治体系也要随之调整。在国家内部，经济和政治体制的重塑彻底地改变了国家的性质，对外的交往方式也焕然一新。这些从技术到经济，再到政治，乃至国家关系的深刻转变，在前两次工业革命中，演绎得精彩纷呈。

第一次工业革命，机器进入所有的行业，代替手工；先前被束缚在土地上的农民转变成工人；新兴的资产阶级代替封建主。资本家对工人的管理和封建主对农民的管理完全不一样，双方都需要不断地调整自己以适应新角色，所以摩擦在所难免。资产阶级在走上政治舞台取代封建贵族并企图获得权力时，在历史上留下了惊心动魄、血雨腥风的一幕。

在法国大革命期间，约有 15 万人被执行死刑，占当时法国总人口的千分之五，国王路易十六也在其中，这表明了新旧体制交替的残酷。《旧制度与大革命》的作者、历史学家亚历西斯·德·托克维尔认为，法国大革命是迄今为止最伟大、最激烈的革命，是一场社会政治革命，不仅废除了若干世纪以来统治欧洲和法国的封建制度，更废除了旧的社会形式，改变了所有既存的权力机构，毁灭了所有公认的影响，去除了种种传统，更新了风尚与习惯。

最先完成第一次工业革命的欧洲诸国，开始了它们的殖民时代。荷兰的东印度公司和英国的东印度公司的崛起，都是那个时代世界格局的缩影。首先完成工业革命的英国，其殖民地遍布世界，成为“日

不落帝国”。而古老的中国，被两次鸦片战争撬开国门，成为第一次工业革命中的掉队者。

第二次工业革命，电动力进入所有的行业，劳动效率又一次突飞猛进，初期的工业生产变成大规模流水线。1913 年，美国福特汽车公司开发出世界上第一条流水线，使 T 型车的销量高达 1 500 万辆，缔造了一个至今仍未被打破的世界纪录。

经济结构变迁再次引发政治动荡。大规模的工厂在提高效率的同时，加剧了无产阶级和资产阶级的对立。劳动力和资本的过度集中导致了垄断，为资本主义向帝国主义过渡提供了条件。帝国列强大规模交手，导致第一次世界大战。

第一次世界大战过后，工人运动此起彼伏，革命多形态呈现，如俄国的红色革命、德国的法西斯主义、日本的军国主义等。完全不同的意识形态和利益，导致世界大战再次爆发，政治变迁，格局变幻，惨不忍睹。最终，法西斯军国主义被击垮，形成社会主义和资本主义两大阵营。资产阶级做出让步，落实普选制，实行政治民主化。

有人指出，技术决定论要对前两次工业革命后期的血雨腥风负主要责任。技术决定论必然导致价值一元论和文化一元论。技术决定论认为：任何价值都是科技价值系统的延续，文化的差异是技术落后的表现；所谓“落后就要挨打”是技术先进者赤裸裸的傲慢，是落后者反抗压迫和掠夺最励志的口号；一味地强调经济竞争直接导致了人与自然关系的恶化，并强化了民族国家之间弱肉强食的丛林法则。在技术决定论的支配下，世界近 500 年的历史，就是一个野蛮且非正义的扩张史。

第三次工业革命滚滚向前，解决问题先找根源

两次工业革命后期，虽然人类社会找到了解决办法，最终很多国

家都实现了宪政民主，但是确实付出了惨痛的代价。比起前两次工业革命，当下的第三次工业革命正在深刻地改变着社会经济结构，与此同时，对政治体制和世界格局的影响也初见端倪。挑战是显而易见的，在劳动生产率增长缓慢、劳动者薪酬无法得到大幅提升的同时，财富分配大幅倾向于资本拥有者，这导致发达经济体中的中产阶级萎缩，政治走向极端排外，从而给世界政治经济秩序带来了危害。

显然，现在第三次工业革命再次激发了矛盾，历史再次给人类以挑战。被誉为人类文明的普适价值、解决社会矛盾的济世良方的西方民主制度受到了极大的挑战。美国著名的政治学家弗朗西斯·福山在1992年出版的《历史的终结及最后之人》（*The End of History and the Last Man*）中声称，西方国家自由民主制度是人类社会演化的终点，是人类政府的最终形式，号称“历史终结论”。但是，2014年9月，福山反思以往观点，出版了《政治秩序与政治腐败》（*Political Order and Political Decay*），指出西方民主制度在过去20年中，缺乏作为，腐败严重，虽然可能仍是当下最好的制度，但是如果找不到改革的方法，可能要在悲凄中落幕。2018年5月，英国剑桥大学政治学教授戴维·朗西曼（David Runciman）出版了《民主如何结束》（*How Democracy Ends*），指出西方现行的民主制度只有在社会足够糟糕的情况下，才会将其从悬崖边拉回来；目前问题多多，但是无法判断是否“足够糟糕”。

问题就在眼前，怎么办？解决问题必须从问题出发，深刻理解问题本身是第一步。伟大的思想家马克思说，一切社会问题归根结底都是经济问题。第三次工业革命遭遇的问题，最根本的原因还是劳动生产率增长缓慢，生产力的发展受到了限制。究其原因，有3种主流声音：第一种，通信科技如社交媒体和软件云平台等新兴生产资料的劳动生产率提高，难以衡量，因此存在低估的可能；第二种，科技创新随处可见，但对提高劳动生产率的作用微乎其微，20世纪80年代的索洛悖论（Solow Paradox）再次出现；第三种，在金融危机后，消费者需求疲软，企业投资减弱，形成恶性循环，导致结构性停滞。

经济学原理表明，影响劳动生产率的3个要素是：劳动者、资本和多要素生产率（MFP）。多要素生产率是衡量资本和劳动力以外的、其他所有影响产出的要素生产率，包括技术进步、组织创新、贸易制度和自然环境等。在以上原因中，第一种是统计问题，暂且搁置；第二种关注的是多要素生产率，尤其是科技的影响；第三种分析强调资本的作用。

根据美国智库布鲁金斯学会的研究表明，多要素生产率和资本对整个劳动生产率的贡献从1995年、2004年的1.7%和1.2%，分别下降到2005年、2015年的0.5%和0.5%。可见在过去的10多年里，科技和资本对生产力的促进作用只是存在于人们脑海中的一厢情愿，而不是现实。

生产力决定生产关系，生产关系要适应生产力的发展。在科技进步明显、资本充足无比的时期，劳动生产率却反其道而行之，令人困惑。合乎逻辑的解释是，第三次工业革命代表的先进生产力没有在现存的生产关系中得到体现，从而限制了科技和资本对劳动生产率的促进作用。

2018年6月，美国咨询公司麦肯锡的研究表明，有证据显示索洛悖论重新出现。诺贝尔经济学奖得主罗伯特·索洛（Robert Solow）在20世纪80年代称：计算机随处可见，却在劳动生产率数据中难觅其踪。20世纪80年代的索洛悖论在90年代末才得到解决。1995—2004年，半导体、计算机和软件开始大规模运用于制造、零售、医疗、教育等社会各个行业，科技创新使业务流程发生了重大变化，最终推动了总体劳动生产率的增长。

麦肯锡得出结论：第一轮索洛悖论表明，信息科技不会直接驱动劳动生产率的提高，而需要和业务、组织和管理模式的变革相结合。

换句话说，生产关系必须要跟随生产力的发展而调整。

生产关系是生产过程中社会关系的总和，生产关系的改变牵一发而动全身。历史告诉我们，在生产关系的变革中，至少在短期内存在多种路径，如经济改革、法则变革、制度改良、政治革命，甚至技术工具普及。每种方法和路径都有短期和长期，有利或不利的影响，且代价截然不同。只是在人类文明高度发达的当下，人们不愿看到前两次工业革命给全社会带来的巨大伤痛，希望战争和革命不要在社会进步中再承担任何角色。

全世界科技、经济和政治各方面的力量，应当用技术工具或制度改良，通过更大规模的共同协作走出当前的困境，使得人类社会获得更大的发展空间。而在金融危机后区块链技术的适时出现，可能是上天赐予当下人类社会最好的礼物。区块链将助力人类对未来的探索，可能成为第三次工业革命的第三阶段，成为促进社会变革的有力工具。

经济学家熊彼特，作为技术驱动经济发展理论最重要的旗手，于1912年基于技术创新提出了“创新理论”。“现代管理学之父”彼得·德鲁克在此基础上又提出了社会创新。随着技术发展的复杂性和参与主体的多样性，完整创新的体系包括了技术创新、制度创新、管理创新、观念创新、市场创新、产品创新等诸多内容。创新本身从纯粹的技术变化和企业活动，发展为经济、科技、政治和社会行为的综合，融入整个社会体系的发展中。区块链作为一种技术创新，在发展的过程中，必然和社会其他因素融合，更贴近时代需求，推动第三次工业革命向前发展。区块链助力生产关系或经济政治体制变革，会在以下五个方面发挥所长。

区块链使得更大规模的社会协作成为可能

首先是基于技术的信任。如本章第二节所述，区块链时代的信任不是基于“熟人”，也不是基于制度和机构，而是基于数据和算法。区块链网络中的信任成本趋于零。交易主体不需要事先在情感上相信任何人，也不需要对交易对手的信息判断有任何纠结，更不需要求助第三方机构作为“信任中介”。信任是一组直接的、快速的、量化的数据，来自区块链这台公正有效的机器。从理论上来说，任何节点主体都可以和区块链网络里的任何节点进行交流和交易，不受地域、信息、组织、制度甚至国界的限制。

信任是整个市场交易的基石。区块链网络中无处不在的信任使得更大规模的社会协作成为可能。正如“数字经济之父”唐·塔普斯科特在《维基经济学》（*Wikinomics*）中指出的那样，如果能充分利用每个人的智慧，总能量将无比惊人！个体力量的上升将改变商业社会的传统规则。大规模协作生产产品和提供服务将遵循新法则，如开放、对等、共享以及全球运作等。区块链通过量化信任，为新法则的广泛运用提供了坚实的底层架构。

区块链网络的覆盖面是信任的边界。由于信任是数据经过算法加工的结果，数据的多寡和真实决定了区块链信任的普及程度和商业价值。万物互联的世界是区块链大展手脚的前提。早期的互联网连接了电脑，移动互联网连接了手机，物联网正在把芯片植入所有的物体并把它们接入网络。2017 年 3 月，据美国市场研究公司（Research and Markets）估算，到 2025 年，全世界接入网络的物联网设备将有 1 000 亿个，带有 1 万亿个传感器，产生 10 万亿美元级别的市场。咨询公司高德纳也有类似的预测，物联网的迅猛发展已成为下一个商业热点，将为区块链的大规模商用奠定基础。

代币经济让所有者、生产者和消费者合而为一

根据马克思的阐述，生产关系包括三个方面的内容：生产资料所

有制的形式；人们在生产中的地位和相互关系；产品分配的形式。其中生产资料所有制形式是最基本的、起决定作用的。

公司是市场经济中最主要的主体机构。在现代企业制度中，生产资料归公司投资者所有，更确切地说，是归股东所有。股票是股东拥有生产资料的凭证。股东组建自身的代表机构——董事会，董事会雇用管理层经营公司。虽然从上至下有几层关系，但本质上，公司员工和公司所有者之间是雇用和被雇用的关系。公司经营所得——利润，由股东全权分配。

这三个方面的架构决定了公司的组织方式、管理模式、商业模式、分配原则等。公司所有者——资方，由于拥有股票，可以轻而易举地涉足金融市场，获得额外收益；公司普通员工主要以劳动收入为主。由于金融市场的规模远大于实体经济，两者分配模式有着本质的差别，而且差异巨大，甚至高达上百倍甚至上万倍。

第六章第三节详细描述了基于区块链网络的代币经济。代币的发行、流通和奖励，将多边市场中现有的货币、股票和积分彻底、高效地整合，形成了一个内在黏度更高、效率更高的经济体。原先的生产者和消费者作为经济体中不可或缺的部分，不得不拥有代币，并自动成为经济体的所有者。他们不仅从事先前的本职工作，如运营管理、提供产品和服务、购买和消费等，还可以凭借拥有的代币参与区块链网络经济体的管理。

在现代公司体制下，泾渭分明的雇用和被雇用关系彻底瓦解，没有依附关系，更不存在阶级对立，这使得生产者和消费者的地位提高，从相对于所有者的从属地位，一跃成为主导地位。所有者、生产者和消费者三者合体，使得经济体中所有参与者，都可以平等地进入资本市场，获得同等的额外收益。三者之间的分配没有质的不同，只是量的差别，大大缩小了收入差距。如果该经济体是个完整的去中心化的自治组织，智能合约将成为组织制度的载体，代币拥有者能够更便捷地参与组织治理，并保证分配过程自动透明公平。

价值互联网使得个性生产成为可能

本章第三节详细描述了区块链如何利用“可编程货币”的技术定义商品（或资产）、商品（或资产）的所有权，实现了商品（或资产）所有权的转移，并保证账本和转账信息公开可查。根据经济学定义，资产可以被认为是广义商品（包括服务）中的一种，是具有商业交换价值的。在区块链网络中，代币成了各种资产的符号，通过其对商品和服务的交易，以及对法币和其他代币的交易，在网络里自由流转。基于跨链协议的“币币交易”本质上实现了价值互联网时代的“物物交换”。

资产上线和资产之间便捷高效的交易，使得参与交易的主体无时无刻不在创造价值。信息互联网已经为个体提供了各种强大的工具，个人力量的崛起是信息互联网时代的最辉煌的成果之一。在价值互联网时代，任何个体不仅有能力自己生产，而且可以摆脱金融交易媒介和流通中介的束缚，实现交易自由。物物之间直接交易的中介通道成本接近于零，保证了生产者获得商品和服务的最大价值。

区块链信任带来全社会更大规模的协作，同时也带来了更大规模的统一市场。生产者和消费者之间更容易找到交易对象，更容易建立交易关系。消费者的个性化需求将通过生产者的多样化得到完美解决。协作和交易的便利化，生产和消费的多元化，必然导致社会分工更加细化，整体效率大大提高。生产和交易模式的根本变革使得信息科技彻底改变了业务、组织和管理模式，打破了索洛悖论，大大提高了整体的劳动生产率。

币币跨链交易，让价值回归劳动本源

本节先前提到，根据波士顿咨询公司的测算，2016 年全球私人拥有的财富总量比 2015 年增加 5.3%，其中最大的因素是股票价格上涨。2018 年，英国的乐施会在达沃斯论坛上呼吁财富分配要回归劳动，不能过度依据资本，发表题为《奖励劳动，而不是财富》的文章。不可否认，近年来，金融市场的高杠杆、受众集中和过于封闭是造成贫富悬殊的直接原因。

金融市场规模过大危害实体经济。据美国统计网站 statista 的数据，2017 年，全球 GDP 即所谓的实体经济近 80 万亿美元。而根据美国金融分析网站 Visual Capitalist 于 2017 年 10 月发布的报告称，以美元计价，按当时价格，全球金融市场总额超过 1 000 万亿美元，其中金融衍生品 544 万亿美元、房地产为 217 万亿美元、债务总量为 215 万亿美元、广义货币为 90 万亿美元、股市市值为 73 万亿美元，所谓的虚拟经济超过实体经济 10 倍体量。金融市场的高速膨胀，究其原因，还是受益于信息革命带来的资金高速流动，有兴趣的读者可以查阅金融发展史。

不可否认，金融市场在资源配置中起着关键作用，但是金融市场杠杆过高、自我循环、无限膨胀，对整个经济和社会的潜在危害巨大。2008 年的金融危机就是从次级房贷危机蔓延到所有经济领域的。根据美国劳工部的统计，2008—2009 年，两年时间内，美国一共失去 880 万个工作岗位，占整个就业人数的 5% 左右。巴菲特称，金融衍生品是金融市场的核武器，破坏力极强。

金融权益高度集中，扭曲财富分配。以股票为例，根据民调机构盖洛普的研究报告，截至 2017 年年底，虽然大约 54% 的美国人拥有股票，包括个股、401K 计划[①]、股票共同基金等，但事实上，美国前 10% 最富的人拥有 80% 的美国股票，2/3 的美国人没有 401K 计划。其他金融资产，如债券、金融衍生品等，其集中度远远高于股票。

---

① 401K 计划又称 401K 条款，始于 20 世纪 80 年代初，是一种由雇员、雇主共同缴费建立起来的完全基金式的养老保险制度。

与此同时，管理层将公司利润大规模地用于回购自家股票，自抬股价，中饱私囊。根据标准普尔的数据，2009—2017 年，标普指数成分股公司总共花费 4 万亿美元回购自家股票，预期 2018 年回购将达到创纪录的 8 000 亿美元。公司利润没有形成产业资本投向实体，导致资本对整个劳动生产率的贡献急剧下降。股票高度集中，管理层热衷炒高股票价格，使得金融权益成为财富分配的决定性因素，而非劳动本身。

金融市场过于封闭，对中小型企业有失公平。根据美国联邦小企业局的统计，2017 年，美国拥有 500 人以下的中小型企业有 3 000 多万家，占美国企业总数的 99.9%，雇用了近 5 900 万名员工，占就业总人口的 47.5%，产出占私营公司总产出的 46%。然而，据摩根大通 2016 年的统计，在纽约证券交易所和纳斯达克上市的美国公司一共才 4 000 家，过去 20 年间还下降了 50%。截至 2018 年 3 月，美国 FAANG 的市值总和近 3 万亿美元，占整个标准普尔 500 总市值的 11%。由此可见，只有极少数凤毛麟角的企业获得了金融市场的支持，垄断了绝大部分发展资源，远远地甩开了和其他公司的距离。

中国的情况更为严重。根据中国证监会的数据，截至 2017 年年底，全国有近 3 500 家 A 股上市公司。同一时期，根据中国工商总局的数据，全国有企业 3 000 多万家，个体户超过 4 000 万户。由于中国上市标准更为严苛，获得证券市场支持的企业比例比美国还要低，从而很多有潜力的公司远渡重洋，在海外上市。另外，由于进入资本市场好处明显，不仅可以获得资金支持，而且大股东还可以减持套现。据中国证监会的数据，2016 年和 2017 年，A 股上市公司股东累计净减持 800 多亿元和 400 多亿元。一时间，上市仿佛成了企业的最大目标。

金融市场高度封闭和金融权益过度集中，同时金融市场的规模又在各种金融工具和高杠杆下，不成比例地放大，这一切造就了一帮所谓的金融贵族，形成了一个金融特权阶层，在财富上和社会其他人群形成了鲜明的对比。金融特权在平时大肆炒作，获取暴利，而在危机时却“大而不能倒”，需要国家用纳税人的钱进行救助。

2008 年金融危机期间，美国政府于当年 10 月首先批准了 7 000 亿美元救助资金，而 2015 年，美国《福布斯》杂志披露，实际金额高达 7.7 万亿美元。真假难辨，确切数据可能成为历史之谜。但是，美联储在 2008—2014 年的量化宽松期间花费 4.48 万亿美元购买银行有毒资产，却是血淋淋的事实。2011 年 9 月，爆发的“占领华尔街运动”，正是 99% 的民众对 1% 的金融贵族发出的愤怒回应。

现实有时确实令人沮丧，但好消息是，社会总是不断进步的，区块链构筑的价值互联网将彻底打破传统的金融特权。

从商品的角度来看，区块链世界里的币币交易是“物物交换”，但从金融的角度来看，币币交易是所有劳动成果的金融化。由于代币的普及和便捷，大多数劳动成果理所当然以“币”的形式体现，这直接消除了目前金融市场只给特定资产定价的局限。实体经济活动和成果可以实时完整地通过金融产品表达，不存在被金融机构拒之门外的可能。区块链构筑的价值流通网络是现有封闭金融市场的外延，将信息互联网时代的金融交易中心扩展成价值互联网时代无处不在的价值交换。传统金融市场的壁垒被彻底打破，劳动成果获得前所未有的交易自由，这对创造价值的劳动者是莫大的激励。

劳动成果获得金融表达和交易的自由，这在本质上是金融特权的大众化，换句话说，就是传统金融特权不复存在，从根本上消除了实体经济和虚拟经济的对立。像本章第三节末尾表达的那样，无法预测通用货币（如比特币或者上链法定货币）是否仍然存在，但是可以预期，代币的定价体系会大为改观，不再以封闭的金融市场马首是瞻，而能拥抱自由开放的多元价值体系。币币跨链交易大大削弱了金融特权，将大幅度缩小由传统金融市场导致的财富不平等。让价值回归劳动本源，成为价值互联网时代金融市场的不二选择。

区块链作为底层技术，摒弃意识形态之争，共建人类命运共同体

纵观历史，技术革命触发工业革命，工业革命带来社会经济重构，引起政治体制变革，最后必然改变世界格局。这是在前两次工业革命进程中反映的人类历史发展的大致规律，第三次工业革命沿着类似的轨迹前行应该是大概率事件。第一次和第二次工业革命中后期，国内国际的利益和矛盾相互交织，错综复杂，世界各国的战争和革命此起彼伏。虽然最终文明得以重塑，社会得以进步，但整个过程给人类社会造成了沉痛的损失。按维基百科的数据，仅在第二次世界大战中死亡的人数就超过 6 000 万，约占 1940 年世界人口的 3%；经济损失超过 5 万亿美元，相当于今天的 60 万亿美元。

如今，第三次工业革命风起云涌，人类社会再次面临诸多棘手问题。过去 40 年，信息革命驱动全球化，导致国内国际发展不平衡，中国、印度等发展中国家乘势崛起，拉近了自身与欧美国家的距离。国际上失去统治地位，再加上国内矛盾因移民、经济等问题有所激化，欧美各国的政治都显露出孤立、保守、排外的反全球化倾向。美国的智库一会儿叫嚣“中国崩溃论”，一会儿又抛出“中国威胁论”，恰是内心矛盾和恐慌的真实写照。

历史表明，孤立排外和闭关锁国都是作茧自缚，中国明朝的衰败和中世纪黑暗的欧洲都是很好的例证。人类不可能回到小国寡民的时代，只有破除障碍，力求更大规模的协作，才能突破瓶颈，创造新天地。如果人类社会停止协作，那真有可能是下一场灾难的开始。阿里巴巴董事局主席马云说，一旦贸易停止了，战争就会开始。这句话不

无道理。

2017 年 10 月 18 日，中国国家主席习近平，在十九大报告中提出构建“人类命运共同体”，号召世界各国摒弃冷战思维，坚持协商对话，尊重文明多样性，共同建设环境友好、开放包容、普惠共赢的新未来。指明方向，掷地有声！

然而，在信息传播如此迅速的今天，横亘在人类面前的障碍似乎仍难以逾越，如意识形态、宗教信仰、市场制度等。从 1986 年开始，中国先后历经 15 年，方才完成加入 WTO 的谈判。俄罗斯的入世谈判长达 19 年，于 2012 年才最终完成。即使意识形态相同、市场制度类似，协议有时也难以达成。2008 年 2 月，美国总统奥巴马宣布参加“跨太平洋战略经济伙伴关系协定”谈判，历经近 10 年，最后夭折在继任的特朗普手中。

人类社会面临挑战，孤立将导致战争，所以必须协作，必须贸易，尽管困难但必须达成协议，共建“人类命运共同体”。区块链从技术的角度，提供了人们达成协议的全新思维和方式，另辟蹊径，极大地提高了效率。

首先，区块链网络天然就是命运共同体。无论是公有链还是联盟链，都是各节点按照某种协议组成的自治生态。共识机制集中体现了治理模式，准确地定义了节点的准入权力以及参与方式。技术上，共识机制以代码或半代码的形式呈现，体现了法律、信仰、市场制度、意识形态等人文价值，摒弃了谈判过程中文字表达的模糊性和不确定性。说服心理学告诉我们，越具体的事情越容易达成一致，而不是所谓的理念和意识。基于区块链网络，协作双方可以不受信仰、意识形态等束缚，直接针对具体的商业贸易事务进行谈判并达成妥协。国际贸易不再要求政治先行，商家可以直接形成共赢的局面，大大提高了效率。

其次，化整为零，不必追求大而全的一揽子协议。区块链网络是一个动态系统，理论上，只要社区达成共识，随时随地可以启动新协议或终止旧协议。协议多方可以从最简单、最见效的协作开始，而不必为达成一个完美无瑕的协议而耽搁当下就绪的合作和贸易。无论是多边还是双边的，无论是针对一个产业还是针对一个产品，协商者只要能达成点滴共识，就都可以开启合作的局面。“先射击，再瞄准”的敏捷准则，在国际上也能大显身手，这大大降低了冲突的可能性，提高了共赢的概率。

最后，规则透明，自动执行，跨越国界。在区块链网络中，所有的规则都以智能合约的形成出现，公开透明，人人可鉴。对于已经在执行的协作共同体，未加入者可以随时加入，不再需要现有成员漫长的确认过程。未加入者也可以对已经达成的各种协议，先做深入的了解，选择最适合自身发展的“命运共同体”，从而省略冗长的谈判过程。智能合约还可以自动执行非常规流程，如违约、惩罚、禁入等，使协作共赢不再依赖于某个地区具体的法律，而是独立存在于达成的协议之中，节省了大量的人力、物力、时间，提升了效率。

综上所述，尽管人类社会的进化有时扑朔迷离，正如自由学派大师、诺贝尔经济学奖得主哈耶克所说，社会是进化的但并非总是向特定理想目标的进化，社会的动态发展是非线性的。但是在调整社会关系的关键时刻，人类将目光投向区块链，不知是技术决定论的宿命，还是技术决定论的悖论。无论如何，区块链技术在更大规模协作、重构生产关系、创造多元价值、消除金融特权和构建“人类命运共同体”五个方面潜力巨大，必将助力第三次工业革命迎接现有挑战，和平开创人类命运新篇章。

区块链无疑是伟大的技术。回到本节开头的问题，区块链技术是第四次工业革命的序幕吗？从技术本身和历史阶段来看，笔者倾向给出否定的回答。

从历史的角度来看，第三次工业革命远未结束。每一次工业革命都必须完成从技术到工业、经济、政治、社会，再到世界格局的深刻变化。第三次工业革命刚刚开始改变经济结构，后面还有精彩大戏。区块链适时出现，有助于解决第三次工业革命当前的困境，引发社会的全面变革。总的来说，区块链技术仍在第三次工业革命的周期以内。

从技术的角度来看，区块链还不足以引发能源、交通和通信等社会基础技术的变革。按照美国学者里夫金的理论，第三次工业革命的技术基础是信息互联网、可再生能源和智能无人交通。显然，区块链只是信息互联网（也称第二代互联网）方面的提升，不足以引发超越能源、交通、制造所有重要技术的全面变革。

本节先前提到的，世界经济达沃斯论坛主席克劳斯·施瓦布在出版的《第四次工业革命》中宣称，纳米技术、大脑研究、3D 打印、材料科学，可植入技术、数字化身份、物联网、无人驾驶、人工智能、机器人、区块链、大数据等一系列科技将共同作用于人类社会，产生交叉效应。按照上述理论，即使第四次工业已经开始，区块链也不会成为发动者。笔者认为在上述技术中，超级人工智能可能引发第四次工业革命，但人工智能发展远未到再现人类意识的程度，有兴趣的读者可以关注人工智能发展史。

区块链被贴上“第四次技术革命”的标签，带有明显的炒作之嫌，但是毫无疑问，区块链是一项伟大的发明，很可能成为第三次工业革命由野蛮时代进入文明时代的转折点。在区块链之前的信息时代，犹如 19 世纪末的资本主义，年轻、冲动、血腥，强调竞争，缺乏公平，贫富悬殊，冲突不断。而区块链之后的信息时代，宛如 20 世纪 60 年代的资本主义，成熟、温和、克制，强调合作、中产壮大、共同发展。当然社会只要在发展，问题就会源源不断。区块链当然不是万能药，但在第三次工业革命的当下，可能会发挥历史性的作用，助力信息时代的转变，推动人类社会的进步。

本节历史性地解读了第一次工业革命和第二次工业革命，描述了第三次工业革命的现状、挑战和机遇，以及区块链的潜在推动力。在理论上，我们可以推理社会演变的趋势，但未来毕竟还没有来，区块链的技术范式尚未形成，无法确切知道社会演变的路径。而大量的商业机会产生在社会发展的沿途，国家或社会选择的不同路径，决定了不同的商业机遇。区块链目前还只是个理想框架，只有置于具体的路径中，面对具体问题，才能凸显商业价值。

本章小结

在本章中，小 q 完成了白皮书计划的第一个里程碑，把麻币推向了交易市场，并减持了手中的麻币，实现了部分套现。在对棋牌室的区块链智能化改造中，小 q 遇到了事先未预见的困难，渐渐地意识到区块链技术非常不成熟，可能无法完成当初的计划。Q 总很努力地学习，企图跟上时代的步伐，相信未来很美好，但意识到道路很曲折。区块链技术将重塑社会信任体系，开创价值互联网时代，并在第三次工业革命后期帮助解决社会主要矛盾，推动社会转型，成为信息时代重要的转折点。

本章要点

- 市场经济是法制经济，最本质的制度特征是交易过程的契约化，契约的根基是信任。契约各方需要某种最低程度的信任，否则交易成本会无穷高，契约无法缔结，交易无法执行。
- 从心理学的角度来看，信任是对情境的反应，是由情境刺激决定的心理和行为。从社会和人的角度来看，信任是个人人格特征的表现，是一种经过社会学习而形成的相对稳定的人格特征。从社会制度的角度来看，信任是建立在法理（法规制度）

和伦理（社会文化规范）上的社会现象。从社会关系的角度来看，信任是人际关系的产物，是理性权衡和情感共同决定的人际态度。

- 人际信任是因为熟悉而信任。建立在“熟人”基础上的信任有局限性，因为每个人熟悉的人数有限，无法支持商业社会大规模的生产协作。
- 尼克拉斯·卢曼认为：系统信任对人际信任的取代是历史变迁的必然结果；系统信任是制度管控下的信任模式，是对契约或法律的信任，即“制度化信任”。
- 有法律保障的、高度信任的文化体系，成就了一批坚实的、令人信服的机构，基本分为 4 类——政府、企业、非政府组织和媒体，充当“陌生人”之间的信任中介。
- 公众信任度下滑不止发生在美国而是全球现象。埃德曼发现在 28 个世界主要经济体中，有 2/3 的国家，政府、媒体、企业、非政府机构总体的信任度低于 50%，它们均被标为“不可信国家”。
- 近年来，原本信誉良好的机构被频频爆出丑闻，包括政府、公司和社会公共机构等。曾被全社会视为信任基础的共同价值观，成了上层人士或机构的遮羞布；表里不一，动摇了普通民众在长期制度约束下形成的信任感。
- 在全球化背景下，贫富差距过大，不同阶层之间失去互信。《2017 年全球财富报告》指出，1% 的富人群体拥有的财富超过全球总财富的一半，占比 50.1%。富裕阶层在迅速聚拢财富的同时，也在想方设法地逃避税务责任。另外，中下阶层的境遇却每况愈下，势必会使不同阶层之间失去信任。
- 自 2016 年以来，“假新闻”使用率增加了 3 倍以上。随着互联网和社交媒体的兴起，“人人都有麦克风，人人都是评论员”。

在信息爆炸、真假难辨、缺乏权威声音的网络社会，大众不仅失去了原本信任的信息源，而且还经常受到虚假信息的影响。

- 不论是丑闻泛滥造成的负面效应，还是贫富悬殊造成的社会分裂，抑或是网络信息的真假难辨，基于社会制度建立起来的信任共识受到了严重的挑战。
- 丑闻泛滥是信息发布过于容易和信息流通瞬间到达的结果。互联网本身就是阳光，能照到先前黑暗的地方。任何人都可以成为“深喉”。在互联网时代，不是存在的丑闻多了，而是被揭露的丑闻多了。社会更加透明，是一种时代的进步，但是在当下，其负面影响不容忽视。
- 贫富悬殊是互联网时代各阶层配置资源能力分化的产物。跨国企业全球优化供应链，富有人群在全球范围内配置最优资产和采购最好服务。在互联网时代，不同人群资源配置能力悬殊，没有缩小的迹象；不同社会阶层的人，其生活境遇完全不同，互信基础荡然无存。
- 事实难辨是互联网强化了影响力、弱化了判断力所致。互联网强化了自媒体或明星的影响力，原因是：影响因素多元化，交流和交易丰富、无时无处不在；自媒体对受众的影响力占据绝对主导地位。互联网严重削弱了接受者或粉丝的判断力，原因有三：信息零距离、沉浸于舒服区、商业强化舒服区。
- 在基于地缘和血缘的“熟人”社会，信任更多地体现了人与人之间的情感纽带。在制度化信任的“陌生人”社会，理性权衡是信任关系中的主要成分。
- 区块链保证数据的全息真实，是以网络为边界的，只有接入区块链网络的节点，其数据才是可验证的、可靠的。从商业的角度来看，区块链大规模的商用必然在物联网大规模普及之后。
- 区块链网络可以调用某节点的所有信息，计算该节点的可信度。计算信用的算法是公开、透明、统一的，并得到所有节点验证的。在区块链网络里，一个节点对另一个节点的信任，没有半点感情色彩，也不需要理性的权衡，只是节点的全息数据通过特定算法得到的数值。信任不再是心理学、社会学、博弈论、经济学的研究对象，更不是性格特征或情感表达，只是数学的表达。

- 区块链网络的信任，原料是数据，表达形式是数据，产生过程也是一套数学机制。区块链就是一部制造信任的机器，如注塑机一样。基于区块链的信任系统具有由下而上的包容性，削弱了中心化，完全透明、可信赖、可追溯。从商业角度来说，区块链的信任系统成本更低。区块链将信任数字化、量化，以网络为边界，以代码为载体，以数据和算法为依据，完全不受地域和社会制度的限制。
- 一个完全基于技术的信任系统，应该包括基于区块链的交流系统、法律体系、生产体系、金融系统。
- 若干年后，那些不上链的数据，可能不再拥有任何可信度。人们对数据的态度折射出时代的变迁。
- 信息互联网只是展示了创造者和这些成果的所属关系，但无法界定和绑定。
- 在信息互联网时代，商品的所有权无法脱离权威中心而自由流动，人们因此被束缚在某个体、国家或地区内，抑制了商业的进一步发展。
- 价值互联网又称第二代互联网，保证“价值”在互联网上自由流动。
- 在电子邮件的收发过程中，所有参与信息传播的节点都能获得拷贝。在比特币的转账过程中，只有指定的接受者才能获得被发送的比特币，网络不仅记录了转账的信息流，还转移了所有权（价值流）。

- 从商业的角度来看，比特币区块链定义了比特币、比特币所有权，以及实现了比特币所有权的转移。因为“可编程性”，理论上，程序可以表达现实生活中的任何商品、资产或价值载体。
- “币”在交易和被交易中被定价，其价值体系包括：代币对特定商品和服务的交易、代币和其他货币度量衡之间的交易，以及代币和其他代币之间的交易。
- 在区块链网络中，由于竞争充分和信息对称，代币对特定商品和服务的交易价格更接近客观的无差别劳动，而远离购买者的主观臆断。
- 代币被强势货币定价的过程既有实物交易的特征，又有金融交易的特征。
- 代币的定价货币，可以是法币或强势的虚拟货币，如比特币。如果代币不绑定特定的商品和服务，在定价过程中，实物交易属性就会消失，完全体现出金融交易的属性。
- 币币交易通过跨链交易，无处不在。上链资产以“币”的形式在网络上快速转移，价值创造时刻发生，互联网蜕变成名副其实的“价值互联网”。
- 币币交易的目的不再是寻求被法币或强势虚拟货币定价，而是直接地体现其代表的商品和服务的价值。币币直接交易摒弃了代币定价过程中的金融交易属性，演变成网络时代的“物物交换”。
- 价值互联网的“物物交换”完全不同于原始时代的“以物易物”：不一定涉及实物的移动；一次性精准地完成交易目的；不需要一般等价物。
- 物物之间直接交换摆脱了金融中介的束缚，使生产者获得更大的交易自由，促使价值回归劳动本源。

- 技术决定论认为，技术是一种自主的力量，按照自己的逻辑前进，支配并决定社会的发展；技术变迁导致社会变迁。
- 第三次工业革命的3种观点均以信息化为核心，但发展路径不同。
- 技术对社会的影响包括3个阶段：技术衍生，形成技术体系；渗透到社会各行业，转变经济结构；延伸到政治思想领域，改变政府模式和国际格局。第三次工业革命完成了技术储备，正在大规模改变经济结构。
- 第三次工业革命带来的问题是“贫富悬殊”，主要原因是：劳动生产率增长下滑，资本回报大于劳动回报。中产阶级占比下降，原因是：找工作难，不符合工作技能。后果：社会从稳定的纺锤形转向哑铃形，矛盾冲突加大。
- 第三次工业革命造成的社会问题：发达国家的中产阶级正在消失；国际发展不平衡，导致国内国际动荡加剧。
- 前两次工业革命后期血雨腥风，以史为鉴。
- 区块链使得更大规模的社会协作成为可能。代币经济让所有者、生产者和消费者有机统一，改变了生产关系。价值互联网使得个性生产成为可能，创造多元价值，提高劳动生产率。币币跨链交易让价值回归劳动本源，实体经济和虚拟经济对立消失。区块链作为底层技术，摒弃了意识形态之争，目的在于共建人类命运共同体。
- 区块链不是“第四次技术革命”，很可能成为第三次工业革命由野蛮时代进入文明时代的转折点。

第十章

砥砺前行，路在脚下

“未来已来”听起来总是那么让人激动，“未来还没有来”不免有些让人丧气。区块链给很多行业提供了重塑的可能，但只是可能。一个商业实体需不需要移植到区块链上？什么时候移？如何移？是公有链还是联盟链？这些问题没有答案，只有历史的车轮碾压后才会留下印记。社会的发展并不以个人的意志为转移，更不会以创业者的意志为转移。创业者面对不确定性——或奋进、或蛰伏、或钻研、或深思，但是有一点可以肯定，真正的创业者都不会逃离。小 q 也不例外，在困难和困惑中砥砺前行。

第一节　门外汉也得学技术

在麻将游戏上线后，小 q 面对技术困境，无法推进，一筹莫展。尽管区块链的系统技术不够完善，但是无论在理论、系统还是应用方面，都有各种团队在砥砺前行，其中不乏一些世界级的技术团队。

小 q 和小伙伴们开始静下心来学习，精读一些大项目的白皮书。小 q 对技术完全是个门外汉，在阅读时，时常下意识地跳过白皮书的技术部分。技术知识的缺失让小 q 对各种商业模式的理解只停留在初级水平，甚是空洞。

小 q 无法对区块链的技术发展方向做出自己的判断：有人说，区块链首先得有自己的基础设施，如个人电脑时代的操作系统，或互联网时代的 TCP/IP ；也有人坚信，每条公有链只解决一些具体的小问题，如开锁、气温读取、驱动电机等，复杂系统建立在链链交易和传输之上；还有人说，去中心化是个伪概念，以联盟链为基础的分布式数据库才是未来的发展方向。

同时，小 q 通过阅读也认识到，这些实施中的区块链项目若能实现，不仅对商业，甚至对整个社会都会产生巨大影响。有些方面的变革可能已经开始，如共享经济、金融、文娱、供应链等。有媒体报道，美国有家区块链公司已经取得了去中心化的线上游戏牌照。区块链时代的起点可能就是全球化竞争。在学习的过程中，小 q 不断掂量自己、自己的团队和目前所处的商业环境，备感压力。

在学习和思考的过程中，小 q 深知商业严重依赖于社会演变的途径，但是很难判断区块链技术的现实发展路径。里夫金——美国未来学大师，著书立说，提出了第三次工业革命的路径，虽然其观点一时受到追捧，但政府也未必会采纳。在大量的读物中，小 q 还发现，许多区块链商业模式近乎雷同，而创新点往往来自纯粹的技术，如算法、编程语言或工具等。商业要有价值，就必须要解决实际问题，QPS 面临的就是技术障碍。要想麻币和 QPS 取得突破性发展，小 q 和团队人员必须攻克一些底层技术问题，否则只会在原地打转。为了解决上述问题，小 q 急需找到一些技术专家，于是开始泡各种论坛、刷朋友圈，希望能挖掘到顶级人才。

“币圈”（以发行加密货币为特征的创业团队）和“链圈”（专注做联盟链的创业团队）的创业火爆，加上一些老牌互联网公司和传统金融企业的强势介入，区块链市场的“抢人大战”已是硝烟弥漫。

在一般情况下，在互联网行业做底层开发，对人员的技术要求高，但需求量不大；而做应用层的，则对人员的技术要求稍低，但需求量大。目前，做区块链底层技术的，全世界范围内寥寥无几。真正的人才都自己发币了，市值几十亿美元的大有人在，这些人花再多的钱也招不到。区块链应用层面的人才也是难招，一般有经验的应用开发者，比如在大公司做过类似项目的，跳槽加盟都要求享有合伙人的身份和权益。

人才向顶端企业或团队流动的趋势十分明显，一将难求是普遍现象。小 q 虽然也算是早期的成功者之一，但是公司规模还太小，对人才的吸引力十分有限。21 世纪最贵的就是人才，小 q 现在才算彻底明白这句不经意的“戏言”，人才招募只能从长计议。

技术上无法突破，QPS 可能就是个幻想。基于对现有区块链扩展性的担心，小 q 对既定的游戏开发策略产生了怀疑，和技术伙伴商量后停止了开发。困境中的小 q，坐在桌前，对着电脑，电脑屏幕上是一篇刚下载的白皮书。焦虑有时让小 q 无法集中思想。

图 10–1　老板也要学技术

“既然找不到人，那只有自己来了。”小 q 喃喃自语（见图 10–1）。

如果未来社会彻底基于数字化，由技术决定币、信任、价值以及所有资产，那我是不是也应该转型做技术了？小 q 再次陷入自己的思绪里，一个新的想法已种入心田，并开始发芽了。

第二节　里夫金需要区块链

过去 60 年，第三次工业革命给人类带来了史无前例的信息社会。

人类社会发现问题，解决问题，一刻不曾停歇。尽管劳动生产率增长大幅放缓，贫富悬殊惊人，但科技本身不会因为生产关系没有调整到位而停止不前，物联网、5G、人工智能、3D 打印、无人驾驶等新科技仍炙手可热，这些一直都是大家关注的焦点。在技术的推动下，第三次工业革命仍在如火如荼地进行，但就其发展路径而言，争议颇多，关于第三次工业革命的阐述，最具代表性的人物要数美国学者杰里米·里夫金。

杰里米·里夫金出生于 1945 年，毕业于宾夕法尼亚大学沃顿商学院，迄今已出版近 20 本有关社会未来的畅销书，是“智慧欧盟”项目的倡导者，长期担任德国总理默克尔的高级顾问，并被誉为最有影响力的经济和社会的理论家。杰里米·里夫金分别于 2011 年和 2014 年出版了《第三次工业革命》和《零边际成本社会》(*The Zero Marginal Cost Society*)，阐述了第三次工业革命的理论和实践路径。如果里夫金的理论落地，那么区块链也应占一席之地。

信息、能源、交通互联网之上的零边际成本社会

按照里夫金的理论，任何一次工业革命都是建构在全新的社会基础设施之上，主要由通信、能源和交通三部分组成，而后两者都要建立在通信设施之上。人类必须通过先进的通信设施，才能高效地管理更大规模和更复杂的经济系统。而目前的状况是：在网络方面，互联网带来的信息革命已经趋于成熟，物联网和 5G 移动互联网近在咫尺；在能源方面，可再生能源如风能、太阳能和地热等技术业已经成熟，成本足够低，具有被广泛应用的可能；在交通方面，汽车连接互联网已无可争议，无人驾驶也在技术可触及的范围之内，成为人人可用的交通物流互联网。

当前的任务是将能源的集中生产模式升级为分布式生产，因为可

再生能源几乎是平均分布在世界各个角落的。每个人，每个组织，甚至每栋建筑都应该就地获取能源，在自产自销的同时，通过储能技术（主要是氢储能）和物联网提供给他人使用，从而形成能源互联网。

所有分布式的生产方式让生产的边际成本趋于零。零边际成本是指，当生产达到某个产量后，每增加一个单位的产量所增加的总成本为零。里夫金认为，互联网已经成功地实现了信息的分布式生产和传播，导致信息、知识、娱乐等产业的边际成本接近于零，或已经大幅降低，相应的劳动生产率大幅提高，典型的案例如慕课、社交网络、出版、知识付费等。

类似的情况很快会发生在能源领域。在里夫金的建议下，法国、德国、荷兰、卢森堡等国，已经着手改造自己的电网和可再生能源的载体。根据德国“能源转型”智库的报告，2017 年德国可再生能源发电量为 216 亿瓦，占总发电量的 33.1%，发电量和占比均创历史新高；超过一半的家庭安装了太阳能发电系统，电力自给自足率达到 75%。预计到 2030 年，基础建设基本结束，德国用电的 85% 将基于可再生能源，其发电的边际成本将大大降低。随着数据的积累和人工智能的发展，发电和配电将越来越智能化，损耗也会越来越低。

如果信息互联网、能源互联网和智能交通互联网落地，第三次工业革命的进度将完成质的飞跃。经济社会中的其他部门，如制造部门、服务部门，甚至农业部门都会基于新的通信、能源和交通形式进行重构。若 3D 打印技术有所突破，高效的分布式生产流通服务体系基本建成，第三次工业革命将走向辉煌。社会基础设施的边际成本大大降低，必将引发其他衍生经济部门的成本优化，从而大幅提高整体劳动生产率。

然而，里夫金的完美理论在努力实践中遇到一个棘手的问题：这些作为全社会基础设施的互（物）联网平台归谁所有？要回答这个问题，首先要看看这些平台的主要产品和服务是什么。

数据和算法是公共产品，不能用来牟取暴利

在万物互联的社会中，信息、能源和交通三大基础设施的互联网平台，再叠加各种衍生行业的网络平台，一切都必须数字化，由此产生的数据量将是天文数字。据《福布斯》杂志的统计：在过去30年中，全世界的数据量大约每两年增加10倍——远远超过芯片行业的摩尔定律；随着物联网和工业互联网的发展，到2020年年底，全世界的数据量将超过44万亿GB，相当于每人近1万GB。

2017年5月，英国《经济学人》发表封面文章称，数据已经取代石油成为当今世界最有价值的资源。数据经过统计和挖掘，可以得出信息和知识，也被视为当今人工智能的基础，人们难以估算其巨大的商业价值。

目前，美国的FAANG和中国市值前两名的阿里和腾讯，全部都是经营数据的高手。据美国网站statista的统计，2017年，谷歌和脸书仅在线广告收入分别达399亿美元和975亿美元；两者相加占据全球在线广告市场份额的61%。亚马逊是最大的共有云供应商，根据其发布2018年第一季度的数据，云方面的年化收入高达200亿美元，市场份额高达34%，也即将发力在线广告市场。

数据是石油，信息即权力。商业的辉煌则夹杂着互联网平台公司对权力的滥用。广告业务的核心竞争力即所谓的精准营销，本质上是对用户信息的深度解读和商业利用，有时甚至越过商业的范畴。2016年，美国大选期间，脸书泄露了5 000万用户的信息，对政治生态造成严重破坏。2016年，阿里巴巴发布芝麻信用分，其中的不公开算法——由用户的身份特质、信用历史、行为偏好、履行能力和人脉关系共5类数据加工而成——并被广泛地应用于商业领域，

如借贷、租赁和购物等，甚至婚恋交友，远远超出传统“征信”的边界。2015 年 8 月，脸书在美国申请过一项类似的专利，遭到媒体的口诛笔伐。

数据的高度集中源于对用户流量的垄断。截至 2018 年一季度，脸书有近 22 亿用户，超过世界网民的 50%（来自 statista.com）；谷歌每天处理 35 亿个搜索请求，占世界总量的 75%（来自互联网在线数据统计网站 internetlivestats.com）；亚马逊网上商城有 3 亿用户，年销售额近 1 800 亿美元，占美国在线市场近 50% 的份额（来自商家点评网站 expandedramblings.com）；阿里的支付宝和腾讯的微信支付，在中国分别拥有 5 亿多和近 10 亿用户，交易金额分别占中国移动支付市场的 47% 和 45%（来自 2018 年上半年的阿里财报和腾讯财报）。

类似的情况也发生在第二次工业革命中后期。在 19 世纪末 20 世纪初，出现了严重的垄断或跨头竞争，如石油、钢铁和后来的电信行业。这些垄断有着明显的行业特征，例如美国的《反垄断法》（*Antitrust Law*）规定，触发垄断调查的条件之一就是，单一公司市场占有率超过垂直行业总额至少 50% 以上，有时高至 70% 或 80%。

而在信息时代，平台公司垄断的不是某个特定行业的市场份额，而是对用户流量的垄断。用户流量到底在哪个行业变现，或通过怎样的渠道变现呢？根据不同的商业场景，模式极其多样，可以通过广告、支付、商城变现，甚至直接卖数据。传统的行业划分已不再是互联网时代的商业界限。用户和数据成了互联网平台向多个行业扩展的强大武器，如亚马逊、阿里和腾讯等，但同时又避免了触发《反垄断法》的调查。过去 30 年，宽松的市场监管环境任由互联网平台公司成为信息时代最强大的私人组织，单个公司市值已接近一万亿美元。

诚然，这些互联网公司通过艰苦创业、技术革新、不懈努力，赢得激烈的市场竞争，最后才成为王者。但是，客观上，它们最主要的产品——互联网平台和数据才是信息时代整个社会的基础设施，在大多数情况下，这些都体现了公共产品的属性。

按照严格经济学的定义，公共产品的生产由公共支出予以保证，其经营管理必须由政府或非营利性组织承担。这些互联网平台公司在自由市场中诞生，在竞争中成长，起初的目的并不是生产公共产品。但随着科技、商业和社会的发展，其产品和服务的公共属性日渐明显。如果这些公司仍在资本的催促下，利用其对公共产品的垄断，不断谋取暴利，无论是对社会经济结构的转型，还是对整体劳动生产率的提高，都贻害不浅、后患无穷。

第二次工业革命的实践表明，任何社会基础设施的变革都需要政府、私人部门、社区共同参与，而不能由私人部门垄断。第二次工业革命的基础设施，如石油、通信和公路，无论在哪个国家，都是按公共部门来建设管理的，绝对不可能被私人部门垄断。1911 年，美国联邦最高法院裁决，解散标准石油公司；1984 年，美国司法部依据《反垄断法》，拆分美国电话电报公司（AT&T）；1956 年，美国艾森豪威尔总统签署《联邦政府资助高速公路 1956 法案》（*Federal-Aid Highway Act of 1956*），拨款 250 亿美元修 6.6 万公里高速公路，占总预算的 90%。

信息互联网、能源互联网和交通互联网，都是第三次工业革命的基础设施，也是典型的公共平台产品。先进的公共平台是商业企业必要的基础配套，目的是要帮助商业企业降低固定成本和边际成本，提高生产效率，而不是赚取巨额利润。世界各国的公共平台要么由私人公司构建管理，要么由政府构建管理，但最后都由政府的权威部门监管。里夫金认为，欧洲和中国会领跑第三次工业革命后半程，因为两者实行是社会市场经济（Social Market Economy），同时强调政府和市场的作用，而美国过于强调市场作用，反而会耽搁社会公共平台的革新。

里夫金认为：除了私人公司和政府，管理这些平台的，还有可能是正在崛起的、私人运营的非营利性机构，如公立学校、医院和信用自助会（Credit Union）等。这些社会公共机构，提供专业的有偿服务，也接受政府资助和私人捐助，但不以营利为目的，目前是自由市场经济的有力补充。据美国劳工部的统计，2003—2013 年，非营利性机构雇用的员工数量，从 1 270 万上升到 1 440 万，占总雇用人数的比例从 9.7% 上升到 10.6%；即使在 2008 年金融危机期间，其增长也没有中断，甚至还有加速的趋势。

假设里夫金的理论正确、实践可行，在政府监管下，无论这些互联网基础设施平台是私人公司、非营利性机构，还是政府自己来建设管理，区块链都应该是目前最符合社会理念的技术架构。主要原因可以归纳成以下三个方面。

代币经济，助力协作化公共平台落地

互联网平台是基础设施，是公共产品。这样的结论表明，平台的建设管理者不可用其牟取暴利。在里夫金的提议中，最理想的建设管理者莫过于“协作化社会公共机构（collaborative social commons）”，其基本思想是让获益者共同出资出力，共同建设管理。

这样的产权、管理和分配结构，天然地契合了区块链下的代币经济。在代币经济中，所有者、经营者和消费者合而为一，至少在公司层面上实现“民有、民治、民享”的理念；通过发币筹措建设资金，实现所有权公众化，通过交易让消费者变成产销者；通过“可编程化”，让民众参与平台管理，高效透明。

第六章第三节提到，在多边市场平台争夺用户的商战中，代币经济获得用户的边际成本远远小于风险资本。这种商业上的定律将助推“协作化社会公共机构”落地，而不只是停留在书本的论述中。区块链将社会理论下沉到技术层面，用代码完成逻辑构建，大大提高了社会理论的可操作性。

区块链分布式账本，保证数据安全

信息、能源和交通三大支柱互联网，构成社会最重要的基础设施。制造业、服务业和农业都构建在基础网络之上，所有的商业流程都日渐数字化。一切都是数据，一切都是算法。按照里夫金的设想，到2030年，每个商业企业都是一个数据中心，每栋房子、办公室、工厂、农场等都是网络的一个节点。社会基础网络构建的“大脑神经系统”实时同步数据，构建零边际成本社会。这样真是非常美好！然而，在令人激动的数字化社会面前，有必要提醒大家重视数据的安全性。

根据美国智库战略与国际研究中心（CSIS）的估算，2016年的网络犯罪对全球经济造成近5 000亿美元损失，2021年可能将增加到1万亿美元。网络安全公司Cyence的报告指出，一次大规模的黑客攻击，可能导致高达530亿美元的损失。据美国国会预算办公室（CBO）的估算，截至2017年，最具破坏力的自然灾害——飓风，平均每年给美国造成的损失才280亿美元。由此可见，数字化社会带来了巨大的网络安全风险。

从数据存储的角度来看，区块链网络是分布式账本数据库，其数据处理逻辑塑造了区块链的第一大特征——不可篡改性。第一章详细描述了分布式账本的数据存储和读写方式：各节点通过竞争记账来保证数据分布存储和一致性，又通过俄罗斯套娃的方式将单个数据页面嵌套成链。这种全息多备份连环结构，使得篡改成本高到无人可以承受的地步，从而使数据被篡改的概率小到可以忽略不计。

在无中心网络里，数据安全是区块链首先要解决的问题，其优先级明显在效率之上。从技术的角度来看，区块链是为安全而生的，而不是效率。不同的商业场景对数据存储的要求不尽相同，在信息时代的上半场，用户往往更看重效率，而在万物互联的数据社会里，毫无疑问会把安全放在首位。

当数据就是一切时，如信任、价值、法律、身份等，这些无价之宝绝不再是等同于“钱”的身外之物，而是数字化的“你”。数据的篡改或消失，意味着“你”不再是“你”，甚至消亡。没有数据安全，数字化社会就是海市蜃楼。区块链的不可篡改性是其成为社会网络基础技术架构的首要原因。

数据安全不仅包括不可篡改，而且还意味着不能泄露。据美国网站 Visual Capitalist 统计，2013—2017 年，全球有超过 90 亿条信息被盗，而世界 500 强公司 80% 的价值来自信息化资产。而在区块链网络里，所有的数据都可以用非对称加密算法保证其使用权不被滥用。

从价值互联网的角度来看，用户数据也是一种资产。虽然目前各国的法律规定“用户数据的使用必须要经过本人授权”，但是在商业利益的驱动下，用户的隐私权仅停留在法律文本上。若用户数据是可交换资产，那么整个商业机制将成为隐私保护的守护神，而非当下的亵渎者。

区块链的规则透明，利于构建跨国界的多中心合作机制

在里夫金描绘的第三次工业革命的蓝图中，三大社会基础设施网络——信息、能源和交通，是数字化社会的载体。各种商品和服务的全球供应链，包括信息流、物流和资金流全部构建在这些基础网络之上。任何国家，至少在主权管辖的边界内，都要努力创造统一的市场，提高信息、物资和资金的流通速度。国家之间，秉着同样的宗旨，尽量减少流通阻力，比如签订各种双边或多边的自由贸易协定。

在国家主权之内，各商业主体遵循统一市场规则和法律体系，各市场主体之间的职责、权益比较容易协调，可以听从权威机构，也可

以多方协商达成共识。网络治理采取唯中心化或多中心化策略，都属于合理范畴。例如，第四章第三节描述的证券清算系统，尽管流程复杂、角色众多，涉及如交易所、银行、证券公司、证券登记公司等，但在一国法律之内，各主体完全可以听从证券监管机构的安排，合理分摊职能和权益，而不必采用多中心化的治理结构。

然而，当供应链跨越国界的时候，情况则截然不同。各市场主体失去统一的权威核心，多边协作成为唯一手段，相应的网络治理必须采用去中心化策略。完全的去中心化可能会脱离所有的政府监管，在可见的未来很难落地。监管的多中心化成为最合理的选择。各主权国家可以就某个领域或行业，甚至某种商品达成协议，但监管权力必须分享。特别是在一些关系国民安全的基础领域，多边约束机制必不可少，例如在能源互联网中，能源可以交易，可以协作，可以自由流通，但不可以随意“拉闸”。

里夫金的理论是全社会的蓝图，不仅仅是针对某个国家或地区经济体。社会全方面的数字化、网络化，必须要更新现有国家之间的协作方式。各国从自身的安全考虑，在协作中互相制衡，是各方可以接受的最好结果。单极世界将不复存在，多边协商是唯一选择。区块链是目前最适合多边协商的技术架构。

无论是公有链还是联盟链，区块链网络天然适合去中心化或多中心化场景。网络中的节点可以是完全平等的，也可以是分等级的，甚至可以选出所谓的超级节点；这块链网络可以提供资源，分担责任、分享权利，但无论如何搞不成“一言堂”，这是硬约束。同时，区块链还保证了协议或规则在执行过程中完全透明——阳光是最好的杀毒剂。信息透明是对参与共治各方最好的约束，使得治理成本最小，协作效率大幅提高。

综上所述，在里夫金阐述的第三次工业革命路径中，区块链至少在协作化公共平台落地、数据安全和跨国多中心合作机制等方面，其作用不容小觑，发展空间巨大。如果欧洲和中国采纳里夫金的理论，做出相应的发展规划，并大规模有条不紊地实施，基于区块链的商业解决方案必将大显身手。信奉里夫金理论的政策制定者需将区块链技术规划到整个第三次工业革命的蓝图中。而区块链的创业者需密切关注欧洲分布式能源的实践情况，以及国家有关第三次工业革命的路径政策。

从理论上来说，区块链可能成为第三次工业革命的转折点，在里夫金的理论中也大有所为。理论逻辑和政策讨论为创业者指出了方向，但在商业发展中，创业者不会眷顾理论，也不会为等待政策而止步。无论理论如何发展，无论政策如何制定，区块链都将对以下 4 种商业模式构成直接的冲击，其中的商机不言而喻。

第三节　区块链先革谁的命

从第二次工业革命后期开始，自由市场经济取得了长足发展，基于制度的信任体系功不可没。严格遵循制度建立起来的、强大而稳定的各种机构，成为“陌生人”社会大规模协作的信任中介。在商业上，各类大型公司因为良好的社会信誉而获得了用户青睐，成为市场的中流砥柱，例如零售连锁店、保险公司、商业银行、金融交易所等。这些行业公司在追求商业利益的同时，也承担了部分社会责任，比如食品安全、医疗健康和金融稳定等。

随着信息社会的迅猛发展，资讯流速和透明度都得到了大幅提高，人们越过中介直接交流、交易成为可能。这些曾经的中流砥柱，有的显得过时，有的则效率低下，有的甚至背离创建初衷，违法违规，失去了大众的信任。牛津大学赛德商学院的讲师雷切尔·博茨曼（Rachel Botsman）在 2015 年的一次 TED 演讲中提道，有 4 种商业机构可能会遭遇公众信任流失；它们分别是丑闻缠身者、内部操作复杂且不透明者、高高在上令人敬而远之者、没必要而多余的中介。区块链是制度信任向技术信任体系迁徙的重要推手。区块链技术可能率先推动上述 4 种商业机构的升级改造，或者直接就革了它们的命。

丑闻缠身者，自取灭亡；无底线竞争者，遭人唾弃

第九章第二节列举了众多公司丑闻，有的公司受丑闻影响，市场地位重挫，如美国富国银行自 2016 年爆出假账号丑闻后，连续多个季度亏损，还招致了铁杆大股东巴菲特的减持；有的丑闻公司甚至一蹶不振，2008 年三鹿奶粉事件给中国整个奶制品行业造成长久且恶劣的影响；有的公司甚至因丑闻而破产，如美国安然公司、全球电讯等。

毋庸置疑，公司在丑闻中违反法律，信誉和利益必将受损，严重的将被迫退出市场。在市场中，还有些公司虽没有明显违法，但经常上演丑剧。2018 年 6 月，挪威消费者委员会（Norwegian Consumer Council）的报告指出，谷歌、脸书和微软正使用“误导性措辞”诱骗用户放弃使用权，这点令人震惊。无独有偶，2018 年元旦，吉利控股集团有限公司董事长李书福在“2018 正和岛新年论坛暨新年家宴”上谈及信息安全时说“马化腾肯定天天在看我们的微信”，自己的商业机密被一览无余，他很苦恼。腾讯是否通过微信窥探他人的商业机密，无从考证，但是 QQ 和微信利用在中国垄断的地位，封禁竞争对手的链接是事实。更有甚者，有些自媒体平台，居然直接封杀批评自己的文章，令人愤怒。

这些公司倚仗强大的市场地位，频频上演闹剧丑剧，给区块链模

式提供了契机。第六章第二节提到，即时通信工具 Telegram 已经采用了信息加密；在 2018 年年初发布的 ICO 白皮书中，创始人帕沃尔·杜罗夫宣称，将利用区块链技术将通信工具彻底去中心化。据不完全统计，已有多家公司正在开发基于区块链的即时通信工具，从而切实保证用户隐私，如 vibeQ、eChat、Crypviser、BlockchainMessage、iVeryone、OpenChat、BeeChat、minxin、Birdchain、Dust、ECHO、kik 等，不胜枚举。众多创业者的涌入，大大提高了区块链在即时通信领域取得突破的概率。具有强势市场地位的公司，如果滥用权力或丑闻闹剧不断，很可能在区块链浪潮中迅速倒下。

内部操作复杂且不透明者，或简化或透明，以接受公众监督

作为“陌生人”社会的信任中介，有些商业机构天生就是典型的中介，比如说金融机构。金融本质上是一门管控风险、匹配资金需求和供给的生意，其产出和原料都是“钱”，只是形式不同。保险、银行和证券是现代金融业的三大支柱，其中保险业最为古老。

自古以来，人类社会就面临自然灾害和意外事故的侵扰，进而萌生原始的保险思想和方法。公元前 4 500 年，古埃及的石匠组织收取会费来作为会员死后的丧葬费。公元前 915 年，在地中海的罗德岛，为了海上贸易的正常进行，国王颁布《罗地安海商法》，规定共同海损分摊原则。公元前 133 年，古罗马军队中的士兵互助组织收取会费用于士兵阵亡后对其遗属的抚恤。由此可见，保险最初是一种互助合作的行为，通过缴纳会费把风险转移给“大家”，简单来说，就是“人人为我，我为人人”。

随着资本主义的兴起，这种“大家”的合作组织逐渐被公司或政府所替代。1667 年，英国人尼古拉斯·巴伯（Nicholas Barbor）开

设了第一家火灾保险商行，开创现代保险业务的经营方式。19 世纪 80 年代，德国宰相奥托·俾斯麦搭建了最早的现代社会保险制度。现代保险公司或政府采纳了金融投资的概念，其基本模式是：向客户收取保费，将保费投资高回报资产，如债券、股票、贷款等，投资所得收入用于支付保险赔偿。

伴随着金融市场的蓬勃发展，保险业逐渐成为金融业的支柱之一，规模惊人。在发达国家，商业保险是社会保障的重要组成部分，渗透到生产生活的各个方面。截至 2016 年年底，美国私人保险业大约有 5 977 家公司，不计社会养老保险，共持有资产 6.1 万亿美元（数据来自美国保险监督委员会），净保费收入总共 1.1 万亿美元（数据来自标准普尔全球市场情报），雇用了 260 万名员工（数据来自美国劳工部），生产总值占总 GDP 的 2.7%（数据来自美国经济分析局）。

高速发展的背后却是重重隐患。1999 年 11 月 4 日，美国国会通过了《金融服务现代化法案》，废除了 1933 年的《格拉斯–斯蒂格尔法》，结束了银行、证券、保险分业经营的格局。这种宽松的监管环境让保险业更加嗜血，为追求高回报，保险业所持的金融资产风险等级大幅提升，投资手法也令人眼花缭乱。在 2008 年的金融危机中，美国国际集团（AIG）因投资复杂金融衍生品，一个季度损失近 62 亿美元。美国政府花了 1 820 亿美元才将其从破产的边缘拉回。

显然，现代保险业已是一个规模庞大、内部运营极其复杂、追求高回报、高风险的金融机构。原本那个简单的“人人为我，我为人人”的互助组织荡然无存。而区块链可以帮助保险业回归本源，或大幅降低风险，其采用的路径有两条：简化或透明。

第一，简化。第六章第三节指出，代币经济理论上可以实现“民有、民治、民享”的美好理念，原始保险组织可能是其最好的应用场景。如果触发赔偿的事件，不是现实生活中的生老病死，而是一个时间点如退休年龄，现有的智能合约就完全能够处理整个流程，如成员缴费、检测是否退休、发放养老金等，甚至还可以建立去中心化的自治组织来管理规则的更新，如提前或推迟退休年龄、提高或降低养老金等。

第二，透明。第一章第四节阐述了分布式账本数据的可用性和不可篡改性，分别对应现实生活中节点的知情权和记账权。分布式账本将账本复制于不同的节点，很容易实现多方查账。如果保险公司采用的记账方式由目前通行的复式记账法转变成分布式记账法，至少可以确保投保人的知情权。通过账本权限的设置，投保人可以实时监督资金的使用情况，避免保险公司为一己私利忽视风险，而最终导致无法履行承保义务的恶劣后果。

保险公司本质上是投保人的代理中介，由于历史的问题，经历了简单到复杂的演变，内部运营变得深不可测，完全脱离了投保人的视线。这个原本是“大家”的组织，失去了对代理人行为的约束。类似保险公司这样的中介，在现实生活中大量存在，如慈善机构、筹资兴办的学校或医院等，这些中介通过区块链要么回归简单，要么走向透明。补充一点，理论上，分布式记账法可以用于任何需要公众监督的机构，所以无论繁简，透明性是必需的。

公众高攀不上者，将失去公众、失去市场

金融机构属于强监管行业，在任何国家，进入金融行业都需要前置审批——申请各种备案或牌照。证券行业是典型的卖方市场，其市场的需求方远远大于供给。企业发行股票或上市融资，不仅对企业有严格的财务指标，而且非常耗时费钱。根据“i 每股”（雪球财经旗下网站）的数据，在美国上市，至少需要两个月时间，花费 200 万美元。在中国 A 股上市，花费的时间更长：据中国证监会的数据，2016 年，申报到发行平均经历 862 天；2018 年上半年，情况有所好转，但仍需要 495 天。在中国 A 股上市，费用更是惊人：

据和君咨询 2017 年的统计数据，A 股上市平均总费用为 4 000 万元到 5 000 万元人民币。

证券业流程严苛，大多数人都表示理解，因为要保证上市公司质量，保护中小投资利益。但是作为最基本金融服务的银行账户也高高在上，不接地气，让人出乎意料。世界银行全球金融指数数据库（The Global Findex database）的数据显示，截至 2017 年，全球仍有 17 亿的 15 岁以上的成年人没有银行账户，占比 31%；发达国家只有 6% 的成年人没有银行账户，而发展中国家这个数字高达 40%。甚至有些国家高达 85% 以上的成年人没有银行账户：阿富汗（85%）、巴基斯坦（87%）、喀麦隆（88%）、伊拉克（89%）、尼日利亚（93%）、也门（94%）等，其中超过 20% 的人抱怨，没有账户的原因是银行太远或开户太贵。

不论是所谓的高端金融（如证券融资和交易），还是普惠金融，都将受到区块链技术的强烈冲击。

在证券方面，第五章第四节描述了虚拟货币交易生态的野蛮生长，已经给代币交易提供了足够的流动性。第六章第二节介绍的 ICO 使得代币发行大众化，而利用智能合约作为约束机制的 DAICO（详见第八章第三节）也已出现。基于跨链技术的币币交易，更会让中心化交易所彻底瓦解，价值交换无处不在。

在银行方面，目前虚拟货币虽没有大规模普及，但几乎没有使用门槛，唯一的要求是连接上网。移动设备的普及为普惠金融的普及创造了条件。全球移动运营商协会（GSMA）报告，在撒哈拉以南的非洲，智能手机用户占总人口的比例将从 2016 年的 28% 上升到 2020 年的 55%，成为全球增长最快的地区。2016 年，脸书数据显示，非洲 94% 的用户用手机登录脸书，而尼日利亚接近 100%。另据世界银行的数据（图 10-2），在肯尼亚，平均每 10 万人只拥有 6 家实体银行分支机构，但高达 63% 的成年人使用手机转账。

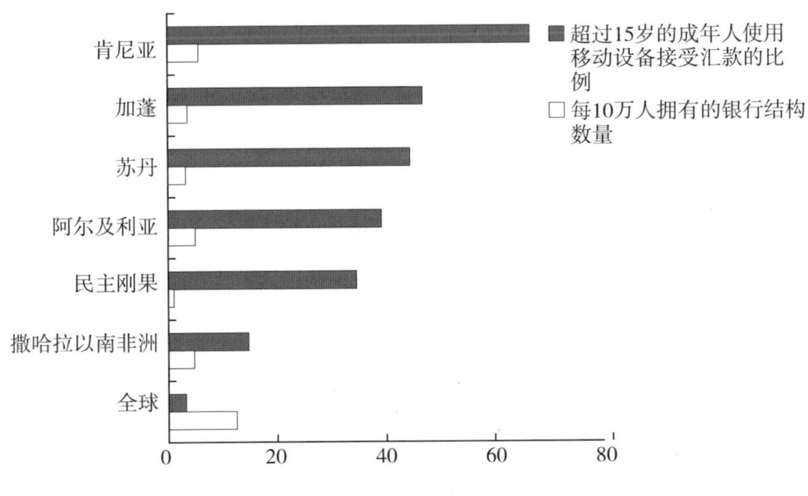

图 10-2　银行和移动互联网的覆盖对比

一方面，传统银行在开户地点、所需资料、申请手续、最低存款等方面仍有门槛；另一方面，智能手机的普及很可能使非洲成为虚拟货币流通的热点地区。虚拟货币交易平台 Paxful 于 2018 年 3 月宣称，非洲国家在其平台的比特币交易额达每月 4 000 万美元，交易额前两位的非洲国家分别是尼日利亚和加纳。

作为金融行业的支柱，证券和银行高高在上，由于忽视大众需求或者是因为自身发展程度不够，无法满足日益增长的大众需求。科技的进步、区块链的出现，打破了证券发行和交易的壁垒，进一步降低了普惠金融的门槛。前者赋予了众多中小企业更多的发展机遇，后者使得落后地区的大众获得基本的金融服务。

多余的中间人，付出少而收益高，供给者、消费者都会逃离

中介又叫中间人，是指向客户提供中间代理服务的机构。它本身不直接提供相应的服务和物品，但是能够寻找并安排这些服务和物

品，供客户选择并使用。生活中的中介随处可见，例如就职中介、出国中介、婚姻中介、房产中介、商品中介等。

商人，又称生意人，是历史最悠久的中介。狭义地讲，商人从事对别人生产的商品进行贸易，并从中赚取利润。早在春秋时期，著名的政治家、思想家管仲就在《管子》中提到了“士农工商”的职业分类。狭义的商业是指专门从事商品交换的营利性行业，即商人的事业。

毫无疑问，商业在国民经济中具有重要地位。特别是在市场经济中，商品交换衔接了生产者和消费者。边际效用价值论认为，商业是价值创造的主要手段。商业与市场最为紧密，甚至可以说，发达的商业创造了市场。无论是古代的“丝绸之路”，还是现代的“一带一路”，都体现了商业对市场的开拓作用。在现代经济中，商业是第三产业的重要组成部分，而第三产业在国民生产总值中的占比，是衡量经济是否发达的重要指标。

商人不从事商品生产，只从事商品交换，依靠商品价差而赢利。价差取决于于多种因素，如不同的地域、客户、成本、时间等。商人必须能够快速地捕捉到这些不对称信息，并将其转化为利润。“奸商”其实是对商人敏锐性的褒扬。

然而，从第一次工业革命开始，随着通信、交通的迅猛发展，先前造成价差的因素在快速消失。全球化使得商业版图空前扩大，但是生产者和消费者之间的不对称性却在减弱。30 年前，把商品从天津贩卖到北京，利润丰厚；如今，即使从事国际贸易的商家也获利单薄。100 年前，生产者和消费者之间可以有多层中间人；如今，多层级的经销商体系彻底崩塌。

自 20 世纪 60 年代起，厂家直销、购物中心、连锁商场等商业新模式，如雨后春笋般传遍世界。生产者和消费者之间仅能容得下单个中间人，甚至没有中间人，因为他们分走利润，显得多余而没有必要。购物中心在空间上将生产者和消费者聚集起来，在没有中间商的情况下，增加交易机会，提高成交概率。

在信息时代，互联网平台将这样的购物中心全盘地搬到了网上，效率更高。任何形式的中介都可以找到其对应的互联网版本。优步是世界上最大的出租车公司，但没有车辆；脸书是全球最受欢迎的媒体，但不创造内容；阿里巴巴是最有价值的零售商，却没有库存；Airbnb 是全球最大的酒店，却不拥有房间。这些强势的公司席卷网络，成为新商业模式的典范。当然，成功的公司远不止这些，还有滴滴、美团、头条、世纪佳缘、陌陌、微博、微信、亿贝、推特、领英等，不胜枚举。

这些以模式取胜的互联网巨头，市值早已超过上万亿美元，获得空前的辉煌。信息互联网以连接为核心目标，以多边平台的方式完成消费者和生产者的衔接，大大提高了交易效率。然而互联网平台一边高喊“没有中间商赚差价”，一边却把自己打造成最强大的中介；利用自己平台管理者的强势地位，通过征收交易费用和经营垄断性业务（如广告等），攫取巨额利益。

互联网平台消灭了所有的中间商，自己成为最后的、唯一的中介，有必要存在吗？答案是：在区块链世界里，商人、中介和互联网多边市场的管理者，都是多余的。

第九章第三节描述了价值互联网的形成，其中商品和服务将和可编程的代币绑定，其所有权将通过币币跨链交易在网络上自由转移。在万物互联的区块链世界里，交易双方信息完全对称，且无条件信任；价值传递的边际成本趋近于零；全网范围内形成统一的大市场。在这样又平又滑的世界里，何来差价？商人和中介没了生存空间。

至于互联网多边平台，代币经济将大幅削弱平台管理者的强权，缩小其和生产者、消费者之间的利益差距。如果按照里夫金的理论，互联网平台作为社会公共产品，受政府特殊监管，或由非营利性的社会公共团体接管，这将彻底改变其商业属性。商人和中介经历了诞生、发展和辉煌，终究会有退出历史舞台的一刻，这一可能就在不远的将来。

总结一下，以上四类商业机构，由于自身的特征，在区块链浪潮中显得格外脆弱，可能会先被革命。有的机构同时拥有以上多种属性，更容易受到区块链技术的颠覆。这些显出颓势的大型公司，被区块链模式替代后，失去了用户、市场和利润，但其原先承担的社会功能却得到了完整的保留，甚至有所改善，比如普惠金融、多边市场、保险合作等。时代潮起潮落必然带来众多商业机遇，以上四类商业机构可能是区块链创业的重点关注对象。

然而，所谓的颠覆一般是基于事后的总结，而商业的演变才是我们日常置身的环境。有些行业或商业必然会在发展中穿越信息互联网和价值互联网两个时代；追寻和探究其演变的轨迹，是创业者砥砺前行必修的功课，甚至可以激发创业灵感。共享经济是信息互联网中不可忽视的存在，在价值互联网时代，共享经济可能会续写辉煌。

第四节　共享经济跨越代际

2008 年，Airbnb 成立，2009 年，优步成立，此后，共享经济风靡全球。在中国，滴滴和共享单车相继出现，并演绎出了中国特色，把共享模式推向高潮。共享经济是一种经济模式，本意是指为了让闲置物品和资源发挥更大功效，将自己闲置物品的使用权暂时转让给陌生人并获得一定报酬。

第二次工业革命带来了规模宏大的工业时代，大规模原料采购、大规模组织生产、大规模市场营销，旨在提高效率，降低单个产品的成本，尽可能多地获得客户，提升市场占有率。这种所谓的“规模效益”，诱使客户进入了“买买买”的模式，导致人们拥有的商品过“滥”，可共享的东西实在太多。共享经济接踵规模经济而来，合情合理。

理论上，在一定的市场环境下，任何商品，如果其拥有成本高于使用成本，都可做成共享模式，包括储藏室里的闲置用品（如图10-3所示），如家具、家电、玩具、书、衣服、鞋、箱包、婴幼儿用品、体育用品等；公司里的办公用品如电脑、打印机、投影仪等；甚至工作量不足的员工，工厂里开工不足的设备，高校里闲置的测试仪器，等等。

图 10-3　大规模工业提供共享经济的物质基础

共享经济不是全新的概念。20世纪60年代，欧洲就有分时度假：顾客购买度假屋的部分所有权，除了自己假期享用，还可以出租获益。分时度假和所谓的“共享经济”模式不完全一样，但概念相通。20世纪90年代中期，亿贝等二手拍卖网站，是对过剩闲置商品的另一种共享方式，强调了所有权的转移，而不是使用权的暂时让渡。

现代共享经济把使用权和拥有权分离，“拥有”不再是“使用”的必要条件，将生活必需品变成公共服务来普惠大众，具有非凡的社会意义。其服务具有良好的移动性，摆脱了时空的束缚，及时缓解了消费者的焦虑情绪。大量闲置的物品得到充分利用，制约了个人的过度消费，同时也减少了弃品和垃圾，缓解了环境压力。

根据欧洲研究机构交通和环境（Transport & Environment）2017 年的报告，在欧洲，平均每辆车 90% 的时间是闲置的；拥有一辆车的平均成本是每年 6 500 欧元，需要占地 150 平方米。堵车造成了 1 000 亿欧元的经济损失；制造一辆车需排放 5 吨二氧化碳，使用一辆车一年平均才排放 1 吨二氧化碳。如果普及共享出行，欧洲的汽车拥有量将减少三分之一。另据《获得》（*Access*）杂志的报告，2017 年，使用共享出行的家庭，其汽车保有量从每百户 47 辆下降为每百户 24 辆。共享出行公司“来福车（lyft）”2017 年的调查数据显示，有 25% 的用户认为，是否拥有车不再重要。

未来，大多数东西，包括箱包、房子、车子等，将不再具有身份的象征意义，反而成了移动生活的累赘。美国咨询公司哈里斯集团（Harris Group）2016 年的一项研究发现，出生于 1980—1996 年的美国千禧一代，有 72% 的人愿意花更多的钱在经历上，而不是在拥有物质上。更有甚者，2010 年，乔舒亚·菲尔茨·米尔本（Joshua Fields Millburn）和瑞安·尼科迪默斯（Ryan Nicodemus）提出了极简主义生活方式（The Minimalists），号召人们摆脱物质枷锁，专注于自己的激情，感受人生。

无“物”一身轻，生活的移动性将再次提升。一无所有，说走就走，没有旅行箱的美好旅程值得期待。共享经济的发展，进一步帮助人们摆脱“拥有权”的束缚，使得人人都可以享有多彩又极简的生活。

共享是趋势，共享经济的蓬勃发展，使得行业内的知名公司都估值上百亿美元，成为赫赫有名的独角兽。2017 年 3 月，Airbnb 完成 F 轮 10 亿美元融资，估值 310 亿美元；2017 年 7 月，共享办公公司 WeWork 融资 7.6 亿美元，估值达 200 亿美元；2017 年 12 月，日本软银领投优步，成为优步的单一大股东（约 15% 的股份），估值

480 亿美元（数据来自投资界）；2017 年 12 月，滴滴完成了 H 轮 40 亿美元融资，估值 560 亿美元（数据来自虎嗅网）。

共享模式取得空前成功，激励创业者和资本加速入场，从单车、篮球、雨伞、充电宝到办公电脑、家电等，似乎共享一切即将实现。然而，共享经济在光鲜外表之下也有隐忧。共享经济诞生不过 10 年时间，仍处于幼儿期。它必须面对至少三个方面的问题，分别是：产品服务化、信任风险和资本困境。在可能解决的方案中，区块链技术首屈一指。

产品服务化

一人占有产品和多人共享产品，对产品的要求是不一样的，即使对同样的商品，要求也不一样，因此产生了产品服务化（见图 10-4）的需求。产品服务化涉及运营流程、产品改造、销售方式等。

图 10-4 产品服务化

首先，管理软件是运营流程的体现，在共享经济时代必须升级。管理规模庞大的硬件和用户，一切流程必须数字化。共享婴幼儿用品是经常被讨论的创业话题。1984 年，世界上最大的二手婴幼儿用品商店“曾经是个孩子（Once Upon A Child）”成立于美国，通过直营和加盟连锁店的形式回收和出售婴幼儿服装、家具和玩具等，依托于传统的ERP（企业资源计划）软件，管理供应链的各个环节。“曾经是个孩子”是大规模工业时代共享经济的成功代表。新共享经济则必须利用互联网再造供应链的各个环节，如回收、发放、仓储、检测、安全、报废、支付等，精确管理上千万件商品；用户体验要求更好：随用随得，用完结算，责权分明；整个运营流程必须更透明、更高效。

其次，原有商品的物联网改造。为便于管理大规模的共享物品，所有共享商品本身也需接入互联网，改造共享物品在所难免。摩拜单车在规模投放前，重点改造了车锁，以接入了网络。大部分产品的自身改造在于提高耐用性，再就是和物联网技术关联，如定位、自动检测损耗、自我修复等。这些改造大幅提高物品的易用性、耐用性、数据收集能力等。大量准确实时的数据让运营更加精细化，使其能按照使用损耗收费成为可能，从而更加规范用户的行为。租来的车更要小心开而不是随便开，将成为人们的共识。

最后，制造业产品彻底服务化。共享经济按用户的使用次数收费，本质上就是租赁。在中国，共享经济主要以“分时租赁”的形式存在，如单车、篮球、雨伞、充电宝等。这给传统的、以销售商品为主业的制造商带来空前压力。租赁模式的核心参数是租售比。如果制造商采用租赁的方式循环贩卖服务，而不是一次性销售产品，就必须控制原料、设计、生产、回收、分发等所有环节。这样，制造商成为“租售比”的决定者，在整个供应链中，重回产业主导地位。由此，“产品即服务”的模式彻底实现：产品更耐用、更环保，回收更及时；产能更可控，减轻环境压力；消费者选择更多，体验更好。

制造和运营浑然一体，制造业在共享经济中地位凸显，这将大大加快产品物联网的改造。因为万物互联是区块链网络能够规模应用的前提条件之一，所以制造业自身的变革将影响深远，举足轻重。

信任风险

共享经济在发展过程中，不断遭受法律挑战和信任危机。在中国，滴滴在发展的过程中，遭到不同方面和不同程度的抵制。在美国和欧洲，反对优步、Airbnb 的声音从没停止过。一方面，共享模式动了相关传统行业的奶酪，如出租车、旅店等；另一方面，陌生人之间的直接交易增添了很多风险因素，可能带来信任危机。

在各国现有的法律体系下，提供服务的公司（如出租车公司、酒店）对客户的人身和财产安全负全责。而在共享模式下，平台管理者（不是产品和服务的直接提供者）对使用平台的商家没有明确的执法权。在大多数情况下，对消费者不承担主体责任，把对消费者的保护最终转嫁给公共司法机构。

在共享模式出现之前，C2C 电商平台面临类似的问题。长久以来，美国的亿贝公司和各种司法组织合作（包括美国联邦调查局），打击各种零售犯罪如假冒伪劣、销售盗窃商品，甚至毒品或违禁品等，但是，亿贝公司能做的只是向司法机构提供信息或封禁账户。中国的阿里巴巴号称有几千人的打假团队，也处于同样的困境。

在共享出行行业，情况更严重。2016 年 2 月 20 日，在美国密歇根卡拉马祖县（Kalamazoo County，Michigan），犯罪嫌疑人贾森·布雷恩·多尔顿（Jason Brian Dalton），是一名当地的优步司机，连续制造了 3 起开枪杀人案，造成 6 人死亡 3 人受伤。案件至今未审结（2018 年 1 月）。无独有偶，2018 年 5 月 5 日，一名空姐在中国河南郑州搭乘滴滴顺风车时被杀害。2018 年 8 月 24 日，浙江温州一名 20 岁女孩在搭乘滴滴顺风车时遭到强奸并被杀害。与滴滴有关的两起命案，引起了舆论对滴滴的强力谴责。

在上述这些事件中，虽然平台和每个使用者都签订了所谓的免责条款，但争论最多的依然是平台到底应该承担何种责任？从现有的法律体系中当然可以得出一些结论，但是深究交易中的信任体系，能让人更深刻地认识到问题的本质。

在共享模式中，大规模交易都发生在陌生人之间。无论是使用者还是分享者，必须要接受和陌生人同乘一辆车，同住一间房。这本身就是对传统信任机制的考验。建立信任是普通人在共享平台上购买服务的前提，这是个艰难的过程。牛津大学赛德商学院的讲师雷切尔·博茨曼认为，在共享经济中，使用者之间的信任有个转移的过程，大致可以分为三步（见图 10-5）：首先交易双方都得相信共享的理念，再相信平台，最后把信任落到具体的个人。

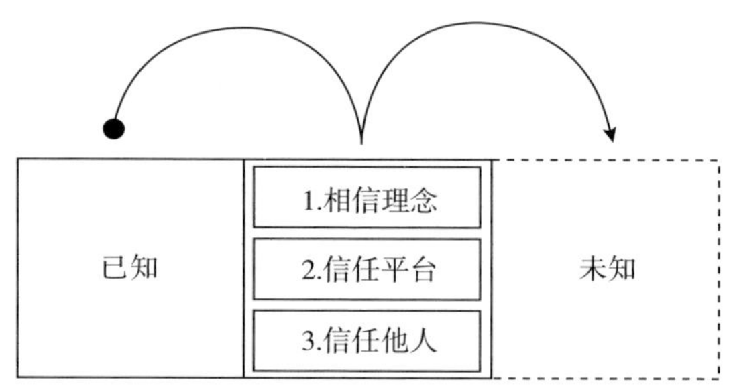

图 10-5　共享平台的信任转移

为了帮助个体生产者和消费者达成互信，平台运营者花费大量时间、金钱和精力来建立安全交易环境，树立平台品牌形象，培养用户消费习惯等。2016 年 1 月，优步当时的全球总裁卡拉尼克表示，2015 年优步的营销补贴为 10 亿美元，而滴滴可能高达 40 亿美元。

尽管个体生产者和消费者最终在交易前达成了互信，但平台仍是用户信任体系中不可或缺的重要环节。无论是生产者还是消费者，共享模式的使用者对平台的信任完全基于制度信任体系，类似于对银行、连锁商场的信任。可见，使用者的信任体系同时基于平台和交易对手：一方面，使用者对平台信任完全是中心化的；另一方面，使用者对交易个体的信任则是分布式的。共享模式的信任体系处于由中心化的制度信任体系向个体之间分布式信任的过渡状态。

同时，信息技术在整个信任体系中扮演了重要的角色。消费者、生产者之间的互信与平台的评价体系息息相关，如用户对服务的评价、平台对用户身份的认证等。使用者对平台的信任则是先前千万使用者尝试结果的总和。

由此可见，虽然有各种免责条款，平台也花费了大量的金钱，利用了先进的技术手段，采取了各种安全措施，但在交易中，平台应承担关乎全局的信任风险，因而对交易后果难脱其责，甚至应该负主要责任。在分析滴滴相关的遇害事件时，上海交通大学媒体与传播学院的魏武辉教授认为：如果认定平台要承担连带责任，那么共享经济的概念将会被彻底压垮。

共享经济要继续向前发展，必须建立完善的个体之间的信任机制，而区块链正是解决了陌生人之间信任问题的首选。第九章第二节阐述了区块链是信任机器的论断。在区块链网络里，整个信任体系将基于数据和公开算法。在完善的区块链系统中，例如在共享出行的案例中，车和人都深度入网；个体之间的交易可以由智能合约自动执行，任何个体无须事先做信任判断。随着智能合约的进一步完善，共享平台可能发展成为类似去中心化的自治组织。至此，信任体系彻底摆脱对平台的依赖，转变成完全基于技术的分布式体系，数据和算法成为陌生人之间交易的根本保障。

资本困境

共享模式的领跑者，如优步和滴滴，估值都近 500 亿美元，融资规模和成长速度令人惊叹。为抢占市场，其前期资本投入也十分巨大。

若以“分时租赁”的形式运营，投资人和创业者要承担所有的基础建设费用，例如共享单车。

共享经济如火如荼地发展，但整个商业模式尚未得到彻底验证。截至2018年年初，所有的共享模式公司都还没有登陆资本市场，除Airbnb披露2017年利润近1亿美元，其他的都尚未赢利。优步内部丑闻不断，最后一轮融资估值下降。在中国，随着阿里、美团、首汽等加入共享出行行列，滴滴压力倍增。

资本过度追逐用户规模或市场占有率，忽视营收效益，最后结局可能是草草收场。正如曾经风光无限的“新四大发明”之一——共享单车的领头羊摩拜，2018年4月，以27亿美元的低价卖身美团。

共享经济目前有两种形式：分享模式，个人已有的东西分享出来租给他人，如优步、Airbnb等；分时租赁，公司投资购买设备，直接租给用户。两种模式的共同点都是租赁，不同点是投资主体。在共享经济中，潜在用户规模必须庞大，否则租用频率太低，无法运作。

这种广泛存在的、面对大众人群的产品和服务非常类似社会的基础设施，如地铁、公路、高铁等。基础设施规模巨大，社会效益显著，但无法形成商业意义上的垄断。运营者即使取得某个领域一段时间内的市场主导地位，但由于政府管制或替代方案较多，并没有所谓的价格主导权，很难取得与巨额投资相匹配的利润。2016年7月，滴滴合并优步中国后，在中国出行市场占有绝大部分的市场份额，但在提高价格后，其使用率下降。10公里内，共享单车成了大众出行更好的交通工具。

政府主导投资基础设施，本不是为了巨额利润，而是将纳税人的钱回馈纳税人的一种方式，社会价值有目共睹。在个人分享模式中，投资人是大众，而且对闲置物品的投资已是沉没成本，租赁价格可以较低，运营也会比较顺畅。但在“分时租赁”模式中，风险资本替代了政府的角色，投资了类似的基础设施，如单车、公寓等，期望获得高回报，显然不切实际。

个人分享模式鼓励个人分享大规模工业时代留下的闲置物品，顺理成章。但是在很多领域，闲置物品的数量可能不足或者产品未经改造，不适合分享。分享模式若要可持续发展，必须要有投资者。其中最合理的投资者莫过于使用者本身，而最适合这种“民有、民治、民享”模式的技术架构，莫过于区块链。

中心化的共享经济投资或运营公司以盈利为目标，势必降低普惠程度，影响其社会效益。相反，在区块链框架下，使用者投资自己使用的基础设施，对回报率没有过高的期望。去中心化的投资和运营模式将最大程度地压缩所谓的公司利润，同时大幅降低投资门槛，吸引个人资金。正如“数字经济之父”唐·塔普斯科特描述新共享经济时表述的那样：“不再需要平台公司替用户投资、运营并获取利润。”

区块链可以助力共享经济走出资本逐利的游戏，成为社会基础服务的基石。另外，社会基础实施可能成为共享模式最大的应用领域，与传统意义的社会基础设施相比，其所能涵盖的应用领域空前扩大，不仅仅是传统的铁路、公路、飞机，还可以延伸到共享单车、图书馆、体育设施、度假屋、办公设备、生成资料、测试设备等。区块链助力下的新共享经济，其愿景让人激动。

毫无疑问，共享经济将跨越两代互联网。产品服务化促使万物互联时代的到来，为区块链网络的普及奠定了基础。区块链将帮助共享经济的信任基础完成从制度到技术的过渡。区块链架构将推动共享经济成为社会基础设施建设的主要力量。

共享经济正成为区块链创业者脚踏实地、砥砺前行的重点领域，创业者已在几十个类似的行业或领域尝试区块链的应用。变革的曙光就在前方，下一节将介绍与共享经济相关的各个行业。

第五节 你想到的都在改变

第三次工业革命出现了劳动生产率增速放缓的情况，带来了贫富差距悬殊，造成了各国政治上的躁动。区块链将帮助社会调整生产关系，重组政治经济结构。学者、企业家、政治家和创业者，都在积极探寻各种不同的路径。理论上，每次变革似乎都能找到符合逻辑的路径以及令人信服的突破口；而现实情况是，规划总有偏差，计划赶不上变化。正如熊彼特所言，“企业家”是创新的主体，创业者永远冲在新技术应用的最前沿，而且是一窝蜂地开始，遍地开花。区块链创业当然也不例外，下面罗列了正在各行各业跋涉的先行者。

银行业

银行是现代金融业支柱，是社会价值储存的中心，是重要的货币中介，天然连接着贷方、借方和监管方。其对内记账烦琐，对外转账清算滞后。银行希望通过区块链，在内部形成新的记账体系，在外部形成高效的合作生态。瑞士联合银行集团（UBS）和英国的巴克莱（Barclays）银行正在尝试用区块链改进中后台管理。银行联盟链的合作组织 R3 CEV，截至 2017 年年底，已有 80 多名成员，筹资 1 亿多美元，打造了银行专属区块链平台 Corda。

即时通信

Telegram 是目前加密通信软件的翘楚，正准备向完全去中心化的区块链架构转变，称为 TON（Telegram 开放网络）。日本的聊天平台 Line 也准备进入加密货币领域。相关的创业公司或项目有：The Mercury Protocol、vibeQ、eChat、Crypviser、BlockchainMessage、iVeryone、OpenChat、BeeChat、minxin、Birdchain、Dust、ECHO、kik 等。

投票

选举是广泛运用的裁决模式，而投票对身份验证、选票跟踪、保存、去伪等要求很高。区块链将促进投票过程的公证高效。相关的创业公司或项目有：Follow My Vote、Democracy Earth、Boule、Horizon State、NXTER.ORG ElectionChain、Blockchain Apparatus 等。

数字身份

在中心化的网络环境中，用户没有自己的网络行为数据，无法构建、保护、使用自己完整的身份。区块链让数据物归原主，保证数字身份的合理使用。相关的创业公司或项目有：Blockstack、uPort、SelfKey，Civic、TheKey、Sphre、Velix 等。相关征信方面的应用有：Blockmason、WeTrust、PayPie 等。

网络安全

在物联网时代，现有的互联网架构非常容易受到黑客攻击，难以保障海量数据的安全。区块链可以重构数据存储体系，保证不被篡改。相关的创业公司或项目有：Xage、Filament、ADEPT、Waltonchain、Hurify、Guardtime。

共享出行

本章上一节做了详细分析，现有流行的出行平台如优步和滴滴等，都是中心化的，它们在获取大量利益的同时，推卸应承担的风险责任。区块链将重塑信任体系，保证个人之间的交易更通畅。相关的创业公司或项目有：Arcade City、La'Zooz、ZF、Innogy、Chasyr 等。

在线广告

脸书和谷歌是当前最大的两家在线广告商，但是其实它们只是中介。区块链网络允许广告商直接推送广告内容给用户，用户选择阅读后会得到奖励，在这个过程中，没有中间商赚差价。相关的创业公司或项目有：Basic Attention Token 等。

跨链交易

中心化的交易所是信息互联网的产物，而在价值互联网时代，跨链的币币交易才是价值创造的主要手段。去中心化的交易工具是构建整个价值互联网的核心。相关的创业公司或项目有：Enigma、

Corda、BTC-Relay、RootStock、Polkadot、Cosmos 等。

学历认证

学习经历是个体最重要的属性之一。学历造假给社会带来了巨大危害。学历认证过程的烦琐，阻碍了人才的自由流动。区块链可以安全、永久地保存学习的相关数据，随时可查可跟踪，杜绝造假。相关的创业公司或项目有：Learning Machine，Factom、Stampery、Uproov、Bitproof、Blockcerts 等。

汽车租售

目前，汽车买卖和租赁手续极其烦琐，效率和用户体验都不够理想。区块链可以将汽车作为一个节点接入网络，记录其所有的相关数据，让消费者一目了然，大幅减少信息不对称，促成交易。相关的创业公司或项目有：DocuSign、Carblock 等。

云存储

目前的共有云都是中心化建设和运营的，耗费大量的人力、物力，但仍不能保证安全。区块链可以利用个人闲置的存储设备，形成分布式存储网络，提高稳定性并降低成本。相关的创业公司或项目有：Filecoin、Storj、ZettaStor、Sia 、Maidsafe 等。

云计算

目前的巨大计算能力来自超级计算机或中心化的云服务器，成本极高，安全性不高。区块链可以利用个人闲置的计算能力，提供分布式的计算服务，提高可用性，同时降低成本。相关的创业公司或项目有：Golem、Ethereum、Elastic、SONM、Bluemix 等。

地产记录

房地产一向是人们经济生活中最重要的资产之一。房产买卖和租赁过程涉及多方信息交换和更新。在现有体系中，买卖过程基本和使用记录脱节，造成记录烦琐、更新延迟、效率低下。区块链可以同步交易和信息更新，这便极大地提高了交易的效率和透明度。相关的创业公司或项目有：Ubitquity、Rentberry，Atlant、Beetoken 等。

创作出版

目前出版行业基本仍采取中心化的发行方式：创作者、发行者和读者三者之间的交流不畅，版权保护不力，出版行业内部管理体系复杂。区块链可以让作品在网络上以代币的形式自由流转，创作者和读者之间直接交流，各得其所。相关的创业公司或项目（涵盖文字、图片、音乐、视频等各种媒介）有：MUSE、BigchainDB、JAAK、PageMajik、Authorship、KODAKOne、VideoCoin Network、Livepeer、Stream、NKOR、Mycelia、Ujo Music、Voise 等。

保险业

本章第三节描述了现代保险业的种种弊端，其内部复杂不透明，忽视保障责任，敢冒高风险，追逐高回报。区块链可以构建“我为人人，人人为我”的保险网络，回归本源，提高保障能力。相关的创业公司或项目有：Stratumn、LenderBot、InsureX 、Etherisc、SafeShare 等。

健康医疗

社会的健康保障系统颇为复杂，涉及医院、医生、药店、检测、监管、保险等各个领域，是典型的多角色生态。医疗数据的流转、保密和权限管理，事关重大，令人头疼。区块链有助于建立社会健康基础系统，以数据为纽带，提高各角色之间的协作。相关的创业公司或项目有：Gem、Tierion、ICON、Patientory、DokChain、ConnectingCare、MedRec 等。

供应链管理

分工协作是社会生产的基本模式。供应链由负责每道工序的一系列交易节点组成，包括原料采购、制造、销售、售后服务等。消费者只获得最终的产品或服务，而问题可能产生在先前任何一个节点。各节点之间的信息脱节、失真或延迟，导致问题不能及时解决，或者根本无法解决。区块链可以建立整个供应链生态，保证过程公开透明，数据流转通畅，并能实时跟踪、解决问题。相关的创业公司或项目有：Hijro、OpenBazaar、Blocksafe、Gyft、Loyyal、Provenance、Fluent、SKUChain、Blockverify、VeChain、ShipChain 等。

政府档案

政府产生和管理着大量的公共信息，这些信息涉及个体、物品、组织和政府本身。每条记录的信息都事关被记录对象和使用者的权利和义务。目前政府档案的保存、更新和查询，过程冗长，可用性偏低。区块链网络可以保证档案的实时性和真实性，并在隐私性和开放性间取得良好平衡。有些政府已经开始行动，如美国伊利诺伊州、佛蒙特州、特拉华州，及格鲁吉亚等。相关的创业公司或项目有：Chronicled、Elliptic、Blocknotary、GovCoin、Circles 等。

遗嘱管理

智能合约理论上可以自动执行合同，无须人类干预，但由于其法制系统过于复杂，在现实生活中大规模普及尚待时日。另外，有些合同必须在当事人百年之后才能执行，如遗嘱、继承等，智能合约对此无能为力。区块链网络具有防伪、不可篡改、自动执行等特性，完整体现和执行立遗嘱者的原本意愿。相关的创业公司或项目有：Blockchain Technologies Corp、OpenLaw 等。

慈善福利

社会公益是社会正义力量的重要组成部分。公益组织接受大众捐助，要求透明度高、信息真实、执行快捷、反馈迅速等，否则很容易失去其赖以生存的大众信任。区块链能准确完整地跟踪和记录慈善事件，清晰地展示物流、资金流和信息流，缩短受赠人和捐助人之间的距离，提高公益机构的效率。相关的创业公司或项目有：BitGive Foundation、GovCoin、Circles 等。

求职招聘

职业履历是个体的重要经历和财富，更是信任的基本要素之一。目前雇用者不参与受雇者的履历管理，往往只能依赖第三方平台获得简历，难以保证其真实性和完整性。区块链可以让雇用者和受雇者共同记录、保存和使用个人简历，大大提高了招聘和求职的效率。相关的创业公司或项目有：Chronobank、Blocklancer 等。

财务审计

现代公司的丑闻往往和财务有关，做假账是常见的财务舞弊手法。目前的复式记账法对审计者来说是一个黑洞，费时费力且效果极差。更重要的是，由于利益关系，审计公司常常是被审计对象的维护者，而不是揭发者。权力拥有者，特别是公众公司、公共机构或政府等，利用信息的不透明性中饱私囊。区块链的分布式账本理论上可以让所有账本信息实时公开，接受监督，从而大大提高审计效率。相关的创业公司或项目有：Boardroom、Aragon、Lumeno.us 等。

工业制造

大规模工业化的特点：集中制造、统一营销、逐级分发。在数字化社会，个性化分布式生产将成为主流，营销和分发体系也随之改变。区块链可以将个体生产者的生产全过程导入区块链网络，提高产品的可信度。特别是当区块链和 3D 打印相结合时，产品的设计和制造进一步分离，消费者的个性需求得以充分满足。相关的创业公司或项目有：Genesis of Things 等。

能源管理

在石油时代，能源管理高度集中，大众只是能源的消费者，不是生产者。在可再生能源时代，太阳能、风能、地热等可再生资源高度分散，分布式的能源生产更为高效。区块链可以将大众由纯粹的能源消费者转变成能源的产销者，从而大大提高能源生产和传输的效率。相关的创业公司或项目有：Grid+、TransactiveGrid、Brooklyn Microgrid、Power Ledger 等。

创业者的创造力是无穷的，除了众筹、电子货币、支付等传统区块链领域，以上行业也只是正在发生的一部分。对于新事物，每个创业者的尝试都是人类实践的一部分，即使失败，其探索过程也可能成为日后他人成功的奠基石。

创业者，路在脚下，商业机遇都是一步步踩出来的。创业是艰苦而幸运的，大多数人没有这样的机会。作为社会中的普通一员，恰逢生活在这个伟大时代，我们仍需要关注、关注、再关注，因为紧跟时代趋势的投资机会也是重要的商业机遇。作者将长期跟踪上述项目，及时传递其进展和挫折，通过自媒体来服务读者。

本章小结

在本章中，小 q 面对困境，企图招募技术专家。然而，区块链人才过于抢手，小 q 无功而返；没有人，没有技术，只能停了 QPS 的开发。在阅读和思考的过程中，小 q 认识到技术的重要性，萌发了自己做技术的想法。上一章勾勒了区块链的未来蓝图，本章分析了一些可能的路径和一些已经启动的项目。每条路径都面临着不确定性，但又充满了商机。路只在脚下延伸，创业者需砥砺前行。

本章要点

- 里夫金的理论：任何工业革命都建构在全新的社会基础设施之上，而社会基础设施主要由通信、能源和交通三部分组成。
- 信息互联网、能源互联网、交通互联网构筑零边际成本社会。
- 数据和算法是公共产品，不能用来牟取暴利。
- 在信息时代，平台公司垄断的不是某个特定行业的市场份额，而是用户流量。
- 互联网平台和数据是信息时代的基础设施，体现了公共产品的属性。
- 里夫金认为，欧洲和中国会领跑第三次工业革命后半程，因为两者实行社会市场经济，同时强调政府和市场的作用，而美国过于强调市场作用。
- 信息互联网、能源互联网和交通互联网，都是第三次工业革命的基础设施，也是典型的公共平台产品。
- 公共产品由公共支出予以保证，其经营管理由政府或非营利性组织承担。
- 代币经济助力协作化公共平台的落地。
- 区块链分布式账本保证数据安全。
- 区块链网络的规则透明，利于构建跨国界的多中心合作机制。
- 四类机构遭到区块链的颠覆，分别是：丑闻缠身者、内部操作复杂且不透明者、高高在上令人敬而远之者、没必要而多余的中介。
- 丑闻缠身者，自取灭亡；无底线竞争者，遭人唾弃。
- 公众高攀不上者，将失去公众、失去市场。

- 分布式记账法可以用于任何需要公众监督的机构。
- 多余的中间人，付出少收益高，供给者、消费者都会逃离。
- 在区块链世界里，商人、中介和互联网多边市场的管理者，都是多余的。
- 共享经济把使用权和拥有权分离，“拥有”不再是“使用”的必要条件。
- 共享模式面临三个方面的问题：产品服务化、信任风险和资本困境。
- 共享经济要求制造业运营流程再造、产品物联网化、产品服务化，这些将推进区块链技术的普及。
- 共享经济中信任转移：首先交易双方都得相信共享的理念，再相信平台，最后把信任落到具体的个人。
- 共享模式的使用者对平台的信任完全基于制度的信任体系。
- 共享模式的信任体系处于由中心化的制度信任体系向个体之间分布式信任的过渡状态。
- 现有共享经济的商业模式尚未得到彻底验证。
- 共享经济有两种形式——分享模式和分时租赁，其共同点都是租赁，不同点是投资主体。
- 共享经济的潜在用户规模必须庞大，否则租用频率太低，无法运作；这种广泛存在的、面对大众人群的产品和服务，非常类似于社会的基础设施。
- 政府主导投资基础设施，追求社会价值高于巨额利润。
- 分享经济要持续发展，必须要有投资者；最合理的投资者是使用者本身；区块链是最适合“民有、民治、民享”模式的技术架构。
- 区块链推动共享经济成为社会基础设施建设的主要力量，涵盖的应用领域空前扩大。

- 创业者是创新的主体，在以下行业尝试区块链技术：银行业、即时通信、投票、数字身份、网络安全、共享出行、在线广告、跨链交易、学历认证、云存储、云计算、地产记录、汽车租售、创作出版、保险业、健康医疗、供应链管理、政府档案、遗嘱管理、慈善福利、求职招聘、财务审计、工业制造、能源管理等。

第十一章

麻币价格涨万倍，真的吗

宏观上，第三次工业革命下半场的绚丽画卷正在铺开，商业演变的路径将逐渐清晰；微观上，创业者永不疲倦，砥砺前行，在各行各业走出属于自己的一方天地。自比特币诞生以来，创业者一路走来，已是硕果累累，如钱包、矿池、矿场、矿机、芯片、虚拟币交易所、代币经济、智能合约平台以及几十个行业的区块链先锋。

商业从来都不是一场独角戏：创业者如舞台上的表演者，而各式玩家如台下观众，与台上一唱一和，缤纷无限。观众中大部分是草根玩家，但也不乏专业投资者或投机者。他们紧跟事件，或褒奖，或批评，熙熙攘攘间，有时也能吸引足够的目光，从商业上的追随者变成一时的主角。

在现实社会中，大多数创业者既是自己舞台的主人，又是别人的观众。小 q 面对技术困境、团队困境，在发奋图强的同时，不可避免地成了投资者或投机者。麻币是他的得意之作，但只是上万种虚拟货币中的普通一枚。小 q 对麻币，爱之深情之切，“为伊消得人憔悴”，但对待其他加密货币却非常清醒、冷静、理智，对它们的投资更是小心谨慎、如履薄冰。

第一节　除了麻币什么都没有

小 q 陷入技术困境——区块链的底层技术不完善导致了战略迷失，但是财务上并没有太大困难，小 q 的人生和创业，到目前为止都算是成功的。麻币白皮书描述的第一个里程碑已经落地。基本面配合消息面，麻币已经经历了一波暴涨。小 q 和 QPS 基金会，逢高涨时将部分麻币兑现成了人民币，收获颇丰。

由于开发和运营上的停滞，小 q 变成了名副其实的有钱又有闲一族，研究和投资加密货币成了小 q 创业的重要部分。据小 q 观察，那些在虚拟货币的牛市中上涨了几千倍甚至上万倍的币种，一般都是在某些方面有突破性进展的公有链。由于代码的开源性，后来的模仿者甚多，但鲜有突破的。模仿者的币价可以获得一时的上涨，但在市场冷却时，能够维持的却几乎没有。在市场行情普涨时，夸大其实的币种比比皆是。

为了避免落入假大空的陷阱，小 q 发现，研究加密货币最有效的方法不是读白皮书，而是读代码。先前，小 q 决定恶补技术，只是因为人才奇缺，自己得亲自推动项目发展，没有想到在投资加密货币时读代码成了必修课。由公有链构成的商业生态，大多没有传统公司的财务报表。用户对加密货币的购买需求决定了价格走势，其中大部分原因是市场炒作，但也不乏基本面因素。加密货币的源代码是基本面的全方位展示，公开透明，无法掩饰，是绝对的一手资料，只是大多数人读不懂。技术、技术、还是技术！小 q 再一次领悟到区块链世界的迥异。

相比投资其他加密货币，小 q 最关心的当然是麻币。做高麻币价格，小 q 责无旁贷，也高度契合小 q 自身利益，因为小 q 是麻币最大的持有者。然而，市场变化多端，有时冷酷无情。整个加密货币经过了 2017 年年底的爆炒，2018 年开始冷却。QPS 开发停滞使得麻币交易失去了支撑，短短的两个月的时间，麻币价格已经跌了 70% 多。

小 q 不免内心焦躁，但是作为 QPS 的领军人物，必须时常公开露面，通过自媒体发声，以维持用户对麻币的信心。但是，小 q 内心明白，麻币的基本面已大不如从前。在开发停顿后，大多数开发人员纷纷离去，代码更新缓慢，用户信心难以提振。除了开发进度停滞不前，开发人员在跳槽到新的“币圈”生态时，也会调仓所持的虚拟货币，导致 QPS 用户流失，对走下坡路的生态圈造成双重打击。这是目前“币圈”普遍存在的问题，QPS 只是不幸中的一员。

开发停滞，团队离去，麻币下跌，曾经热闹一时的 QPS 也冷清了许多。小 q 意识到，唯一和自己昼夜相伴、不离不弃的只有手中的麻币。麻币成了他唯一的强联系，成了他的信仰；虽然麻币价格跌得厉害，但小 q 不打算继续抛售。小 q 明白，在一个或多个限制 QPS 发展的条件被移除之前，麻币价格没有持续性上涨的基础，“麻币价格上涨一万倍”显然不在期望之列（如图 11-1 所示）。但有时，小 q 也不免憧憬一下未来：坚持到下次加密货币牛市时，再增发融资或抛售兑现；在区块链底层技术有所突破时，完善 QPS 变得轻而易举；和实力更强的同类生态圈合并，用户获得更好

图 11-1　麻币价格涨一万倍，真的吗？

的服务，同时增值手中的麻币。

思前想后，小 q 清楚地知道，在 QPS 中，无论通过何种手段（或开发、或创新、或运营、或炒作），麻币价值的提升是自己获得财富的唯一路径。有人建议，让麻币摆脱 QPS 线上交易的局限，参与更多的市场交易，如各种资产证券化，如字画、古董、名人时间，甚至创业公司的股票等。运营一个以麻币为主要定价货币的、广泛意义上的证券交易所，从而增加麻币的需求量，改善麻币的基本面。有些在牛市中赚得盆满钵满的大佬，已经开启了这种模式；小 q 暂时没有这样的打算，观望仍是目前的态度。

虽然无法大步向前，但是小 q 有时也自得其乐。市场虽不活跃，但由于各种情况，波动难免，有时波动幅度还挺大。每当麻币价格出现短时间的上涨时，小 q 总会抛售一部分，等价格回落时再买回。小 q 没有故意坐庄，没有有意拉高出货，但已成为事实上的“庄家”，麻币也成了事实上的“庄股”。因为小 q 持币最多，最了解内幕，而且基本不受监管。

Q 总还在经营线下棋牌室，但不再担心麻币非法了，主要有两个原因：第一，手上没有对应的人民币了，牌友去交易所购买麻币而不是在棋牌室；第二，由于麻币价格波动性太大，近一段时间以来，线下使用麻币结算的客户越来越少，有的直接改回使用人民币了。自动售货机商家和提供按摩服务的师傅也开始拒收麻币。Q 总感觉棋牌室的生意绕了一圈又回到了原点，虽然自己通过抛售麻币兑现了部分人民币，但是生意的本质没有改变。

当新事物来临时，一切都在不确定地发展，一切似乎都在不经意中发生。小 q 启动了 QPS，发行了麻币，但面对的却是不确定的未来。交易、学习和关注，成了小 q 的日常。小 q 心存情怀，理想未泯。区块链时代刚刚开始，伟大总是在平静中孕育萌发的。

第二节 投资区块链不是传说

在自由市场经济中，资本市场是一个很好的风向标。在一般情况下，资本市场分为一级市场和二级市场：融资主体，如企业或政府，公开向大众发行有价证券之前的融资活动，都属于一级市场，其主要卖家是投资银行、各类基金和证券公司等；二级市场，是指有价证券公开交易的场所，交易对象是标准化的权益凭证，买卖双方都被视为投资者或投机者。

区块链是新技术，也可以认为是新行业，有时也被统计为金融科技的一部分。区块链方向最为普遍的投资标的可以是代表区块链生态的代币，也可以是初创公司的股权，或者只是项目本身。区块链界的投资模糊了两级市场、投资主体、投资对象、有价证券等传统概念，给统计造成了一定的困难。

全面的区块链投资统计至少涵盖三种不同的投资主体：成熟大公司、传统的风险投资基金和 ICO。这些都可以归为广义区块链投资的一级市场，但是它们的投资重点、方式、目标和受监管程度以及对应的二级市场，相互之间差异明显，它们对整个区块链行业的影响程度也各不相同。

比特币利用区块链技术，其交易和结算同步完成。这对以交易为主业的金融机构有着天然的吸引力。华尔街位居前列的大银行把区块链技术作为金融科技的一部分，是第一批研究和投资区块链的传统公司。据全球知名风投机构 CB Insights 的报道，早在 2013 年，摩根大通就已经向美国专利局申请了 175 次“比特币替代品”专利。传统金融机构，包括投资银行、证券公司、证券交易所、资产管理等，希望通过类似比特币结构的加密货币重塑账本结构和结算流程，从而提高效率。

据波士顿咨询公司 2018 年 5 月发布的《资本市场的金融科技》（*Fintech in Capital Markets*）报告，传统金融机构对金融科技领域的投资，从 2013 年的 6.5 亿美元增长到 2016 年的近 12 亿美元，区块链作为“交易后处理”技术，吸引的投资额获得了同步增长；2017 年，市场发生变化，传统金融巨头对整个金融科技的投资额较 2016 年下降了 52%，但是对区块链相关部分的投资额几乎没有下降，保持在 2 亿美元左右；特别是，第二梯队和第三梯队的投资银行在投资区块链领域时，大有追赶第一梯队的架势。随着区块链热度提升，除了金融机构，更多行业公司对区块链表示出兴趣，如物流、医药、支付、通信、矿业等。据 CB Insights 的报道，仅 2017 年，美国有 119 家传统公司投资了区块链技术，创历史最高，其中不乏一些著名企业，如 IBM、BHP Billiton（必和必拓）、Sony（索尼）等。

然而在投资热潮中，也有令人担忧的一面。上面提到的 2017 年投资区块链的 119 家公司中，有 39 家投资了同一个项目——开源“金融联盟链 R3”，共计 1.07 亿美元，超过年度投资总额的 50% 以上。这说明大多数传统企业只是做防御性投资，处于新技术的概念验证阶段（proofs-of-concept）。另据“金融联盟链 R3”的官方消息，当第二、第三梯队的金融机构开始资助区块链研究时，老牌公司如高盛、摩根士丹利、摩根大通等相继退出了联盟。2018 年以来，很多曾经名噪一时的项目鲜有更新。据彭博社报道，2018 年 4 月，摩根大通宣布，自有区块链平台 Quorum 将被剥离，开发负责人离职。

截至 2018 年 8 月，传统企业在区块链技术落地应用方面，仍然没有获得突破性的进展。CB Insights 分析认为，绝大多数传统企业的 IT 架构和区块链完全不一样，基于区块链的解决方案和现有系统难以融合。也许正如哈佛商学院教授克莱顿·克里斯滕森在《创新者的窘境》中表述的那样：大多优秀成熟型企业受利润驱使，更注重于自身技术；同时，也不需要破坏性技术带来的利基市场。总之，传统企业对于区块链的投资，涨涨落落，不同的主体公司，你方唱罢我登场的情况，可能会持续一段时间。

传统公司受限于现有业务和技术，对颠覆性技术的投资相对保守。在一般情况下，市场上愿意承担高风险、追求高回报的投资主体，非风险投资基金莫属。但是在区块链行业，情况不尽相同，因为区块链创业者发明了 ICO 众筹。

第六章第二节详细描述了 ICO 的前世今生，以及各国的监管策略和现状。根据 ICO 数据追踪网站 icodata.io 的数据，2017 年，创业者通过 ICO 共筹集了 61.4 亿美元；截至 2018 年 7 月，ICO 筹集的资金已高达 66.3 亿美元。另据研究机构 EY research 于 2017 年 11 月发布的 ICO 研究报告，自 2017 年 3 季度开始，在区块链领域，ICO 的融资额首次超过传统风险基金对区块链领域的投入，两者分别为 24.3 亿美元和 16.2 亿美元。

ICO 大有撇开传统风投基金的架势，有些创业者甚至拒绝风投介入。然而，好景不长，2018 年以来，随着各国政府实施对 ICO 更为严厉的监管，ICO 筹资额持续下滑，据 icodata.io 的数据显示，ICO 筹资额从 1 月份的 15 亿多美元，一路下滑到 7 月份的 4 亿多美元。ICO 市场的受阻，反过来又一次给了传统风投机会，但是游戏规则发生了微妙的变化。

一直以来，风险基金是一级市场最重要的股权投资人，它在注资后，获得公司部分股份和相关权益。创业公司获得风投注资后，其公司董事会一般有代表资本的席位。而发行 ICO 的主体，不是传统意义上的公司，而大多是类似基金会的组织，如以太坊基金、EOS 的

Block.One 等。这些组织不仅声明：自身不是区块链生态的拥有者，在白皮书中特别强调其发行的代币没有任何权益，从根本上否定了代币是所谓的“证券”。ICO 的这些新玩法，使得风险基金“资本换股票”的手法彻底失效，唯一能做的是“资本换代币”。

强势的风投也拗不过趋势。虽然监管者仍然在斟酌“代币”和“证券”的区别，但从 2018 年开始，风投普遍地介入 ICO 阶段之前的代币融资。在代币公开发行前，风险基金与 ICO 的发行主体签订未来代币的购买保障协议（SAFT），获得代币购买期权。据 CB Insight 报道，2018 年 2 月份，区块链项目 60% 的资金来自风投 SAFT 协议。Telegram 项目在发布白皮书后，通过 SAFT 获得 17 亿美元的资金。由于获得的投资大大超出了预期，团队宣布不再面向大众 ICO，将来会直接登陆交易所。

风险基金舍弃股权转向代币，究其原因，可能还是基于投资回报的考量。风险基金投资的传统公司从 A 轮注资到 IPO 登陆资本市场，平均周期为 9 年；而代币从白皮书发布到登陆虚拟货币交易所，一般只有两年时间。风险基金的加入，给区块链创业团队在 ICO 前提供了助跑的空间，等到代币登陆交易所时，其项目已经初具规模。这将有助于项目通过监管机构的审核，减少欺诈的可能。目前，这种新颖的方式尚未引起监管机构的足够重视，其热度可能会持续一段时间。

传统公司、风险投资和 ICO 构成了区块链投资的一级市场。其中风险投资和 ICO 是市场的主角，二者共同协作成就了“资本换代币”的投资模式。ICO 因受到严格监管而受阻，SAFT 协议另辟蹊径，柳暗花明。区块链是一个颠覆性的新技术，对社会各方面的影响都无法准确预测，在投资方面也不例外。目前，即使存在 SAFT，区块链一级市场的投资仍具有封闭性，所以对于普通大众来说，二级市场仍是不可忽略的存在。

区块链投资的二级市场主要是指公开地买卖代币的虚拟货

币交易所。第五章第四节详细介绍了虚拟货币的交易生态，据coinmarketcap.com的实时跟踪统计，截至2018年4月，有市值可交易的代币已多达1 600种。二级市场的投资者或投机者从中选出押注标的，绝非易事。虽然在“代币是否属于证券”这一问题上仍然存在争议，但是类似股票投资，传统影响因素如技术、创业者、龙头、基金、大户、基本面和消息面等，在代币投资的新领域显然在发挥作用。

第三节　时机为王：系统和应用

创业本身就是九死一生的事。美国《福布斯》杂志2017年的统计数据显示，美国80%的初创公司会在18个月内关门大吉。而投资就是在它们中间寻找赢家。硅谷著名科技孵化器Idealabs（理想实验室）的创始人比尔·格罗斯（Bill Gross），在2015年一次名为《创业公司成功的最大因素》（*The single biggest reason why startup succeed*）TED演讲中指出：在创业成功的要素中，时机是第一要素，占42%权重；排在第二、第三位的分别是团队执行力和好的想法。

在新技术创业领域中，创业者过早或过迟地进入创新领域，都会大大降低成功的概率。1962年，美国社会学家埃弗里特·罗杰斯（Everett Rogers）出版了《创新的扩散》（*Diffusion of innovations*）一书，书中他提出了创新采用曲线（见图11-2）。罗杰斯按照对创新接受的时间顺序，将企业家分成五个类别：创新者、早期采用者、早期多数、迟到多数和落后者。在开始阶段，企业家和市场总是缓慢地接受任何创新，而在衰落之前则迅速到达巅峰。所以，企业家必须对时机要有敏锐的观察和判断能力。

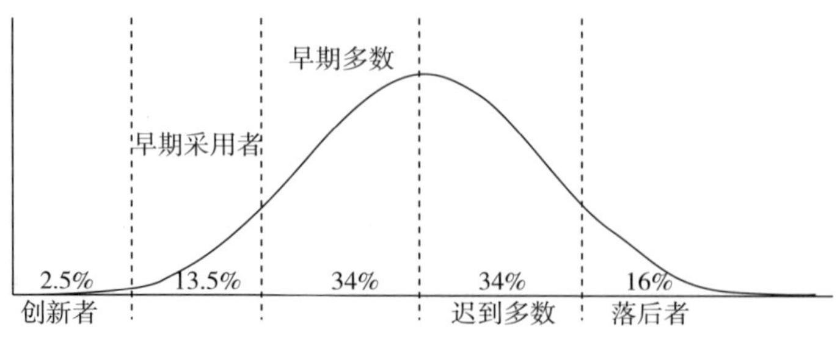

图 11-2 创新采用曲线

1991 年，美国社会学家杰弗里·穆尔（Geoffrey Moore）发表了《跨越鸿沟》（*Crossing the Chasm*）。摩尔认为，对于颠覆性技术，早期采用者和早期多数之间存在一个鸿沟，原因是早期采用者大部分是技术狂热者或空想家，而早期多数是实用主义者。摩尔指出：企业家采纳新技术的最好时机就是鸿沟出现的时候；想要获得成功，企业家必须利用真实的产品完成从空想家到实用主义者的过渡。

理论上，跨域鸿沟是创业的最佳时机，但是在实践中能够把握者少之又少，成功者也常常将其归于运气。相对于创业者，投资者较实践更远，对于创业团队的执行力、想法的创新性等细节因素，只能远距离观察，只能是所谓的把握大方向或抓住宏观时机。区块链是价值互联网的基础，是后网络时代的技术支柱。投资者能够精准地预测新技术的爆发点，宛如痴人说梦；但是投资者根据创新采用曲线，借鉴信息互联网的发展规律，可以对不同技术趋势做出一个大致判断，并从中获益。

信息时代，产品可以简单地分为硬件和软件。硬件可以细分为芯片和整机；软件可以细分为系统和应用。无论是个人电脑时代，还是互联网时代，硬件和系统软件的发展密不可分。20 世纪 90 年代，微软和英特尔组成的 Wintel（“文泰来”）联盟，是个人电脑最强霸主，两者相辅相成，关系牢不可破。个人电脑的普及和系统的稳定，是单机应用软件（如办公领域的 Office、WPS 等）兴起的基础，排版领域的方正系统，收银领域的 POS（销售点终端）等。在互联网时期，几乎是同样的发展次序，首先是大规模的光缆铺设，然后是云计算和大数据等基础设施，最后才是应用的大规模繁荣，如脸书、微信、亚马逊和阿里商城等。在移动互联网时代，如果没有苹果的 iOS（苹果公司开发的移动操作系统）和谷歌的安卓系统，那么后面的手机应用也无从谈起。

区块链是互联网下半场的主角，也应该遵循上半场的发展顺序。有些区块链创业者热衷于所谓的行业颠覆，但是需要提醒他们的是，应用软件不论在哪个时代，都必须建立在底层核心系统和协议之上。一般来说，操作系统由 4 个部分组成——内核、接口库、驱动程序和外围，管理着中央处理器、存储、设备、文件、用户等，这 4 个部分基本决定了应用系统的用户体验，如可靠性、吞吐量、并发性、响应时间、资源利用率、安全性、可移动性等。同时，操作系统还决定着应用开发的资源配置，如技术路径、成本、人员配备等。操作系统的升级换代是应用开发者的噩梦，有些应用因为兼容和效率问题，几乎要推倒从来。

应用软件和商业场景紧密关联，比较容易引起创业者的兴趣，但是从发展顺序来看，只有待操作系统稳定后，才有可能普及。系统级的软件必须率先问世，例如 DOS（磁盘操作系统）、麦金塔操作系统（Macintosh）、Windows（微软公司开发的一套操作系统）、安卓系统和 iOS 分别发布于 1981 年、1984 年、1985 年、2007 年和 2007 年，都早于相应的应用软件 5 年左右。更重要的是，应用的使用场景随着技术和社会的飞速发展，在底层系统成熟的过程中，有可能早已面目全非。

区块链是价值互联网的基础性技术，对各行各业都会产生广泛的影响，其颠覆其他行业的前提是，其自身相当成熟。二级市场的草根投资者与其陷入创业者描绘的具体商业场景中，还不如从技术和市场的角度，逐个审视系统级别的区块链项目，如以太坊、EOS、ADA（艾达币）等，或在更广泛的范围内寻找基础层的区块链软硬件项目，如数据存储、硬件交互、环境搭建、任务执行等。

综上所述，在目前阶段投资区块链，把系统置于应用之上乃是稳妥之策。对于具体项目，最好的方法是套用创新采用曲线，持续关注该系统级区块链平台在整个区块链应用开发领域中的接纳程度。当然，商业江湖瞬息万变，龙头易主也时常发生。但是，任何系统级产品，只要获得一段时间的主流地位，其价值就会有大幅度的提升。以太坊就是一个很好的例子，即使将来有可能被替代。

系统级的硬件或软件开发，是一个庞大的、复杂的、具有开创性的工程，非常人所能及，需要具备敏锐的视角、广博的见识和足够的资源支撑，更重要的是，要有操刀的天赋。

第四节 技术权威：布特林和拉里默

硅谷孵化器 Idealabs 创始人比尔·格罗斯在 TED 演讲中还提道，除了时机，创业企业的成功因素还包括团队执行力。团队领头人更是创始企业的核心。中国的风险投资界流行“投资就是投人”的说法。这是很多投资界大佬（如真格基金徐小平、洪泰基金盛希泰、私募大佬章苏阳等）奉行的投资原则。但是“人”也是极其复杂多样的，投资者看重的创业者特征有认知水平、格局、心态、信念、梦想、能力等。这些特征更多的是一种标签，是投资人对创业者的总体感觉，而非定量分析，不同的投资人对同一个创业者的评价可能截然不同。

投资者对创业者的评测难度绝不亚于对创业公司的考量。创业者基本特征可以简单地分为性格和技能。在二级市场中，投资者对创业者性格的解读更是雾里看花，难以把握。中国著名投资人雷军声称“只投熟人”，不无道理。在技能方面，国外一些商业研究机构对创业者的背景做过一些量化统计，倒是可以借鉴。

2011 年，美国全球猎头咨询公司史宾沙（Spencer Stuart）的调查发现：在标准普尔 500 强的公司中，33% 的 CEO 拥有技术工程类本科文凭；在世界 500 名的科技公司中，37% 的 CEO 拥有技术背景；而在标准普尔 500 强公司中，只有 11% 的 CEO 的本科专业是工商管理。相比于成熟公司，创业型公司的执行官拥有技术工程类背景的占比更是遥遥领先。2012 年，数据公司 Identified 对 3 600 万名脸书用户的资料进行了分析，分析的结果表明，在创业者中，拥有工程学位的人数是拥有商科学位人当数的 3 倍，而且其平均年龄只有 33 岁。创始人自身拥有技术，几乎成了当代创业者的标配，其中不乏大名鼎鼎者——谷歌的拉里·佩奇（Larry Page）、贝宝的埃隆·马斯克、亚马逊的杰夫·贝索斯（Jeff Bezos）等。

技术背景的工程师成为创业的领航者，历史上也不乏名人，如发明家托马斯·爱迪生，福特汽车的创始人亨利·福特。但是如此大规模地成为普遍现象，则是互联网时代的创业特征。个人凭一己之力做出一套应用软件或手机程序，也许不足为奇，但令人吃惊的是，复杂程度超越常人所想象的系统级软件，很多也是出自个人之手，并非出自几百上千的大团队。这些开创性的宏大软件系统是信息时代的里程碑，其背后的英雄更是令人啧啧称赞。

DOS 操作系统最早的作者是加里·基尔代尔（Gary Kildall），后来比尔·盖茨和蒂姆·佩特森（Tim Paterson）在 DOS 的基础上开发出 MS-DOS 系统（微软磁盘操作系统）。Unix 操作系统之父丹尼斯·里奇（Dennis Ritchie）和肯尼思·汤普森（Kenneth Thompson），两人因开发出 Unix 操作系统于 1983 年获得图灵奖。

杰夫·拉斯金（Jef Raskin），被誉为苹果操作系统“Macintosh之父”，一生钟爱编程，在去世的前半年，仍在孜孜不倦。安卓系统由安迪·鲁宾（Andy Rubin）于2003年创立，2005年被谷歌收购，成为移动互联网时代被最广泛采用的操作系统。甲骨文数据库雄霸市场几十年，但甲骨文公司的创始人拉里·埃利森（Larry Ellison）于1979年发布甲骨文关系型数据库时，公司只有3个人。詹姆斯·戈斯林（James Gosling）被誉为“Java之父”；Java是当下最流行的编程语言，是戈斯林在太阳微电子公司工作时的杰出作品。在信息科技历史上，个人顶起一片天的案例比比皆是。这些技术牛人不一定会大富大贵，但是在每个新技术的初期，他们强有力地推动了技术的快速进步，功不可没。

区块链是互联网下半场的主角，随着社会网络进一步向虚拟网络迁徙，技术天才类创业者的优势会更加明显。

在信息互联网时代，使用现有底层技术工具开发应用的创业者，在技术普及的后期，如果善于推广，商业上可能仍会非常成功。但在区块链时代，用户群体在开发前期就被系统绑定，技术领先是得到大量用户的必要条件，后期靠运营获胜的空间将被大幅压缩。

在价值互联网时代，代币是各种资产的线上载体，其大规模自由流动，打破了目前资本市场的金融特权。投资者会更加注重代币背后的产品和服务，而不是金融市场的放大效应。目前金融公司高度依赖的财务分析可能不再是区块链投资的必备技能，取而代之的可能是代码分析，因为公开透明的计算机程序才是评判区块链系统或应用的根本标准。

一般来讲，大多数公有链都是开源的，源码可以拿来重复使用。新技术一旦被发明，继承的成本非常低。数量众多的ICO和频频发生的IFO，以及目前市场上1 600多种可投资的代币，让人感觉区块链技术开发很容易，其实这完全是一种错觉。有人说，如果不使用类似以太坊的开发平台而从头开始做区块链应用，其困难程度相当于在一台裸机上开发苹果应用程序。这对于大多数程序员来说是不可能的，据说全世界只有 200 个程序员可以做到。在市场对底层技术架构形成共识之前，区块链创业者必须具备技术创新能力，而且要能够不断地突破瓶颈。技术继承最多只可以追平对手但无法超越，只有“天才”才能够跨越创新道路上的各种不可能。

如前所述，个人电脑时代和信息时代涌现出无数科技英雄；在区块链时代，技术天才更是时代的缔造者。比特币的发明者中本聪是区块链行业最大的天才，虽然已隐身江湖，但他以一人之力开创新时代，其功绩无人可及。维塔利克 · 布特林（如图 11-3 右所示），俄罗斯裔加拿大人，1994 年出生，大学时代就是比特币的爱好者，19 岁创立以太坊，开创智能合约新时代。在他的领导下，以太币上涨千倍，以太坊最高市值超过千亿美元。

图 11-3　天才对决：布特林和拉里默

天才程序员丹尼尔 · 拉里默（如图 11-3 左所示），生于 1983 年，2009 年便开始迷恋比特币。2013 年，他提出“超越比特币”，开发了世界上第一个去中心化的交易所——Bitshares（比特股），并于 2014 年发布；2016 年，他开发了区块链社交平台——STEEM，并于 2017 年发布。这两个案例都属于应用层面，虽已发布运行，但没有带来类似以太坊的轰动效应。2017 年，拉里默决定开发区块链底层运行平台 EOS，号称“区块链时代的操作系统”；凭借其在圈中的名气，ICO 空前成功，至 2018 年 5 月 31 日结束，共筹资约 40 亿美元。2018 年 6 月 15 日，EOS 主网激活，正式上线。

时势造英雄，英雄开创新时代。目前区块链底层技术难言完备，智能合约应用仍处于萌芽阶段，有大量的技术问题急需解决。在区块链时代，像中本聪、布特林、拉里默这样的技术大拿会时常涌现，类似信息时代的基道尔、里奇、汤普森、戈斯林、鲁宾等。但是，这块链时代又有所不同：在每一个区块链技术英雄的背后，可能都会有一个涨幅千倍的代币，这些技术英雄都是千亿富豪。价值创造和技术突破之间，从来没有如此开放的、直接的、密切的联系。

在区块链时代，财务和营销技能将被弱化，技术是创业和投资的根本，技术大拿将成为主流英雄。二级市场的投资者必须密切关注这些取得技术突破的天才，因为他们代表了整个产业的方向，他们的成果反映了产业的成熟度，他们才是资本追逐的目标，并有可能是唯一目标。“投资就是投人”没有错，但在区块链时代，投资更看重技术能力。

第五节　懒人投资：龙头和基金

无论投资系统还是考察创业者，总的来说，都是比较专业的，不仅需要区块链的基础知识，还需要技术基础。更重要的是，你必须花足够多的时间学习和跟踪，至少要关注区块链界的各种人物和事件。大多数二级市场的草根投资者缺乏基础且没有时间，投资金额不大，他们不愿冒太大风险，比较适合选择懒人投资策略，而选择龙头则交给专业人士。

比特币是当之无愧的代币龙头

区块链相关项目众多，代币发行令人眼花缭乱，其中固然有待发掘的宝藏，但更多难逃被淘汰的宿命。然而，无论区块链的世界怎样风云变幻，在未来相当长的时间内，比特币仍是当之无愧的龙头投资品，原因有三。

第一，比特币作为“电子黄金”，其技术上已经完备。

当比特币以货币的形式出现时，中本聪在创世区块里不无讽刺地写道：救助银行的财政大臣又要开始忙碌了。然而，从近 10 年的发展来看，现实中的银行体系不仅没有受到来自比特币的任何威胁，而且比特币的流通性已经遭到严重质疑。究其原因，莫过于手续费过高、支付处理能力有限、币值不稳定等。

任何比特币爱好者或专家，对以上问题基本达成共识，很多创业者也有针对性地做了各种改进，如比特币用闪电网络提高交易处理能力，比特币现金用扩大区块解决拥堵问题，零币用零认证机制解决隐私问题等。但是理论上，基于第一章第四节提到的“不可能三角”原理，去中心化、可扩展性、安全三者不可兼得。技术上，比特币选择了完全去中心化，抛弃了可扩展性，但保证了安全度极高。这些特征，从流通货币的角度来说，确实是明显的缺陷，但是如果比特币只被视作一种人们赖以信任的、高度可靠的价值储存媒介，那么这些所谓的不足完全成了优点。

在万物互联的虚拟网络里，比特币以“电子黄金”的方式存在，其现有的技术构架已经足够成熟，而且接受了时间的考验。有人指出，比特币是信息时代的郁金香泡沫，没有长期投资的价值。诚然，想要达成共识，任重而道远，最终在多大程度上被个人或机构接受，不得而知。如果投资者相信社会网络必然向虚拟网络迁移，那么投资一点儿和黄金的对应“电子黄金”倒也无妨。

第二，比特币的大众辨识度最高，最先被选择，最后被抛弃。

第五章第二节提到，比特币要成为主流资产，必须要凝聚用户共识。比特币的价格在一定程度上取决于拥有比特币的人数。不断涌入的购买者是推高比特币价格的根本力量。这些新增用户不一定直接被比特币所吸引。任何正面的有关区块链的消息，都有可能引起圈外大众的关注，比如技术上的突破、监管体系的完善、创业明星的诞生、炒币暴富的传说等。普通大众从关注者到成为区块链的信仰者，无论创业、追随，还是传播，其共性可能就是拥有代币。

比特币是普通大众在投资代币时最有可能的选择，其原因很简单：第一，比特币在芸芸众币中，辨识度最高，对大众来说，比特币就是区块链的代名词；第二，比特币的技术已经被认可，投资比特币不需要再考虑任何技术因素；第三，比特币是虚拟货币世界的通用货币，如同法定货币中的美元，任何时候都可以兑换成其他数字资产，例如，在ICO中，比特币是最常用的众筹货币。可见，在区块链领域，任何人的任何努力，除了对自身的项目产生影响外，或多或少地都在为比特币争取买家。

2017年，比特币价格能够有近10倍的涨幅，很大程度上得益于以太坊的成功。以太坊一飞冲天，推动了区块链“福音”的传播，而比特币本身没有任何改变。很多区块链领域的投资者或创业者在获得大量代币后，如果不愿兑换成法定货币离场，都将其中大部分置换成比特币。更有甚者，有些风险投资基金（如Dfund、INBlockchain等），募集比特币等虚拟货币作为资本，投资区块链创业项目。

第四章第四节提到，区块链的技术范式尚未形成，参与者在技术、应用、社会影响等各个方面并没有达成共识。这意味着目前的任何成果都可能是阶段性的，也许只是科技大潮中的匆匆过客。普通大众在二级市场投资这样的代币，由于缺乏专业知识，承担的风险极高。相比某些热门代币，在一段时期里，比特币涨幅不一定最大，但可能是最保险的。特别当区块链技术遇到瓶颈难以突破时，比特币本身会成为熊市的避风港。比特币是区块链所有相关者最后的信仰，不会轻易被抛弃。

第三，法定货币超发，比特币或成避风港。

1971 年 8 月以后，美国政府不再履行美元兑换黄金的义务，布雷顿森林体系崩溃。从此，各国央行垄断了货币的发行权，不再依赖于所谓的硬通货，而是和国家信用绑定。央行脱钩贵金属，自主发行法定货币，塑造了更为灵活的金融体系，给世界经济带来了更大的活力。但是，由于没有有效的约束机制，央行也可能滥发货币，这样会导致国家信用崩溃。例如，2009 年 1 月，津巴布韦央行发行 100 万亿面值新津元；2010 年以来，委内瑞拉货币玻利瓦尔至少贬值 1 000 倍（对美元的汇率是原先的 1‰）。

大多数国家虽然没有如此不堪，但是自 2008 年金融危机以来，世界各大央行大肆“放水”，触目惊心。2008—2015 年，美联储实施三轮量化宽松，购买各大银行的不良资产，向市场注入流动性，其资产规模从 9 000 亿美元膨胀到 4.5 万亿美元，占 GDP 的比重从 6.6% 上升至 24.2%，达到“二战”以来的最高水平。欧洲央行和日本央行在实行多年近零利率政策之后，分别于 2014 年 6 月和 2016 年 1 月正式实行负利率。另据中国央行的报告，2017 年年末，中国 M2（广义货币）总量是 2000 年年底的 12 倍，期间每年平均增长 16%，占 GDP 的比重从 144% 上升至 203%。

各大央行如此大规模地持续货币宽松政策，使得各国负债水平早已超越红线。国际金融协会（IIF）2018 年 7 月的报告（见图 11-4）显示，全球债务水平在 2018 年第一季度攀升至 247 万亿美元，创历史新高，比金融危机前（2007 年年底）超出 80 万亿美元，占 GDP

的比重超过 318%。各市场主体，如金融公司、非金融公司、个人、政府等，负债额均创纪录。

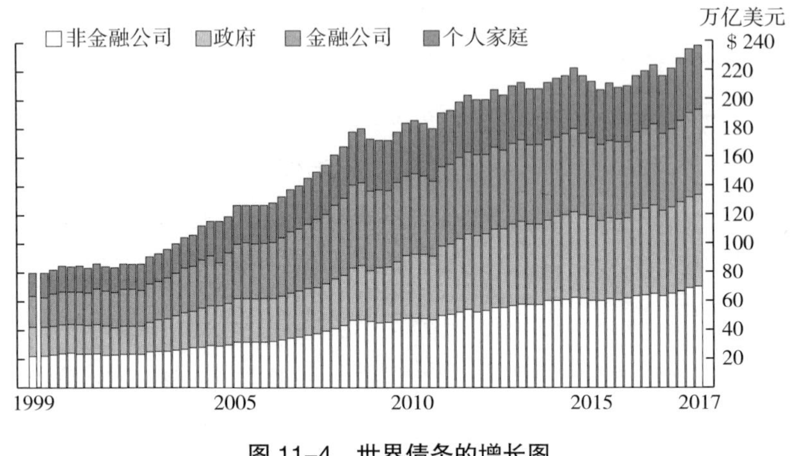

图 11–4　世界债务的增长图

英国政治家和经济学家阿代尔·特纳（Adair Turner）在 2015 年 10 月出版的《债务和魔鬼》（*Between Debt and the Devil*）中指出：所有的金融危机，甚至经济危机，其实都是债务危机；如果没有债务危机，就不会有金融危机，也不会有经济危机。北京大学经济学教授张维迎进一步指出：所有的货币债务从最根本上来说都是由基础货币创造的，因此政府的宏观货币政策是导致过度负债的核心原因。

传统上，政府滥发钞票被经济学家视为“魔鬼”，因为最终会引发通货膨胀。人类历史上的大危机都是恶性通货膨胀的直接结果。目前的高负债虽然还没有造成全球范围内的大规模通胀，但已然成为世界经济的堰塞湖，而且水量还在增加。任何危机都很难准确预测，但正如张维迎教授指出的那样：经济学家之所以认为滥发货币是魔鬼，就是因为它极其危险——这个魔鬼不能被轻易放出来，否则可能后患无穷。

黄金是常规的避险资产，特别是在通货膨胀的时候。第一次世界大战以后，德国在 1921—1923 年遭受超级通货膨胀。统计数据显示，

1918年年初，2.79马克基本上能买1克黄金；到1923年，2.79万亿马克才能买1克黄金。1948年8月，国民党政府强制老百姓将黄金、白银和外币兑换为金圆券，引发经济彻底崩盘。

黄金的避险功能主要来自其总量有限，比特币在这个方面和黄金类似，发行极限为2 400万枚。比特币号称“电子黄金”，在危机发生时，是否具有黄金同样的功能，但对此目前还是仁者见仁，智者见智。在2018年的区块链大会上，一向反对加密货币的2008年诺贝尔经济学奖得主保罗·克鲁格曼（Paul Krugman）语出惊人，他指出：黄金已经死，比特币比黄金更具实用性，而且有可能在未来更具价值。对普通二级市场的代币投资者来说，比特币可能不是暴富的利器，但可以作为后网络时代的一种避险资产。

综上所述，比特币作为“电子黄金”，技术上相对完备，在众多代币中知名度最高，同时由于世界债务高起，在可能发生动荡的金融市场中，比特币具有一定的避险功能，不失为懒人的一种便捷投资选择。除此之外，另一种值得考虑的是与加密货币相关的投资产品，同样具有相对简单且风险低的特征。

第五章第四节详细描述了虚拟货币的交易生态。对于二级市场的普通投资者来说，虚拟货币的交易和存储仍过于烦琐。发行加密货币相关的投资产品，其根本目的是在现有的监管体系内，给大众投资者提供一个金融工具，使得加密货币的买卖、结算和储存像股票一样方便，从而将加密货币进一步引入主流投资人群。

与加密货币相关的投资产品破土而出

截至2018年6月，从投资广义区块链的角度来看，与加密货币相关的投资产品主要有三种形式：区块链概念公司ETF（交易所交易基金）、代币投资基金和公司型的投资银行。其中，有的已经破土而出，有的仍停留在概念阶段，但总的来说，在大众投资者中，远未普及。

区块链概念公司 ETF 是选择一些正在研发或应用区块链技术的上市公司，作为 ETF 的成分股。ETF 诞生于 20 世纪 90 年代初，是以指数成分股为基础的投资基金，其目的在于追踪指数的波动；后来发展为追踪任何投资标的，如任意股票组合、大宗商品、债券等。在一般情况下，二级市场的投资者在股票账户中可以自由交易任何 ETF 代码。ETF 发展出各种衍生品，可以用作对冲、融资、卖空的工具。ETF 交易便捷，交易成本低廉，发展迅速。金融数据和软件公司 FactSet 的数据显示，截至 2017 年年底，美国市场 ETF 管理资产总规模达 3.4 万亿美元。

2018 年 1 月，美国两家基金公司推出了区块链概念公司 ETF，市场交易代码分别是 BLOK 和 BLCN，其成分股包括日立工机、埃森哲、Overstock、台积电、英伟达、思科、微软、IBM 等。截至 2018 年 8 月，两只基金均跑输标准普尔 500 指数。区块链概念公司 ETF，对应传统公司对区块链技术的投资和收益，其市场表现在一定程度上也反映了成熟大企业面临区块链技术落地难的困境。

代币投资基金是专注于直接投资加密货币的基金，目前有三种形式：加密货币 ETF、加密货币信托投资基金（ITF）和交易所交易债券（ETN）。

加密货币 ETF 是由一种和多种加密货币为成分投资标的 ETF。2018 年 7 月，美国证券交易委员会第二次拒绝了文克莱沃斯兄弟提出的发行加密货币 ETF 的申请，其主要理由是对潜在资产安全、投资者保护和市场操纵等问题仍存有疑问。文克莱沃斯兄弟的第一次 ETF 申请于 2013 年提出，时隔 5 年，形势没有根本改观。但美国证券交易委员会内部投票结果是 3∶1，并不是全票否定，这可能给未来加密货币 ETF 的批准带来希望。据 CoinDesk 2018 年 8 月初的报道，美国证券交易委员会在接下来的两个月里，仍需要对 9 项加密货币 ETF 申请做出决定。情况如何，拭目以待。

加密货币 ITF 是指集合不特定的投资者，将资金集中起来，委托专业投资机构专门投资一种或多种加密货币的基金。ITF 有 150 多年的历史，其投资标的比较灵活，常见的有股票、债券、地产、艺术品等，现在加密货币也成了热门选项。

灰度投资公司（Grayscale Investments Inc.）于 2013 年在美国纽约成立，同年发行了比特币投资信托基金（The Bitcoin Investment Trust）。比特币投资信托基金属于开放型基金，全仓持有比特币，无杠杆不交易，一共有 198 017 700 股，每股相当于 0.000 997 27 个比特币。比特币投资信托基金于 2015 年 5 月，获得美国金融业监管局（FINRA）批准，挂牌美国场外交易市场（Over-The-Counter Market），交易代码为 GBTC。截至 2018 年 5 月，包括 GBTC 在内，灰度投资公司一共发行了 8 只信托基金，分别针对 BTC、BCH、ETH、ETC、LTC、ZEC、XRP 和混合配置，总的管理资产达 21 亿美元。其中 ETC 自 2018 年 5 月挂牌美国场外交易市场，交易代码为 ETCG。

美国的场外交易市场主要针对各种公司短期债券、开放型投资基金，或达不到证券交易所要求的股票等非标准金融产品，实行做市商制度，要求经营机构用自有资金垫付，买进证券作为库存，然后再挂牌对外交易。在一般情况下，场外交易市场对投资人有资格限制，目前只允许个人退休账户（IRA）购买 GBTC。2017 年 5 月，灰度投资公司将比特币投资基金装入公司（Grayscale Investments LLC）申请纽约证券交易所上市；2017 年 9 月，知难而退，又撤回了申请。

ITF 的市场交易价格不完全与其代表的资产价格对等，这一点和 ETF 类似。GBTC 的交易价格以比特币的市场价格为基础，同时也反映了比特币的市场热度。投资者如果对比特币看涨，则可能愿意溢价购买，反之则折价购买。GBTC 自上市以来，大多数时间都处于溢价状态，有时交易价格高于实际比特币价值的 50%。这种高溢价抑制了二级市场普通投资者的购买冲动。此外，相比于成熟的 ETF，ITF 的管理年费非常高，达到净资产的 2%～3%，而一般的 ETF 的管理费只有 2‰左右，有的甚至只有 3 ‱。

总之，截至 2018 年 7 月，在美国只有两只加密货币 ITF——GBTC 和 ETCG，挂牌场外交易市场。由于种种限制，这两只加密货币交易量小，流动性差，仍无法惠及大量二级市场的普通投资者。

ETN 一般指投资银行发行的债券类产品，最早由巴克莱银行于 2006 年发行，也是用来跟踪某些事先定义的指数，也可以像 ETF 一样在证券交易所交易。ETN 最重要的特征是，持有者的获利来自其代表资产价格的实际变化，和其交易价格无关。这导致 ETN 的市场交易价格和其所代表的资产价格完全吻合。ETF 和 ITF 的购买者，原则上真实地持有被跟踪资产；而发行者只是代管，即使这项被跟踪资产破产，持有者的资产也不会受到损失。相比之下，ETN 的持有者本身并不拥有被跟踪的指数资产，只是持有发行银行的债券。如果发行者破产，持有者将遭受巨大损失。另外，ETN 的持有成本很低，远小于 ITF 的管理费用。

2015 年，瑞典公司 XBT Provider（比特币供应商）发行了首个比特币交易所交易债券（Bitcoin exchange-traded notes），名为"比特币跟踪者一号"（Bitcoin Tracker One），经瑞典监管机构批准，在纳斯达克斯德哥尔摩交易所挂牌交易。2018 年 8 月 15 日，比特币跟踪者一号作为一种国外债券，登陆美国场外交易市场，其交易代码为 CXBTF。CXBTF 的交易价格和其代表的比特币价值基本无异，没有溢价且持有成本低廉，已经成为 GBTC 有力的竞争者。但是 CXBTF 仍然有较多弊端，如交易量小、流动性差、投资人资格受限等。

代币投资基金形式上主要有以上三种。截至 2018 年 8 月，在美国，二级市场投资者可以实际买卖的只有三种投资产品——ETCG、GBTC 和 CXBTF。前两种是信托基金产品，后者是交易债券；后两种针对比特币，前者则针对以太坊经典。总的来说，代币投资基金已经破土而出，随着市场的进一步开放和监管的放开，越来越多的代币投资品将进入普通大众的交易账户。

公司型投资银行是指类似一般投资银行的公司法人实体。传统的投资银行主要从事证券发行、承销、交易、企业重组、兼并与收购、投资分析、风险投资、项目融资等业务。加密货币的投资银行和传统的投资银行本质上相同——只是围绕着加密货币开展业务，而非法定货币。

前传提到的华尔街传奇人物迈克尔·诺沃格拉茨，于 2017 年 11 月成立了银河数码控股（Galaxy Digital Holdings），其主要业务是加密货币交易和资产管理，以及区块链相关的咨询和风险投资。2018 年 1 月，银河数码控股以每股 5 加元的价格筹资 2.5 亿加元，并于 2018 年 8 月 1 日获得加拿大监管机构的批准，成功借壳上市，正式登陆多伦多证券交易所创业板（TSX Venture Exchange），交易代码为 GLXY，并准备向法兰克福、伦敦、香港等地交易所申请挂牌。

根据银河数码控股的最新财报：截至 2018 年 7 月，银河数码控股共拥有资产 2.817 亿美元，其中 2.258 亿美元是加密货币和相关投资资产；共完成 6 起收购和 11 次风险投资，共耗资 8 680 万美元；当季亏损 1.3 亿美元，其中 8 000 多万美元为账面亏损，主要原因归为 2018 年以来，加密货币价格大幅下跌。2018 年 8 月 17 日，银河数码控股收盘价每股 2.75 加元。虽然没有首战告捷，但诺沃格拉茨表示对加密货币和区块链行业信心满满，力争将银河数码控股打造成加密货币界的高盛。银河数码控股开创了加密货币的投资银行模式，为二级市场的代币投资者提供了全新的选择。

综上所述，无论是区块链概念公司的ETF，还是代币投资基金（如ETF、ETN）或信托，或是加密货币投资银行的股票，这些加密货币相关的投资产品背后，都有专业投资人士的不懈努力，从而基本消除了代币投资的技术障碍和烦琐流程。对于一名被动的二级市场的普通投资者，这些产品的性价比较高，有信仰地长期持有应该是一个不错的选择。

代币市场风云变幻，暴涨暴跌是常事。有些二级市场的投资者时常听到炒币暴富的传说，不满足于长期持有比特币或某项投资产品，企图快速获得财富，他们无法抑制自己的冲动，最终被卷入投机的大潮中。代币投机完全不同于投资，它是少数人的天堂，多数人的地狱。

第六节　投机猖獗，智者远离

无论投机者还是投资者，在具体的操作中，都企图高抛低吸，有时这二者之间的界限比较模糊。简单的区分方法是，投资者看重长期收益，忽略短期波动，而投机者忽视资产内在价值，希望从短期价格波动中获利。在美国，如果投资者持有股票一年之上，被视为投资；一年以下，则视为投机。前者的股票获利按长期资本利得税计算，分5%和15%两档；而后者获利则并入个人普通收入共同计税，税率最高为20%。不难发现，税制本身旨在利好投资而非投机，然而事与愿违，现实残酷。据全盛资产管理（MFS Investment Management）公司2016年12月发布的报告显示，美国股票交易的平均持仓时间只有8.3个月。可见，在股票市场，投机远胜于投资，代币市场也是一样。

第六章第二节详细描述了ICO的过程，由于监管缺乏，很多代币发行者仅凭一份白皮书就可以募集千万美元或上亿美元的资金。代币总市值轻而易举地达到几亿甚至几十亿美元。不以创业为目的的发行者，可能在ICO后直接抛售存币套现。第八章第三节描述了去中心化自治组织DAO，其结合智能合约发展出DAICO（第八章有详细描述），对发行者形成一定的约束，但一切仍在探索中，没有成形的技术范式。

代币发行后直接抛币套现的现象，可以被视作一级市场的投机行为，在市场过热时，这一现象绝非罕见。相比之下，在代币交易的二级市场，投机现象更是普遍，有时甚至猖獗，主要有以下三个方面的原因。

首先，代币交易无限制，价格波动幅度大。

第五章第二节描述了虚拟货币的交易生态。每个中心化的交易所都是无固定场所的电子盘，完全由程序化撮合，无开盘收盘时间，7×24小时交易。永不停歇的代币交易最大限度地保证了流动性，但交易风险也大幅上升。每种代币虽有一定的基本面，如底层技术或代表的资产等，但其在短时间内，受消息面影响巨大。因为代币交易没有停牌时段，任何时候的消息都可能引起价格的剧烈波动。

传统的证券市场有波动幅度的限制，如中国A股市场有10%的涨跌幅限制；在美国，如果标准普尔500指数波动超过7%、13%或20%，都会暂停市场交易15分钟，以缓和市场情绪。而代币的二级市场没有涨跌幅限制，没有停牌，没有熔断机制。更有甚者，有些规模较大的虚拟币交易所提供程序化交易接口。大多数程序化交易属于正反馈系统，在短时间内，将加大原有涨幅或跌幅。1987年10月19日，美国道琼斯指数单日跌幅达22.62%，专家分析认为，当时正在兴起的程序化交易是其直接原因之一。

总之，目前的代币交易无时间和幅度约束，理论上在任何时间段，任何价位的挂单都有可能被成交。使用杠杆交易的投机者，爆仓几乎是他们宿命。当然，巨大的风险有时也意味着暴利。代币价格长期的大幅度波动，创造了天然的投机环境，引得无数淘金者竞折腰。

其次，区块链创业无公司，代币成为唯一的套现载体。

在代币的发行机制里，发行机构不是现代法律体系中所谓的公司，而是类似协会性质的理事会。它们承担着代币商业生态的建设和维护，但无法获取利润。理事会通过ICO获得资金，投入到工具开发和日常运行维护中，期望更好的产品和服务以吸引更多的用户，提升大众对代币的需求，从而增加市场上的买盘力量，进而推高代币价格，使得代币持有者从中受益。

代币持有者主要包括代币发行者、项目开发者、生态运营者等。他们付出了大量直接的劳动，可能获得以代币或法定货币支付的报酬，但是推高代币价格仍是获利的最重要途径。理论上，做好产品和服务可以推动代币价格上涨，这是个良性循环。然而在实际操作中，在市场上直接拉高代币价格比提供更好的产品和服务更直接、更容易，特别是在短期内，更好的产品和服务不是推高代币市场价格的必要条件。

总之，按照现有代币机制，很多情况下，代币成了区块链创业者唯一的赚钱载体。在二级市场上，拉高代币价格并伺机出货，成了区块链创业者最重要的利益诉求。在项目资金紧张时，代币投机甚至成了创业者的刚需。现阶段，政府对代币交易监管不完善，为代币投机又开了方便之门。

最后，代币易被操纵，庄股特征明显。

大多数创业项目即使前途光明，道路也是极其曲折的。区块链技术和应用在未来很长一段时间内，具有非常大的不确定性。代币价格涨涨跌跌，在所难免。无约束的交易环境放大了价格波动的幅度。然而，在涨跌的过程中，唯一能够控制节奏的，就是代币的发行者，在大多数情况下，他们等同于项目的开发者或维护者。

代币发行者至少在区块链项目初期控制了大部分的筹码，真正可流通的仅占小部分。同时，他们最知晓内情，确切了解项目的真实进展，可以准确判断基本面和价格波动是否匹配。更可怕的是，他们还掌握着项目进度和信息发布的主动权，在很大程度上决定着整个项目在什么时机以什么面目出现在大众面前。所以，无论区块链项目本身是中心化还是去中心化，在代币集中度、知情权和主动权等方面，代币发行者或项目开发者成了整个生态事实上的核心。这导致大多数代币具有完整的庄股特征（见图 11-5）。

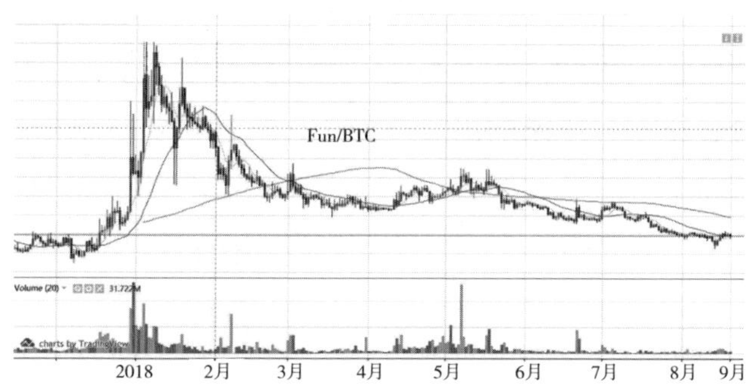

图 11-5　代币 FUN 对比特币的交易 K 线

- 由于技术晦涩和信息极不对称，普通大众对代币内在价值难以准确判断；
- 筹码高度集中在发行者或开发者手中；
- 消息面的利好和利空，主动权完全掌握在开发者手中；
- 拉高出货是组织者百试不爽的获利方法；
- 拉升期，代币价格上涨突然、快速且剧烈，而下跌周期相对漫长。

目前，虚拟货币交易所缺乏政府的有效监管，代币发行者或开发者和交易所完全可能沆瀣一气，操纵市场。鉴于以上种种原因，以及多数代币在二级市场的实际表现，将代币视为完全被少数人控制的庄股，并非夸大其词。

综上所述，代币投资的二级市场交易规则宽松，缺乏有效监管。代币发行者从自身利益出发，有条件、有动机、有能力营造投机氛围。代币操纵者在技术、信息、手段等各方面，完全占据主导地位，掌控能力极强，可以在极短的时间内将代币价格拉升十倍甚至百倍。代币投机确实隐藏暴利机会，但风险极大。

大多数二级市场的普通投资者各方面都处于弱势地位，若参与投机，沦为被宰割的“韭菜”的概率非常大。如果有人无法抵御“利”的诱惑，请记住：第一，永远不要追涨，若有幸在暴涨中获利，至少抛掉一部分；第二，庄家的出货期漫长，永远不要左侧交易抄底。以上建议仅供参考。

本章小结

在本章中，QPS 区块链开发停滞，人员离去，小 q 只有和剩余的麻币相伴。小 q 曾琢磨多渠道推高麻币价格，最后因法规不清而作罢。小 q 继续持有麻币，心怀对区块链的信仰，潜心研究其他币种，关注技术发展。区块链技术山高路远，来日方长。小 q 是区块链的创业者，也是代币投资者或投机者。代币不是股票，但胜似股票。代币投资或投机关系到技术、人、时机、标的、基金等各种影响因素。

本章要点

- 区块链投资的主体包括成熟的大公司、风险基金和 ICO，这些构成一级市场。

- 传统公司受限于现有业务和技术，对区块链技术投资相对保守。传统 IT 架构和区块链不一样，基于区块链的解决方案和现有系统难以融合。
- 2017 年，ICO 火爆；2018 年监管趋严，ICO 融资额高开低走。
- 代币发行者和传统风投机构合作，成就了“资本换代币”的投资模式。
- 目前，把系统置于应用之上乃投资区块链的稳妥之策。
- 区块链时代，财务和营销技能被弱化，技术是创业和投资的根本，技术大拿将成为主流英雄。在投资技能方面，代码分析取代财务分析。
- 比特币是代币龙头，原因：作为“电子黄金”，其技术完备；大众辨识度最高；法定货币超发，比特币或成避风港。
- 加密货币的投资产品：区块链概念公司 ETF、代币投资基金、公司型投资银行。
- 代币投资基金：ETF、ITF、ETN。
- 目前，美国的二级市场投资产品有 ETCG、GBTC、CXBTF。前两种是信托基金产品，后者是交易债券；后两种针对比特币，前者则针对以太坊经典。
- 代币投资猖獗，原因：交易无限制，价格波动大；区块链创业无公司，代币成为唯一的套现载体；代币易被操纵，庄股特征明显。

后记

去中心化，旷世美梦

本书正文共 11 章，叙述了一家棋牌室在信息时代的浮浮沉沉，展现了在区块链大潮中商业主体的奋斗、迷茫和希望。创业者是最贴近微观商业的群体，时而出现在浪尖，时而消失于谷底，宛如时代跳动的脉搏。但是，商业从来都不是在真空中运行的，而是运行于复杂的社会中，如复杂的自然环境、社会习俗、法律监管环境、人口素质、哲学思潮、国际格局等。创业者也只是商业中的一个主体，监管者、规则制定者、非营利性机构等都是参与者。

第九章第四节论述了科技的突破带来了工业革命，从而引起经济和政治结构的变革，最终推动了文明的发展；将商业紧排在科技之后，从新技术中寻找商机，基本上遵从了科技驱动文明的逻辑，但这只是从科技决定论的角度来探讨的。理论上，将科技、商业、经济或政治标上时间序列，可能只是为了叙事方便。在现实社会中，不同的社会主体都在不停地自我更新，任何主体的改变，都会对商业产生不同程度的影响，从而创造相应的商业机遇。

20 世纪 80 年代兴起的探讨科技创新机制的理论，即“技术的社会形成”（SST）理论，远离了长久以来占统治地位的“技术决定论”，认为科技创新不是一个孤立的过程，而是在特定社会条件下形成和发展的历史进程、技术革命和创新进步，与整个社会之间是一种良性互动的关系。具体到区块链的大潮中，各国央行发挥了举足轻重的作用，去中心化思维影响深远。

第一节　央行的区块链革命

现阶段，央行的区块链革命是指在不放弃货币发行权的情况下，采用广义的区块链技术对法定货币进行数字化改造。

第四章第二节讲述了货币发展史。在几千年的货币进化过程中，货币的形式从起初的各种商品统一为金银，再进化成纸币。随着信息社会的发展，货币越来越多地以电子的形式（如支付宝、信用卡、电子支票等）存在于经济生活中。比特币不再依赖于国家信用，本质上，改变了货币发行的方式；形式上，较目前广泛使用的电子货币更高级，主要表现为可编程性、加密性和拥有自动发行机制等。央行的数字化改造没有让渡货币发行权，没有采用比特币的去中心化发行，但是可以改变货币形式。

第四章第三节描述了广义区块链的概念：根据所属主体的不同，区块链被分成公有链、私有链和联盟链；公有链完全去中心化，属于大众；私有链完全中心化，属于某个特定机构或个体；联盟链属于多个机构或个体。1971 年，美元正式和黄金脱钩，各国央行垄断各自地区的发钞权，货币本质上体现了国家信用。央行的数字化改造没有与他人共享货币发行权，更不可能放弃发行权，因此私有链是唯一选择。

总之，央行的区块链革命，是构建以自身为中心的私有链，完全中心化，基于一定的算法自动发行，是具有可编程和加密属性的“数字法币”。央行摒弃公有链去中心化的核心理念，采用其非核心技术，能带来怎样的变革？

- 完全数字化杜绝假币。货币数字化发行，保证了央行成为唯一基础货币的投放者，杜绝其他个体或机构制造、流通假币，大大降低了货币的运营成本。
- 彻底实现无现金社会。电子支付和转账不再依赖银行和第三方转账系统，提高了货币的流通效率。任何个体和组织可以自动生成账本，大幅提升了税收效率。
- 有利于形成全民大账本。数字货币和分布式账本可以融为一体，类似于比特币的结构。这要求所有货币的使用主体必须成为分布式账本的一个节点。公有链通过共识机制确定记账权，而“数字法币”是中心化的，记账权归央行所有。在这种情况下，央行理论上可以建立统一的全民大账本，彻底消除信息孤岛，使信息流和资金流高度统一，从而营造高效透明的商业环境，使得很多问题（如税收、征信、黑市监管、法律举证、各种经济统计等）迎刃而解。进一步来说，如果将服务和商品的生产流通过程也置于区块链网络之中，使得信息流、资金流和物流三流合一，那么整个社会的工作效率会空前提高。当然，央行也可以将“数字法币”和账本分离，使其成为电子现金，更加方便于各种场景的流通，特别是跨主权或跨币种的交易；缺点是较难获得完整的交易数据。
- 可编程性带来管理变革。在区块链网络中，钱或资产的载体不是一个数字，而是一段程序。支付或转账的技术本质上是执行这段程序的过程。如果货币使用主体是分布式账本的一个节点，在这段程序中，可以加入多组预设条件，来规范特定应用场景下的货币行为，使其展现智能的一面，从而掀起经济或社会的管理变革。具体表现为：更容易对专款进行控制，如政府福利不允许买酒、医疗补助不能旅游、消费贷款不能买房等；更容易管理交易结果，如为商品设置不同消费税、对教育支出的征税抵扣等。

- 加密保护了财产和隐私。“数字法币”采用加密算法，密钥是货币所有权的唯一体现。货币的被盗、遗失、非法剥夺等现象大幅减少，更好地保护了私有财产。任何个人和组织都可以对自己的账本进行加密，至少可以保证自身隐私不被第三方盗取。
- 算法让货币发行智能化。矿工是比特币发行的触发者，整个发行逻辑基于智能合约，没有人为干预。央行是“数字法币”的唯一控制人，可以用算法逻辑主导发行过程，根据经济状况及时调整，提高效率，甚至可以将人工智能编入其中，提高决策的科学性。围绕“数字法币”产生的交易大数据，实时反映了整个经济活动的真实状况。凯恩斯主义、金融加速器、货币主义等多种经济学派都认为，法定货币的数字化改造对经济的作用重大，但是究竟该如何改造，基本上属于艺术范畴。“数字法币”带来了翔实的数据，结合其内置算法，将使得货币政策更理性、更迅速、更客观。

可见，“数字法币”若被广泛使用，将对经济管理体系（涵盖税收、福利、金融、监管、司法等方方面面）产生史无前例的深刻影响，将大幅改善商业环境。应用前景如此光明，“数字法币”在技术上是否可行呢？

第五章第三节着重阐述了虚拟货币的流通困境：目前完全去中心化的区块链网络，如比特币，每秒钟最多只能处理 4 次交易，远远落后于现有的电子结算工具每秒钟几万次的处理能力。在现有技术条件下，比特币想要实现在日常支付领域的普及，不容乐观。2018 年 7 月 19 日，以太坊创始人维塔利克 · 布特林在接受美国乔治梅森大学（George Mason University）经济学教授泰勒 · 考恩（Tyler Cowen）采访时表示，公有链技术必须克服可扩展性和易用性两大短板，才可能被广泛运用。

从数据库技术的角度来看，第一章第四节揭示了当前区块链分布式账本技术存在“不可能三角”，即无法同时满足可扩展性、去中心化和安全，三者只能得其二。然而幸运的是，央行改造的区块链采用了中心化的私有链，因此理论上，在大规模应用时，完全可以保证可扩展性和安全性。值得一提的是，在过去近10年的区块链技术的发展过程中，比特币是目前最成功的应用，在交易便捷、隐私保护、账本储存等方面，都取得了长足的进步，具体的技术有闪电网络、零知识证明、环签名、有向无环图等。显然，技术的发展给“数字法币”的发行奠定了良好的基础。

区块链带来的好处多多，技术理论上无重大障碍，惹得各国央行纷纷开始行动。英国剑桥可替代金融中心（CCAF）的统计报告显示，截至2017年年底，在全世界的中央银行中，有88%着手研究区块链技术，有63%启动了概念验证项目，其中引起较大关注的国家有委内瑞拉、瑞典、瑞士、中国、英国、俄罗斯、日本、新加坡、美国等。

2016年10月，美联储发布首个分布式账本研究报告，称区块链技术在支付和交易结算领域潜力巨大。此后，不同的美联储理事，包括美联储前主席珍妮特·耶伦（Janet Yellen），分别在不同的场合表示，区块链技术非常重要。2017年，中国人民银行副行长范一飞和数字货币研究机构的负责人姚谦，先后发表了专栏文章，表达了“数字法币”的观点，提出了中国“数字法币”的原型构想。2017年5月，英国央行英格兰银行行长马克·卡尼（Mark Carney）透露，英国下一代银行间支付系统将采用区块链技术进行结算；2018年5月，马克·卡尼还提出了数字英镑的三种模式。2017年7月，新加坡金融管理局透露，它计划通过区块链技术把全球央行连接起来。2018年1月，瑞典央行启动了“数字法币”项目“电子克朗”（E-Krona）。2018年2月，委内瑞拉首先开始区块链实践，发布了“石油币”，效果如何有待观察。除了以上消息，截至 2018 年 6 月，也有央行（如欧洲央行、日本央行、瑞士央行和俄罗斯央行等）发布报告称，现有的区块链技术不够成熟，不能用于大型央行。

央行是现代经济中最重要的金融机构，央行进行区块链改造，牵一发而动全身，后果难以预测。已经有人对此表示了担忧。

- 央行更严格的管理，抑制了市场的自由度。“数字法币”是中心化的私有链，使用主体的所谓隐私保护只是针对第三方，而对于央行或政府来说，一切都是透明的。信息就是权力：“数字法币”是央行手中空前强大的工具，为其更频繁的、更有力的经济干预提供了条件。在 2008 年金融危机后，人们反思这次危机发生的原因。其中奥地利学派经济学家彼得・希夫（Peter Schiff）、威廉・怀特（William White）、克拉斯穆尔・佩佐夫（Krassimir Petrov）等都认为，危机爆发的深层次原因是政府干预过多、央行政策错误、市场自由度不足。过去 10 年，美国国会经常有人提出审计美联储的议案，虽然议案没有通过，但是很多议员对其极不透明的、高达 4.48 万亿美元的所谓量化宽松政策早就心存芥蒂。在“数字法币”时代，央行权力更集中，更难以受到监管，情况可能会更糟。
- “数字法币”对国际金融秩序的影响难以预料。目前，全球的金融体系错综复杂，依赖于各种规则和机构，如国际货币基金组织、世界银行、环球银行金融电信协会等。这些机构有成千上万家会员单位，如银行、保险、交易所、央行等，共同构筑了世界金融的交易环境，保证了世界金融体系的通畅。世界上主要的央行有美联储、欧洲央行、中国央行、日本央行和英国央行等，如果这些央行进行区块链改造，对世界金融体系的影响不可估量，造成的后果也难以预测。在美国，有人甚至担心，如果央行加入区块链革命浪潮，美元将失去霸主地位，对世界经济政治的影响力将被严重削弱。然而，有些国家却认为，采用“数字法币”将帮助本国货币崛起。这一喜一忧，折射出不同央行对区块链的复杂心态。

- 法定货币的中介机构可能遭受重大打击。在现代金融体系中，商业银行是最重要的商业金融机构，既是资金中心又是信息中心，分担了央行的货币结算职能，是央行和货币使用者之间最重要的中介。根据中国银监会的数据，截至 2017 年年底，中国银行业一共拥有 252 万亿元的资产。另据美联储的数据，截至 2018 年上半年，美国银行业总体拥有 16.8 万亿美元资产。如果央行以自身为中心构建私有链，发行数字货币，每个货币使用主体可以通过所谓的钱包直接在央行开户，交易后直接完成结算，那么现有商业银行的功能将被大大简化，地位将被严重削弱。2017 年 12 月，以色列总理贝塔尼亚胡公开发表了对银行业未来的看法，他相信区块链技术终将取代传统银行。同年同月，澳大利亚央行行长菲利普·洛（Philip Lowe）在“2017 年澳大利亚支付峰会”上却表达了慎重的看法：如果央行发行数字货币，那么央行将具有国家中央银行和大型商业银行的性质，会在存款和支付服务方面与商业银行发生直接竞争，商业银行将受到冲击，不符合公众的利益。可见，央行的区块链革命首先剑指经营法定货币的金融中介。2017 年 8 月，中国工商银行董事长易会满在“中国银行业发展论坛”上表示，如果技术上获得许可，央行决定自己记账，效率会更高，那么其他银行还能干些什么？

在中国，有人戏称央行为“央妈”，因为其给人的印象总是小心谨慎地呵护着经济发展。而这一次，在区块链时代，央行可能变成类似父亲的角色，它凭一己之力，升级了法定货币的形式，推动了金融体系重构，促进了经济的发展。

央行的区块链革命确实是一场浩大的社会工程，商业环境将得到彻底改造，商业机遇将大量涌现。对于大多数创业者来说，这些商机并非来自区块链技术本身，而是重要商业规则的变化。此外，区块链技术也可能引起某些非营利性机构或政府部门的变革，同样也会改变商业环境，影响经营主体。在这些可能的变革中，去中心化的思潮是绕不过去的话题，而且影响深远。

第二节　中心化和去中心化

比特币本质上是一个精致的数学模型，用技术的方式完美地展示了去中心化的理念。在社会意义方面，比特币被赋予了货币的属性，摆脱了国家信用，被视为去中心化对中心化的一次胜利，再次激起了社会各界对两者的思辨和讨论。中心化和去中心化的争论由来已久，两者的碰撞体现在社会的各个方面，如商业、组织、经济、政治等。

从公元前的农耕文明开始，直到现在，中心化的组织形式一直占据着统治地位。这究竟是为什么？人类学家用“邓巴数字”给出了一些解释。20 世纪 90 年代，英国牛津大学的人类学家罗宾·邓巴推断出“150 定律”，指出人类能够维持稳定社交关系的人数最多是 150 人（“邓巴数字”）。因此，人类在大规模群居时，只能选择金字塔式的层级结构，塔尖就是所谓的中心。

无论处于什么历史时期，在绝大多数的组织中，塔尖总是唯一的，它可能是酋长、族长、国王、总统、总司令、董事长等。组织内的一切均按中心化原则设置，如权力分配、体系架构、管理逻辑等。随着通信、交通等技术的发展，在金字塔结构下，组织的管理能力越来越强。然而天下合久必分，分久必合，特别是近代以来，中心化的趋势时而遭到去中心化的强力挑战。在某种程度上，中心化和去中心化共同影响了社会的发展。

相对于中心化的统治地位，去中心化思想虽然也可以追溯到古希腊时期，但是在人类漫长的历史文明进程中，去中心化的思潮真正登上历史舞台是从 18 世纪初开始的。

法国著名的历史学家、政治思想家亚历西斯·德·托克维尔分别于 1835 年和 1856 年出版了《论美国的民主》和《旧制度与大革命》。在书中，托克维尔大量使用了去中心化的概念，描述了美国人的公民意识和自下而上的民主模式，以及在“法国大革命”中，法国高度中心化社会的瓦解和演变。

19 世纪中期，法国哲学家、政治学家皮埃尔–约瑟夫·蒲鲁东（Pierre-Joseph Proudhon）首次把去中心化推到了无政府主义的高度，他在《革命家的告白》（*The Confessions of a Revolutionary*）一书中，将无政府主义标榜为“没有权力的秩序”（Anarchy is Order Without Power）。蒲鲁东被誉为“无政府主义之父”。

1967 年，美国社会学家亨利·温斯罗普（Henry Winthrop）发表了题为《去中心化对 20 世纪人类的意义》（*The Meaning of Decentralization for Twentieth-Century Man*）的论文，他指出，因为中心化社会问题明显（如过度工业化、只体现少数人意志的城市规划、令人窒息的官僚主义等），所以去中心化是一种构建现代社会的强有力的方式；在科技时代，无论中心多么强大，个人必须积极施加各自的影响力，否则全体社会都会遭殃。

1982 年，美国未来学家约翰·奈斯比特（John Naisbitt）出版了畅销书《大趋势》（*Megatrends*）。该书汇聚了奈斯比特十多年的研究成果，连续两年位居《纽约时报》畅销书排行榜，在 57 个国家出版，销量超过 1 400 万本。在书中，奈斯比特论述了世界的十大趋势，其中位列第五位的是：由中心化转向去中心化。

1994 年，美国著名的学者凯文·凯利出版了《失控》一书。该书从生物界的演化机理谈到了科技、经济和社会。凯文·凯利认为，任何人造物如科技和经济，其发展规律类似于生物的生态系统；去中心化是所有社会生态最终的选择；并断言热门科技如云计算、人工智能、网络经济等，必将出现。20 多年后的今天，有些当年的预测已经成真，多数尚未过时。2010 年和 2011 年，凯文·凯利又出版了《科技想要什么》（*What Technology Wants*）和《必然》（*The Inevitable*），它们进一步描述了科技社会的未来和演化过程。

纵观历史，在过去 200 年的时间里，去中心化一步步地从严实的中心化世界里走出来，体现了其顽强的生命力。在政治、经济、文化、科技等各领域，人类社会的去中心化元素都在逐渐增多，特别是在比特币诞生后，去中心化思想迎来了新的高潮。

不可否认，去中心化和中心化的辩论可能是哲学高度的，正如唯心主义和唯物主义历时几百年的大讨论。哲学思辨固然重要，但是不负责解决实际问题，所以我们要从商业视角体察大众的切身感受，把握社会发展的脉搏。过去 30 多年的社会历程已经揭示了去中心化的一些重要特征。

中心化和去中心化交替作用

互联网短暂的发展史可以分成三个阶段。第一阶段，Web 1.0 时代（从 20 世纪 80 年代到 21 世纪初），从互联网的诞生到门户网站的称霸。第二阶段，Web 2.0 时代（从 2000 年到现在），分布式平台如雨后春笋出现，以及流量利润的高度集中化。第三阶段（未来

20 年），逐渐形成去中心化的网络生态。

1973 年，互联网核心协议 TCP/IP 诞生，其根本宗旨是平等、自治、共享。协议的发明者鲍勃·卡恩（Bob Kahn）和文特·瑟夫（Vint Cerf）没有为此申请专利，所有人可以免费使用。这种开放的态度对互联网的迅速普及起到了重要的作用。两位科学家于 1997 年 12 月被授予美国国家技术勋章；2004 年，二人共同获得计算机界最高荣誉——图灵奖。互联网诞生在美国，对全世界敞开大门，管理权也从美国商务部转到非营利的民间国际组织——互联网名称与数字地址分配机构。

平等、自治、共享的去中心化思想促使信息纷纷上网，流通加速，导致的结果却是门户网站的中心化。在美国，雅虎一马当先，美国在线（AOL）后来居上；在中国，新浪、搜狐、网易成为第一代互联网英雄。2000 年 1 月，美国在线收购传统老牌内容出版巨头时代华纳（Time Warner），收购金额高达 1 650 亿美元。美国在线的世纪大并购，是互联网第一阶段的巅峰，也是走向衰落的开始。

亚马逊于 1999 年成立，腾讯于 1998 年成立，谷歌于 1998 年成立，阿里巴巴于 1999 年成立，脸书于 2004 成立，第二阶段的代表性公司在世界各地悄然降生。这些网络公司为个人无偿提供软件工具，促进个人之间直接交流交易，共建多边市场，形成分布式网络效应，成功吸引了广泛的用户群体；在技术上，从平台自身管理出发，推动了云计算、大数据、人工智能等相关技术快速发展，形成了更加稳定的网络中心节点。

第六章第三节章提道，2018 年年初，中国互联网三巨头百度、阿里、腾讯的市值总和占中国资本市场总额的 15%；美国的 FAANG 市值总和占美国资本市场总额超过 10%。互联网又一次从去中心化的理想回到中心化的现实。

纵观互联网发展的前两个阶段，去中心化都是开始阶段的理想大旗，经过自由市场的洗礼，中心化又成了竞争的结果。每当中心的力量过于强大或增长滞缓时，新兴力量又会扯起去中心化的大旗，开始新的征程。每一轮的去中心化都赋予了个人更多的能量，助推个体脱离固化的中心去获得更大的自我发展空间。

在竞争中，个体难免再次落入新中心的管辖，创造的大部分财富也不免被中心收割。然而，在已有的两次互联网轮回中，去中心化不断地蚕食中心化机制，已经成为不可忽视的客观存在。总的来说，在互联网时代，个人在崛起，中心在弱化。互联网的第二阶段到头了吗？第三阶段会到来吗？这两个问题也许是当下创业者面临的最大的问题。

2018 年以来，腾讯增长放缓，股票也进入熊市。2018 年 8 月 2 日，苹果成为美股历史上首个市值达到 1 万亿美元的上市公司。2018 年 7 月 25 日，脸书发布财报，2018 年二季度，欧洲地区活跃用户为 2.79 亿元，比一季度减少 300 万元。美国财经频道著名主持人吉姆·克莱姆（Jim Cramer）认为，脸书不再具有成长性。从目前的体量和用户数来看，这些平台型巨头企业未来的成长空间可能有限。

根据美国专栏作家克里斯·狄克逊（Chris Dixon）的表述，中心化平台的生命周期是可以预测的。平台上有生产者和消费者，如用户、企业、开发者等。在初期，各方的数量都处于明显的上升阶段，加上网络效应的放大作用，平台和用户都可以获得更多的价值。随着用户数量达到顶峰，平台和用户的关系由协作共赢变成了零和游戏（非合作博弈）。商业上，平台规模继续保持增长最直观的方法是从已有的消费者那里获得更多利益，是从生产者那里抢夺市场，比如：脸书收集更多的个人数据，给用户投放更多的广告；滴滴提高打车价格；百度在搜索内容里添加更多付费内容。这种侵占的方式，出于中心平台绝对的强势地位，成本最低，效果最好，但是损害了用户的利益。中心平台对待用户的先后态度截然相反，仿佛是一场早有预谋的

“杀熟”游戏，导致用户体验度下降，甚至感到被诱骗。如果外界条件成熟，生产者和消费者都有可能离开。因此，平台规模增长结束之时，就是平台衰败之时。

多边平台在进入瓶颈期后，以多快的速度走下坡路往往取决于外部去中心化力量的强弱。每轮去中心化的运转都是从赋能个人开始的——帮助其获得更多资源、自由度和价值。目前，区块链生态系统通过代币的发行和流通，已经将生产者、消费者和所有者合为一体了（为了共同的目标，这三方将各尽其力）。区块链生态的透明度明显高于现有平台，参与者没有被诱骗的后顾之忧，投入的积极性更高。同时，区块链生态系统是个加密网络，参与者对自身的数据和权力掌控充分，自由度更大，创造性更强。

在互联网的第二阶段，中心平台或多或少地已经露出增长的颓势，而区块链带来的去中心化似乎有足够的力量将用户拉出现有中心进行重组重构，从而推动互联网进入第三阶段。历史有轮回，但不会完全重复，第三阶段的去中心化对中心化的挑战将如何演绎，仍有待时间的考验。站在互联网新的阶段的起点，了解去中心化的特征，可以帮助我们洞察趋势。

制度设计是去中心化的保证

比特币是这一轮互联网去中心化的起点，而且是个高不可攀的起点。传说中的中本聪天才般地运用加密算法、可编程货币和共识机制等技术，发明了一套配合精密的去中心化系统。比特币的横空出世，再次推动了去中心化思想的广泛传播。社区的任何成员，无论从事哪个分工（如矿工、矿池、矿机、芯片、钱包、交易等），都共享一个目标：让比特币更值钱，使之成为后网络时代价值储备的重要载体。社区中的各个角色，在共同目标的指引下，遵循透明的规则，自我激励，通力合作，把比特币迅速地推向了一个又一个高峰。

然而，在去中心化的大旗下，中心化的阴影再次出现。BTC.com的统计数据显示，截至2017年年底，前10名的矿池拥有全世界85%的比特币挖矿算力，其中仅比特大陆控制的矿池就拥有超过35%的总算力。2018年年初，伯恩斯坦发布报告称，前3家比特币矿机厂商占据了全世界90%的市场份额，仅比特大陆一家，在矿机ASIC芯片制造领域就占有70%的市场份额。另据bitinfocharts.com的统计，以2018年4月27日的数据为例，1%的比特币地址拥有近90%的比特币。

算力和代币集中的现象普遍存在，不仅是比特币：前5名的比特币现金矿池占总算力的78.9%（来自BTC.com）；莱特币前100名账号占据总算力的44.55%（来自bitinfocharts.com）；前3名的以太坊矿池拥有59.6%的总算力［来自Etherchain.org（一个探索以太坊区块链的组织）］。各区块链社区事实上的中心化把所谓的去中心化梦想击得粉碎。

比特币日趋严重的中心化，究其原因，是由比特币的制度缺陷造成的。

首先，过窄的奖励面导致竞争过度集中在矿机领域。竞争面过于单一，不够开放，把拥有其他重要能力的节点排除在权力架构之外，如全节点、更新软件等。2018年3月，比特币核心维护团队的成员发推特，声称要修改挖矿算法，从而打破现有比特币网络权力过于集中的格局。

其次，没有设立竞争的上限。在仅有经济刺激的完全自由市场中，马太效应明显，市场从群雄并起必然走到寡头称霸。在去中心化的架构设计中，应该加入类似反垄断的规则，比如任何矿池的算力最多只能占到总算力的5%，单个矿机的哈希能力不能超过某个上限等。莱特币和以太坊用算法将挖矿限于显卡，而阻止专门为挖矿设计的 ASIC 芯片，就是为了分散算力，防止严重的中心化。

最后，非财务性激励值得考虑。从商业的角度来看，公司为股东创造利润，无可厚非。但是，用于衡量价值的标准远不止创造利润一项，即便在目前的资本市场，亚马逊强调以每股自由现金流为价值基础，也得到了认可。区块链网络作为一个生态系统，完全可以不用财务指标来体现自身价值，而应以更广泛的社会福利为准绳，如用户的隐私、环境的改善、通信的自由、教育的公平等。区块链网络的运营者获得的报酬，不是所谓的经济刺激，而是非财务性的激励，如用户的信任、为社区服务的自豪感等。

在以经济利益为核心的现有商业体系内，这些建议听起来有点匪夷所思。但是，美国未来学家大师里夫金认为，在运营信息、能源、交通等社会基础接入互联网时，社会效益远比经济效益更重要。里夫金在他的著作中多次提到“社会公共机构”，认为这些非营利性机构可能是社会基础网络的最佳看护人。

区块链网络平台也可以是一个非营利性组织，甚至是一个享有规则制定权的政治体。社会基础网络的运营模式也可以被用于其他任何去中心化的平台，避免纯市场竞争导致的权力中心固化。总之，去中心化的力量最初可能来自技术的创新，但是要维持社区长期的去中心化活力，离不开制度的保障。

多中心是去中心化的现实选择

无论是技术网络、经济网络还是社会网络，完全去中心化和中心化都是两个极端。在完全去中心化的系统中，每个节点都可以自由参与社区的管理，公开、平等，但混乱程度高、能耗大、效率低、可扩展性差。另外，完全中心化的系统的核心是唯一的，其他所有节点和核心之间是从属关系，而完全中心化的系统不需要所谓的共识过程，能耗低、效率高，可扩展性几乎没有限制。扎克伯格给脸书定的目标就是连接世界上所有的人口。

互联网前两轮的发展使得中心化网络登峰造极。中心化的大公司拥有大量资源，有利于攻坚克难。云计算、大数据、人工智能等技术都是中心化成果的典型代表。这些技术反过来促使信息更加集中，平台能够获得更多利益和资源，中心地位也更加稳固。中心化技术大幅提高了工作效率，便捷了人们的生活，但导致了平台和使用者之间的人格不平等；无论生产者还是消费者，对中心平台制定的规则都只有服从；在利益分配方面，霸王条款满天飞，有失公允；过于强大的单一中心束缚了个体的创造性，系统失去了自下而上的自我更新能力，僵化而无活力；整个网络过度依赖中心，导致稳定性变差，系统安全堪忧。

在生物界，动物是典型的中心化生物，所有机体器官听命于大脑，统一行动；脑死亡标志着生命的终结，即使其他器官仍然完好。植物是典型的去中心化生物，没有神经中枢，根枝叶甚至可以互相转换；全部化成灰烬才是生命的终点。动物、植物各自特点鲜明，占据生物两极，并无绝对的优劣之分。

在政治构架中，完全的集权主义和彻底的无政府主义都有可能带来灾难。在商业方面，特别是在多边平台模式中，中心化的效率至上或完全去中心化的公平至上，都可能在综合竞争中落得下风。因此，在制度设计时，在中心化和去中心化之间寻求平衡，不失为一种现实原则。

制度必须在获得共识之后才能付诸实施。第三章第二节提道，共识过程的物理本质是一个封闭系统的熵减过程：外界必须对它做功，消耗能量；能耗大小在很大程度上取决于系统初始状态的混乱程度。多中心是单中心和无中心的中间状态，系统中的中心数量是系统能耗的量化结果，反映了公平和效率在整个协作体系中的相对分量。多中心是去中心化理论在实践过程中的实施路径。凯恩斯主义者认为，调节经济要利用“看得见的手”（政府）和“看不见的手”（市场）。西方宪政有三权分立：行政、立法和司法各自独立、相互制约。这些多中心的制度安排都体现了去中心化的现实选择。

多中心介于中心化和完全去中心化之间，具体到现实的应用场景，其制度的细节变化是无穷尽的。多中心化理念最终要落实到网络运行的现实中，在商业上的表现主要分为三个方面：硬件支撑、软件逻辑和权力分配。中心化的数据公司，如亚马逊、谷歌等，通过分布式的硬件备份中心，获得去中心化的安全保障。中心化的平台，如微信、优步等，利用软件逻辑促成分布式的交流交易，获得去中心化的活跃度和多样性。

硬件和软件固然是多中心化的重要表现形式，但是在多中心化理念中，最根本的仍是权力的多中心化。互联网的第二阶段完成了形式上的多中心化，扑面而来的第三阶段将完成权力的多中心化。随着技术和社会的发展，多中心化的制度设计将在政治、经济、商业等不同领域持续考验着人们的智慧。

限定范围内的去中心化是去中介化

社会中的各种组织都是一个社会成员的有限集合，如家庭、公司、协会、政党、国家等。每个组织通过建立不同的机构，如宗族、董事会、法院、央行、各级政府等，在一定的地域范围内对成员行使管辖权。去中心化相对于中心化是一个权力再分配的过程。

在中心化的组织内，权力的分配遵循金字塔结构，有若干层级。完全的去中心化将包括塔尖在内的所有层级都取消，全体成员按照既定规则形成扁平网络，比如将保险公司转变成基于公有链的“人人为我，我为人人”互助合作平台。当然也可以是另外一种路径：保留塔尖，逐层进行去中心化（如央行发行“数字法币”，跳过商业银行，通过私有链直接连接货币的使用者)。完全去中心化的最终目的是形成没有任何中间层级的扁平网络，而央行、商业银行、保险公司等本质上都是中介机构，只是处于不同的层级，所以去中心化可以被视作在一定边界范围内由下往上逐层去中介化的过程。

在现实生活中，商业的发展是一个连续的演变过程。第一章第二节描述了社会网络向虚拟网络迁移的现象。社会网络是人文意义上的界定，边界比较模糊，而虚拟网络是基于互联网的物理连接，边界清晰，一目了然。第一代互联网已经使得人们之间的直接交流和交易成为可能，但是在交互的过程中仍然要借助一些无形的中介，如信任体系、法律法规、支付手段等。在不同的人群或地域范围内，在不同的层次上，中介载体各不相同，如商业机构、社会公共机构、政府部门等。在后网络时代，去中心化是在信息互联网的成果之上，在明确的边界之内，利用各种技术手段，逐步减少网络中各种中介的数量和层级。

综上所述，在人类漫长的、中心化的社会进程中，去中心化已经萌芽，并在政治、经济、商业等各个层面发挥了作用。互联网发展更是展现了去中心化和中心化两种思维的交互作用。在价值互联网时代，去中心化表现为：在有边界的网络中，通过基于多中心的制度设计，逐步去中介化的过程。

比特币通过实实在在的技术，一行一行的代码，将去中心化理论、逻辑呈现在大众面前。在过去的 10 年里，有些技术草根的成功似乎预示着去中心化时代已经到来。技术突破往往催生狂热，比如所谓的“创世计划”——某些区块链大佬在某大洋上买下一座岛，准备发行完全去中心化的数字货币，建立一个区块链国家。然而，在我们这个星球上，国家可能是最后消失的组织，层级太高，遥不可及，所以去中心化的终极理想只是无政府主义者的旷世美梦。

2017 年 9 月，以太坊的创立者布特林在美国旧金山颠覆大会上，对去中心化的思想做了如此总结：去中心化是一种好的想法，但不能解决所有的问题；在现实的世界里，去中心化和中心化在不同的场景中各自发挥作用；历史上，有很多很好的去中心化项目因缺乏资金而无法落地，而比特币等加密货币解决了这个问题，去中心化理应得到更广泛的应用。

第三节　区块链世界的大事件

大约在60年前，互联网诞生。在过去的30年里，信息互联网把人类社会带入网络时代。区块链作为第二代互联网的开端，在后网络时代将创造大量的商业机遇。

本书正文第十一章讲述了一家棋牌室在区块链浪潮中转型发展，揭示了在技术推动下商业演变的全过程。同时，本书将区块链技术置于工业革命的大背景下，强调了技术驱动商业和社会变革的内在逻辑，并点明了其中的创业投资机会。本书后记强调了非技术因素，如政治、经济、监管等对商业的影响，围绕着去中心化的争论，推理了可能发生的重大社会变革，特别是央行系统的区块链改造。

本书内容分成三个主要方面：区块链底层技术、模式创新和社会趋势。具体的商业机遇涉及分布式数据库、加密算法、矿机、矿池、芯片、钱包、虚拟货币交易所、ICO、IFO、去中心化交易、资产证券化、代币经济、跨链协议、币币交易、存储算法、闪电网络、金融特权的破除、劳动生产率的提高、社会公共机构的崛起、受区块链冲击的行业、可区块链改造的行业、共享经济转型、数字货币、去中介化等。

在描述和推理的过程中，各章节列举了大量事件和案例，涉及商业、经济、政治等各个层面。区块链技术高速发展，相关事件层出不穷，区块链从业者和爱好者必须长期关注其发展动态，才能在纷杂的现象中把握脉络，捕捉机遇。

在此，我们罗列了在本书的创作过程中区块链领域发生的重大事件，与读者共享。

- 2018 年 7 月 20 日，媒体报道，美国最大的虚拟货币支付中介和交易所比特币公司正式建立了自己的政治行动委员会（PAC），将对虚拟货币领域的立法和司法施加更大的影响力。
- 2018 年 8 月 1 日，全球第二大矿机芯片厂商嘉楠耘智首发 7 纳米工艺的 ASIC 芯片，并应用在旗下的阿瓦隆 A9 矿机上，其挖矿能力从先前 14 万亿次 / 秒提升到最高 30 万亿次 / 秒，能耗只有之前的一半左右。
- 2018 年 8 月 22 日，美国证券交易委员会拒绝了来自三家基金公司 Direxion、ProShares 和 GraniteShares 的共 8 只比特币 ETF 的申请。

后记小结

本书基本遵循“技术决定论”——技术是社会发展的根本力量。然而，在现实社会中，商业机遇有时并不直接来自技术本身，而是社会商业环境的变化。本章重点阐述了央行区块链改造和去中心化思潮两个重大因素。

后记要点

- 技术的社会形成理论：科技创新不是孤立自发的过程，在特定的社会条件下，技术革命、创新进步与社会之间是一种良性互动的关系。

- 央行的区块链革命是构建以自身为中心的私有链，完全中心化，基于一定的算法自动发行，是具有可编程性和加密属性的“数字法币”。
- “数字法币”的好处：完全数字化，杜绝假币；彻底实现无现金社会，形成全民大账本；可编程性带来管理变革；加密保护了财产和隐私；算法让货币发行智能化。
- “数字法币”好处多多，理论上无重大的技术障碍，各国央行跃跃欲试。
- 央行的区块链改造，牵一发而动全身，可能产生的后果有：央行管理更严格，抑制市场自由度；对国际金融秩序难以预料的影响；银行等法定货币的中介机构，可能遭受重大打击。
- 比特币是一个精致的数学模型，用技术的方式完美展示了去中心化理念。
- 在人类社会的发展历程中，中心化占绝对统治地位。从 18 世纪初开始，去中心化渐渐地拥有一席之地。
- 在互联网发展的三个阶段中，中心化和去中心化交替作用。
- 在互联网发展的前两个阶段，去中心化都是理想的状态，而中心化总是最终的结果。但总的来说，个人在崛起，中心在弱化，去中心化在不断地蚕食着中心化机制，成为不可忽视的客观存在。
- 中心化平台的生命周期是可以预测的：平台规模增长结束之时，就是平台衰败之时（衰败的速度往往取决于外部的去中心化力量）。
- 去中心化的特征：制度设计是去中心化的前提，多中心是去中心化的现实选择，限定范围内的去中心化是去中介化。